公共管理/MPA 案例教学系列教材

总主编　王骚

公共政策案例分析

王　骚　王达梅　主编

南开大学出版社

图书在版编目(CIP)数据

公共政策案例分析 / 王骚，王达梅主编. —天津：南开大学出版社，2006.8（2013.12 重印）
（公共管理 / MPA 案例教学系列教材）
ISBN 978-7-310-02461-2

Ⅰ.公… Ⅱ.①王…②王… Ⅲ.公共管理－案例－分析－研究生－教材 Ⅳ.D035

中国版本图书馆 CIP 数据核字(2006)第 042971 号

版权所有　侵权必究

南开大学出版社出版发行
出版人：孙克强
地址：天津市南开区卫津路94号　邮政编码：300071
营销部电话：(022)23508339　23500755
营销部传真：(022)23508542　邮购部电话：(022)23502200

*

天津泰宇印务有限公司印刷
全国各地新华书店经销

*

2006年8月第1版　2013年12月第5次印刷
787×960 毫米　16 开本　19.25 印张　341 千字
定价：35.00元

如遇图书印装质量问题，请与本社营销部联系调换，电话：(022)23507125

《公共管理/MPA 案例教学系列教材》编委会

主 任：王 骚

委 员：（按姓氏笔画排列）

　　　　王 骚　朱光磊　杨 龙

　　　　张 光　沈亚平　金东日

　　　　常 健　葛 荃　魏健馨

秘 书：王达梅　韩玲梅

总 序

现代中国社会的高速发展,对国家高等教育提出了越来越高的要求。在公共管理科学教育的领域中,传统的以教师为主导的释义、分析式的灌输教育方式,尽管仍然起着重要的作用,但是单单凭此一种教学方法远远不能达到最终的教育目的。公共管理是典型的以实践教学为主要手段的学科,因此,多种多样的实践教学方法对于达到教学目的是不可缺少的手段。子曰:"工欲善其事,必先利其器。"从古至今,我们已经充分认识到目的与方法之间的关系。要想达到预期目的,必须采用适当的手段与方法。在公共管理学科中,案例教学方法虽然需要进一步探索和完善,但是作为达到公共管理教学与研究目的的"利器"已经越来越受到重视,成为公共管理教学中一种重要教学方法并获得了良好的教学效果。从这点出发,我们组织编写了"公共管理/MPA案例教学系列教材",相信这套教材在公共管理教学及研究过程中能够起到一定的参考作用。

不论是教师还是学生,在阅读与使用这套教材的时候,首先需要理解最基本的概念。在我们接触的相关概念与命题中,案例、教学案例、公共管理案例与其他学科案例的区别,案例教学、案例教学与传统教学的区别等,都必须理解清楚。在此基础上,再展开对具体案例的思考、讨论和分析,将会更好地达到我们预期的教学及研究效果。

一、公共管理案例与教学案例

由于公共管理对象是复杂的社会现象,它不像自然科学那样具有明显的规律性与科学性(可复制性或重复性),因此对于公共管理案例(Public Administration Case)含义的界定也是五花八门,没有一致的和权威性的看法。有的学者认为,案例"便是对一行政情景(An Administrative Situation)的描述";也有学者认为,"案例是经验学习中的控制的练习",是"对引起决策问题的陈述";著名的行政学家哈罗德·斯坦(Harold Stein)则将公共管理案例定义为:对某一个或一群行政官员进行的一项决策或一组决策这样的事件的论述;克里斯坦森(Christensen)认为,"所谓案例就是对实际行动中的行政管理人员和管理者群体面临的情景所进行的部分的、历史的、诊断性的分析"。[①] 我们认为,克里斯坦森的观点更加符合公共管理案例的时间特征。所谓公共管理案例实质上就是政府和非政府公共部门管理人员在实施管理行为(公共管理、服务或公共决策)过程中出现的一件事情或者一个情节、一个过程。

公共管理教学案例是指为了达到教学目的而在公共管理真实事件和情景的基础上所创造的故事。公共管理案例与教学案例虽然实际内容是一样的,但是两者的表现形式不一样,前者是一种客观存在,而后者则经过了加工和创造。一个完整的公共管理教学案例包括如下几方面的内容:

(1)事件的情节:包括事件的产生、发展和结束的过程。

(2)问题陈述(Problem Statement):行动者在时间或情节中所面临的问题以及问题的性质、产生的原因。

(3)行动者及其角色(Actors and Their Roles):情节或故事中与问题相关的行动者数量,他们各自在情节或故事中的角色,各自承担的责任,谁占主导地位,各自对问题的看法,各自的不同目的。

(4)背景与限制条件(Context and Constraints):案例中问题产生的各种背景以及解决此问题存在着何种约束条件。

(5)解决问题的过程与方法(Problem—Solving Processes and Methodology):行动者解决问题的步骤、决策机制以及采用何种方法或手段解决问题。

(6)备选方案及评估(Alternative policies and evaluation):行动者提供的多种可供选择的方案,对这些方案进行的评估以及方案可行性的确定。

在现实中,公共管理案例的类型是多种多样的,但是在案例教学中,公共管理案例一般分为两种类型:一种是问题导向(Problem—oriented)型案例,也称哈佛式案例(由哈佛大学首先开发使用)。这类案例设置决策或解决问题的逆境,要求学生参与其中,并在有限的时间和各种约束条件下作出政策选择。就案例教学目标(提高学生解决问题的能力)而言,教师更倾向于选择这种类型的案例。另一种是评估型或描述(Evaluative or Descriptive)型案例,也称芝加哥式案例(由芝加哥大学首先开发使用)。在这类案例中,要求读者作为一个旁观者对已经作出的政策选择进行客观和中立的评价与描述。虽然第二种案例形式比较简单,但仍能够激发学生思考的积极性。

[①] [美]小劳伦斯·E.列恩,《公共管理案例教学指南》,中国人民大学出版社,2001年,第45页。

二、案例教学

案例教学、案例方法、案例运用三个术语的含义在多数场合是基本一致的。一般而言,案例教学是指教师为了达到教学目的,向学生讲述一个基于真实事件和情景而创作的故事(即教学案例),学生经过认真的研究和分析以及与教师之间的互动、交流后会从中有所收获的教学过程。[①] 公共管理案例教学的内涵包括如下三方面:

(1)力图促进公共管理专业知识(Professional Intellectual)和行为技能、方法的发展;

(2)以公共管理中的焦点(Issue)或问题为导向(Problem-oriented)进行多角度的互动探索;

(3)在本质上关注解释公共管理的实践,学生通过案例学习与讨论进一步掌握相关知识和发现公共管理的客观规律。

从案例教学的含义可以看出,案例教学是一种将真实世界引入课堂的方式,学生在教师的引导下,像从业人员一样进行思考和分析问题,使得他们可以获得运用各种技术和技巧分析与解决公共管理问题的真实"体验",这样不仅可以达到理解公共管理现实,掌握公共管理学科知识的目的,而且还可以检验已有的公共管理理论,或证实或证伪原有的理论假设,从而达到理论发展的目的。用克里斯坦森的话来说,案例教学的目的就是"帮助学生培养一种理解问题的方式并且有助于一个组织的问题的解决"(Christensen with Hansen,1987)。由此可见,案例教学无论对教学改进还是理论研究,都有十分重要的意义。

具体说来,公共管理案例教学对于教学来说具有如下价值:

(1)可以形象地传授公共管理知识,增加学习者的兴趣。教师如果直接讲授"没有制约的权力必定导致滥用权力,这是一条万古不易的真理",这样就显得枯燥,学生也未必能记住。如果教师讲述一个高官贪污的案例,然后再引出这条真理,那么不仅可以增强学生学习的兴趣,而且可以使他们牢牢记住这条真理。

(2)可以将学生置身于复杂的公共管理现实环境之中,使其体验到公共管

[①] 案例教学也被称为"苏格拉底式"方法,即在教学过程中,教师与学生通过提问与回答的形式,进行积极的互动,以获得知识。

理人员和组织在实际管理过程中的各种压力和复杂性。

(3)可以使学习者通过对公共管理现实情况的分析,更好地理解已有的公共管理理论和知识,甚至可以推翻原有的理论假设,从案例中推论出新的公共管理理论。

(4)可以使学生积极介入或参与到教学过程中去,在教师与学生的互动交流中进行学习。这样不但可以使学生掌握公共管理的技能和方法,而且可以锻炼他们的批判性思维,改变其陈旧的思维模式。

为了达到公共管理案例教学的目标,教学案例必须经过精心的选择和编写。由于现代社会价值多元化趋势越来越显著,因而现代社会的公共管理也充满着价值冲突,甚至难以调和,经常出现"公说公有理,婆说婆有理"的情况。因此,一个好的公共管理教学案例,不包含案例所提问题的"正确答案",没有思考或分析某一情况的"确切"方法,没有唯一的"最佳"方法。取而代之的是,一个教学案例提供给学生争论、问题、选择以及信息,并希望学生找到解决办法以及能够运用案例中的信息提出行动方案。一个教学案例需要学生回答这样一个问题:"如果面对案例中描述的环境,我该怎么办?"因此,一个好的公共管理案例通常需要满足如下标准:①

第一,提出一个没有明显正确答案的问题。案例对学生的认知能力和情感提出严峻的挑战,给学生以高强度的压力,通过充分思考使得这些能力得到提高。案例应当提供多种合理答案以激发学生批判性思考的的积极性。

第二,案例要能引起争论。公共管理教育的一个主要目标在于锻炼学生分析问题和解决问题的能力,从这个角度看,案例要能够引起"冲突",引发不同的观点、思考和争论。

第三,明确必须要解决问题、提出决策的主角。案例需要确定一个戏剧性的焦点,一个特定的、可以辨认的人物,一个让学生辨认的优势地位。在缺乏一个可被确认的决策者的情况下,案例作者的分析会模糊不清和过分理想化,这会使得学生避开现实世界中控制某些行动的特定压力。

第四,需要学生运用案例中的信息去思考问题。案例要给学生带来一种有必要从其中搜寻相关信息和证据的感觉,使得学生在实际上没有阅读并考虑案例特定内容的情况下,不应当侥幸地对问题和论题作出回应。案例应当让学生搜寻、评价并对信息加以运用。

第五,需要学生进行批判性、分析性的思考,以便对问题及其潜在的解决方

---

① [美]小劳伦斯·E.列恩,《公共管理案例教学指南》,中国人民大学出版社,2001年,第127~128页。

式进行评估。如果案例的目的是让学生找出其中的合理的、具有说服力的解决方式或者决策，案例提出的论题就应足够复杂并能够向学生发出挑战，以使得他们的思维、智力和技能得到更好发挥。案例不应过于简单，以至于使得学生不经过缜密思考或者不对案例中的材料进行反复琢磨就能够提出一种解决方案。

第六，具有足够赖以进行深入分析的信息。案例应当能够使学生利用现有信息作出高质量的分析和推理。所有教学案例共有的一个弱点是缺乏足够的信息，因此只能导致肤浅的、非反思性的思考，或者使学生陷入无法得出结论的思考困境。

三、案例教学与传统教学的比较

所谓传统教学是指以教师讲授为中心、以灌输手段为主的知识单向流动的教学过程与方式。它具有如下基本特征：

第一，传统教学是以教师讲授为基础，靠教师的权力或声望地位来维持，很少进行讨论，即使讨论，其内容和程序也由教师高度控制。

第二，在教学内容选择上，由教师独自选择教学题目、论点和具体内容。

第三，教师单独享有知识而且知识单向流动，即从教师到学生，而很少出现知识在教师与学生之间的双向流动。

第四，教与学的目标是学生掌握教师传授的真理，学生对教师的传授深信不疑，学生主要通过考试以及在被点名提问时能够回答正确答案来展现自己对知识的掌握程度。

第五，在授课过程中，教师是注意力的中心，并且一直控制着课堂纪律和授课节奏。

第六，学生处于消极和受支配地位，所谓"好学生"会毫不犹豫而且准确无误地围绕教师的要求做准备，集中注意力，并完全服从于教师；而不服从教师，提出有异于教师观点的学生则被认为是"异类"或"坏学生"。

第七，传统方法的"训练变体"是大体相似的：训练从业者按照"正确方式"去完成任务和练习技能，从业者或学生在教师或辅助人员的监督下学习使用正确的方法或方式，错误将被查出并得到纠正。

而案例教学与传统教学截然不同，案例教学是以学生为中心的知识双向流动的过程。其基本特征可以概括为如下几点：

第一，案例教学以讨论为基础，讨论范围和节奏由教师控制，但是学生可以围绕讨论主题自由发挥，提出自己的观点和解决问题的多种方案，即使提出不同于教师的观点也是被允许的,甚至是被提倡的。

第二,虽然教师比学生的经验更丰富,知识更多,但教师的知识并不是权威性的,学生们被期望对自己的学识负责。

第三,教师和学生都对学习承担责任,知识和思想在教师与学生之间双向流动,并在学生中间互相交流(如下图所示)。在案例教学中,教师承担的责任与义务主要是激发学生的兴趣,鼓励他们的积极参与精神;教师真正感兴趣和关心的是学生思想的进步,确信学生的思想通过讨论和交流比通过讲解和指导更加具有可塑性。而学生承担的责任与义务是对自己的学习负责,做好准备并在讨论中积极参与,抓住机会表达自己的思想,珍惜向他人学习的机会。

学生与教师在案例教学中的互动关系

第四,案例教学的总目标是提高和增强学生的评论性的、分析性的、批判性的思维能力、概括能力、辩论能力以及说服力方面的能力和自信心。

第五,在案例教学中,通常是以学生为中心(Student-centered),尽管教师可以选定讨论的主题,但是通常情况下,教师与学生共享论题选择和讨论方式的控制权,而且教师经常作为辅助人员或者资源提供者处于次要地位。

四、案例教学的发展历程

公共管理案例教学最早产生于 20 世纪 30 年代美国的公共行政学界。此前,案例教学已经在法学、医学和工商管理领域得到应用和发展,公共管理案例教学的产生得益于这些领域案例教学的研究成果。

在法学领域,英国学者贝雷斯(Byles)早在 1829 年就开始在法律教学中运用案例教学方法(Social Science Research Council,1928)。在美国,哈佛法学院的朗戴尔(Langdell)教授 1870 年出任法学院院长时,对传统法律教育进行改革,引入了案例法,开创了在大学教育中运用案例进行教学的先河。朗戴尔认为,判例能引申出法律原则的归纳过程的经验资料,要想精通并掌握法律原则,最有效的方法是应对把这些原则具体化了的那些判例进行研究。朗戴尔按年代排列了上诉法院的判决,并于1871年出版了以此为基础的法律教育案例集。而自20世纪以来,哈佛大学校长埃姆斯(James B. Ames)开发了按主题而不是按年代排列的案例集,这标志着案例教学的目标从对法律原理的追求向法律推理能力的培养发展。

尽管早期的案例教学者被认为是传统法学教育的反叛者,遭遇抵制和批评,但到1915年美国较好的法学院都引入了案例教学体系(Llewellyn,1937)。在此之前,美国法学的培训主要是通过实习,即在律师事务所"阅读法律"以及在法学院就读,通过教师的讲授、阅读讲稿、测验等得以完成。案例教学则通过使用法院的判决、课堂讨论等方式进行学习,使学生的能力大为提高。由此,案例教学便越来越多地走进了教室。

随着案例教学在法学领域的兴起,19世纪90年代美国约翰·霍普金斯医学院也在医学教育中引入案例教学法。即学生花两年时间学习基础理论,花两年时间在临床学习,在其附属教学医院中引入"临床职位",让医学院的学生在医生的指导之下负责5个或更多的病人,在教师和医生监护下进行检查、诊断和记录,并与相关人员一起对病人医疗记录(病历)进行讨论与研究。后来医学院的教师大多利用这种病例进行教学,学生也根据病例学习讨论,这便是医学界案例教学的雏形。

20世纪初期,案例教学也被引入到工商管理学科教育之中。1908年哈佛大学商学院成立时,洛威尔(Lawrence Lowell)教授将案例教学引入工商管理教育当中。第一次世界大战后,案例教学在工商管理领域获得了长足发展,成为哈佛大学商业教育的核心方法。1919年多汉姆(Wallance B. Donham)任哈佛商学院院长期间,专门拨款成立商业研究处,雇用人员进入商业实践领域收集和写作案例,开发了许多经典的商业案例。在案例教学中,哈佛商学院逐步完善一套科学严密的保管与使用案例制度,编写案例要履行严格的审查报批手续,并用知识产权法保护所撰案例。在学生培养方面,该院还规定:"凡是取得硕士学位的研究生,在两年学习期间,除各门课程外,每人必须分析几百个案例。"哈佛大学商学院注重案例教学的做法,不仅使其成为工商管理学科教育的佼佼者,培养了大批称职能干的高素质企业管理精英,而且极大地推动了案例教学在其他学科的发展。

在20世纪30年代中期,人们越来越清楚地认识到公共行政实践的变化超过教学的发展,因此在美国公共行政领域中,发展案例教学的动力变得不可阻挡。哈洛尔德·斯坦(Harold Stein)编写了第一本公共管理案例集,哈佛大学首先在公共管理教学中采用案例教学的方法。自此之后,哈佛大学肯尼迪政府学院将案例教学看成是公共管理教育中极为重要的方法,通常一个MPA

（公共管理硕士）毕业生要经过1300个实际案例的练习。肯尼迪政府学院特别重视公共管理案例的撰写，在编写案例过程中，要求撰稿人尽可能通过多种渠道收集可靠资料，并以客观、中立和公正的观察态度撰写，所写案例必须能够充分说明与事件有关的完整情况，并力图再现与该事件有关的当事人的观点，特别是再现置身于某种情景而且必须作出某种决策的当事人的观点，以使案例比较符合公共管理中价值多元化和复杂性的现实情况。案例材料的内容以人际关系、政治因素与决策问题为主，同时兼顾技术细节等内容。肯尼迪政府学院在其长期的案例教学中，积累了大量的公共管理案例，目前已经积累案例1万多个，并且每年更新其中的20%。其中一些好的案例广为流传，经常被引用。肯尼迪政府学院重视案例教学的教育方法，不仅使其声名远播，培养了一大批经验丰富、能力出众的公共管理精英，而且还推动公共管理案例教学方法的发展，使案例教学成为公共管理教育不可或缺的重要方法。

五、法学、医学、工商管理与公共管理案例教学的比较

　　从方法论上讲，法学、医学、工商管理和公共管理所采用的案例教学在授课方式（以讨论为主）、知识传授方式（双向流动）、问题导向等方面都具有相似性，但是由于这些领域具有各自不同的特点，因此其案例教学在案例特点、案例编写、能力培养等方面具有很大的差异，认清楚这些差异有助于深刻理解公共管理案例教学的本质与特点，为进一步改善公共管理案例教学提供依据。

　　首先，在案例特点方面，不同领域的案例有其不同的特点。在法学领域，一个案例就是一个审判前的特殊事件或对该事件的一个书面记录及其裁决，简单地说，一个司法判决就是一个案例。在医学中，一个案例就是一个待诊断症状的患者及对他的治疗，一份症状、诊断以及治疗的书面记录都可被看成是案例。法学和医学案例的共同特点是，案例自然地产生于专业实践过程中，是一种制度化的案例。法学与医学案例的区别是，法学案例具体、实在，法庭论辩及判决依据全部写入书面记录材料，并且具有权威性；在医疗案例中，案例记录是虚幻的和抽象的，没有人对医生的问诊和检查技能提出质疑，没有人就医生对患者所作的相关观察提出质疑，诊断推理的时间紧迫性及连续性不可能将医师的诊断直觉、思维过程和依据全部写入一个诊断记录材料中。因此，医疗案例一般只包括病情和各种方式的诊断结果。

　　在工商管理领域，查尔斯·克拉格(Charles Cragg)认为，案例就是商业

经理们曾实际面临的商业问题的记录以及赖以决策的相关事实、意见和成见。克里斯坦森对此加以发展:"案例就是一个执行官或其他管理人士曾面临的情景的一个部分的、历史的、临床的研究。"在公共管理领域,斯坦将案例定义为"先于或作为归纳一部分的细节检验",案例描写公共行政官员们从事其决策工作时的典型行为方式。因此与法学和医学案例不同,工商管理和公共管理案例的共同特点是,它们并非自然地产生于专业实践领域,很少出现制度化的案例。工商管理和公共管理案例必须经过案例教师或案例作者的提炼加工,其案例的形式与目标极为丰富。工商管理案例与公共管理案例的区别是,工商管理案例的对象是企业,而公共管理案例的对象则是政府与非政府公共机构。

其次,由于法学、医学、工商管理和公共管理案例的特点具有很大的差别,因此在案例编写方面也存在着一定的差异。法学与医学案例的编写一般以司法判决文书和诊断治疗记录为内容,不需要经过刻意的加工提炼过程,在编写过程中很少带有个人主观见解。而工商管理和公共管理案例则是为了达到一定目标,根据目标需要来组织和编写案例,尽管在编写中要求做到客观公正,但是由于涉及复杂的社会现象,因而案例编写中难免带有一些个人主观色彩。

最后,在能力培养方面,各有不同的侧重点。一般情况下,法学领域中的案例教学着重培养学生的"类律师思维"(Thinking Like A Lawyer)逻辑推理能力。这种能力分为两个方面:一是类律师思维的归纳能力和创造能力,归纳能力是指从特殊到一般的归纳能力,创造能力是指在原有法律的基础上创造一个新的用于解决问题的原则。二是司法推理形式上的准确性。类律师思维过程包括四个基本因素:争论焦点(Issue)、法规(Rule)、应用(Application)、结论(Conclusion)(简写为IRAC)。争论焦点是一个根据基本事实作出的要回答的问题;法规是一个执行者必须限定的边界或限定区域,在法庭辩论中,律师运用归纳或推理将相关法规应用于基本事实(问题),不管有多困难,都必须得出结论。

医学中案例教学的运用着重于培养学生的"类临床医生思维"(Thinking like a clinician)科学推理能力。这种思维能力的推理过程包括:(1)从患者和环境中发觉最初的线索;(2)迅速作出多种假设;(3)运用一种调查策略(询问、检查、测试)提炼、分类、证实或取消这些假定;(4)从持续询问中得到重要的与假定相关的资料中抽象出的一个扩充的问题规划;(5)当医生作出诊断或治疗的决定时,结束问诊。"类临床医生思维"是科学的形式逻辑的一种高度浓缩形式,推理过程中的事实可以根据有关意义的假设来检验。

工商管理中案例教学着重于培养学生的"类经理思维"(Thinking like a manager)或"类商人思维"(Thinking like a business person)能力,即把学生带入工商业的"现场(商业公司或企业)",培养学生在不充分信息条件下,发现问题,去伪存真,判断是非,从而正确果断排除风险并作出决策(大部分是紧急决策)的能力。由于商业活动涉及复杂的人类活动,知识运用领域具有广泛性和多样性,因此"类经理思维"的实施步骤比较复杂,基本事实难以找到,推理解释性较差,可应用的制度、原则不明确或者根本不存在。与法学案例教学中培养逻辑推理能力和医学中培养科学推理能力不同,"类经理思维"过程更具有实践性和联想性,它涉及认识的方式和人的本能。

公共管理中案例教学的运用,其目的是着重培养学生的"类行政管理人员思维"(Thinking like a administrator)能力,即在面临各种压力困境的条件下,利用不充分的信息作出决策,解决公共问题,并依法行政与管理的能力。公共管理中涉及的人类活动比工商管理更为复杂,它涉及社会中的各个阶层、各种类型组织与不同的个人,而这些阶层、组织与个人具有各自不同的价值观,有时候这些价值观甚至会产生不可调和的冲突,因此"类行政管理人员思维"缺乏合法的严密性与精确性,属于一种试验性、直觉性的推理过程,与法学和医学中的逻辑推理和科学推理有着本质的区别。

总的看来,公共管理领域中的案例教学之所以不同于法学、医学、工商管理领域中的案例教学,根本原因还在于其自身的特质。公共管理是一门运用管理学、政治学、政策学、经济学、社会学、组织理论等多学科理论与方法专门研究公共组织的管理活动及其规律的学科体系。在西方,公共管理源于19世纪末形成的传统公共行政学(以1887年威尔逊的"行政学研究"为标志)和20世纪60到70年代流行的新公共行政学(以1971年弗雷德里克森的"论新公共行政学"为标志),后于20世纪70年代末期开始受到工商管理学科取向的强烈影响而逐渐发展起来。如今它已经成为融合行政管理、公共政策、公共事务管理等多个学科方向的大学科门类。它是一门应用性极强的学科,学生除了学习和掌握基本的必要的理论知识之外,更重要的是要培养其发现问题、分析问题和解决问题的能力。因此,公共管理学科的重点并不在于抽象的逻辑推理,而要以问题为基本导向,以案例为手段,展开讲授、研讨、模拟训练以及社会实习,这是公共管理教育的基本特色。

六、公共管理案例教学在中国的发展

自20世纪80年代中国恢复公共行政与公共管理教育以来,在行政学界的专家和行政管理实际工作者的努力下,中国的公共管理研究取得长足的发展和进步。在理论研究方面,建立了较为完善的理论体系;在研究方法方面,采用比较研究方法、案例研究方法、行为科学研究方法、系统研究方法等多种方法进行研究。但是在中国公共管理教学方面，仍然存在着一些不足之处：一是重视向学生传授理论知识，而忽略对学生实践能力、解决公共问题技巧等方面知识和技能的培养；二是在教学方法上，主要以讲授方式向学生灌输知识，较少采用案例方法进行教学，造成公共管理学生分析问题、解决问题的能力低下；三是尽管有些高校采用案例教学方法，但是由于对案例教学的特点、本质与内容方面缺乏了解，在案例选择与编写方面也过于粗糙，从而达不到案例教学目标。

造成这些问题的原因主要是：第一，公共管理案例教学始于20世纪90年代初，距离现在仅有10余年，发展时间非常短暂，人们还没有真正意识到案例教学对公共管理教育的重要性，也没有形成完善的案例教学建制。第二，案例教学的基本材料是案例，案例的选择、编写和积累是一个长期和艰苦的过程，国外一些大学的公共管理案例库的建立往往是经过十几年甚至几十年的积累才形成的。中国公共管理在短暂的20余年发展中还没有建立公共管理案例库，所积累的一些案例又是以国外的为主，不能够满足案例教学的要求。第三，在案例教材的编写方面，一方面，目前出版的案例教材以国外案例为主，脱离中国公共管理实践，而国内的案例教材则比较零散，没有形成体系；另一方面，在这些教材中，多数是堆积案例，没有将公共管理理论与案例结合起来进行分析。因此，从总体上看，中国的公共管理案例教学仍然处于起步阶段，这也使得公共管理相关专业培养的人才不能够较好地满足行政管理体制改革、社会主义市场经济建设的要求。

不过自2001年中国进行首次MPA（公共管理硕士）招生之后，案例教学作为MPA教育的重要教学内容和手段已经受到社会各界的重视，高等院校、政府部门纷纷投入力量进行公共管理案例教学研究，使得中国公共管理案例教学进入一个新的发展阶段。"公共管理/MPA案例教学系列教材"正是为了满足中国公共管理教育的需要而编写的。在编写上，我们克服过去公共管理理论与案例相脱节的情况，将公共管理理论与案例结合起来分析，希望能够对提高读者的公共管理理论水平和实践能力有所裨益。

公共管理/MPA案例教学系列教材编委会
2006年1月

前　言

　　案例分析是政策科学研究的重要方法之一。为什么这样说呢？这得从政策科学的学科特点谈起。政策科学的研究领域是以政府为代表的公共部门的公共政策，研究的目标是解决社会运行过程中所出现的各种公共问题。为解决社会现实生活中所出现的公共问题，决策者必须深入生活实践，了解公共问题产生的原因以及围绕公共问题所形成的各种复杂关系。而案例分析方法中的案例来源于社会生活实践，通过案例分析可以探求公共问题产生的原因，并且激发人们对案例中所反映出的与政策相关的各种问题的思考，从而为解决公共问题和完善政策提供有效的途径。这样，案例分析方法的特点与政策科学的学科特征和目标不谋而合。正因为如此，在西方政策科学发展的早期阶段，政策科学研究者就十分重视运用案例分析方法来分析和开发各种政策理论。

　　例如，1971年G.阿里森(Graham T. Allison)以古巴导弹危机为案例，对合理性模型、组织过程模型、官僚政治模型这三种决策模型进行详细的分析。他认为，运用合理性模型对古巴导弹危机进行分析没有考虑到心理因素和政治因素，因此不能够对古巴导弹危机作出合理的解释。为此，他创造性地开发出组织过程和官僚政治两种决策模型。再如，1973年J.普雷斯曼(Jeffrey L. Pressmain)和A.威尔达夫斯基(Aaron Wildavsky)以奥克兰大项目的失败为案例，不仅详尽地分析了政策执行失败的原因，而且还引发了政策学者对政策执行理论的研究，开创了政策理论研究的新领域。由此可见，政策学自诞生之初就与案例分析方法紧密地结合在一起，案例分析方法不仅在政策的理论与实践之间架设起一道桥梁，而且还推动着政策学理论的不断发展。

　　西方政策科学起源于20世纪50年代初，而现代中国由于政治、经济条件的制约，直到20世纪80年代初才开始出现政策学研究。在中国政策学发展的20余年里，虽然越来越多的政策科学研究者开始重视对产业发展、人口、货币金融、土地、粮食、宗教等领域的社会问题进行现行政策的分析和研究，但是在理论研究上，仍然处于引进和介绍包括我国台湾在内的海内外政策学者的著作和理论的阶段，没有构筑本土化理论。在政策研究方法上，学者们主要运用定性分析方法进行政策研究,而在很大程度上忽略定量分析和案例分析方法。近几年来,随着电脑硬件和软件技术的飞速发展,以数学和计算机技术为依托的定量分析方法,包括经济效益分析、投入产出分析、回归分析等,开始引起政策科学研究者的重视。但是,案例分析方法依然没有取得实质性的进展。2002年洪向华先生主编的《MPA最新案例集》(湖南人民出版社)虽然涉及公共管理领域的众多案例,但是没有对案例进行分析,并且也缺少针对公共政策内容包括政策问题、政策制定、政策执行、政策调整与终结等方面的案例。案例分析方法在政策研究中的缺失,一方面使得我国的政策理论研究难以取得进展,另一方面使得不少政策科学研究者提出的政策建议难以符合解决公共问题的要求;此外,还难以适应对行政管理本科生、研究生以及公共管理专业硕士研究生(MPA)的案例教学需求。

作为对解决这些问题的探索,我们组织编写了《公共政策案例分析》一书。作为"公共管理/MPA案例教学系列教材"的一册,《公共政策案例分析》从政策科学角度出发,针对政策科学理论与实践方面的较为典型的问题,选取各种相关案例,进行理论与实践两个角度的分析。全书共概括为以下八章:

第一章,政策与法律:通过三个案例分析政策与法律的区别和联系问题。

第二章,政策主体与客体:通过七个案例论述公共政策主体与客体的含义,以及两者既矛盾又统一的关系,并且着重分析政策客体向政策主体的转变过程。

第三章,政策环境:通过五个案例分析了政策环境的内容、政策环境变化对政策制定的影响。

第四章,政策问题:通过六个案例论述了政策问题的公共性、相关性、主客观统一性、发展可变性等特征,以及政策问题的结构和层次、政策问题产生的原因等内容。

第五章,政策制定:通过七个案例分析政策问题认定、方案规划、政策合法化等方面的理论内容。

第六章,政策执行:通过六个案例论述了影响政策执行的多方面因素,包括政策问题的性质、政策方案本身的可行性和完善程度、政策调试对象的接受能力、政策执行主体、科技发展水平、政策环境、政策资源、政策执行的监督机制,等等。

第七章,政策评估:通过四个案例分析了政策评估的内容(对象)、政策评估的方法和过程、政策评估的政治性、政策评估结果的可利用性等方面的理论内容。

第八章,政策调整与政策终结:通过六个案例论述了政策调整与终结的原因、政策调整与终结的各种阻力,以及消除政策调整与终结阻力的方法与途径等内容。

以上每一章的内容结构主要包含三个方面:①理论要点。主要阐述该章理论要点所包含的内容,为后面的案例分析奠定理论基础。②案例分析。这部分包括案例正文和案例分析两方面内容。案例正文主要描述与公共政策有关的一件事情、一个故事或者一个情节,包括某项政策出台的背景、出台的过程、政府官员的做法与观点、专家学者的意见和评论、民众的态度等方面的内容。案例正文主要为案例分析提供素材和信息。在案例分析中,首先指出案例中所反映出来的问题,然后结合理论进行分析,最后得出分析结论。③小结。主要是对案例分析中所得出的重要结论进行总结。

本书在编写过程中力求突出如下特点:

(1)在案例内容的选择方面,既体现本土化的特征,即所选择的案例基本上发生在我国(包括港澳台)国内;又比较全面,即包括政治、经济、文化、民族等具体领域的公共政策;并且时代感强,即所选择的案例基本上是近几年发生的,而且是政府、专家学者、公众所普遍关注的热点问题。

(2)理论与实践相结合。在案例分析中,将案例中的内容、案例所反映出的问题与政策理论结合起来进行分析。通过分析,一方面不仅证实了政策学的某种理论要点,而且也使读者对该理论观点有所了解;另一方面,又有可能证伪政策科学的某种理论要点,即该理论与案例所反映的内容不吻合,由此提出某些值得争论的理论问题,并对该理论问题进行深入分析,希望借此推动政策科学理论的发展和完善。

(3)引发思考。一般而言,案例分析并非要寻找唯一正确的答案或者最佳答案,而是通过案例分析引发人们的互动性思考。因此,在案例内容选择上,力求选择一些能够引起各方争论的公共政策案例;在案例分析中,笔者往往是从某一个角度切入来进行分析,在分析中提出自己的一种观点,并对自己的观点进行论证。这种做法的主要目的,不是寻求最佳的答案,而是通过笔者的案例分析的观点来引发读者和学生的互动思考。因此,笔者案例分析的观点未必完全正确,读者和学生也可以从其他的角度切入进行分析和在课堂上互动讨论,在分析和讨论中完全有可能会提出与笔者完全相反的观点。但是这并不紧要,编写本书的目的就是要通过案例分析引发读者的思考和争论,并借此锻炼读者的思考和思辨能力,提高读者分析和解决现实问题的能力。

与医疗和司法领域一样,在现实社会的公共政策领域中,值得分析讨论的实际问题随处可见,精确概括与深入挖掘,可以形成更多的公共政策现实案例。随着社会公共政策领域的不断发展和政府公共政策水平的不断提高,公共政策的案例教学手段和教学案例也将不断丰富和提高。

在公共政策学科发展上,本书仅在"抛砖引玉",相信会有更高水平的著作不断面世。由于编者水平有限,书中纰漏之处在所难免,希望同行给予批评和指正。

编　者

2005 年 9 月

目 录

总序 /1
前言 /1
第一章　政策与法律　/1
  1—1　理论要点　/1
  1—2　案例分析　/4
    案例一　《反分裂国家法》是对台政策的法律化　/4
    案例二　"封堵高考移民政策"具有合法性吗？　/11
    案例三　走向法律化的公务员管理　/17
  1—3　小结　/23
第二章　政策主体与客体　/25
  2—1　理论要点　/25
  2—2　案例分析　/26
    案例一　"中央一号文件"的制定过程　/26
    案例二　北京出租车换型风波　/32
    案例三　中国非政府组织正在走向前台　/37
    案例四　公民参与新模式——社区参与　/42
    案例五　公民不是公共政策的"旁观者"
          ——解读北京新交规　/47
    案例六　谁是文化遗产保护的决策主体
          ——透视圆明园防渗事件　/51
    案例七　兰德公司：美国政府智囊团　/56
  2—3　小结　/61
第三章　政策环境　/64
  3—1　理论要点　/64
  3—2　案例分析　/66
    案例一　政绩考核新策呼之欲出　/66

案例二　高校扩招政策出台的背景及政策执行对环境的影响 /72
　　　案例三　知识经济时代的香港人口政策 /78
　　　案例四　"恐怖"的广州 /83
　　　案例五　西部大开发政策 /88
　3—3　小结 /93
第四章　政策问题 /95
　4—1　理论要点 /95
　4—2　案例分析 /98
　　　案例一　强制婚检——婚姻的"门槛"？ /98
　　　案例二　城市居民住宅问题的变迁 /104
　　　案例三　天津水荒 /109
　　　案例四　SARS击中中国公共卫生体系的"软肋" /114
　　　案例五　城乡教育的反差 /119
　　　案例六　网络游戏的"魔力" /125
　4—3　小结 /131
第五章　政策制定 /133
　5—1　理论要点 /133
　5—2　案例分析 /135
　　　案例一　褒贬不一的高校"禁租令" /135
　　　案例二　自行车牌照该不该取消 /140
　　　案例三　《关于北京市严格限制养犬的规定》的出台始末 /144
　　　案例四　城市"窝棚区"的去与留 /149
　　　案例五　《深圳市节约用水条例》出台：深圳水改的第二个
　　　　　　　关键时刻 /154
　　　案例六　重庆路桥年票制：听证会成"走过场"？ /159
　　　案例七　审视北京市暂住证分类发放政策 /165
　5—3　小结 /169
第六章　政策执行 /172
　6—1　理论要点 /172
　6—2　案例分析 /173
　　　案例一　昙花一现的个性化车牌政策 /173
　　　案例二　中国不同时期的人口政策及其执行 /180
　　　案例三　城市"低保"政策执行中存在的问题 /186
　　　案例四　农民减负政策的执行 /191

案例五　北京限制养狗政策的执行　/196
　　　案例六　市管县政策的执行及调整　/201
　6—3　小结　/207
第七章　政策评估　/209
　7—1　理论要点　/209
　7—2　案例分析　/212
　　　案例一　陕西三河湿地自然保护区建设项目建议书　/212
　　　案例二　高雄市社会发展评估　/220
　　　案例三　春蕾计划社会效益评估报告　/226
　　　案例四　京津塘高速公路的成本—效益评估　/237
　7—3　小结　/245
第八章　政策调整与政策终结　/247
　8—1　理论要点　/247
　8—2　案例分析　/248
　　　案例一　宪法的修正：政策的稳定性与变动性　/248
　　　案例二　城市户口：从严格控制到局部放开　/254
　　　案例三　汽车产业政策的发展更新　/259
　　　案例四　国有股减持的叫停与反思　/265
　　　案例五　"皇粮国税"的终结　/270
　　　案例六　大学英语四、六级考试首次大调整　/274
　8—3　小结　/278
后记　/281

第一章 政策与法律

1-1 理论要点

一般而言,政策是指以政府和政党为代表的公共权力机构为了解决公共问题,实现一定的政治、经济、文化目标,通过一定的程序制定的行动方针和行为准则,它的表现形式包括方针、路线、战略、规划、规章、条例、决定、办法、法律、法规等。从中可以看出,法律是政策的一种表现形式,也属于政策的范畴,两者没有本质上的区别。法律是指由国家权力机关制定或者认可,并由国家的强制力保证实施的具有普遍约束力的社会行为规范,其目的在于维护、巩固和发展良好的社会关系和社会秩序。

政策和法律作为联系在一起的两种不同的现象,既有区别,又存在着紧密的联系。两者的区别主要体现在制定主体、制定程序、表现形式、适用范围、稳定性、灵活性等方面。

第一,制定主体不同。政策的制定主体包含了国家的行政权力机构和政治权力机构两个部分,也就是通常所说的政府和政党。在我国,各级党组织和各级政府部门都是制定政策的主体。而法律、法规的制定主体仅是国家权力机关,在我国,包括全国人民代表大会及其常务委员会、地方人民代表大会及其常务委员会。

第二,制定程序不同。政策制定的程序以行政程序为主,相对法律制定程序而言,政策制定程序并不是十分严格。法律是由立法机关依据法定的立法程序制定的,其程序非常复杂而严格。

第三,表现形式不同。法律的表现形式具有固定性,一般表现为法典、法规、规章、条例等有限的形式。而政策的表现形式则相对多样,除了规划、规章、条例、决定、办法等表现得较为具体的政策之外,政党的一些纲领性质的文件、领袖的指示、一些大会的宣言、会谈后的声明、领导人的讲话或者报告,由于涉及整个国家的前进方向、发展战略或者针对某项具体的政策问题,都能称其为政策的表现形式。

第四,适用范围不同。由于政策问题的广泛性,因此政策在表现形式上具有广泛性,同时在适用的社会范围上也具有广泛性。政策的适用范围几乎涉及政治、经济、社会、民族、宗教、文学、艺术、人们生活等一切领域。而比较而言,由于受到固定的形式的限制,法律的适用范围比较有限,它一方面适用于处理社会上相应主体之间的权利和义务关系,另一方面适用于能够上升到法律范畴的事务。

第五,稳定性不同。法律一经建立和执行,将在相当长的时间内成为一种社会规范。稳定的法律对于新问题不断出现的现实来说,总要呈现一种滞后性。而与法律相比较,政策将体现出一种超前意识和不稳定的特征。对于新出现的社会公共问题,法律由于受到程序和内容的制约,往往不能适用,因而达不到很快解决问题的目的。这就需要非法律形式的政策发挥功能。由于政策总要适应新事物、新问题,所以相对法律来说政策总是体现一种超前性和不稳定性。

第六,在执行过程中,政策比法律具有更大的灵活性。对社会所有人来说,法律具有同等的约束性和强制性。"法律面前人人平等"的口号使法律具有"神圣"的特征。虽然在执行法律过程中,针对不能使用的特殊情况可以依法变通、灵活执行,但是灵活执行的幅度非常小。法律如果在执行中过于灵活,那将丧失神圣的光环,导致社会管理的混乱。而非法律性的政策在执行中则可以在坚持政策原则的基础上,充分发挥政策的灵活性,辅助于各种有效的策略,创造性地达到政策目标。政策可以根据实际情况的发展变化,在执行中不断地及时调整和修订。在这一点上,政策比法律体现出更大的灵活性。

虽然政策和法律存在着很多的区别,但是,两者也存在着密切的联系。

首先,两者在本质上是一样的,都是权力机关和政府部门为解决社会公共问题而制定的行为准则。

其次,政策是法律建立和修订的基础。针对新问题制定的非法律形式的新政策,一方面会成为将来立法的基础;另一方面也将促进尽快修订先前有关法律中滞后于现实的内容,非法律形式的政策经过一段时间的实际执行后,用相对稳定的形式固定下来,就成为法律。法律一旦建立与执行,将通过规范的法律条文体现出政策的精神。例如,中国的《农业法》源于先前的农业政策,《经济法》源于先前的经济政策。所有的法律都体现着先前的政策精神。从这个意义上说,政策是法律建立和修订的基础。

此外,要理解政策与法律之间的联系,还需要理解政策合法化和政策法律化两方面的内容。

对于政策合法化的理解,从静态角度来说,有两层含意:一是指公共政策的正当性、合理性被社会民众所认可接受的过程,二是指社会公众内心接受政策制定过程与政策内容的程度。从动态角度看,政策合法化是指法定主体为使政策方案获得合法地位而依照法定权限和程序所实施的一系列审查、通过、批准、签署和颁布政策的行为过程[①]。政策合法化是政策制定过程的一个重要环节,政策方案只有经过了合法化的过程,才能成为合法有效的政策,才能顺利地实施。政策合法化有两个途径:其一,由行政首长根据自己的职责、权限审批签发政策方案,这称为行政程序的政策合法化;其二,由相应的立法机构通过特定程序审批通过政策方案,这称为法律程序的政策合法化。但是,不管是行政程序的合法化,还是法律程序的政策合法化,在合法化的过程中,合法化的主体都必须遵守法定的程序,并检查政策方案的内容是否与相关的法律、法规相冲突;如果冲突,那么政策方案就无法获得合法性。这说明,政策合法化是以法律、法规的内容为基础的。

政策法律化即政策向法律转化,是指"享有立法权的国家机关依照立法权限和程序,将成熟、稳定而有立法必要的政策转化为法律。它实际上是一种立法活动,所以又称政策立法"[②]。由此可见,政策法律化的过程实际上是立法过程,其程序也就是立法程序。在政策法律化中,有一个问题值得注意,即政策法律化并不是把所有的政策都转化为法律,而只是将成熟、稳定并具有立法必要的政策转化为法律。这里就涉及法律化的条件问题。一般情况下,政策法律化需要具备如下条件:一是对全局有重大影响的、有立法必要的政策。即只有调整属于法律调整范围的社会关系的政策,才有必要转化为政策。有些政策由于对社会不具有普遍适用性,没有必要转化为法律;而有些领域,如民族、宗教领域内的许多问题,宜用政策加以引导,也不宜用法律作硬性的约束。二是已经成熟的、具有长期稳定性的或者成功的政策。法律的稳定性和权威性要求,只有经过了实践的检验是成熟了的、具有长期稳定效用的政策才能转化为法律。

除了政策向法律的转化外,在政策与法律的相互关系中,我国学术界一直存在着"宪法、法律和党的政策孰高孰低"的争论,以至于将之上升为"人治"和"法治"之争的高度。这种争论实质上是将法律和政策简单地对立了起来,这种

[①] 陈振明主编:《政策科学》,中国人民大学出版社,1998年,第245页。
[②] 陈振明主编:《公共政策分析——公共政策分析导论》(第二版),中国人民大学出版社,2003年,第239页。

态度是不可取的。因此在处理二者关系时,更应该关注于二者之间的联系。政策与法律的关系除了前面所述的几点之外,还体现在如下两个方面:其一,政策本身要具有合法性。政策的形成、决定和实施的过程必须受到现有法律、法规具体规定的约束,必须符合法治的精神、理念和原则。从这个意义上讲,政策活动本身就是法律活动。其二,政策和法律的相互指导以及相互转化。政策由于其主体在政治权力上的多层次性而具有多层次性。一些宏观性的政策会成为具体领域内立法的指导原则,而像宪法这样的国家根本的法律同样也会成为政策制定过程中的指导规范。成熟了的政策可以向法律转化,相应的法律的执行过程也要求更加灵活的政策与之配套。

1-2 案例分析

案例一 《反分裂国家法》是对台政策的法律化

【案例正文】

2005年3月14日,十届全国人大三次会议以2896票赞成、2票弃权的表决结果,高票通过《反分裂国家法》。这是中国大陆应对台湾岛内外局势演变、遏制"台独"分裂、争取和平统一目标而采取的重大举措。《反分裂国家法》的制定是"国家政治生活中的一件大事",它标志着中国大陆的对台方针、政策开始走向法制化,也标志着中国大陆的反"台独"斗争进入了一个新阶段。

一、《反分裂国家法》的主要内容

《反分裂国家法》以邓小平理论和"三个代表"重要思想为指导,以宪法为依据,贯彻中央对台工作大政方针,突出反对和遏制"台独"分裂势力分裂国家的活动、促进祖国和平统一这一主题。该法共10条,1000余字,内容简明扼要,重点突出。主要内容包括:

第一,简要阐明立法宗旨、立法依据和适用范围。该法规定:"为了反对和遏制'台独'分裂势力分裂国家,促进祖国和平统一,维护台湾海峡地区和平稳定,维护国家主权和领土完整,维护中华民族根本利益,根据宪法,制定本法"。

第二,明确大陆对台工作的原则立场及台湾问题的性质。该法明确规定:"世界上只有一个中国,大陆和台湾同属一个中国,中国的主权和领土完整不容分割"。这等于是将一个中国原则法制化。在这一原则立场下,"国家绝不允许'台独'分裂势力以任何名义、任何方式把台湾从中国分裂出去"。同时,明定台湾问题是中国内战遗留问题,解决台湾问题是中国的内部事务,"不受任何外国势力的干涉"。法案还引用宪法中的条文,即"完成统一祖国的大业是包括台湾同胞在内的全中国人民的神圣职责",既体现《反分裂国家法》与宪法的关联性,又体现了全中国人民"完成统一祖国大业"的共同意志。

第三,重点突出以和平方式实现国家统一。一是以法律的形式确立实现国家统一的方式、前提,即"坚持一个中国原则,是实现国家和平统一的基础。以和平方式实现国家统一,最符合台湾海峡两岸同胞的根本利益"。二是以法律的形式规定大陆在"维护台海地区和平稳定、发展两岸关系"方面采取的措施,即"五个鼓励和推动":两岸居民往来;两岸经济交流与合作,直接通邮通航通商;两岸科教文体卫交流;两岸共同打击犯罪;有利于维护台湾海峡地区和平稳定、发展两岸关系的其他活动。三是以法律的形式规定实现和平统一的途径是"台湾海峡两岸平等的协商和谈判",两岸协商和谈判涉及六大议题,即正式结束两岸敌对状态、发展两岸关系的规划、和平统一的步骤和安排、台湾当局的政治地位、台湾地区在国际上与其地位相适应的活动空间、与实现和平统一有关的其他任何问题。"五个鼓励和推动"及"平等协商和谈判"六大议题的法制化,充分体现了"没有人比我们更希望通过和平的方式实现祖国统一"的诚意,体现了"以人为本"的思想,体现了"尽最大努力维护广大台湾同胞福祉"的善意。六大议题不仅与大陆一贯的"在一个中国原则下,什么都可以谈"的态度一致,同时使得议题具体化、扩大化。

第四,核心部分是原则性地说明"采取非和平方式和其他必要措施"解决"台独"分裂问题的三大判断标准,明定决策机构及程序等。其中最引人注目的是三大标准,即:"台湾分裂势力以任何名义、任何方式造成台湾从中国分裂出去的事实,或者发生将会导致台湾从中国分裂出去的重大事变,或者和平统一的可能性完全丧失"。这其实是以法律的形式划出"台独红线",表明全中国人民反对"台独"分裂、捍卫国家主权和领土完整的共同意志。《反分裂国家法》提出使用"非和平方式"的前提,又强调"尽最大可能保护台湾平民和在台湾的外国人的生命财产安全和其他正当权益"等,这在以往没有先例,是审议《反分裂国家法》的创举,主要是强调立法是针对"台独"分裂势力,不是针对台湾人民及在台湾的外国人,也不会影响大陆台商的权益。

二、《反分裂国家法》的主要特点

总体上看,《反分裂国家法》具有如下特点:

一是内容丰富,逻辑严密。《反分裂国家法》总结了以往多位中央领导人有关台湾政策表述的全部内容及其精髓,包括上个世纪80年代邓小平的"和平统一、一国两制"方针、1995 年"江八点"的主要内容、中共十六大的对台政策、2004 年的"五一七声明",以及最近国家主席胡锦涛就新形势下发展两岸关系提出的"四点意见",可以说是大陆 20 多年来争取和平解决台湾问题方针政策的法律化。

二是体现了大陆立场坚定、务实、灵活、诚意与善意。"坚定"主要表现在《反分裂国家法》落实胡锦涛主席"四点意见"中的"四个决不",即"坚持一个中国原则决不动摇"、"争取和平统一的努力决不放弃"、"贯彻寄希望于台湾人民的方针决不改变"、"反对'台独'分裂活动决不妥协"。

"务实"主要表现在法案并未触及传闻中的所谓"统一时间表",也没有触及统一的模式。

"灵活"主要表现在用"非和平方式"取代过去的"动武"字眼,不但有利于增强岛内民众和国际社会的认知,更增强武力以外的其他选项,加大对台威慑的力度与空间,增加回旋空间。同时,对分裂国家行为的界定是通则性,避免划线过度明确而绑手绑脚,从而在解释和操作方面预留空间,掌握主动权。《联合报》分析文章认为,法律赋予大陆在对台使用非和平方式时拥有主动解释权,这无疑是增强对"台独"活动的威慑力,令大陆更能掌握两岸关系的主动权。

"诚意与善意"主要表现在法案的主要篇幅在于争取和平统一、发展两岸关系的"五个推动和鼓励"以及两岸平等协商和谈判的六大议题,同时强调"依法保护台湾同胞的权利和利益",在"采取非和平方式及其他必要措施并组织实施"时,"尽最大可能保护台湾平民和在台湾的外国人的生命财产安全和其他正当权益"。法案改变过去"台湾是中华人民共和国领土的一部分"的说法,将"大陆和台湾同属一个中国"法律化,充分考虑到"1949 年以来,两岸尚未统一"的两岸现状,体现两岸平等原则,极大地照顾到岛内民众的情绪。

三、《反分裂国家法》颁布的意义

《反分裂国家法》的制定是十分必要和及时的,它为遏制"台独"分裂、促进两岸关系发展、反对外部势力干涉台湾问题、争取国家和平统一提供了重要法律依据,具有强烈的现实意义和深远的历史意义。

《反分裂国家法》是我国政府为落实"以法制独"、反对外部势力干涉台湾问题、促进国家统一而采取的重大举措和战略部署,是全体中国人的共同决定和共同意志。

在 2004 年底,虽然在"立委"选举中,"泛蓝立院过半",泛绿势力失败,这使 2005 年初以来两岸关系出现某些缓和迹象,但十届全国人大仍然启动《反分裂国家法》立法程序,并最终高票通过,这与台当局的"台独"施政、岛内外局势演变和全体中国人的共同要求密不可分。

首先,《反分裂国家法》是"台独"分裂活动不断升级的必然结果,是祖国大陆经历重大反"台独"、反分裂斗争的必然思考。解决台湾问题,完成祖国统一大业,是党和国家本世纪的三大历史任务之一,关系到我国的国家安全和中华民族的全面复兴。长期以来,我国政府为发展两岸关系、促进国家和平统一进行了不懈的努力。然而,李登辉上台以来加紧推行分裂活动,1995年赴美进行"分裂之旅",1999年抛出"两国论",导致两岸关系高度紧张。陈水扁上台后拒不接受一个中国原则,拒不承认"九二共识",变本加厉推动"台独"施政,抛出所谓"一边一国论",大搞"公投制宪",加速"台湾正名"、"去中国化"进程,加紧为"台独建国"作准备。尤其是,陈水扁还抛出"2006年公投制宪"、"2008年实施新宪"的"台独时间表"。最应引起警惕的是,台当局妄图通过"公民投票"、"宪政改造",甚至"公投制宪"等方式,谋求"法理台独",改变大陆和台湾同属一个中国的事实,把台湾从中国分裂出去。"台独"势力的所作所为,把两岸关系推向危险的战争边缘,严重威胁着我国的主权和领土完整,严重破坏和平统一前景,严重损害中华民族的根本利益,严重威胁着台海地区乃至亚太地区的和平稳定。大陆适时制定《反分裂国家法》,"以法遏独",旨在增强遏制、打击"台独"分裂活动的威慑力和主动性,从而有效遏制"法理台独",避免"台独"战火,既争取本世纪前20年战略机遇期进行经济建设,更为了我国的长治久安,争取和平统一,维护亚太地区的和平与稳定。

其次,《反分裂国家法》是回应全球中国人反"台独"呼声的重大举措。中国自秦朝以来就是一个统一的、多民族国家,"大一统"观念深入人心,深入民族血脉。近几年来,广大干部群众、社会各界人士和海外侨胞强烈要求以法律手段反对和遏制"台独"分裂势力分裂国家的活动、实现国家统一的呼声越来越高。每年"两会"期间,有关对台立法的建议、提案、议案都是全国人大代表或全国政协委员的重头戏。因而,制定《反分裂国家法》旨在回应、凝聚全体中国人民反对"台独"分裂的主流民意。

再次,以法律的形式反对外部势力干涉台湾问题。台湾问题是上个世纪40年代后期中国内战遗留的问题。由于种种复杂的原因,尤其是外部势力的干涉,台湾问题变得更为复杂,两岸迄今尚未统一。不仅如此,在外部势力的纵容与支持下,"台独"分裂势力恶性膨胀。通过制定《反分裂国家法》,向全世界宣示我国政府和人民反对"台独"分裂、促进国家统一的坚定决心与强大意志,特别是针对美国的"与台湾关系法"等,实行"以法制法"。

第四,制定《反分裂国家法》条件已经具备。宪法明确规定:"台湾是中华人民共和国神圣领土的一部分。完成统一祖国的大业是包括台湾同胞在内的全中国人民的神圣职责。"这为制定《反分裂国家法》提供了宪法依据。三代中央领导集体特别是邓小平同志、江泽民同志以及胡锦涛主席有关解决台湾问题的思想,中央一系列对台方针政策,为制定《反分裂国家法》提供了明确的指导思想和政治依据。法学专家和对台事务专家进行的有关研究及其成果,也为制定《反分裂国家法》作出了一定的贡献。

总之,《反分裂国家法》是祖国大陆对台政策的法制化,其主要内容及特点充分体现了大陆以最大的诚意、尽最大的努力争取和平统一前景的一贯立场,同时表明全中国人民捍卫国家主权和领土完整、决不容忍"台独"分裂势力把台湾从中国分割出去的共同意志和坚定决心。

(案例来源:①"十届全国人大三次会议表决通过反分裂国家法",新华网www.xinhuanet.com,2005年3月14日;②彭维学:"《反分裂国家法》有重大现实意义与深远历史意义",中国台湾网,2005年3月15日。)

【案例分析】

《反分裂国家法》是我国政府20多年来争取和平解决台湾问题的方针、政策的法律化。案例主要阐述了《反分裂国家法》的出台、主要内容、主要特点、重要意义等方面的内容。《反分裂国家法》在表决时,以2896票赞成、2票弃权,没有一张反对票的空前高票率得以通过,这说明制定本法律,充分反映了13亿人民的意愿,具有广泛的民意基础,是全体中国人民意志的体现。《反分裂国家法》的主要内容包括:"明确大陆对台工作的原则立场及台湾问题的性质";"以和平方式实现国家统一";"原则性地说明'采取非和平方式和其他必要措施'解决'台独'分裂问题的三大判断标准,明定决策机构及程序"。《反分裂国家法》的主要特点是:内容丰富、逻辑严密,是大陆20多年来争取和平解决台湾问题方针政策的法律化;体现大陆立场坚定、务实、灵活,表现出了诚意与善意。《反分裂国家法》的重要意义是:回应全球中国人反对"台独"呼声的重大举措,并以法律的形式反对外部势力干涉台湾问题。

案例虽然短小精悍,但是它反映了非常重要、也非常敏感的政治问题。对于此案例,我们不仅要关注《反分裂国家法》的出台、内容、特点和重要意义,还应该从政策学和法学的角度对它进行分析。具体而言,就是要从政策与法律的关系对它进行解读,这样才能够更为深刻地理解,为什么我国政府要选择对台政策法律化这一策略。

从政策学的角度看,政策与法律在本质上是相同的,即两者都是权力机关和政府为解决社会公共问题而制定的行为准则和行动方案。但如果仅将视野局限于此,不去关注政策与法律在多个方面的区别,那么,不仅会在理论上忽略对两者关系的研究,而且在政策实践中,也使政策无法较好地(甚至是根本不能)完成解决社会公共问题的任务。在政策实践中,政策与法律的区别主要体现在如下几个方面：

(1)制定主体不同。在我国,各级党组织和各级政府部门是政策制定主体,而全国人民代表大会及其常务委员会是法律的制定主体,地方人民代表大会及其常务委员会是地方性法规的制定主体。政策与法律的制定主体不同,那么政策与法律所反映的所代表的民意、所涉及的范围就有很大的区别。政府及其各部门所制定的政策仅代表某地区和某个领域的民意；全国人民代表大会及其常务委员制定的法律代表全国人民的利益,其效力范围涉及全国；地方人民代表大会及其常务委员会制定的法规仅代表本地区人民的利益,其效力范围仅涉及该地区。

(2)制定程序不同。政策制定程序以行政办事程序为主,并不是十分复杂和严格；而法律制定则必须通过较为复杂和严格的立法程序。

(3)权威性不同。由于政策与法律在制定主体和制定程序方面的差异,就导致了两者在权威性上存在着很大的区别,法律的权威性往往高于政策的权威性。而正是由于法律权威性往往高于政策权威性,那么法律通常会获得更广泛的认同,具有更强的合法性,这样人们就会形成遵守法律的意识；也会意识到如果不遵守法律,将受到惩罚。在政策实践中,由于政策的权威性比法律权威性低,这样,有些政策调适对象就不愿意遵守政策的规定,从而导致政策执行的阻碍,使有些政策问题难以依靠政策得到解决。在这种情况下,政策制定者通常会寻求将政策法律化的途径,即推动政策进入立法程序,通过立法程序使政策向法律转变,以此使政策获得法律化的形式,提高它的权威性,从而在很大程度上扫除政策执行的阻碍,达到解决公共问题的目的。

(4)表现形式不同。法律的表现形式具有固定性,一般表现为法典、法规等有限的形式；而政策的表现形式则多样化,除了规划、规章、条例、决定、办法等表现得较为具体的政策之外,政党的一些纲领性的文件、领袖的指示、一些大会的宣言、会谈后的声明、领导人的讲话或者报告都包含政策内容。

如果能够深刻地理解政策与法律在制定主体、制定程序、权威性、表现形式,尤其是权威性方面的差异,那么就不难理解为什么我国政府要选择对台政策法律化这一策略。

台湾问题是解放战争遗留下来的问题,属于我国的内政。20世纪五六十年代,我国政府试图解决台湾问题,但由于美国的阻挠而没有实现。自20世纪70年代末我国改革开放以来,我国政府试图以和平的方式解决台湾问题。以邓小平、江泽民、胡锦涛为代表的三代中央领导集体在正式场合都发表了关于以和平方式解决台湾问题的看法和建议,党中央也出台了一系列以和平方式解决台湾问题的方针、政策。这并不仅打破了两岸长期封闭的局面,而且也促使两岸的经济、文化、民间交流日益频繁,两岸局势朝着平稳、健康的方向发展。然而,自 1995 年李登辉上台以来,两岸关系却发生了急转直下的变化。李登辉一改前任台湾当局的做法,开始推行分裂活动。1995 年,李登辉赴美进行"分裂之旅",1999 年又抛出"两国论",导致两岸关系高度紧张。2000 年,李登辉的继承者陈水扁上台后,不仅拒不接受一个中国原则,拒不承认"九二共识",而且还变本加厉推动"台独"施政:抛出所谓"一边一国论",大搞"公投制宪",加速"台湾正名"、"去中国化"进程,加紧为"台独建国"作准备。2004 年陈水扁获得连任后,又抛出"2006 年公投制宪"、"2008 年实施新宪"的"台独时间表"。以陈水扁为代表的台湾当局试图通过"公民投票"、"宪政改造",甚至"公投制宪"等方式,谋求"法理台独",改变大陆和台湾同属一个中国的事实,把台湾从中国分裂出去。以陈水扁为代表的"台独"势力的所作所为,不仅把两岸关系推向危险的战争边缘,严重威胁着我国的主权和领土完整,严重破坏和平统一前景,严重损害中华民族的根本利益,而且还严重威胁着台海地区乃至亚太地区的和平稳定。

从台湾当局的台独政策中可以看出,自 2000 年陈水扁上任以来,台湾当局的"台独政策"发生了一个重要的变化,即推动"台独政策"法律化,包括"公投制宪"、"2006 年公投制宪"和"2008 年实施新宪"等等。台湾当局这样做的目的是获得"台独政策"的合法性,提高"台独政策"的权威性,以达到实现台湾独立的最终目的。在台湾当局的"台独"策略发生变化的情况下,如果中国政府仍然只依靠对台政策和领导人的讲话来遏制台独,显然是很难达到目标的。这样,将一系列对台政策和领导人的一些讲话法律化,通过立法来提高对台政策的合法性和权威性,以此增强对台独势力的威慑力,从而达到遏制台独的目的,这就成为我国政府对台政策的必然选择。

《反分裂国家法》颁布后,不仅提高了对台政策的合法性和权威性,而且也得到全中国人民甚至是世界上多数国家和人民的认同和支持,这对于台独势力起到了很大的威慑作用。但是,从目前情况看,以陈水扁为代表的台独势力并没有放弃其台独想法,由此看来,《反分裂国家法》到底能够起到何种程度的作用,仍然要看它的执行和实施效果。不过,从政策与法律的区别来看,实行对台政策法律化,这是一个正确的选择。

第一章 政策与法律　　　　　　　　　　　　　　　　　　　　11

案例二 "封堵高考移民政策"具有合法性吗？

【案例正文】

众所周知，我国教育水平发展不平衡，如果同一个考生参加不同地区的高考，将会取得不同的高考成绩。同时，由于我国高考试卷和录取分数线全国不统一，而不同考生的高考录取分数又取决于其户籍所在地，因此，同一考生将因户籍所在地不同，享有不同的高考录取权利。

在我国目前高考录取制度下，不少考生希望通过"高考移民"的方式，即通过由录取线高的地区向录取线低的地区迁移户籍的方式，来取得最佳高考录取权利。但由于我国现行户籍制度的规定，公民户籍不能自由迁移。因此，无论高考考生主观想法如何，客观上大部分考生是不可能将其户籍自由迁移到录取线低的地区合法参加高考的。尽管如此，"高考移民"现象仍然在不少地方出现。针对这种现象，一些地方政府为了维护高考录取制度的公正性，也不断出台相应政策，以制止"高考移民"现象。2005年出现的海南"李洋事件"就是其中一个例子。

一、海南"李洋事件"

在2005年的高考中，海南考生李洋以897分夺得该省理科状元。没想到的是，等待他的不是清华大学建筑系的录取通知书，而是海南省考试局的"限报令"。

2005年6月24日，夜已深。海南当地媒体的教育记者还在苦等一个消息：理科状元花落谁家？高考成绩在子夜前已经公布，记者在第一时间接到海南中学报喜：16岁的冯文婷以886分拔得文科头筹。然而，"理科状元"是谁，一直悄无声息。而在海天学校，高中部主任何艳林已经获知李洋考了897分的高分。"只差3分就是满分，除了英语是全省第二，其他都是全省第一名，当时我们估计可能是'理科状元'。"何艳林告诉《新民周刊》。

第二天，细心的读者发现，当地报纸报道了文科第一名冯文婷，却找不到"理科状元"的任何消息。同是这一天，海天学校接到海南省教育厅的电话。"他们说897分可能是'状元'，但这个考生是不是移民，还有待调查。"何艳林回忆说。3天之后，海南省考试局在网站上公布了219名不受填报志愿范围限制的省外就读考生名单。记者没有找到李洋的名字，看来"理科状元"有麻烦了。

过了两天，海天学校接待了特殊的访客。何艳林向《新民周刊》介绍说，第一次，海南省教育厅、海南省纪委、海口市教育局一共派了4个人来调查。"调查了整整一天，查看期中期末的成绩记载，老师3个学期的备课本、点名册、学籍卡、学籍档案。"两天之后，省教育厅工委又来了2个人，"他们对第一次调查结果不满意，还要进一步查，柜子都被翻了个底朝天"。调查人员甚至开借条，把海天学校的账本借走。最终，调查人员从学校日志中发现了可靠证据。在学校日志中，海天学校9月份记载的在校生人数与10月份记载的人数不一致，9月份差不多少了一个班。何艳林说，这些学生就是后来被教育厅公布的限报志愿的28个学生，加上李洋，一共29名学生被查出问题。这些学生都是2003年10月才从内地来到海南，在10月份拍了电子照片建立学籍档案。李洋等"差一个月学籍未满两年"的结论由此得来。

结束海天学校的调查工作后，由海南省纪委、监察厅、教育厅、公安厅、侨办等部门组成的海南省高招联席会议开了几次会，讨论李洋和其他人的填报志愿问题。这些会议都没有通知媒体参加。2005年7月11日，海南省高招联席会议再次召开会议，"紧急商讨我省今年理科状元的录取问题"。7月13日下午，海南省考试局正式对外宣布："经调查核实，李洋等考生高中后两年在我省就读不满两年。根据琼府办2003年公布的《海南省普通高等学校招生报考条件暂行规定》，取消其报考本科第一批的资格。"

此后，海南省考试局又传出消息，两位已被重点大学录取（预录取）的省外就读生被取消本科第一批录取资格。这两名省外就读生，一个已被国防科技大学录取，另一位考生被北京理工大学"预录取"。调查显示，这两名学生将学籍挂靠海南，而本人却在省外就读，不符合海南省"高中后两年在我省就读满两年"的不限报条件。这两名学生是设在录取现场的纪检组接到举报后派人调查处理的。

二、海南阻击高考移民

高考移民的大量涌入，对在海南土生土长的考生无疑是极大的冲击。来自海口市高招办统计的数字显示：今年在海口市报考的省外借读生人数是9233人，而海口市所有学校的应届考生为8561人。这个数字说明，移民考生竟然比海口市本土考生多出672人！难怪海南本土考生会发出"这是谁的地盘"的责问。

值得注意的是，包括理科状元李洋在内的海天学校29名被限报学生居然属于"8561人"之列。这就意味着，很多移民考生享受了本土应届考生的待遇。移民考生的队伍比公布的数字更为庞大。再看考试成绩，省外借读生中文科有331人、理科有800人超过本科第一批分数线，这个数字超过海口市所有重点中学超过本科第一批分数线的考生人数的总和。这些重点中学包括大名鼎鼎的海南中学、海南华侨中学、琼山中学等老牌学校。

高考移民人数如此巨大,移民考生与本土考生成绩又如此悬殊,这些数字不仅让海南的家长和考生心惊肉跳,也惊动了海南省主要领导。从高考前到高考后,今年海南高考引发的事件层出不穷,在维护社会稳定的大前提下,海南省出台了一系列阻击高考移民的应对措施和政策。

其一,把1303个第二批招生的指标调剂到第一批,形成第一批招生比第二批招生人数还多的奇特现象。而根据2003年出台的《海南省普通高等学校招生报考条件暂行规定》,移民考生限制报考第一批。

其二,修订《海南省普通高等学校招生报考条件暂行规定》,对移民考生设置更高门槛。2005年6月23日,《海南省普通高等学校招生报考条件规定》颁布实施,筑起了阻击高考移民的"四个条件"。同一天,海南省政府办公厅下发了《关于处置积压房地产有关问题的补充通知》,"在海南购买商品房就能办理城镇户口入户手续政策正式废止"。

而早在2005年4月,海南省教育厅等部门就联合发文,要求各地各部门严格按照高考报名条件,对每一名考生的报考资格进行审查。5月16日,海南省取消了340名同时在两省报名参加高考的考生考试资格。5月28日,83名"高考移民"考生家长在《海南省340名被非法剥夺高考资格考生的家长代表联名申诉的紧急请求》上签名,并向国家信访部门反映情况,部分"高考移民"的考生家长还来到海南省政府上访。迫于压力,5月31日,海南省教育主管部门恢复了"高考移民"考生的考试资格。

在全国高考结束后,海南省有关部门又专门下文,取消了包括李洋在内的28名"高考移民"考生报考本科第一批重点院校的资格,其根据是海南省政府办公厅2003年公布的《海南省普通高等学校招生报考条件暂行规定》。在这一规定中,在海南居住不足两年的"高考移民"考生"只能报考本科第二批和专科(高职)学校"。

三、封堵高考移民政策具有合法性吗?

目前,对于"封堵高考移民政策"的合法性存在着两种截然不同的观点。

反对者认为,首先,我国现行法律、行政法规均没有对"高考移民"问题加以禁止性规定,仅有教育部下发的2004年第一号教学文件《教育部关于做好2004年普通高等学校招生工作的通知》中有所规定,但该通知的法律渊源为部门规章。据此,高考移民考生成绩无效或者剥夺考生被录取权显然缺乏法律上的充足依据。

其次,教育部门属于行政主管部门,他们的行为应依法遵循行政程序、执法有据,不能仅凭带着地方保护的感情色彩作出行政行为。"封堵高考移民政策"实质上是地方教育部门保护当地教育资源不流失、保护当地考生利益的做法。但是,这种做法执法无据,而具有强烈的地方保护主义色彩。

最后,这种封堵"高考移民"的政策,似乎与宪法中"公民教育权平等"的原则相悖,这样封堵并非治本之策,还可能此消彼长、滋生腐败。

不过也有不少人认为,"封堵高考移民政策"具有一定程度上的合法性和合理性,并有一定的道德基础。这是因为,从我国目前的情况看,公民在受教育权的实现上确实存在着不平等。众所周知,由于历史等原因,各地经济发展存在着严重的不平衡,从而导致在教育资源和教育发展条件上的巨大差异。正是由于这种不平衡,国家一直在采取措施,增加对欠发达地区的投资,加大扶持力度,例如加大对西部教育的投入。从教育资源配置来讲,对某些特殊地区特殊群体进行某种倾斜、照顾、补偿不是没有道理的。向某些不发达地区进行某种倾斜,是为了对已有的某些不平等进行某种补偿,也是为将来实现事实上的平等而允许欠发达地区一定时期内享有相对较多的公共教育资源,适当限制发达地区对公共教育资源的享有。这是符合经济、社会、文化全面发展的根本目的和宗旨的。

由此看来,各地"封堵高考移民政策"虽然没有法律依据,但从现实情况来看,是具有合理性的,是可以理解的。只是,这样的政策该如何制定才合适,对政府教育部门而言是一个颇有挑战性的考题。

总而言之,由于历史的、经济的原因,"高考移民"现象还会存在,政府有关部门应该尽快制定相关政策,妥善地解决这一问题。

(案例来源:①贺少成:"政绩考核新策呼之欲出",《工人日报》2005年3月20日第1版;②范伟:"政绩考核的新坐标",《学习时报》2004年4月8日;③周凯:"构建科学的政绩考核体系",《学习时报》2004年6月7日。)

【案例分析】

案例主要阐述了三方面的内容:一是2005年海南省高考理科状元李洋由于被认定为"高考移民"而被海南省考试局取消其报考本科第一批的资格,二是海南省为阻击高考移民而出台的一系列政策,三是社会各界对封堵高考移民政策合法性的争论。从案例可以看出:一方面,海南省高招联席会议和海南省考试局对李洋所作出的决定不仅遵循行政办事程序,即具有程序上的合法性;而且执法有据,即符合《海南省普通高等学校招生报考条件暂行规定》的规定。另一方面,海南省有关部门制定的封堵高考移民政策不仅符合行政办事程序,而且是在考虑到海南省高考移民比较严重的情况下作出的,其用意在于保护当地考生的利益。由此看来,海南省高招联席会议和海南省考试局对李洋所作的决定,以及海南省相关部门所制定的封堵高考移民政策都具有合法性。但是,这些看似具有合法性的做法和政策却引起广泛的争论,其中不仅有赞成者,更多的是反对者。如此广泛的争论也使我们不得不反思,海南省高招联席会议和海南省考试局对李洋所作的决定以及海南省的有关政策真的具有合法性吗?如果没有,那么它们违反了哪些法律呢?事实上,案例中所反映出的这些问题,其本质上就是政策与法律之间的关系问题。下面将运用政策与法律的关系理论对这些问题进行分析。

在政策学中,政策与法律的关系是一个比较有意义,然而又常常被忽略的话题。政策与法律的关系常被忽略,这主要是由于不少政府官员,甚至是一些政策学者认为,虽然政策与法律在表现形式、适用范围、稳定性有所不同,但是两者在出发点和本质方面是一样的,即都是权力机关和政府部门为解决社会公共问题而制定的行为准则。既然两者在出发点和本质上是相同的,也即是说,两者可以被认为是同一个事物,那么对这两者的关系就没有进行更深一步研究的必要了。但是,经验往往表明,越是具有相同性的事物,就不仅越要研究它们的联系,而且也要对它们的特点、不同之处进行区分。只有这样,才能够更好地理解它们、运用它们。

政策与法律虽然在出发点和本质上具有相同之处,这是体现它们联系的一方面内容;除此之外,它们的联系还体现在,政策的制定要以法律、法规的内容为基础,不能够与现行的法律、法规相冲突。政策与法律的区别体现在多个方面,包括制定主体、制定程序、表现形式、适用范围、稳定性、权威性等。两者的联系与区别说明,在政策制定过程中,既要注意它们的联系,又要注意它们的区别。但是,在政府的一些政策制定过程中却往往忽略对政策与法律关系的考虑,由此导致一系列问题的出现。这些问题包括:①政府出台的政策与上位法相互抵触。在政策制定过程中,由于政策制定者和决策者自身法律修养不高、地方保护主义,以及没有仔细审阅政策的各项条文,使得政策的不少条文与国家相关法律、法规相冲突。政策与上位法相抵触,这在地方政府层面上表现得尤为严重,从我国加入WTO后,地方政府的大量规章、条例、政策需要进行调整和废除就可见一斑。②政策与法律相冲突,使政策的权威性和合法性大打折扣,从而使政策执行受到阻碍,最终可能导致政策执行失败。出现这些问题的原因,是由于不少政策制定者和决策者还没有真正地意识到"政策制定要以法律、法规的内容为基础"这一点。

在案例中,海南省高招联席会议和海南省考试局对李洋所作的决定,以及海南省相关部门制定的封堵高考移民政策表面上都通过合法的行政程序,并且有法律依据,因而看似具有合法性,但是仔细研究就不难发现,海南省的做法和政策在诸多方面与上位法相抵触,违背了"政策制定要以法律、法规的内容为基础"的原则。这主要体现在:①国家宪法规定,每一个公民都享有平等受教育的权利,而海南省出台的《海南省普通高等学校招生报考条件暂行规定》限制了外省考生在海南省报考,这明显违背了"公民教育权平等"的原则。②海南省考试局对李洋作出决定的依据是《海南省普通高等学校招生报考条件暂行规定》,而该规定是与上位法相抵触的,因而海南省考试局对李洋作出决定的法律依据是无效的。由此看来,海南省考试局对李洋所作出的决定和海南省的相关政策是不具有合法性的。这样就不难理解,为什么在"李洋事件"被曝光以后,会受到新闻媒体、社会公众的广泛关注和争论。因此,在政策制定中要正确处理政策与法律的关系,使政策与法律不冲突,关键的一点就是要遵循"政策制定要以法律、法规的内容为基础"这条原则。

  在案例中,还涉及一个似乎有趣却又艰涩的问题,即政策合法性与政策合理性的关系问题。这一对关系又可以分出三个假设:①如果政策具有合法性,那么政策的合理性就会受到损害;②如果政策具有合理性,那么政策的合法性就会受到损害;③一项政策既能够具有合法性,又具有合理性,即两者能够共存。在现实中,这三个假设都可以找到例子来验证。海南省考试局对李洋所作出的决定和海南省封堵高考移民政策就是假设②的一个例子。由于海南省的教育相对比较落后,因而海南省通过一系列政策来阻击高考移民,有利于保护本地考生的利益,也有利于提高本地的教育水平,这是政策的合理性。但也正是由于决策者仅从政策合理性角度考虑问题,使得海南省的做法和政策的合法性受到损害,从而引起新闻媒体和社会公众的抨击。在我国的政策实践中,不仅存在着类似假设②的例子,而且也存在着假设①,即"如果政策具有合法性,那么政策的合理性就会受到损害"的例子。当然,也存在着假设③,即"政策合法性与合理性共存"的例子。存在着如此复杂的现象主要是根源于我国的地域非常广阔,各地的政治、经济、社会、文化等方面的发展极不均衡。这样就很难避免有些地方政府为加快地方的发展而出台一些与国家有关法律、法规相抵触的政策。而这一点,中央政府也存在着默许的倾向,例如,中央政府对一些落后地区实行倾斜政策。由此看来,想在短期内使我国地方政府的政策既具有合理性,又具有合法性,是很难实现的。不过,在我国法制化进程日益加快和我国与世界的政治经济联系(如加入WTO)日益密切的内外环境的约束下,任凭没有合法性的政策出台,这又是不可能的。使各级各地方政府的政策都具有合法性,这是一个必然的发展趋势;而使各级各地方政府的政策既具有合法性、又具有合理性,这是我们所期望的最佳结果。考虑到我国目前的实际情况和内外环境的约束,在未来一段时期内,各级各地方政府恰当处理政策合法性和政策合理性关系的思路是:在适当考虑政策合理性的基础上,以政策的合法性约束政策的合理性。

案例三 走向法律化的公务员管理

【案例正文】

一、建立国家公务员制度的背景

新中国的干部人事制度是在民主革命时期解放区和人民军队干部人事制度的基础上逐步建立和发展起来的。它继承和发展了党的干部制度的优良传统,同时也借鉴了前苏联的一些人事管理经验。这一制度的根本特征是对各类人员进行集中统一的管理,从组织上确保党和国家在各个历史时期的政治、经济和文化任务的完成,确保党的政治路线的贯彻实施。解放初期以至后来一段时期内,这种集中统一的人事管理制度,适应了当时的历史条件和历史环境,对巩固新生的国家政权、恢复国民经济、开展大规模的经济建设起到了积极的促进作用。

十一届三中全会以来,随着经济、政治、文化等各项事业的发展,传统的干部人事管理制度逐渐暴露出弊端,明显地不能适应经济建设和社会发展的需要。突出表现为:"国家干部"的概念过于笼统,缺乏科学分类;管理权限过于集中,管人与管事相脱节;管理方式陈旧单一,管理制度不健全,缺乏监督机制,致使一些优秀人才难以脱颖而出,用人问题上的不正之风难以避免。在这种背景下,邓小平同志在1980年提出了"坚决解放思想,克服重重障碍,打破老框框,勇于改革不合适宜的组织制度、人事制度"的口号,为干部人事制度改革指出了一条破冰之路。在党中央的领导下,我国对干部人事制度进行了大量的改革和探索,在建立离退休制度、下放干部管理权限、探索分类管理思路等方面取得了很大的成绩,为建立国家公务员制度打下了坚实的基础。

二、公务员管理的重要政策文件:《国家公务员暂行条例》

1984年,党中央为了及时总结改革经验,进一步落实邓小平同志有关深化人事制度改革的指示,提出要搞好干部人事方面的立法工作。1987年,党的十三大提出"要对'国家干部'进行合理分解,改革集中统一管理的现状,建立科学的分类管理体制","当前干部人事制度改革的重点,是建立国家公务员制度"。1992年召开的党的十四大再次提出了尽快推行国家公务员制度的要求。1993年8月14日,国务院发布《国家公务员暂行条例》,在各级国家行政机关建立和推行公务员制度,并在党的机关和各级人大、政协、群众团体和民主党派机关参照试行。自此,我国机关干部人事管理走上了法制化轨道,基本上做到有法可依,有章可循。公务员管理进入到一个全新的时期。具体表现在:首先,实行了分类管理的原则,改变了以往对党政群企事等各样人员采用单一模式进行管理的状况。其次,引入了科学的激励竞争机制。公务员的录用实行公开考试、择优录取,并以实绩考核作为奖励、辞退以及培训的主要依据,由此激发工作人员的主动性、积极性与创造性。再次,建立了正常的新陈代谢机制。按照公开、平等、民主、竞争原则对公务员进行录用;对部分职务实行聘任制;实行正常的退休制度、辞职辞退制度,保证公务员队伍的能进能出。最后,设立了勤政廉政的保障机制,如回避制度、交流制度等。

此外,国务院还先后制定了公务员制度实施方案、工资改革方案等配套文件,人事部制定了公务员职位分类实施办法和公务员录用、考核、职务任免、职务升降、培训、奖励、轮岗、回避、辞职辞退、申诉控告等22个配套规章及办法,初步形成了公务员管理的规章体系。

三、我国第一部干部人事管理法律:《国家公务员法》的出台

自2000年8月起,有关部门开始着手研究起草公务员法。2002~2004年,在征求中央和国家机关各部门以及各省、区、市人事部门及有关专家学者意见的基础上,同时借鉴国外有益经验,经反复研究论证,前后修改14稿,形成了公务员法草案,并经国务院常务会议审议原则同意后正式提请全国人大常委会审议。2004年12月25日,十届全国人大常委会第十三次会议对公务员法草案初次审议。其后,全国人大有关部门将草案印发各地有关部门征求意见。根据常委会委员审议意见和各方面提出的意见,全国人大法律委员会和全国人大常委会法工委又对法律草案进行了反复修改。2005年4月27日,第十届全国人民代表大会常务委员会第十五次会议通过了我国首部公务员法。

那么,已实行10多年之久,并取得了公认成效的《国家公务员暂行条例》为什么要进一步上升为法律呢?对此,人事部副部长、公务员法起草领导小组成员侯建良在全国人大常委会办公厅举行的新闻发布会上回答了记者的提问:

第一,制定《国家公务员法》是贯彻依法治国方略,实现干部人事依法管理的需要。50多年来,我们国家的干部人事管理方面有很多政策文件,但是法律法规极少,特别是没有一部人事管理总章程性的法律,这不利于依法治国。所以这部法律的出台,填补了国家法律体系的空白,具有里程碑的意义。

第二,制定《国家公务员法》是及时总结十几年推行公务员制度的经验,进一步完善公务员制度的需要。《国家公务员暂行条例》经过将近12年的推行,对于促进机关人事管理科学化、民主化和法制化,提高公务员的素质,维护他

们的权益,调动他们的积极性,促进行政能力建设发挥了重要作用。十年来,干部人事制度改革进一步深化,又出台了一些好的新鲜经验,也需要及时补充到公务员制度里面去,所以在暂行条例经过十几年的实践,证明这是一套行之有效的好制度的时候,对其进一步完善和提高,出台这么一部法律是非常适时的。

第三,制定《国家公务员法》是完成全面建设小康社会宏伟目标的需要。邓小平同志当年曾经说,中国的事情能不能办好,经济能不能快一点发展起来,国家能不能长治久安,从某种意义来讲,关键在于人。这个关键在于人,需要各方面的人才,其中之一就是需要高素质的党政机关人才。党政机关人才在改革开放、在现代化建设中的作用是不言而喻的,所以要提高他们的素质,提高他们的办事效率。而要达到这个目的,就要有一个好的法律来保证对国家机关、党政机关工作人员的管理,维护他们的合法权益。这是制定这部《国家公务员法》的目的所在。

四、从条例到法律的四大变化

《国家公务员法》共18章、107条,自2006年1月1日起施行。该法以《国家公务员暂行条例》为基础,在保证制度的连续性和稳定性的同时,又有较大的发展,凸显了调整范围、完善分类和实行聘用制等亮点。

第一,调整了公务员范围。《国家公务员暂行条例》规定的公务员范围是国家行政机关中除工勤人员以外的工作人员,其他党政机关参照试行公务员暂行条例。《国家公务员法》第二条规定:公务员"是指依法履行公职、纳入国家行政编制、由国家财政负担工资福利的工作人员"。一个是必须是依法履行公职,第二个条件是使用行政编制,再一个由国家财政负担工资福利。这三个条件必须同时具备才是公务员。

第二,完善公务员的分类管理制度。《国家公务员暂行条例》没有对公务员进行分类管理的规定。《国家公务员法》第三章特别规定了公务员职位分类制度,按照其性质区别划分为综合管理类、专业技术类、行政执法类等类别。同时还规定:"国务院根据本法,对具有职位特殊性,需要单独管理的,可以增设其他职位类别。各职位类别的适用范围由国家另行规定。"

第三,建立职位聘用制。《国家公务员暂行条例》规定了部分职务实行聘任制,但十几年来一直没有推行。《国家公务员法》第十六章专门设置了"职位聘任"一章,规定"经省级以上公务员主管部门批准,可以对专业性较强的职位和辅助性职位实行聘任制"。机关聘任公务员须签订书面聘任合同,聘任合同期限为1至5年,这是暂行条例所没有的。

第四,《国家公务员法》还吸收了以往干部人事制度改革当中的一些经验,包括竞争上岗、公开选拔、任职的试用期、领导干部引咎辞职等,并有所完善。

(案例来源:①"中国公务员法的由来",《中国青年报》2005年4月28日;②"公务员法三特点:调整范围、完善分类和聘任制",新华网 www.xinhuanet.com,2005年4月27日。)

【案例分析】

案例主要阐述了自改革开放以来,我国公务员管理制度的建设过程。这一建设过程,主要就是公务员管理制度从政策向法律转化的过程:1993年8月,在总结和吸取干部人事制度改革经验的基础上,国务院颁布了公务员管理的重要政策文件《国家公务员暂行条例》,这是我国首部公务员管理的政策性文件;在《国家公务员暂行条例》运行12年之后,即2005年4月,第十届全国人民代表大会常务委员会第十五次会议在《国家公务员暂行条例》的基础上通过了《国家公务员法》,这是我国首部公务员管理的法律,标志着我国公务员管理制度步入了法律化的轨道。在公务员管理制度从政策向法律转化的过程中,有两方面的问题值得分析和探讨:一是,为什么公务员管理政策《国家公务员暂行条例》在执行12年后,能够转化为《国家公务员法》,即转化的条件是什么?二是,《国家公务员暂行条例》向《国家公务员法》转化的法律程序是什么,即通过何种法律程序将政策转化为法律?下面将对这两方面的内容进行分析。

(一)政策向法律转化的条件

在公共政策实践中,有些政策经过一段时间的执行后,根据执行反馈的信息,对政策进行调整或终结;而一些政策经过一段时间的执行后,却通过立法程序上升为法律。对于这些截然不同的情况,可以这样理解:有些政策之所以要进行调整,是因为它们不能够很好地解决公共问题。有些政策之所以要终结,是因为它们已经解决了公共问题,完成了使命,或者是对解决问题没有太大的意义。有些政策之所以要上升为法律,是因为它们符合从政策向法律转化的条件。这主要包括如下两个方面:一方面是有立法的必要或需求,也就是说,政策在执行过程中,由于政策不够完善和不具有足够的权威性,导致它们难以恰当地处理好一些问题和社会关系,这就需要将其上升为法律,依靠法律的权威性获得不同群体对政策的认同,从而为处理好一些复杂的问题和社会关系提供保障;另一方面,有些政策经过长期的执行后,在处理某一领域的问题和关系上已经积累了较为丰富的经验和一些成熟的条款,因此也有必要将其上升为法律,使其成为处理某一领域问题和关系的法律规范。

在案例中,《国家公务员暂行条例》之所以能够从政策转化为法律《国家公务员法》,这是因为它符合上面所述的从政策向法律转化的两个条件。其一,有对国家公务员管理进行立法的必要和需求。在《国家公务员暂行条例》的执行过程中,很多地方政府和地方人事管理部门也出台了相关的政策性文件。但是这些政策性文件往往带有地方利益和部门利益的痕迹,这样不仅导致各地方政府、各部门在人事管理政策上存在着一些冲突,而且这些政策也难以解决和处理人事管理中的一些问题,如录用、考核、奖惩、晋升、培训、辞退等方面的问题。为此,就有必要将《国家公务员暂行条例》转化为《国家公务员法》,从法律角度对公务员的管理,即录用、考核、奖惩、晋升、培训、辞退等方面的问题进行界定,这样就为处理公务员管理中的各种问题提供法律依据。同时,出台《国家公务员法》还可以消除地方性和部门性规章的冲突问题。其二,《国家公务员暂行条例》已经为解决公务员管理中的各种关系和问题积累了较为丰富的经验。《国家公务员暂行条例》推行将近12年,在这期间,它在促进政府部门人事管理科学化、民主化和法制化,提高公务员的素质,维护公务员的权益,调动公务员的积极性等方面都积累了较为成熟的做法。因此,有必要将其上升为法律,使其成为处理公务员管理领域问题和关系的法律规范。

(二)政策向法律转化的程序

政策具备了向法律转化的条件,但这并不代表它就是法律了。政策要转化为法律,还需要经过立法程序。这正如虽然社会上客观地存在着公共问题,但这个问题要成为政策问题,就需要通过公众议程和政府议程来确定一样。在案例中,《国家公务员暂行条例》转化为《国家公务员法》,不仅时间较长(从2000年有关部门开始着手研究起草公务员法,到2005年4月27日第十届全国人民代表大会常务委员会第十五次会议通过,经历了5年的时间),而且经过了正规的立法程序:首先是国家人事管理部门在征求中央和国家机关各部门以及各省、区、市人事部门及有关专家学者意见基础上,经过反复修改、论证形成公务员法草案。其次,将草案提交国务院常务会议审议。在国务院常务会议审议批准后,国务院向全国人大常委会提出立法申请。接着,全国人大常委会接受国务院的立法申请,国家公务员法草案进入了全国人大的立法程序。在全国人大的立法程序中,经过初次审议、征求各地各部门意见、全国人大法律委员会和全国人大常委会法工委的修改等程序后,最后在第十届全国人民代表大会常务委员会第十五次会议上通过了《国家公务员法》。

从《国家公务员暂行条例》向《国家公务员法》转化的过程可以看出,全国人大及其常委会的立法遵循如下程序(如图1-1所示[①])。从图1-1可以看出,对于可以上升为法律的政策,按照人大立法程序,一般要通过提案、预备会议

---

① 谢庆奎主编:《当代中国政府》,辽宁人民出版社,1991年,第455页。

```
                          法律议案
                         ↙      ↘
                   提交全国人大    提交人大常委会
                        │              │
                        │              ↓
                        │      人大有关专门委员会审议
                        │              │
                        │              ↓
                        │      人大常委会委员长审定
                        │         ↙        ↘
              提案人向全体会议        提案人向第一次常委会
                作法律草案说明        全体会作法律草案说明
                   ↙      ↘                │
           各代表团审议  专门委员会审议      ↓
                   ↓      ↓           常委会分组审议
             法律委员会统一审议            ↙    ↘
                提出修正案        专门委员会审议 → 法律委员会审议
                        │                        提出修正案
                        ↓                             │
                  人大主席团审议                        ↓
                        │                   法律委员会向第二次常委会
                        │                    全体会议报告审议结果
                        │                         ↙     ↘
                        │              常委会分组再审议 → 常委会联组审议
                        │                             │
                        │                             ↓
                        │                    法律委员会再审议、修正
                        ↓                             ↓
              人大全体代表表决通过              常委会全体会议通过
                              ↘              ↙
                            国家主席公布法律 ------→ 政策合法化完成
```

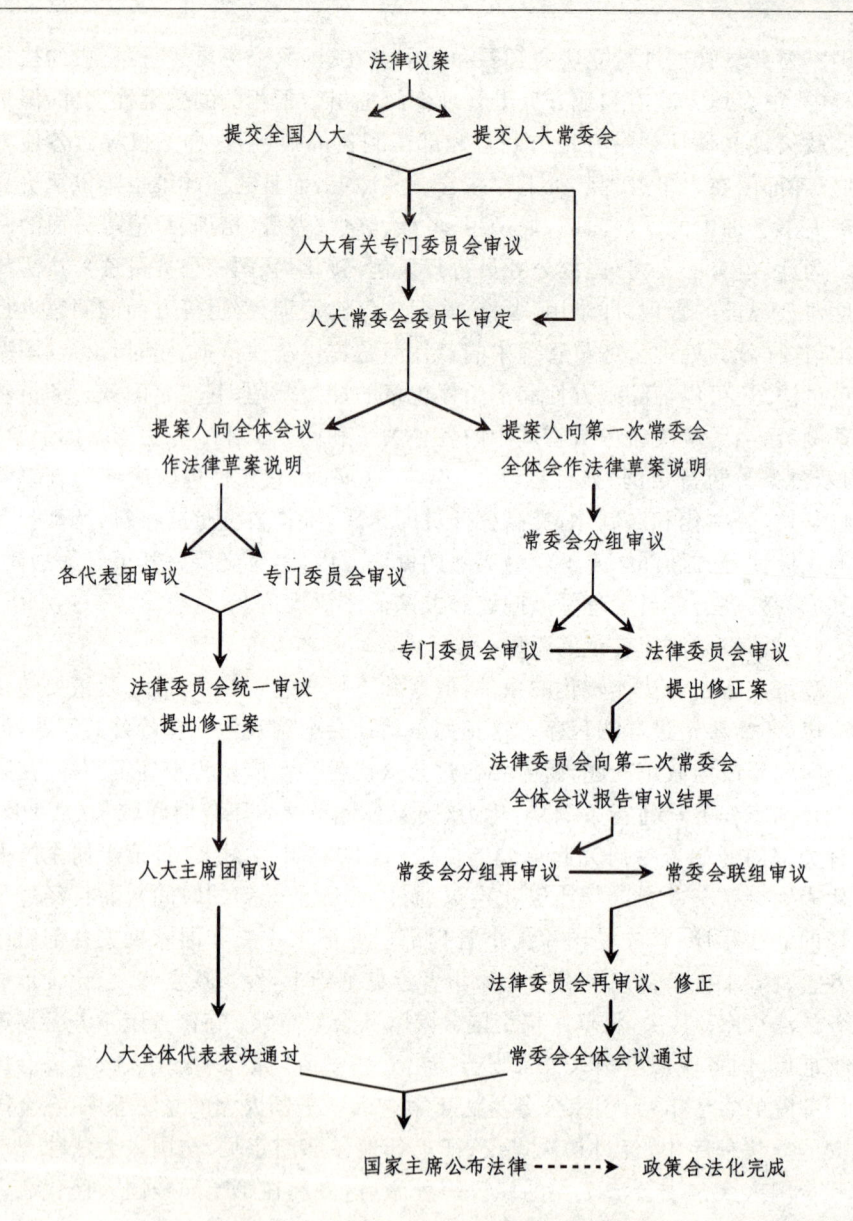

图 1-1 全国人大及其常委会立法程序

列入议程、审议、通过等程序。在提案阶段,一般先由提案人提出法律议案(具有法定资格的提案人一般是国家机关、人大代表,其中,在全国人大及其常委会立法中,以国家机关的提案为多),经过有关专门委员会审议后,向全国人大常委会提出报告,并由委员长会议决定是否提请常委会审议。委员长会议通过

第一章　政策与法律　　　　　　　　　　　　　　　　　　　　　　　　23

后,根据立法主体的不同,立法提案进入两种不同的审议程序。

如果属于全国人大全体会议立法的提案,首先提交全国人大预备会议列入议程,然后由提案人向全体会议作法律草案说明,各代表团分组审议,法律委员会审议提出修改草案并向主席团报告审议结果,再由主席团审议决定是否提交全体会议表决。全体会议表决通过的法律草案(修正案)由国家主席发布。

如果属于人大常委会立法的提案,需要经过两次常委会全体会议审议。在第一次全体会议上,提案人作法律草案说明,常委会分组审议,有关专门委员会审议,法律委员会集中意见统一审议后提出修正案,并向第二次常委会全体会议报告审议结果。第二次常委会再次分组审议、联组审议,法律委员会再次审议修正并将法律修正案提交常委会全体会议通过。常委会全体会议通过的法律由国家主席发布。

《国家公务员暂行条例》向《国家公务员法》转化的立法程序所遵循的就是后一种审议程序,即全国人大常委会的立法程序。该程序如图1-1的右边部分所示。

从《国家公务员暂行条例》向《国家公务员法》转化的立法程序还可以看出,全国人大及其常委会的立法程序具有如下四个特点:一是,立法过程包括提案、预审进入议程、审议、通过和发布等连续的工作环节,形成一个系统过程;二是,在审批的法律提案中,包括国家机关的提案和立法人员(全国人大代表或全国人大代表团)的提案,国家机关的提案往往在审批提案中占有较高的比例;三是,审批过程中一般都采用合议制的方法,以投票手段通过法律提案;四是,所通过的法律提案一般都由国家主席发布。

1—3　小结

在政策学中,由于政策与法律的关系理论所涉及的领域和范围比较小,因此常常被忽略。但是,从前面三个案例中可以看出,在政策实践中,公共政策往往在多个方面涉及政策与法律的关系,包括政策与法律的区别、政策合法化、政策法律化等方面。如果忽视对两者关系的研究,那么就很难对现实的政策现象作出合理的解释,例如,为什么我国政府要选择对台政策法律化、为什么海南省考试局对李洋所作的决定和海南省封堵高考移民政策会引起社会广泛的争论,等等。如果不能够对这些政策现象作出合理解释,那么也就不能够提出改进政策的方法。因此,政策与法律的关系是政策学中一个值得重视的问题。

政策与法律关系理论的主要研究内容就是两者的区别与联系。两者的区别主要体现在制定主体、制定程序、表现形式、权威性等方面,两者的联系主要体现在政策合法性和政策法律化两个方面。在本章中,通过案例主要分析了政策与法律的区别、政策合法化、政策法律化的条件和程序等问题。通过案例分析得出如下结论:①通过政策法律化可以提高政策的权威性;②政策合法性往往来源于法律,这要求"政策制定要以法律、法规的内容为基础";③政策向法律转化有两个重要的条件,一是有立法的必要性和需求,二是必须是长期稳定、成熟的政策。

思考题

1. 谈谈你对政策与法律关系的理解。
2. 从政策与法律的角度看,你认为我国政府出台《反分裂国家法》的原因是什么?
3. 你认为海南省考试局对李洋所作的决定和海南省封堵高考移民政策具有合法性吗?
4. 谈谈你对政策合法性与政策合理性关系的理解。
5. 以《国家公务员法》的出台为例说明政策向法律转化的条件。
6. 简述政策向法律转化的程序。

参考文献

1. 王骚编著:《政策原理与政策分析》,天津大学出版社,2003年。
2. 陈振明主编:《政策科学》,中国人民大学出版社,2003年。
3. 林水波、张世贤著:《公共政策》,台北五南图书出版公司,1982年。

第二章 政策主体与客体

2-1 理论要点

公共政策是人类通过自身的活动解决社会公共问题的过程,也即是政策主体为应对来自环境的挑战以及自身维持、存续和发展的需要,借助公共权力和公共资源,通过一定的方式作用于政策客体的过程。

公共政策主体是政策系统中不可或缺的重要角色,是公共政策系统的基本组成元素之一。具体来说,公共政策主体是指那些在特定政策环境中直接或间接地参与公共政策制定、实施、监控、评估的个人、团体或组织。根据公共政策主体在政策系统过程中所处的地位、作用的方式以及影响程度的不同,可以将公共政策主体分为直接主体和间接主体两大类。一般来说,公共政策的直接主体主要包括立法机关、行政机关、司法机关以及政治领袖等,他们具有法定权威,是政策过程的主导者。公共政策的间接主体是指那些虽不拥有合法强制力,但能够通过压力、舆论、私人接触等方式参与、介入到政策过程中,并产生一定影响的个人、团体或组织。随着民主社会的日益发展以及公民社会的日益成长,公共政策的间接主体呈现出多元化的趋势,它不仅包括政党和利益集团,还包括大众传媒、智囊团和公民等。

公共政策客体是相对于政策主体而言的。由于公共政策总是针对一定的事物、问题或社会群体而制定的,因此,公共政策客体是指公共政策所要处理的问题及其发生作用的对象。也即是说公共政策客体可以分为两部分:从"事"的角度来看,公共政策的客体是指那些能够进入政策议程的公共问题;从"人"的角度来看,公共政策客体是指那些受到政策直接或间接影响的个人和组织,即所谓的"目标群体"。

在公共政策系统中,公共权力是其核心内容。一般来说,公共政策主体所拥有的权力包括选择政策方案的权力(即决策权)、公共政策执行的权力、公共政策调整和终结的权力等。政策主体通过运用这些权力来实现对目标群体的控制与影响。在政策主体向目标群体施加政策权力时,目标群体的态度可以是接受的,也可以是反对、抵制的,这与它们的利益和需求相关,因此政策主体应充分考虑目标群体的利益与愿望。

在公共政策动态运行过程中,公共政策主体与客体体现出既矛盾又统一的关系。其矛盾之处体现为:①政策主体在政策过程中处于主导地位,它主导政策过程并规范和调适政策客体的活动范围;②政策客体在政策过程中处于相对被动的地位,在一定程度上需要接受政策主体的约束。政策主体和客体的统一之处体现为:①政策主体与客体在政策过程中的地位不是绝对的,而是具有相对性。政策主体在某些情况下可以作为客体而存在,而在另一些情况下,政策客体可以转化为主体参与并主导公共政策过程。例如,公共权力机关、国家公职人员既是某类和某些政策的制定者,同时又是这些政策规范、调节和管制、制约的对象;而公民既是公共政策的客体,又可以通过政治参与而成为公共政策的间接主体。②政策客体虽然要接受政策主体所制定的政策的约束,但这种接受并不是消极被动的,它可以通过一些法定的程序和非法定的途径对政策主体的行为进行限制和约束。

本章将通过典型案例进一步诠释公共政策主体、客体的含义,以及两者既矛盾又统一的关系;并着重探讨在现代社会中,政策客体向政策主体的转变过程,即政策客体通过什么途径和方式参与政策运行过程中的问题。

2—2 案例分析

案例一 "中央一号文件"的制定过程

【案例正文】

2004年2月8日,《中共中央国务院关于促进农民增加收入若干政策的意见》颁布。这是时隔18年后中央再次把农业和农村问题作为中央一号文件下发,也是建国55年来中央首次就农民增收问题出台文件,这体现了党中央、国务院在新形势下把解决"三农"问题作为全党工作重中之重的战略意图。

一、"中央一号文件"的主题:增加农民收入

人们不会忘记,从1982年至1986年,中央连续出台了5个关于农村工作

的"一号文件",激发了亿万农民长期被压抑的积极性,开创了我国农村发展和改革的新局面。至上世纪90年代中期,我国粮食生产能力达到了5000亿公斤的水平,创造了我国农村经济发展的新纪录。此后,在广大农村干部群众心目中,这5个一号文件成为象征解放和发展农村生产力的专用名词。18年后,党中央、国务院把促进农民增收、解决"三农"问题作为2004年中央一号文件下发,更具有重大的现实意义和深远的历史意义。

历经20多年的改革开放,我国农业发展和改革进入了一个全新阶段。这是我国农业结构加快调整的时期,是农村改革不断深化的时期,是农产品供给最充裕的时期,同时也是农民增收最困难的时期。1997年以来,在我国农产品供求从长期短缺转变为总量大体平衡、丰年有余的历史性跨越的同时,农民收入平均每年的增长率不到4%,仅为城镇居民收入增长幅度的一半,造成城乡居民收入差距持续扩大。湖北省京山县钱场镇桥河村6组农民裴良庚,是一位远近闻名的种粮大户。1988年,老裴最多时种有154亩田。1989年,他被授予"全国售粮模范"称号,在北京受到中央领导的接见。但随着种粮成本的升高,"种粮越来越不划算了"。老裴前几年就将承包的田地都退了,如今只剩下自家的12亩责任田。

面对农民收入连年增长缓慢的严峻形势,党中央、国务院对"三农"问题,特别是农民增收问题,给予了高度的关注。党的十六大指出,统筹城乡经济社会发展,建设现代农业,发展农村经济,增加农民收入是全面建设小康社会的重大任务。党的十六大后,新一届中央领导集体多次召开会议专题研究农业和农村工作。强调要更多地关注农村,关心农民,支持农业,把农业、农村、农民问题作为全党工作的重中之重。从"基础地位"到"首要位置",再到全党工作的"重中之重",这些表述的变化,充分反映了党中央对解决"三农"问题的高度重视。

中央一系列的决策部署是最好的印证:

(1)新一届中央领导集体组成不久就召开政治局会议专题研究"三农"问题;

(2)2003年一年内中央两次下发了做好农业和农村工作的文件;

(3)2003年一年内党中央、国务院两次召开中央农村工作会议。

2003年12月18日,中央政治局常委会在讨论《中共中央国务院关于促进农民增加收入若干政策的意见(送审稿)》时,一致同意将这个文件确定为2004年中央一号文件。据文件起草组负责人介绍,这主要基于以下三点考虑:一是当前和今后一个时期农民增收形势依然严峻;二是农民增收问题事关全局,农民收入上不去,不仅影响农业、农村、农民,而且影响整个经济发展和社会稳定的全局；三是2003年中央三号文件、中央经济工作会议、国务院农业和粮食工作会议，已经对2004年和今后一个时期的农业和农村工作做了全面部署。因此，2004年中央一号文件的主题可以更加集中一点。在2003年底召开的中央农村工作会议上，与会代表在讨论《中共中央国务院关于促进农民增加收入若干政策的意见（讨论稿）》时普遍认为，2004年中央一号文件突出农民增收主题，抓住了当前农业和农村工作的关键，也是基层广大干部群众的迫切要求。

二、决策部门：中央领导集体深入乡村农户、田间地头调查研究

2003年9月30日，中央一号文件起草组成立。文件起草组由中央9个部门和地方的有关人员参加。他们中既有德高望重的专家、思维活跃的学者，又有来自各部门和地方经验丰富的领导干部。

在2004年中央一号文件起草过程中，中央领导同志多次奔赴全国各地农村，就进一步解决"三农"问题、增加农民收入等进行调研。

胡锦涛总书记先后到我国粮食主产区的湖南、河南、山东等地调查研究。为了解农民增收减负的第一手资料，2003年12月12日至17日，胡锦涛专程到河南、山东两省调研。他每到一地，都同当地干部群众一起探讨如何促进农民收入较快增加。河南和山东两省是粮食主产区，胡锦涛非常关心这里的粮食生产情况和农民增收途径。他要求各级党委和政府切实把增加农民收入作为农业和农村工作的中心任务，坚持多予、少取、放活的方针，采取综合措施，加大工作力度，有针对性地解决农民增收所面临的突出问题。

温家宝等国务院领导也多次就农民增收等问题进行调研。2003年12月初，温家宝在听取文件起草组汇报时强调，当前农村经济中的突出问题仍然是农民增收困难，特别是种粮农民收入增长缓慢。要认真贯彻党的十六届三中全会和中央经济工作会议精神，从维护广大农民群众根本利益、实践"三个代表"重要思想的高度，进一步增强做好农民增收工作的紧迫感和主动性。

三、政策制定过程

中央一号文件起草组成立后，回良玉副总理专门召开三次座谈会，分别邀请有关专家学者、部分老同志和部分省主管负责同志座谈分析农村形势，听取他们的意见。他强调，农民收入长期上不去，不仅影响农民生活水平提高，而且影响粮食生产和农产品供给；不仅制约农村经济发展，而且制约整个国民经济增长；不仅事关农村社会进步，而且事关全面建设小康社会目标的实现；不仅是重大的经济问题，而且是重大的政治问题。

2003年12月3日，温家宝主持召开国务院第31次常务会议，审议了《中共中央国务院关于促进农民增加收入若干政策的意见（送审稿）》，对集中力量支持主产区发展粮食产业、促进种粮农民增加收入等9个部分表示原则同意。12月18日,胡锦涛总书记刚从山东、河南农村结束考察返京后的第二天,中央政治局常委会举行会议,同意将农民增收作为2004年中央一号文件下发。

2004年中央一号文件关系到9亿农民的切身利益,文件起草组的同志们感觉肩上的担子沉甸甸的。文件起草过程中,胡锦涛、温家宝多次作出批示,中央领导同志多次看望文件起草组成员,对文件框架和主要内容提出指导性意见。他们强调指出,要千方百计力争实现农民收入较快增长,要千方百计力争尽快扭转城乡居民收入差距不断扩大的趋势。文件起草组按照中央领导同志的要求,始终把握这样几条原则:

(1)注意保持农村政策的连续性和稳定性,同时,按照与时俱进的要求,认真研究新情况、解决新问题。

(2)力求主题鲜明而集中。文件研究提出的有关政策措施都与农民增收有直接或间接的关系。

(3)力求政策实惠而有操作性。农民最讲实惠,农村工作也最讲实际。中央关于促进农民增收的大政方针已很明确,现在关键是要拿出力度较大、实实在在、具有较强操作性的政策措施,并落实到具体的实际工作中。

(4)力求重点明确而突出。政策支持的着力点突出粮食主产区和种粮农民,近几年,农民增收难主要难在主产区,粮食生产不稳定很大程度也在主产区。主产区现在面临的困难较多,需要国家给予更大的政策支持。

调研、讨论、修改,再调研、再讨论、再修改,一号文件越来越成熟,措施越来越具体。

新年伊始,反映9亿农民心愿的中央一号文件终于出台了。

中央一号文件共分9节。第1、8节主要讲当前农民增收工作的两个重点和难点:主产区和贫困地区农民增收的问题。第2、3、4节主要讲农民增收的渠道。第5、6、7节主要讲为农民增收创造条件。第9节要求各级党委和政府进一步提高对解决"三农"问题的认识。据介绍,一号文件推出的各项改革措施"含金量"非常高,都是广大农民看得见、摸得着,能真正得到实惠的。如在加快土地征用制度改革部分,确定一定比例的国有土地出让金,用于支持农业土地开发,建设高标准基本农田,提高粮食综合生产能力;在深化粮食流通体制改革部分,确定国家从粮食风险基金中拿出部分资金,用于主产区种粮农民的直接补贴;在继续推进农村税费改革部分,确定逐步降低农业税税率,当年农业税税率总体上降低一个百分点,同时取消除烟叶外的农业特产税;在改革和创新农村金融体制部分,确定继续扩大农户小额信用贷款和农户联保贷款等等。

四、广大农民：受益匪浅

2004年2月8日，中央一号文件公布后，广大农民深受鼓舞，一些种粮大户摩拳擦掌，跃跃欲试。福建省晋江市农民林和杰承包有1065亩田，曾被评为"首届福建省十大杰出青年农民"。1997年他售粮居福建省第一名。林和杰得知将农民增收作为今年的一号文件的主题后十分兴奋。他对记者说，党中央、国务院决策英明；抓住了农民增收问题，就是抓住了"三农"问题的牛鼻子，9亿农民有盼头了。听说新政策将对售粮和购置大型农机具进行补贴，已有30多台套农机的林和杰信心倍增，准备再购置一些农机，增加承包面积。已经退掉承包田的裴良庚说，党的政策好了，农民种田就能得到实惠，村里多年来田地没人愿意种的情况已发生变化，田地变得很抢手，他再也包不到那么多田了。如果村里还能承包到田地，虽然他已经53岁了，但他很想像当年那样再大干一场。

让农民收入较快增加，是9亿农民的殷切期盼；让农民收入较快增加，是改革发展的客观要求；让农民收入较快增加，是党和政府的庄严承诺。历史将铭记：以2004年中央一号文件的发布为标志，我国广大农村正在兴起又一轮大发展、大改革的热潮。

（案例来源：徐京跃、丁海军："中央关于增加农民收入若干政策意见起草记"，www.cctv.com/news，央视国际，2004年2月8日。）

【案例分析】

从《中共中央国务院关于促进农民增加收入若干政策的意见》（中央一号文件）的制定过程可以看出，中央和国务院是该项公共政策的主体，负责政策的制定；而广大的农民是政策的直接受益者，"三农"问题是政策所要解决的问题，因而广大的农民和"三农"问题则是该项政策的客体。从中央一号文件制定过程可以看出，在我国，对于战略性、全局性以及关系国计民生的重大公共政策，其政策主体一般由中央、国务院及其相关部门担任。这些政策主体在结构上具有如下特点：

（1）行政机关是公共政策的直接主体，它不仅对公共政策制定能够产生巨大影响，而且它本身就在制定和实施政策。在我国，国务院即中央人民政府不仅是最高国家权力机关的执行机关，而且是最高国家行政机关，享有广泛的行政权力。它不仅是政策执行机构，而且根据现行宪法规定国务院有权"根据宪法和法律，规定行政措施，制定行政法规，发布决定和命令"。此外，国务院还可根据全国人大授权制定行政法规。由于这两种权限的行使，政府立法或称行政立法，在所有的公共政策中就占有极其重要的地位。

（2）作为执政党的中国共产党是公共政策的另一重要主体。一般来说，执政党的政策会对公共政策的形成产生极大的影响，但是，在西方民主制国家中，执政党的政策是不能直接成为政府公共政策的，要想成为公共政策须必须经历一个复杂的转化过程。我国现行的政治体制包括议行合一的人民代表大会制度、中国共产党领导的多党合作和政治协商制度等。中国共产党在政治体制中处于领导地位，主导着政府过程的运行。因此，公共政策的制定与执行的过程，"是指以中国共产党组织为首的所有履行当代中国社会公共权力的组织机构的决策与执行的过程"[①]。也即是说，中国共产党组织直接参与政策过程。并且，在一定的历史时期，中国共产党制定的政策是规定和调整国家之间和国家内部各社会群体之间的行为的依据和准则[②]。中国共产党在制定具体的政策时，一般受其意识形态、党的基本路线、工作重点等方面的影响。中央一号文件的制定，并将提高农民收入作为政策的主题，便是党中央出于建构城乡和谐社会战略意图的考虑。

（3）值得注意的是，在政策方案的设计这一环节中，专家学者作为重要的政策主体参与其中。由于政策方案的设计是一项科学性、技术性很强的工作，因此须由政策制定系统根据政策课题需要，挑选熟悉这一问题的专家组成咨询小组，使他们能够独立自主地进行政策方案分析和评估，从而客观地表达自己的意见。该文件起草组"由中央9个部门和地方的有关人员参加"。他们中既有"德高望重的专家、思维活跃的学者"，又有"来自各部门和地方经验丰富的领导干部"。在后来召开的三次座谈会中，回良玉副总理还分别邀请有关专家学者、部分老同志和部分省主管负责同志座谈，分析农村形势，听取他们的意见。这不但体现了党和政府对该项政策高度认真负责的态度，同时邀请专家学者等多个主体的参与也保证了该项政策的科学性及客观性。

同时，从中央一号文件制定过程还可以看出，在制定重大的政策时，政策主体所承担的主要功能。2004年中央一号文件的出台经历了"调研、讨论、修改，再调研、再讨论、再修改"的过程。高度重视并认真解决农业、农村和农民问题，是我们党三代中央领导集体一以贯之的战略思想。从对"三农"问题的高度重视，到把增加农民收入作为中央一号文件的主题；从文件起草组的成立，到邀请相关专家学者反复座谈；从中央领导同志深入农村的多次调研，到把"三农"问题作为中央一号文件的最终下发……整个过程体现了政策主体系统在政策制定过程中以生产高质量的政策为己任。同时还表明他们发挥着如下基

[①] 胡伟著：《政府过程》，浙江人民出版社，1998年，第17页。
[②] 宁骚主编：《公共政策学》，高等教育出版社，2003年，第211页。

本政策功能:首先,确定政策问题("三农"问题);其次,确定政策目标(促进农民增收);再次,组织政策方案的设计(成立文件起草组);最后,政策方案的最终决定(审议通过并下发)。

中央一号文件的公布,是影响我国经济社会生活的一件大事,也是惠及广大农民群众的一件大事。任何一项公共政策总是针对一定的事件、问题或社会群体而制定的。就该项政策中的政策客体来说,从"事"的角度看是指"三农"问题,具体来说就是农民增收问题;从"人"的角度看则主要指我国广大的农民这个目标群体了。针对目标群体的利益,政策主体应该予以高度的关注。因为这将关乎政策能否有效执行及最终能否达到预期的政策目的。从这个中央一号文件的出台来看,它关系到 9 亿农民的切身利益。将农民增收作为文件的主题,是党和政府在农民收入增长缓慢、城乡居民收入差距不断扩大这个大背景下作出的战略决策。它充分表明了党和政府高度关注着"三农"问题,党和政府十分关心着广大农民的根本利益,党和政府时刻惦记着 9 亿农民的增收问题。该文件推出的各项改革措施"'含金量'非常高,都是广大农民看得见、摸得着、能真正得到实惠的"。从目标群体的反映来看,"广大农民深受鼓舞,一些种粮大户摩拳擦掌,跃跃欲试"。可以说,中央一号文件的出台充分考虑了广大农民的利益,反映了我国 9 亿农民的心愿。

案例二 北京出租车换型风波

【案例正文】

2004 年 9 月初,北京市透露要在 2007 年前对全市出租车进行集体更换。这一次出租车更换将会是北京市出租车行业近 10 年来最大的一次"换血"。据业内人士介绍,北京从 2002 年 6 月开始就没有换过一辆新出租车,而 1998 年那批出租车已到了 6 年的"寿命期"。

北京市拥有全国最大的出租车市场。目前,登记在册的出租汽车总量约 7 万辆,占全国出租汽车总数(约 78 万辆)的 8%。2003 年北京出租车客运量达 5.4 亿人次,营业总收入约 81.7 亿元,相当于北京市政府当年财政收入的 1/5。由于规模庞大,且换车牵涉面广,因此其中的利益纠葛远比想象的复杂。事实上,近 10 家知名汽车生产商、7 万辆出租车、1545 个运营单位、近 13 万出租汽车司机,几亿人次消费者的各自利益和需求都会因这次换车"大行动"而改变。

一、"选秀"标准起争议

按照北京市交通委员会的计划,在新一轮的北京出租汽车换型高峰中,营

第二章　政策主体与客体

运年限到期的夏利和富康，将被淘汰下来，更新款的车型将取而代之。大批换型的计划一旦实施，北京市的出租汽车司机们将开上更为先进和舒适的新出租车。但是，换型之前，先要"选秀"，即决定哪款车型将成为今后北京出租汽车的主力车型。各方争夺和各界争议也由此产生。

2004年8月28日至9月5日，北京市交通委和市运输局就出租车车身颜色，在网上推出设计方案征求市民意见。当时有人士分析，这将是确定换型方案前的最后一次征求意见。敏感的人士注意到，每个设计方案都是以北京现代索纳塔为底版。这似乎给人以暗示，北京出租车换型，本地汽车将获优先考虑。后来有关部门出来解释，这种设计只是为了直观效果，国内各厂家在竞争中将会处于同一起跑线。不过，这并不能打消其他厂商的疑虑。

事实证明，网上征求意见正是为出租车换型的预热之举。自9月6日起，北京先后有多家本地媒体披露，市交通委确定了北京市出租车准入的技术指标，具体要求包括：排量不低于1.8升，价格不高于15万元，车长4.5米以上，装有GPS卫星定位系统，排放达到欧洲三号标准，燃料以液化石油为佳。

消息一出，立即引来各方议论，其中不乏批评之声。赞同者称，北京过去的出租车档次不高、品牌杂乱，此举有利于提升首都形象。甚至有人称，为了2008年的奥运会，作为"城市名片"的出租车也必须上档次。反对者则批评说，出租车换型不能搞"形象工程"。北京确定如此高的换车标准，有攀比作秀之嫌。有人还担心此举将导致出租车价格上涨，还有人质疑换车会影响出租车司机的收入。

议论的焦点主要集中在两条标准上：排量不低于1.8升和车长要4.5米以上。根据这一标准，夏利固然出局已定，像多年占据北京出租汽车市场的主力车型富康也将被迫退出。同样，在很多城市作为主力车型的捷达也难以入围。新标准的出台，使得北京的出租车换型似乎成了只有"新秀们"才能参加的选秀游戏。来自各方面的消息似乎也证实了这一点。有报道透露，已确定参选的车型包括：北京现代索纳塔、上海大众桑塔纳3000、一汽红旗和奥迪、上汽奇瑞东方之子、华晨中华以及东风雪铁龙旗下的一款车。

但是，在批评声四起之后，无论是北京市交通委还是市运输局都变得谨慎起来。有记者曾就出租车换型标准一事，向北京市交通委求证，对方称这是一个敏感问题，具体操作由北京市运输局负责。北京市运输局负责对外宣传的人员则表示，出租车换型的标准，目前还在讨论之中。对于4.5米长、1.8升的排量的说法，他既未肯定，也未否定，只是说等正式文件出台一切就明白了。至此，"选秀游戏"似乎又改为秘密进行。

二、少数人决定多数人的事

事实上，北京市出租车换型已不是什么新话题。每次一有风吹草动，总会备受关注。2002年7月,北京市交通局(市交通委前身)宣布,北京出租车专用车型标准正在讨论中。虽然当时并未传出任何实质性信息,各种猜测和评论却也层出不穷,热闹一时。从彼时起,北京出租车换型如同一部漫长的肥皂剧,一直演到了今天。2003年11月,又有消息说,北京市出租车专用标准基本确定,已递交主管部门审批,标准将淘汰夏利车型,连更新后的车型也言之凿凿。不过,从此没了下文。此次出租车换型一事,似乎又是前事重演。不过,眼看着有些出租车年限已到,换型之事已无法再拖。

据了解,北京市计划于2004年底更新近1.5万辆出租车,按一辆车平均价格12万元计算,1.5万辆车将是18亿元。这为汽车厂商带来了巨大商机。另外出租车行业消耗率非常高,每年供车辆保养、维修的费用支出也相当可观。因此汽车厂商的反应是最快的。据透露,北京市交通委自2003年末即开始制定《北京市出租车专用标准(草案)》,并表示,在这次换车过程中,只负责标准的出台,把车型和品牌的选择权交给各出租车公司。因此,从2003年年底开始,一汽大众、上海汽车、北京现代等汽车厂商就在着手"备战"。北京市各大小出租车公司一时间成了众厂商"公关"的对象。对北京本地品牌在这次换车竞争中的优势,各汽车厂商表示早有心理准备。但他们认为,在目前的市场条件下,北京市政府不可能下达武断的行政命令规定出租车公司必须使用哪种型号的车。至于换车后的出租车运价,将由交通委和物价局共同制定。

与汽车厂商的摩拳擦掌相比,北京市各出租车公司对这次换车的反应则要平淡得多。作为新车型的直接购买者,大部分出租车公司并没有表示出对"自选权"的热情。当外界希望从他们那里辗转得到一些关于"选秀"标准的消息的时候,利益与交通部门休戚相关的他们几乎都选择了回避或沉默。

其实,关于此次出租车换型,北京市交通委曾称,标准制定听取了多方意见,吸收了许多专家、学者的建议,并且在政府内部多个部门间进行了协商、统一。但是,在这一项涉及多方利益与普通民众生活的公共政策上,却无法从市交通委获悉与此相关的明确信息。

政府有关主管部门和出租车公司一直没有明确态度,而换车事件的另两个主要涉及者——乘客和出租车司机难有一个参与的正常渠道。

乘客是出租车的最终消费者,他们最关心的是出租车的价格。据新浪网汽车频道的一项调查显示,近半数的消费者认为出租车换型后最好"保持现有价格不变"。另两成则要求"适当调低价格",只有两成消费者认为应该"适当调高价格"。

北京现代汽车销售公司的崔小姐是打出租车的常客,主要依靠打车上下班。她抱怨说:"出租车换型这件事,我只是从报纸上溜了两眼。对于换什么车,如果有个网上投票，或者政府公开征询，我绝对积极参加。"有心参加的估计不止崔小姐一人。但是，所有的北京市民并没有获得参与的机会。在出租车换型这一与自身生活息息相关的事情上，公众似乎成了旁观者。

旁观者还包括众多整天和车打交道的出租车司机。"听说是要换车，但从来没有人问过我们的看法，公司没有，政府更不可能。"44 岁的北汽九龙股份有限公司的于师傅说。这位开了 20 多年出租车的老司机分析说，4.5 米的车长无法钻胡同，1.8 升排量费油却未必是大功率，欧三标准没有合适的汽油。"换车可以，但运价不能提高"是北京大多数出租车司机的想法。不过，这些看法大都如于师傅的一样，并没有机会让政策制定者听到。

出租车行业是一个受到政策高度管制的行业，比如政府可以决定出租车的数量和价格，以及出租车换型。但是，由于这些政策是直接影响到公众的生活，其实质是事关公共政策的制定。正如专家余晖所说："既然是公共政策，就应该有公众参与讨论。如果整个决策过程不公开，容易让人怀疑有倾向于某些利益集团的可能，难以做到公正和公开。"

（案例来源：①张勇、庞瑞锋："北京出租车换型考问公共政策制定"，《南方周末》2004 年 10 月 14 日；②吴琴、刘彦："北京出租换车起风波 利益集团操控京城车业（一）"，《新闻周刊》2004 年 10 月 2 日。）

【案例分析】

任何一项政策的制定和出台都必须考虑到社会的实际需要。因此，在北京出租车换型涉及政府、汽车厂商、出租汽车公司、出租车司机、普通民众等多方利益的情况下，政策主体在制定政策过程中应充分考虑、综合权衡各方的利益，并让各方都充分表达意见，以便能够制定出符合社会需要、能为大多数公众所接受的政策。然而，作为政策主体的北京市交通局及其相关部门却没有能够充分地考虑到各方面的利益要求，这是作为政策主体的失职之处。从更深层次看，反映了在我国公共政策制定过程中，政策主体没有形成让政策客体参与政策制定的意识，而政策客体也缺乏参与政策制定的合法途径和机制。

出租车作为承载着政府公共政策、出租公司利益、司机生活来源、市民出行方便的城市交通工具，它的换型势必引起相关利益方的高度关注。就此次北京出租车换型来说，"近 10 家知名汽车生产商、7 万辆出租车、1545 个运营单位、近 13 万出租汽车司机、几亿人次消费者的各自利益和需求都会因这次换车'大行动'而改变"。这其中涉及包括汽车厂商、出租车公司、司机及乘客等在内的多个目标群体的利益。所谓目标群体是指公共政策直接作用与影响的公众群体或那些受公共政策规范、管制、调节和制约的社会成员,即政策对象①。由于政策的目标群体在社会生活中所扮演的角色不同,必然会产生不同性质和层次的利益需求。这些利益和需求相互影响、碰撞、摩擦,从而产生了各种现实的利益矛盾,它可能发生在个人之间、个人与群体之间、群体与群体之间,甚至政府与群体之间。公共政策无疑就是要调整和规范这些具有不同性质和类型的利益之间的关系。

针对目标群体的利益,政策主体应该予以高度的关注。因为一项政策能否达到预期目的,不是政策主体所能够完全决定的事情,它还与政策对象对该政策的接受程度有很大关系。在本案例中,出租车换型方案确定前,北京市交通委和市运输局有"在网上推出设计方案征求市民意见"之举,但在每个设计方案中又都引用北京现代索纳塔为底版,这不免给了人们先入为主的感觉,从而很容易地联想到地方保护。而后又有媒体披露市交通委确定了北京市出租车准入的技术指标及已确定的几款参选车型,相关行政主管部门对此虽然三缄其口,但"选秀"决策过程的不公开难免引起人们质疑。

出租汽车公司是新车型的直接购买者,也是这次出租车换型的重要利益主体。由于体制原因,他们与交通部门的利益是休戚相关的。因此,面对媒体他们选择回避或沉默,在整个过程中的反应也都是较为平淡的。与此形成鲜明对比的是表现极为积极的汽车厂商,因为出租车换型对他们来说无疑是一个巨大的商机。因此,不去计较北京本地品牌在这次换车竞争中的优势,他们仍全身心地投入"备战"、"公关"中。在此次换型事件中的另外两个重要利益相关者便是出租车司机和市民了。然而他们难有一个参与的正常渠道,无法把自己的意见顺畅地表达给政策制定者。在出租车换型这一与自身生活息息相关的事情上,出租车司机和普通民众似乎都成了旁观者。

公共政策的主体是否充分考虑到了目标群体的利益诉求,会对目标群体的利益产生关键性影响,也会直接影响政策实施的效果。民众是较为特殊的目标群体,它也可以被看做是公共政策运行的主体。公共政策的执行常常需要施政者与影响对象之间的密切合作,如果后者是被动的、消极的,那么政策的效果会大打折扣或使成本大增,因此民众参与公共政策制定的过程就显得十分必要。通过意见的交流和不同观点的碰撞,不但可以抑制出现某些团体利益"独大"的局面,还可以加深民众对政策意义的理解,从而增加民众配合政策运行的自觉性,提高政策效率。北京市民们没有获得这次出租车换型的参与机会,但不意味着他们没有参与的积极性,如案例中的崔小姐所说,"如果有个网

---

① 张国庆主编:《公共政策分析》,复旦大学出版社,2004年,第141页。

上投票,或者政府公开征询,我绝对积极参加"。有同样呼声的还有司机师傅们这个重要利益方。政策制定者若能充分考虑各个目标群体的利益,真正做到公共政策由公众参与讨论,那么将会取得更加科学、理性和符合公众利益的政策效果。

案例三 中国非政府组织正在走向前台

【案例正文】

从怒江大坝到动物园搬迁之争,中国的非政府组织(NGO)越来越走向前台。NGO对政府的公共决策表达自己的意见,这被认为是我国社会民主化进程的重要一步。

2004年5月,"北京动物园酝酿搬迁"一事经媒体报道后,舆论为之哗然。与此前官方悄然行事的方式不同,在北京,一些民间环保组织、法律人士、学者、动物园职工、中小学生、人大代表纷纷奔走呼号,不遗余力地进行着一场保卫动物园的集体努力。

据北京动物园有关人士透露,直至2004年4月媒体报道之前,上面一直要求动物园对搬迁"保密"。一些工作人员甚至是在媒体披露后,方才知道自己所在的动物园可能迁至大兴,与大兴野生动物园合并。大兴野生动物园地处北京南郊,距离北京市区35公里。其实早在2003年,有关动物园搬迁的议论就已开始,但时至2004年3月却未被公众所知晓。一位动物园工程师证实,2004年2月,北京市发展改革委员会主持召开的首次"北京动物园搬迁问题座谈会"并未邀请动物园方面参加。同样议题的会议之后又举行了两次,动物园领导去了,议题开门见山:动物园该往哪儿搬?据《瞭望周刊》报道,2004年4月15日北京市发改委曾要求北京郊县大兴、延庆、顺义等像"申奥"一样参与动物园选址的方案竞争。但是在4月21日会后,参与方会下对北京市有关部门内定大兴达成共识,"申办"竞争仅为形式。

2004年6月24日,北京市发改委一位负责人对《北京青年报》说,北京动物园是否搬迁之事并没有决定。虽然北京市方面否定了搬迁后的土地将用于商业用途,但中央人民广播电台记者汪永晨对此并不特别乐观,她看到,政府并没有放弃搬迁企图。不过,情势似乎有明显的变化。据《瞭望周刊》披露,2月至4月间,北京市发改委在所召集的多次论证会上,还都是在强调,动物园搬迁是政府已定决策,不讨论搬与不搬问题,只研究搬到何地问题,而且要保密。但是,进入5月,媒体与公众不仅公开讨论着搬与不搬,而且反对搬迁的声音更大一些。这种急转直下的情势,显然并非北京市发改委的初衷。变故首先来自于信息被公开,破除了原先的"保密"之戒,而促成信息公开并将其变成一场社会大讨论的,正是北京的一些环保NGO。

汪永晨的另一个身份是"绿家园志愿者"的负责人——汪并不讳言,在民间反对动物园搬迁的行动中,以"绿家园"、"绿岛"等为首的NGO组织,在其间着力甚多。"动物园搬迁还须征得绝大多数市民的同意。"《新京报》引用北京市发改委的话说。这个部门的负责人还对《北京青年报》说,"按照政务公开的原则,我市关系人民切身利益的重大事项均将依法按规定科学决策";"至少他们不能再为所欲为了"。一位记者如此评价这一事件中NGO的作用。

再往前追溯,从四川的木格措到都江堰,再到云南怒江,一些地方政府的决策均受到了民间的非议,甚而因此重议、搁浅或改变。其台前幕后,都闪现着NGO的身影——事实上,他们越来越频繁地站在了前台,对于事关公共利益的决策,以公众参与的名义提出质疑。

2001年3月,一次独特的"听证会"在北京举行。参加者包括一些NGO成员、环保专家以及昆玉河畔的居民,还请到了北京市的一位副市长。此次"听证会"的由来,缘于2000年的北京昆玉河(即京密引水渠昆玉河段)治理工程。工程引起了一些环保人士的非议,他们担心以人工工程替代自然景观,将影响到两岸及河底自然植被和其他生物的生长。于是,"绿家园"等NGO组织了这次听证会,他们寄望以此推动政府和民众间的对话。但这次"听证会"并未善终。汪永晨说,这位副市长最后将其斥为"无组织的有组织活动",要求媒体一个字都不能登。没了公开,"听证会"也就没了意义。不过,"这仍然是中国NGO试图影响政府决策的一次尝试",汪永晨说。

在此之前,和我国的其他NGO一样,1996年正式定名的"绿家园"主要活动是种树、观鸟、呼吁保护白鳍豚等等,而在包括环保领域等公共政策的制定上,政府一言拍板,他人无法置喙。成立于1993年的"自然之友"是我国最早的环保NGO之一,其常务理事梁晓燕说,它是在外界的疑虑中诞生的,不少官员总是把它与西方的"绿党"联系在一起。那时除了做一些宣传外,几乎做不了什么事。梁晓燕说,1995年在北京举行的第四届世界妇女大会的非政府组织论坛,使中国大多数官员第一次接触到NGO这个词。从1996年起,中国NGO开始浮出水面,而环保是他们首先涉足的领域,这是因为它的政治敏感度较低,而且与所有人密切相关。与此同时,NGO们逐渐发现,地方政府常常是环保的最大威胁,它们的一些决策,不仅影响到环保,而且危及公共利益。

2003年应该是中国NGO发展史上值得记述的一年。这年在四川,两项水利工程遭遇了民间力量的狙击:一是贡嘎山下的木格措水坝,二是与都江堰相邻的杨柳湖水库。最后,杨柳湖工程被叫停,但木格措工程仍在继续。无论成败,NGO 都在其间崭露头角:最早获知工程上马的消息,并将其公之于众的,正是《中国青年报》记者、绿岛负责人张可佳和汪永晨及其背后的 NGO。其后,从媒体和专家的反对声音中,也可见 NGO 运作的影子。"公众力量直接影响一个大工程的决策,这是中国有史以来的第一次。"汪永晨说。

如果说杨柳湖与木格措之役,只是中国 NGO 的初露身手,在怒江水坝论争中,NGO 则表现出了更大的影响力和动员力。

"我反对!"5 月 24 日,云南"大众流域"管理研究及推广中心主任于晓刚再赴怒江之畔。这一次他组织了 14 名怒江的原住民,来到澜沧江上的漫湾电站。"大众流域"也是一个 NGO,2003 年夏天,于晓刚得知怒江上将要修建 13 级大坝后,很快行动起来,加入了"反对者"的行列。这位人类学学者所关注的重点之一,是大坝修建对人的命运的影响——他们对漫湾电站的调查显示,大坝的修建,对原住民并非总是福音,他们的生活反而陷入困境之中。因为,在地方政府和电力公司的合谋下,原住民的利益常被忽略,他们不仅无法表达意见,也难以分享开发的成果。怒江的村民们走访了漫湾电站的移民,发现他们"无法上学,家里没地种,外面没工作",一些人甚至以捡垃圾为生。这样的事实令怒江的原住民们忧心忡忡。《南风窗》引用一位怒江人的话说:"如果政府一定要建电站,就必须维护好我们怒江百姓的利益。"此时,虽然中央有关方面已对怒江大坝计划叫了暂停,但 NGO 们相信,大坝修建仍是难以阻挡的。"大众流域"希望通过信息公开和教育培训,使原住民们有意识并有能力站出来争取自己的利益,比如参加与政府和企业的对话或谈判。

在怒江问题上,"大众流域"的于晓刚和黄光成,以及云南大学教授何大明,是云南稀有的公开反对派。虽然黄光成称他们并没有感到明显的压力,但在当地,他们的声音仍然显得孤独。不过,他们并不全然孤立。这场"怒江保卫战"聚合了来自全国各地、甚至国外的 NGO。"由于生存在社会的边缘,寻找同道是 NGO 的本能。"梁晓燕说。按照汪永晨的说法,这次反水坝运动,是中国 NGO 第一次广泛联手。从这一年开始,在国外持续数十年的反水坝运动,被引入了中国。同时引进的,还有各国 NGO 的理念、资料和行动经验,吸引大量在国外行之有效的 NGO 行动模式。2003 年 11 月,汪永晨和于晓刚等人参加了在泰国举行的第二届世界水坝大会,会议发起了"保护中国最后的生态江河"的签名行动,获得了 60 多个国家 80 多个 NGO 的支持。"这使中国的 NGO 受到了很大鼓舞。"梁晓燕说。

2003 年 10 月,一场在北京举行的研讨会上,数十名专家以民间立场对修建怒江大坝表达了异议。此后大大小小讨论会、论坛、讲座、图片巡展难以计数,影响所及,重庆 10 所高校学生联名开展了"反对开发怒江"的签名活动。这些行动,与一长串 NGO 的名字联系在一起:大众流域、绿家园、绿岛、北京环境与发展研究所、自然之友、地球村……他们积极向公众宣传怒江大坝的情况,取得了社会的广泛关注。国家林业局高级工程师沈孝辉还在 2003 年"两会"期间,成功地将反对提案提交给全国政协委员和全国人大代表,将意见传达至我国的最高权力机构。

将 NGO 纳入公共决策渠道之中,甚至给予资助,这在西方国家是为制度或法律所明确的。但是,汪永晨指出,在我国,NGO 仍然徘徊在社会的边缘,缺乏表达意见的制度渠道。然而,人们仍然看好近年来这一连串事件的意义,相信这些个案将"由一个个事件,变成一个趋势"。

(案例来源:①唐建光:"'我反对'——中国非政府组织正在走向前台",中国《新闻周刊》2004 年第 24 期,总第 186 期;②赵凌、常楠溪:"北京动物园'搬迁'被忽略的程序",《南方周末》2004 年 5 月 28 日。)

【案例分析】

随着我国社会市场化改革的发展,政府、市场与社会的分化日益明显,公民社会逐渐成长。非政府组织(non-governmental organization,简称 NGO)作为公民社会的主体,其功能与角色日益彰显。他们的力量和作用不断增强,并且发挥着越来越重要的影响,成为公共政策的间接主体。

从本案例看,我国的非政府组织对政府决策的影响正逐步加深。2001 年由"绿家园"等 NGO 组织的北京昆玉河治理工程听证会虽未善终,但"仍然是中国 NGO 试图影响政府决策的一次尝试";2003 年四川的杨柳湖与木格措之役中,中国 NGO 初露身手,首次直接影响了一个大工程的决策;怒江水坝论争中,NGO 表现出了"更大的影响力和动员力",并在此次反水坝运动中,实现了中国 NGO 的"第一次广泛联手"。一系列事件显示,中国的 NGO"越来越频繁地站在了前台",他们对于事关公共利益的决策,能够以公众参与的名义提出质疑,并积极参与影响政府决策。

在这些案例中,活动频繁的主要是环保 NGO。这是因为环保领域"政治敏感度较低",而且与所有人密切相关,但是政府却往往忽略这一领域,导致决策影响到环境保护,甚至危及公共利益。"'怒江保卫战'是中国环保 NGO 发展的重要拐点。NGO 组织的意见影响了政府公共政策的决策过程"[①]。环境保护是关系到下一代的公益性事业,需要社会公众的参与。环保 NGO 现象值得提

---

① 胥晓莺:"中国 NGO 与政府的结盟",《商务周刊》2005 年 3 月 22 日。

倡。国家环保总局潘岳副局长也特别强调,"加强环境保护的公众参与和监督,通过实行环境信息公开、召开听证会、开展环境公益诉讼等一系列制度,保障环保 NGO 参与环境公共政策的讨论。"① 民间环保组织通过广泛联络媒体以及 NGO 之间的相互合作,力量不断壮大,社会影响力也日益增强。

在北京动物园搬迁之争中,台前幕后都闪耀着 NGO 的影子,他们不遗余力地为保护动物园作出自己的努力。最初将动物园搬迁之事曝光于公众面前并引起社会大讨论的是北京的一些环保 NGO,其后的民间反对动物园搬迁的行动中,"绿家园"、"绿岛"等为首的 NGO 组织,在其间也着力甚多。他们汇聚各种资源对政府决策施加影响,使北京市发改委的态度由最初的强调"动物园搬迁是政府已定决策,不讨论搬与不搬问题,只研究搬到何地问题,而且要保密",到对媒体承诺"动物园搬迁还须征得绝大多数市民的同意"、"按照政务公开的原则,我市关系人民切身利益的重大事项均将依法按规定科学决策"。在这次事件中,NGO 还表现出了一个可喜的进步,那就是,他们所关注的已不仅仅是动物园搬与不搬的问题,而更多地关注的是此类事务应通过什么样的程序来决定,他们尤其关心其中公众的知情权和参与权。北京动物园搬迁属于政府决策中的重大事项,应该经过人大审查、专家论证、行政听证等法定程序。这些程序在这次搬迁事件中被忽略了,甚至连动物园自身的权利也被相关部门忽视了。NGO 动员下的公众参与将使这一切变得透明起来,这也将是我国社会民主化进程中的重要一步。

"NGO 的力量在于它能组织各种资源,聚合各方力量",在本案例中,NGO 所汇聚的力量主要包括媒体、专家和公众等政策的间接主体。媒体被有些研究者视为并列于立法、行政、司法的"第四种权力",它虽然不具有正式的权力,却能够通过对政府施加舆论压力而影响政策进程。尤其是在网络越来越发达的信息社会里,民间媒体的非权力影响力呈现出上升的态势,如这次将动物园搬迁事件首次曝光的便是一家名为"绿网"的公益网站。大众传媒发挥着其独特的政策主体的作用,其他政策主体往往需要借助它来对政策过程施加自己的影响,在案例中便体现出了 NGO 与媒体越来越密切的联系。在我国,甚至有了媒体自身 NGO 化的趋势,"不少 NGO 的负责人本身就是媒体人士",他们往往通过记者沙龙等形式来体现。相比较而言,我们对专家这个独特资源的开发和对广大公众的动员还远远不够,重视并充分发挥这两个政策主体的作用对我国决策科学化和民主化的推进无疑是大有裨益的。

---

① 黄勇:"江苏:政府部门如何看待环保 NGO 现象",《江南时报》2005 年 4 月 4 日,第 15 版。

案例四 公民参与新模式——社区参与

【案例正文】
一、宋庆华及其灿雨石信息咨询中心

"参与,不等于参加。社区参与,不是单纯地组织一个活动,让居民来参加。"在一节关于"社区参与"的义务讲座中,宋庆华讲述了她2004年上半年在美国为期两个月的考察内容。听众中,有大专院校的学生、国家公务员、退休干部和大学教授。

宋庆华来自北京灿雨石信息咨询中心。作为一个促进社区公众参与的非营利民间组织,该中心成立于2002年,原名社区参与行动。其宗旨是,传播参与式发展思想和方法,推动城市社区参与,促进社区的和谐发展。中心主任宋庆华曾先后应邀在英国和美国考察、体验社区生活和工作。她愿意与更多的人分享这些经验和体会,希望更多的人加入参与的队伍。

三年前,宋庆华还是民间环保组织地球村的一名职员,主要负责"绿色社区"项目。因为工作的关系,她常常深入北京的居民区。与居民接触多了,她发现,社区居民对环境问题并不在意,抱怨最多的是很多与切身利益相关却无法解决的问题。比如与物业公司之间的矛盾,包括物业费、停车费,或者周围工地的施工扰民,还有许多回迁户与她谈论回迁房的质量与费用。宋庆华以前从未接触过这些事情。但凭直觉,她感到居民所反映的问题中,的确存在着不公平。"这样的问题,应该怎么解决呢?"她想不出头绪。

2002年初,作为环保组织中社区活动工作者,宋庆华接受福特基金会邀请,与我国部分城市的官员共同到英国进行了"社区参与"的考察。仅仅半个月的行程,却给她留下了深刻的印象:原来别的国家是这样进行社区管理的啊!

为了解释什么是社区参与,宋庆华描述了国外社区参与组织领他们做的一个"游戏":给每个人发一把伞和一桶水(伞面代表管理社区的机构,伞撑开后的空间代表社区;水代表政府对社区的拨款),然后要求大家将水从伞上倒下。看怎么样能将政府的拨款最大效率地应用于社区。大家很快就发现了答案:当伞尖朝上打开时,倒下去的水全部顺着伞面流下去了,伞下所覆盖的空间一点儿都没有;而当将伞倒置时,水全部聚集在伞中,一点儿都没浪费。"这说明什么呢?"宋庆华解释说:"伞尖代表政府,当以政府为主导进行社区管理时,无论是拨款,还是投入人力物力,很多时候都用不到正点上,无法满足社区居民的真正需要;而当以社区自己为中心进行管理时,居民最集中的需要就出现了,政府只需对社区的方案进行审核,然后拨款,就完成了对社区的管理。"

实际上,"上个世纪八九十年代,英国政府对社区的管理,大体和我国差不多,都是政府设计,政府实施。但当时,英国已经出现了一些初级的社区参与活动。时间一久,政府就发现:凡是由政府主导的社区项目,最后都不能持久,效果也很差;凡是由社区居民主动提出的项目,不仅效果好,而且是可持续性的。""这就是'参与'同'参加'的不同。参加,是政府组织一个活动,让居民加入;而参与,则是最大限度地尊重每个人,尽量发挥每个人的能力,尽量满足每个人的需求。"这种决策方式的好处也被世界银行发现了,它很快提出要求:凡是用参与的方式实施的社区项目,它就资助。在这样的鼓励下,英国的社区参与一步步发展完善起来。宋庆华到英国考察时,发现几乎每个社区项目都采用了"参与"方式,甚至在城市的管理中,也在向这方面靠拢。"每个城市都有自己的城市论坛,由主管社区工作的政府官员和市民代表参加,官员汇报前一年承诺的项目进展,居民讨论出下一年的社区发展目标。最有趣的是城市剧场,这是一种换位思考的游戏,市长坐在台下提出问题,市民中谁能回答,谁就上台去回答。每隔几个月,就会举办一次,让双方都换位听听对方的意见。"

这次英国之行,使宋庆华的观念发生了改变。之后不久,她和一位同事离开了地球村,共同筹备社区参与行动组织,希望能将这种先进而有效的管理模式引入中国社区。2002年12月,社区参与行动成立。2003年8月,注册了"灿雨石信息咨询中心"。"灿雨石"取自"参与时"的谐音,也是英文"Shine stone"的中译。宋庆华们希望,参与式社区管理在中国,能如同阳光下的石头,熠熠生辉。

二、正在不断发展的中国社区参与

一位积极关注社区参与的大妈就向灿雨石讲了她们社区的故事。

大妈家住的社区,原来楼前房后长着高大的树木,窗下绿草遍地,每逢春天,盛开的二月兰芳香扑鼻。这样的环境是居民多年的参与造就的。很多居民自己掏钱买来花籽草籽,浇水养护。一位大爷花了7年时间,种出了一大块草坪。

但去年春天,街道办事处突然提出了建"精品社区"的口号,并找来了投资,准备大干一场。很多居民十分高兴。这位大妈还特地为这项工程捐了500元钱。然而事情的发展完全出乎意料。施工工人来到社区,刨掉原来赏心悦目的花草,代之以红色的地砖。大妈看了心疼,向有关部门反映自己的想法,但无济于事。社区居民们伤心极了,说看到地上的红砖,心里就感到烦躁。

这个故事作为反面案例被刊登在灿雨石定期出版的宣传册上。公共政策的整个运行过程都以社会民众为基础,即使政府官员能够完全代表公共利益,也会由于其知识可能不完备、所获信息不充分、理性能力有限等,导致其行为的结果与目标背道而驰。"这是典型的大政府小社会的做法。"宋庆华认为,"西方社会政府效率很高,是因为它管得很少。其实像这样的事情,放手交给社区居民自己去做,完全会达到更好的效果,而且费用也会降低,因为社区居民本身就是巨大的资源,他们有设计美好家园的愿望和能力,也能做出更符合需要的规划,甚至自己动手参加建设。这个社区那么宜人的绿色环境,不也是居民们自己创造的吗?"

不过值得高兴的是,社区参与行为在我国已日渐兴起,很多社区都已直选自己的居委会主任,大家共同商讨社区内的公共活动;而社区居民也在这种初现的参与活动中,感觉到了快乐。"社区事应该由我们自己说了算",2000年11月8日南京市下关区东井亭社区民主决策社区事务掀开了新的一页。

(一)整治环境:违建拆除变空地

东井亭社区位于下关区小市街道,面积19.9万平方米,有住宅楼70余幢,居住2700余户、近万居民,其中90%是南京有线电厂职工和他们的家属。20世纪90年代该厂为了帮助下岗职工自谋职业,方便职工生活,在家属区自备路两侧先后盖了40间临时网点房。由于种种原因,这些网点房使社区环境变得脏乱差,严重影响了居民的正常生活,群众意见很大。2000年10月20日,区里根据群众要求,依法拆除了路两侧所有违章建筑,由小市街道办事处和南京有线电厂共同出资12万元,将破损不堪的400米道路铺成了柏油马路。违建拆除了,环境清爽了,可一部分居民又找到居委会说"现在环境好了,可是我们买早点、购物不方便了",他们建议由居委会统一建些便民服务网点,而另一些居民则要求将空地建成休闲广场。怎么办?按常规是写报告,向上反映,上面怎么说就怎么做。街道办事处了解到这一情况后,经分析研究,决定召开社区管理听证会,由社区居民自己来讨论决定空地建什么。

(二)休闲广场:空地用途居民定

2000年11月8日晚,东井亭社区召开了有史以来第一个社区管理"听证会"。"我们的要求能被政府接受吗?""我们能决定自己的事吗?"200多位居民带着自己的疑问参加了会议。主持会议的街道办事处领导明确表态:空地建什么,听取居民意见,由你们自己决定自己的事。话音刚落,居民们纷纷举手发言,各抒己见,大部分居民由于遭受了近10年违章网点房带来的生活之苦,坚决反对再建便民服务网点房。同时提出,如果空地不加以规划利用,会为今后小商贩占道经营留下隐患。为了美化自己的家园,参加会议的绝大部分居民提出"建一个社区休闲广场,还大伙一片绿地"。这一提议得到了居委会和街道办事处的肯定,并决定按照居民们的要求着手筹建休闲广场。

(三)共驻共建:民主决策结硕果

建设社区休闲广场预算需6万元,怎么办?社区的事就是大家的事,从

2000年12月到2001年8月,居委会工作人员多方游说,从辖区内10多家单位获得捐赠4万元;发动辖区内居民中搞园林设计的人员免费进行图纸设计、工程预算;更有积极踊跃者要求个人捐款,要求参加义务建设。居民问得最多的问题是:什么时候开工,如何建?居委会的答复是:等时机成熟,再开一次休闲广场建设听证会,一些具体事务由居民们来定。

2001年8月31日下午,东京亭社区召开社区成员代表会议扩大会,专题讨论休闲广场建设问题,到会代表和居民近百人,会议在一片掌声中顺利通过了兴建社区休闲广场的决议;会议在居委会主任详细介绍规划图后一致通过了休闲广场规划建设方案。工程质量谁来把关,筹集的钱谁来监督使用,成为在场居民最为关心的问题。大家一致提议,选出监督委员会,由其代表2700户居民监督广场建设,并当场提名5人组成休闲广场建设监督委员会。"还差两万元钱怎么办?"话音还未落下,坐席上的居民们就喊道"我们自己掏"、"当场捐"。参加会议的代表和居民们自发走上主席台,当时就捐了5000余元。更有几位居民现场表态,到时候花草不要买,他们把家里的捐出来。前来参加会议的区、街有关领导深为感慨:没想到居民听证会使难事变得这么容易!看来,让社区居民能够充分表达自己的意见,直接行使民主权利,才能够真正拉近群众与政府之间的距离;让群众依法管理自己的事情,创造自己的幸福生活,这才是社会主义民主最生动的实践。

(案例来源:①江菲:"社区就是我的家",冰点特稿第522期,2004年11月24日;②何晓玲:《社区建设模式与个案》,中国社会出版社,2004年,第122~124页。)

【案例分析】

公共政策过程的基轴是公共权力与公民的关系[①]。在现代民主社会中,不仅强调公民参与在政策过程中的重要性,而且将其视为公共政策的基石。公民作为非官方的政策参与者,通过各种途径参与并影响公共政策过程,成为公共政策重要的间接主体。然而,作为个体的公民往往由于组织分散、呼声薄弱而难以真正实现对公共政策的影响。那么,如何更好地汇聚、传递和表达公众的利益诉求,提高公民参与在公共政策过程中的质量和有效性呢?社区——作为普通民众最基本的居留场所,正越来越大地发挥着它独特的功效,成为公众利益表达和决策参与的重要载体和平台。同时,社区功能的彰显也体现了公共政策主体多元化这一当今世界较为普遍的趋势。本案例反映了社区参与的发展

---

① 宁骚主编:《公共政策学》,高等教育出版社,2003年,第261页。

趋势及我国社区发展的状况和存在的问题。

　　随着世界性城市化进程的推进,以及我国经济的发展和社会的变革,人们对"社区"的关注程度逐步加深,社区、社区建设、社区参与等概念也逐渐为人们所熟知。但与美国、英国等其他国家相比,我国的社区参与仍处于摸索、起步阶段,学习和借鉴其他国家一些先进的理念和成功的经验有利于我国的社区建设和社区参与的发展。本案例中的主人公北京灿雨石信息咨询中心主任宋庆华便承担了这样的传播者的作用。她通过对英国、美国等"社区参与"的考察,对照我国现实发展的不足,积极传播参与式发展思想和方法,力求为推动城市社区参与、促进社区的和谐发展作出自己的努力。比如通过对英国的考察,宋庆华发现几乎每个社区项目都采用了"参与"方式,而且"凡是由社区居民主动提出的项目,不仅效果好,而且是可持续性的"。她用"伞和水"的游戏形象而深刻地说明了以社区作为主体进行自我管理的重要性。不仅是英国,美国之行也使宋庆华领悟到那里的"每个社区,都在采用这种方式进行自我管理"。宋庆华除了积极宣传社区参与的理念外,还筹备并成立了社区参与行动组织,以实际行动逐步将参与式的管理模式引入中国社区。

　　就我国目前来说,社区参与的内容还不够丰富、领域还太窄、参与程度还不够深。灿雨石期刊刊登的"草坪变地砖"的案例便反映出政策制定者由于忽视社区民众的意愿和利益诉求,从而导致了其"行为的结果与目标背道而驰"。实际上,有些事情放手交给社区居民自己去做,完全可以达到低成本高效率的效果。可喜的是,我国政府已经越来越注意到了社区的重要作用,2000年11月19日,我国关于社区建设的第一个公开、正式的历史性文献《民政部关于在全国推进城市社区建设的意见》,经党中央、国务院领导反复讨论后以中办发[2000]23号文件向全国转发①。中共中央"十六大"也提出"完善城市居民自治,建设管理有序、文明祥和的新型社区"的目标。这样目标的实现有赖于社区民主选举、民主决策和民主监督的完善。

　　"南京市下关区东井亭社区民主决策社区事务"是居民参与社会建设的典型事例,这表明社区参与正在日渐兴起。在该事例中,从召开社区管理"听证会"、"由社区居民自己来讨论决定空地建什么",到居委会和街道办事处同意"按照居民们的要求着手筹建休闲广场",直至社区成员代表会议扩大会的召开,严格的社区决策程序表明了我国民主决策社区事务正逐步走向成熟。其间,社区居民对"自己决定自己的事"表现出了极高的热情、发挥了很大的积极性。在听证会上,居民们"纷纷举手发言,各抒己见";筹款过程中,辖区内10多

---

① 何晓玲主编:《社区建设——模式与个案》,中国社会出版社,2004年,绪言第1页。

家单位捐赠4万元、居民个人捐赠积极踊跃;图纸设计、工程预算阶段,由"辖区内居民中搞园林设计的人员免费进行";工程监督则由社区居民选出监督委员会,"由其代表2700户居民监督广场建设"……事情是社区的事,"社区事应该由我们自己说了算",这一来自社区民众的呼声正越来越多地在我国社区参与实践中得到印证。

案例五　公民不是公共政策的"旁观者"
——解读北京新交规

【案例正文】

人人心中的梦,都与公共政策同在;家家难念的经,都与公共政策共存。所以公民不是公共政策的旁观者,在关乎切身利益的问题上,他们从来不缺乏充沛的热情。

被论者称为"市民建言献策、积极参与立法的成功范例"的"北京新交法",就鲜明地体现了这一点。这部在2004年10月22日终获通过的法规,在制定和修改的过程中,比较重视公众舆论。如2004年8月9日到15日,《北京市道路交通安全条例(草案)》的征求意见稿就曾通过媒体向社会公布,公开征求市民意见。短短七天,意见征集组共接受电话、电子邮件、网上留言总计8855件次,涉及征求《办法》(《北京市实施〈中华人民共和国道路交通安全法〉办法》)中的67个条文。2004年9月3日市人大法制委员会就"机动车负全责"及"骑车带人"两大颇具争议的问题,举行了北京市首次立法听证会,16名市民作为听证陈述人出席听证会,此前有332名市民踊跃报名参加听证。9月29日,有关部门在对草案中与车辆和驾驶人管理、道路通行条件及规则、事故预防与执法监督、法律责任等相关的60多个条款作进一步修改时,市民意见是考虑因素之一。

就这次北京新交法征求意见稿形成过程,即《北京市实施〈中华人民共和国道路交通安全法〉办法》征求意见稿的形成过程来看,主要立法依据是《中华人民共和国道路交通安全法》和《中华人民共和国道路交通安全法实施条例》。它的形成过程主要经历了如下几个阶段:①法规起草。2001年底,成立法规起草小组;从起草小组成立,到2004年6月期间,完成了规范性文件的清理汇编、立法调研、初稿起草、立法论证、意见征集等工作;2004年6月18日,北京市人民政府向市人民代表大会常务委员会提请审议《北京市道路交通安全条例(草案)》的议案。②议案提出(《北京市道路交通安全条例(草案)》)。③专门委员会审议。2004年7月6日,市人大内务司法委员会召开全体会议,对条例草案进行了审议,提出了修改意见和建议。④常委会审议。2004年7月27日,市人大常务委员会对《条例(草案)》进行了分组审议。⑤法制委员会修改。2004年8月4日,市人大法制委员会根据市人大内务司法委员会和常务委员会组成人员的意见,对条例草案进行了修改,提出《北京市实施〈中华人民共和国道路交通安全法〉办法(征求意见稿)》。⑥提出征求意见稿(《北京市实施〈中华人民共和国道路交通安全法〉办法》征求意见稿)。⑦征求意见。从2004年8月9日至8月15日,公开征求市民和社会各界意见。

自1993年以来,这是北京市人大常委会第九次面向社会和各界人士进行立法征求意见。广大市民对市人大常委会在立法中进行公开征求意见的做法表示拥护。这次公开征求意见主要有以下两个特点:

一是广大市民热切关注,积极参与。此次公开征求意见,市民的参与热情很高。从8月9日集中征求意见工作开始以来,热线电话、电子邮件和网上留言接连不断。广大市民为本市道路交通安全立法献计献策,见仁见智。提出意见和建议的包括教学研究人员、法律工作者、留学归国人员、在校学生和国家机关工作人员等各行各业的人士。有机动车驾驶人,也有非驾驶人员;有北京市民,也有外地来京人员;有一般市民,也有特殊人群的代表,如残疾人、老年人、学生家长、出租汽车司机、小排量汽车主、道路交通事故受害人、公交企业管理人员及有关方面的专家。

二是市民意见和建议数量多、针对性强、质量高。市民提出的意见和建议,包括机动车通行规定、非机动车通行规定、公共交通和道路资源利用、车辆登记与管理、行人和乘车人乘车规定、道路交通事故责任及对违法违章行为的处罚等方面的内容。这次公开征求意见的时间只有七天,但市民提出意见和建议的数量却是历次公开征求意见中最多的一次。这是因为道路交通安全涉及广大市民的切身利益,市民们一直在关注这项立法的进展。很多市民对征求意见稿的内容比较熟悉,因而提出的意见和建议针对性强,质量也比较高,不少市民还提供了修改建议条文和文字修改意见。

在这次征求意见中,市民普遍比较关注机动车与行人之间的交通事故责任、自行车能否载人、道路资源配置和公交车停靠站以及法律责任等方面的问题。市民除针对征求意见稿的内容提出意见外,还对做好交通安全管理工作提出了一些建议,包括如何有效地制止机动车、非机动车、行人违章,如何改善道路通行条件,如何发挥公共交通作用以及加强执法等方面。意见征集组将对市民提出的意见和建议进行分类整理和认真、细致的分析、研究。根据这次征求意见的情况,市人大法制委员会将就市民普遍关注的问题举行立法听证会。对在征求意见中和立法听证中市民提出的意见和建议,在下一步修改法规草案时,能采纳的尽量采纳;凡属对法规实施工作提出的意见,将建议市人民政府予以研究,并在法规实施前、后做好相关工作;凡属对政府部门具体管理工作的意见,将尽快转达有关部门,以便他们根据群众意见改进工作。

截至2004年8月15日下午5时,《北京市实施〈中华人民共和国道路交通安全法〉办法》公开征求意见工作结束。七天来,意见征集组接收市民的电话、电子邮件和网上留言总计8855件次。此外,还收到一些市民来信。市民提出的意见和建议涉及征求意见稿中的67个条文。在征求意见期间,市人大法制委员会还到崇文区召开座谈会,听取了基层干部和群众对征求意见稿的意见。在征求意见期间,意见征集组的同志及时接听热线电话、下载电子邮件和网上留言,对每一位市民的意见都进行了登记和整理,每天将征求意见情况编辑专报,及时报送市领导和有关政府部门,并编发给新闻媒体。

根据市民和社会各界的意见和建议,经市人大法制委员会认真研究,将市民关注度较高的两个问题确定为听证事项,举行听证会,进一步听取意见。一是征求意见稿第六十九条第二项中,关于机动车与非机动车、行人发生道路交通事故后,两方或者两方以上当事人不依法报案或者保护现场,致使事故基本事实无法查清的,由机动车一方承担全部损害赔偿责任的规定是否合理、可行;二是征求意见稿第五十三条第六项和第五十四条第二项中,关于驾驶电动自行车、残疾人机动轮椅车不得载人的规定和骑自行车可以在安装牢固座椅内载一名学龄前儿童的规定是否合理、可行。

据了解,北京市居民、外地来京人员和社会团体、基层自治组织推荐的代表均可以报名参加此次立法听证会,就全部听证事项发表意见,也可以只就其中一项发表意见。因场地、规模所限,报名的市民不可能都参加听证会,市人大法制委员会将根据报名人对听证事项所持观点及理由、代表性、与听证事项的利害关系等情况,按照各方意见人数基本相当的原则,确定若干听证陈述人,并在听证会举行3日前,将听证会的具体时间和会议地点通知听证陈述人。听证陈述人名单届时在市人大常委会网站、首都之窗和千龙网上公布。立法听证会设旁听席。市人大法制委员会将从听证陈述人以外的报名人中,邀请部分人士参加。

根据立法法,《北京市制定地方性法规条例》第二十二条明确规定:"列入常务委员会会议议程的法规案,法制委员会、有关的专门委员会和常务委员会工作机构应当听取各方面的意见。听取意见可以采取座谈会、论证会、听证会等多种形式。"与座谈会、论证会等其他听取意见的形式相比,听证会具有透明度高、程序性强、所获取的信息相对客观的优点,是公民参与立法的一条重要渠道。为了在北京市地方立法中进一步扩大公民的有序政治参与，促进立法决策的民主化、科学化，提高立法质量，北京市人大法制委员会于2004年9月3日，就《北京市实施〈中华人民共和国道路交通安全法〉办法》征求意见稿中群众普遍关注的问题举行了立法听证会，听取市民和社会各界意见。这也是北京市人大常委会首次举行立法听证会。

（案例来源：①吴麟："公民不是公共政策的'旁观者'"，人民网，2004年10月29日；②北京市人民代表大会常务委员会网站，www.bjrd.gov.cn。）

【案例分析】

立法机关作为"官方的政策制定者"[①]，是公共决策过程的重要参与者，是公共政策的直接主体。由于获得宪法和法律授权、享有公共权威，因而立法机构能够对社会价值进行权威性分配，从而主导政策过程。在我国，立法机关是指全国和地方各级人民代表大会及其常务委员会。其中，全国人民代表大会是我国的最高国家权力机关。立法机关行使国家的立法权，它的基本职能是制定法律，从公共政策角度看，即是将能够解决比较确定的政策问题的较为成熟和规范化的方案用法律的形式固定下来。这一个过程实际上是政策法律化过程。

政策法律化即政策立法是立法机关制定公共政策的基本形式。本案例的《北京市实施〈中华人民共和国道路交通安全法〉办法》征求意见稿的形成过程中，首先由北京市人民政府向市人民代表大会常务委员会提请审议《北京市道路交通安全条例（草案）》的议案，其次经过市人大内务司法委员会审议、市人大常务委员会审议、市人大法制委员会修改等过程，最后由市人大法制委员会提出征求意见稿并公开征求市民和社会各界意见。在整个过程中，体现了北京市人大常委会作为政策主体的作用。

在这次"北京新交法"的出台过程中，还有一个显著的特点，就是通过多种途径（电话、电子邮件、网上留言、听证会）征求和吸纳市民的意见。从公布征求意见稿、向社会公开征求意见，到举行立法听证会，再到有关部门对相关条款的进一步修改……无不将市民意见作为重要考虑因素。公共政策，尤其是关系广大公民切身利益的公共政策，在制定过程中应该采取一定措施让公众参与讨论，保证民意能够进入公共政策的决策中去。在制定公共政策时，不忽视公民的意见和看法，是我国政策制定中一个良好的发展趋势。从公民在公共政策中的地位来看，它既是公共政策的主体，又是公共政策的客体。这是因为，在现代代议制民主政治体制下，国家和政府的基本政治理念是"主权在民"，公民在

---

① [美]詹姆斯·E.安德森著，唐亮译：《公共决策》，华夏出版社，1990年，第44页。

法理上是国家主权的拥有者,是公共权力的本源。因而,在民主制度较健全的政治体制中,公民能够通过政治参与而成为公共政策的间接主体。然而,一般而言,公民总是作为消极、被动的政策遵从者而存在的,在对政策参与抱冷漠态度的情况下,公民就仅仅是公共政策的客体了。虽然公民常常作为政策的目标群体而存在,但无论何种体制下,普通公民的利益和愿望都会对公共政策产生相当大的影响。因此,公民参与在政策制定中的作用不容忽视,充分重视并促进政策过程中的公民参与,不仅有利于公共决策的民主化和科学化,而且可以增强公民配合政策运行的自觉性,提高公共政策的效力。

在本案例中,公民对立法决策的参与主要表现在北京市人大常委会公开征求意见的过程中。广大市民通过电话、电子邮件和网上留言等方式提出自己的见解,表现出了很高的参与热情。在市民参与过程中,表现出如下两方面的特点:一是从参与主体来看,涉及"各行各业的人士",呈现主体多元化特点。二是从市民提出的意见和建议情况来看,呈现出"数量多、针对性强、质量高"的特点。这充分体现了市民对这次立法的高度关注和积极参与,同时也体现了我国立法过程的"开放性"[①]。这种"参与度"和"开放性"在本案例中还有更深入的表现,那就是"根据市民和社会各界的意见和建议",就"市民关注度较高的问题"举行立法听证会。立法听证是指立法机关采取会议形式,就某项社会问题是否需要立法解决,或者在立法过程中就草案内容是否合理、可行,公开地、直接地听取公众意见的程序制度。2000年3月,九届全国人大三次会议通过的《中华人民共和国立法法》首次将立法听证引入立法程序[②]。在本案例中,北京市人大法制委员会就《北京市实施〈中华人民共和国道路交通安全法〉办法》征求意见稿中群众所普遍关注的问题举行的立法听证会,是北京市人大常委会首次举行的立法听证会,这一事件对促进中国立法决策的民主化、科学化具有标志性意义。

案例六 谁是文化遗产保护的决策主体
——透视圆明园防渗事件

【案例正文】

圆明园是国家级的文物保护单位,是我国古代造园艺术的瑰宝,是一段民

[①] 朱光磊著:《当代中国政府过程》,天津人民出版社,1997年,第149页。
[②] "为什么要举行立法听证会?",www.sina.com.cn,2004年9月1日,首都之窗。

族历史的记录,在每个中国人心中,它是一个特定的符号。但是,从 2005 年 4 月初开始,圆明园里的灌木遭到了人为的砍伐和破坏。而在这起砍伐灌木事件发生之前,圆明园就已经成为人们关注的焦点。

2005 年 3 月,兰州大学的一位教授在圆明园参观时发现,圆明园的湖底居然被铺上了一层塑料薄膜,他担心这将会造成圆明园的生态恶化。事件被曝光后,圆明园管理处进行了解释,理由是为了节约水,而对湖底进行了防渗处理。

圆明园在湖底铺设塑料薄膜的做法被曝光后,引起了强烈反响。为什么圆明园的一项防渗工程,居然引来了这么多的关注?这究竟是一项什么样的工程呢?

当北京大学环境学院教授俞孔坚看到这些塑料薄膜已经铺在了圆明园的湖底时,研究了多年环境保护的他,感到非常痛惜。俞教授认为,铺上这个水就不往下渗了,水跟土壤的关系没有了,此举将对圆明园的固有生态系统造成毁灭性的破坏,大量的水将无法进入地下,必将导致生态严重恶化。那么,为什么这些塑料薄膜会被铺在国家重点文物保护单位圆明园的湖底呢?这种薄膜真的能够像俞孔坚教授所说的那样会隔绝水与土壤吗?

这些薄膜的生产厂家——山东宏祥化纤集团的总经理张吉和表示:光用这个膜就完全隔离了地下跟地上。对于自己产品的防渗性能,张吉和非常自信:"这种膜不仅防渗效果好,而且使用寿命很长,最少有 100 年的寿命。"这种防渗薄膜是由一层塑料布和一层化学纤维组成,防渗性好,不易老化,确实是个不错的东西;可是这种不错的材料,如果铺在圆明园,造成的却很可能是一场毁灭生态的灾难。那么,是谁把这些薄膜铺在了圆明园的湖底呢?

与山东宏祥化纤集团签订防渗膜买卖合同的是北京市京水建设工程有限公司。参与圆明园湖底防渗工程的两家施工单位,除了这家京水公司(曾经是北京市水务局的下属公司)以外,还有一家叫北京市海淀区水利水电工程公司(曾经是海淀区水务局的下属公司)。事实上,这两家公司并不是第一次拿到圆明园的工程。在圆明园管理处的官方网站"圆明园大事记"中,2003 年 10 月 13 日,三家施工单位拿下了圆明园西部清淤工程,这三家单位中就有京水公司和海淀区水利水电工程公司。那么,圆明园的这些工程有没有履行规定的招投标程序?相关部门有没有进行监督呢?答案无从得知。

据北京市京水建设工程有限公司相关负责人说,他们就是做湖底防渗的,一共 1100 万元,38 万平方米,主要原材料是土工膜(防渗膜)。按照京水公司与山东宏祥化纤集团签订的买卖合同,每平方米防渗膜的价格是 7.2 元,目前京水公司只购买了 10 万平方米,总价是 72 万元;山东宏祥化纤集团透露,他们与京水公司曾约定购买40万平方米的防渗膜,总价大约是280万元左右。对于湖底防渗工程来说,最主要的原材料就是这种防渗膜。那么造价1100万元的防渗工程,最主要的材料费只占1/4,剩下的800多万元究竟又做什么用呢?京水公司拒绝回答这些疑问。虽然在很多工程中,施工单位如何施工、如何使用工程款是商业机密,但圆明园的这些工程却不同,不仅因为它是国家级文物保护单位,而且因为它的工程款,绝大部分是政府掏的,所以圆明园里的工程应该经过科学论证,应该成为一个严格监管下的阳光工程。

值得庆幸的是,这次圆明园铺设防渗膜被无意中发现了,这才给了公众质疑和听证的机会。但事实上,这并不是圆明园第一次铺设防渗膜,早在2003年的时候,它就在公众毫不知情的情况下,被铺在了圆明园的湖岸里。如果不是偶然发现,这个秘密直到现在还不会被外人所知。听到这个消息,很多人都会吃惊,因为圆明园不是某个管理部门或某人的,而是人民的圆明园。可现在看来,圆明园里到底发生了什么事情,还发生过多少不为人所知的事情,都难以考究,似乎圆明园仅仅只是它的行政管理者的圆明园,和普通人无关。

北京是一个严重缺水的城市,要恢复圆明园原有"山形水系",再现当年河流湖泊星罗棋布的美景,确非易事。但作为圆明园的代管者,圆明园管理处是否有权擅自决定"国宝"的命运?这种做法是否能够重现圆明园的风采?对于圆明园遗址的整修,应该遵循"重建昔日辉煌"还是"保持遗址现状"的原则,不是某个管理者所能决定的,这个持续多年的争论,随着防渗工程的争论再度凸显出来。中国社会科学院研究员、博士生导师叶延芳指出,文物价值和文物美在于历史原创性。圆明园的历史原创性更在于废墟悲凉的沧桑感。他认为,现在进行的修复与遗址公园的精神不符。正如很多专家指出的,圆明园是国家的公园,还是企业的公园?是遗址公园,还是商业公园?在其基本功能定位尚未争论清楚的时候,代管者就擅自对圆明园实施改造,是否有欠妥当?

一片激烈的争议声中,圆明园防渗工程停工。而此时,在湖底铺设防渗膜的工作已接近尾声。一切似乎都太晚了。在专业人士先后从生态保护和文物保护角度对防渗工程提出质疑后,这一工程是怎样被决策出来的,成为争论的又一个焦点,也是这一事件引起广泛关注的深层原因。圆明园管理者称,工程上马前经过了北京市水利科学研究所和北京市海淀区水利局十几位专家的论证,承认项目开工前忽视了环境影响评估这个环节,并称防渗也是无奈之举。"为什么当时的专家论证结果和现在的专家质疑声形成如此巨大的反差?"一位市民问道,"当时的专家论证会是否有走过场的嫌疑?参与论证的专家是否有'御用'之嫌?"至于圆明园管理者对程序的"忽略",更是引发了各界一片质疑。在圆明园这样一个全国重点文物保护单位进行一项耗资3000万元的"宏伟"工程,居然疏忽了报批手续,到底应该指责管理者的无知,还是其中另有隐情?对此,北京市环保局相关负责人接受记者采访时坦言,事实上,没有履行环境影响评估报批手续的绝非圆明园一家。通过圆明园这一事件,足见目前建设单位环境意识之淡漠,也揭示出管理体制的重大欠缺。

随着圆明园湖底铺设防渗膜工程争论的持续升温,这项未预先进行环境评估的争议工程被国家环保总局紧急叫停。2005年4月13日,国家环保总局就社会广泛关注的圆明园环境整治工程的环境影响举行公开听证。这是环境影响评价法实施以来,环保总局首次举行的公众听证会。这次听证会共邀请了73名代表参加听证,其中包括圆明园管理处、市环保局、市规划局等在内的22个相关单位、15名专家和32名各界代表。他们中年龄最大的80岁,最小的11岁。既有知名专家学者,也有普通市民与下岗职工;既有各相关部门的负责人,也有各民间社团的代表;既有圆明园附近的居民,也有千里之外赶来的热心群众。参会代表踊跃发言,各抒己见,观点激烈交锋。历时近4个半小时的听证会围绕圆明园遗址公园的定位问题,湖底防渗工程对土壤、地下水及周边陆生生态系统的影响问题,圆明园作为历史人文景观和遗址公园应该如何修复和保护等问题展开。尽管圆明园管理处及少数专家坚持认为,防渗工程是一项保护生态的节水工程,但主张拆除湖底防渗膜的声音更加强大。专家们纷纷为如何了结这一工程献计献策:中水回用、缩减水域面积,可为圆明园节约用水;而在湖底铺设适当数量的排水井,则可一定程度地解决湖底渗漏的问题。在这场听证会上,湖底防渗膜是否拆除虽无定论,但圆明园管理处已作出承诺,将尽快补交环评报告。环保总局副局长潘岳表示,等圆明园环境整治工程的环评报告书报上来后,环保总局一定抓紧时间进行审查,依照法律迅速作出行政处理决定,并向社会公布。

(案例来源:①王亚丹、孙岭:"迷雾重重圆明园整治工程全面调查",www.xinhuanet.com(新华网),2005年4月13日;②"圆明园是谁的",《京华时报》2005年4月4日A04版;③王大鹏:"圆明园环境整治工程听证,防渗膜拆除与否还没定",《北京晨报》2005年4月14日。)

【案例分析】

本案例中,圆明园湖底防渗工程引起了各界的极大关注,并因此召开了自环境影响评价法实施以来的首次公众听证会。此次听证会引发了人们对于文化遗产保护问题的深入思考,其中,最为关键的是文化遗产保护的决策主体到底应该是谁。

圆明园作为国家级的文物保护单位,它承载着很高的历史、文化、美学、生态价值，也寄托着很多人的情感。在这样的文化遗产的保护上作决策，既要有深厚的专业背景，对遗产深入了解，还要有很高的责任意识和人文关怀。因此，只有相关领域的专家学者才具备承担这些使命的能力，由他们组成的专家委员会能够作出客观的较高水平的决策。而以管理机构为决策主体的决策方式，因其受管理者专业水平所限，容易走到以经济效益为主要追求指标的路上，导致他们往往在事前不听取著名专家、学者的意见，或者听了之后置之脑后，结果就容易在一个较低的水平上作出决策或推进事态。在本案中，圆明园管理处在公众和相关专家学者都不知情的情况下，擅自作出决策，为圆明园湖底铺设防渗的塑料薄膜。这一举措不但忽略了规范的决策程序，而且表明了圆明园管理者对自己主体地位的"自负"及对自身权力的扩大化。事件曝光后，人们纷纷对以下事项表示质疑：防渗工程是否履行了规定的招投标程序、施工过程及工程款的去向、为何"忽略"了环境影响评估这一程序……对此，却难以从圆明园管理处那里得到答案。至于为何在湖底铺防渗膜，管理部门的理由是"为了节约水"。诚然，"北京是一个严重缺水的城市，要恢复圆明园原有'山形水系'，再现当年河流湖泊星罗棋布的美景，确非易事"，但作为圆明园的代管者，圆明园管理处擅自决定"国宝"的命运却是不妥当的。

作为公共财产的圆明园应当是属于公众的，它是人民的圆明园，而不是某个管理部门或某人的。因此，对于关系到圆明园命运的重大工程，理应让公众知道、让公众参与，并吸纳公众的意见。如果没有公众的参与监督，错误决策与决策失误在所难免。圆明园管理方对于圆明园无疑具有直接的管理责任，但此番湖底防渗工程问题，则已超出圆明园管理方一家，成为公共问题。公众不仅有权对于如何管理圆明园提出意见，而且有权得到管理方的回应和尊重。从这个角度看，圆明园管理方对于公众的知情权与参与权是尊重不够的。国家文物局局长单霁翔曾就圆明园的保护问题撰文说："不注重历史遗迹保护与生态建设的和谐，只会是好心办坏事。圆明园里，地上地下的文物都在说话，每棵树、每根草都会说话。"① 圆明园管理者简单地根据自己的想法对这个地方进行处置，并坚持按照自己的想法继续前行，难免与公众形成隔膜并遭到更大的质疑。

所以，对于与文化遗产有关的决策问题，不仅相关的管理部门是决策者，而且相关领域的专家和学者，以及普通的民众都是决策者。

对于专家、学者和民众如何参与到决策过程中去，有两种途径：

一是举办听证会，让他们有表达意见的平台。此次圆明园环境整治工程环

---

① 鹿永建："时评：圆明园管理者为何与公众如此隔膜"，新华网，2005年4月11日。

境影响听证会共有 73 人受到邀请,其中"既有知名专家学者,也有普通市民与下岗职工;既有各相关部门的负责人,也有各民间社团的代表;既有圆明园附近的居民,也有千里之外赶来的热心群众"。在相关问题上,所有的参与方(包括公民、法人和其他组织,以及环保总局、北京市相关部门和圆明园管理者)都是平等的,他们在听证会上都有自由发表意见的权利,也都有允许别人发表意见的义务。由于此次听证会涉及文化遗产的保护问题,项目的专业性很强,因此邀请到了环境、文物、建筑等相关领域的各类专家,其中包括在国内有较高学术地位的专家。

二是成立专家决策咨询委员会。专家学者不仅具有较高的学术造诣,能够从专业化角度提出客观的意见,而且从学术良知出发他们愿为公众代言。因此,就文化遗产决策问题成立专家决策咨询委员会,就能够使政策方案从不同方面得到充分和专业性的论证,从而能够保证决策的科学性和合理性,避免圆明园湖底铺防渗膜这种错误的决策出台。

案例七 兰德公司:美国政府智囊团

【案例正文】

在美国内外,可以听到人们对兰德公司(The Rand Corporation,简称 Rand)的各种不同"称呼"和看法,从"军事智囊"、"政策研究权威"到"鹰巢"、"战争贩子"、"计算机迷",从"神通广大"到"成果缺乏深度"和"不过如此"等等。许多说法虽然"大相径庭",但有一点谁也没有否认,即它是一个各方瞩目的著名思想库。谈者都觉得它有某些"神秘色彩"。那么,兰德公司到底是一个什么样的机构?它与政府的关系如何,对政府决策有怎样的影响?如果说它有影响的话,是怎样建立和如何发挥的呢?

兰德公司是美国成立最早的智囊团,也是美国最大的一家智囊团,其整体规模比位居第二的布鲁金斯研究机构(Brookings Institution)要大四倍以上。50多年来,因其在国际安全方面的卓越成就而在世界范围内享有盛名,同时在教育、科技、司法公正、健康、劳动和人口、药物政策、企业分析、儿童政策等多个领域有着大型的研究计划,对美国政府的决策起着重要的作用。

第二次世界大战是美国现代思想库迅速发展的重大推动因素,这在兰德公司的身上体现得尤为直接与典型。大战当中,美国政府为了战争的胜利曾集合起一大批科学家来从事军事问题、特别是与空军装备和作战有关问题的研究,取得了卓越的成效,这一经验对美国朝野印象极为深刻。但是,战争结束,军事部门里没有他们的合适位置,而军队又离不开他们所具备的那些能够处理同高级技术或专门才学有关的军事问题的能力。空军上将阿诺德首先看到让科学家们在民间的环境中工作,而又使其智能继续随时服务于军事部门的必要性。于是,经他发起,1946年由空军(当时还是美国陆军航空队)同道格拉斯飞机公司签订合同,建立"兰德研究工程"("Project Rand"),研究"未来的空中力量与国家安全问题"。两年后,由"福特基金会"提供了一笔"开业资金",使"兰德研究工程"改组成"独立的、非营利的兰德公司",公司的宗旨是"促进科学、教育和慈善事业的发展,一切为了美国的公共福利和国家安全"。

兰德公司成立初期,主要是完成空军交给的一些研究任务,负责研究非地面的、洲际战争的广泛题目,20世纪70年代以来,公司的军事研究任务相对减少,除继续为美国空军、国防部门服务,进行一系列对外政策的研究外,又增加了对非军事科技的研究,同时把一部分军事科技研究成果用于非军事方面。现在,随着美国社会问题日益增多,该公司将研究范围进一步扩大到社会、能源和经济问题等方面。

从公司组成来看,兰德公司的专职和兼职员工超过1600人,研究人员包括工程技术人员、物理学家、数学家、计划统计专家、经济学家、社会学家、系统分析专家、计算机专家、心理学家、伦理学家、生物学家、化学专家、医学专家、法律专家和商务人员等,他们各自具有不同的工作经历,不同的政治观点和意识形态,不同的人种、性别、种族,不同的学历,表现出丰富的多样性。85%的研究人员有高学位,超过65%的人拥有哲学博士或医学博士学位。所有研究人员按照他们所学知识的类别归属相关的研究部。一般来说,各研究部有自己的主要研究方向和特色课题,但在较多情况下,研究的课题横跨多个领域,这时兰德公司就会从不同的研究部门中抽调研究人员组成专题研究组,进行跨学科综合性研究,从而形成一种学科领域与研究课题相结合的矩阵研究体制。一位研究者可能同时参与若干不同的专题研究组。

兰德公司维持机构运行和开展课题研究的经费主要来源于与客户签订的项目合同。其中,80%以上的经费来自与美国政府签订的合同(其中空军、陆军、国防部提供的经费占60%以上),10%来自与非政府组织、基金会、跨国公司甚至外国政府(主要是欧洲国家的政府)签订的项目合同。另外,随着兰德公司政策的调整,其经费来源中慈善基金会、私人公司和个人所提供的捐赠资金的比例均在稳步地增长。这些充足的经费来源为兰德公司保持客观、独立的研究提供了资金上的保障。

兰德公司向来以政策分析著称,它以提出各种政策建议为研究工作的终极目的。它为研究人员规定的基本目标是向政策制定人提供有足够情况为依据的政策建议,以使决策得到改进。在这样的目标指导下,经过长期实践,兰德公司总结出一整套自己的政策研究理论概念与方法,并把各个研究步骤都规范化了。此外,兰德公司注重研究项目的现实性,在现实研究中注重调查研究和统计学数据分析,并不断创造新的研究方法。

兰德公司在其《章程》中规定自己是"独立的、非营利的私人公司"。但是同其他思想库相比,它的最大的和最根本的特点却是,它从诞生之日起,就同美国政府机构有着传统的密切关系。兰德公司同美国国防部、国务院直到洛杉矶市政府水利部等大大小小的上百个美国各级政府部门有着长期的合同关系。同官方的这种密切关系,使兰德公司具有了一些其他思想库难与伦比的特色。例如:第一,它能够接触更多的国家机密,它是"在华盛顿以外能够接触到五角大楼各种机密的唯一的民间机构"。不仅兰德公司本身存有大量机密文件、资料,以地图为例,供各种民用和作战使用的大、小比例尺的地图之全,在民间是没有第二家的;而且它的计算机终端与某些政府部门的系统相通,它的有关研究人员有五角大楼的长期出入证,可以随时进出。第二,随之而来的是,它同外界有着广泛的联系,特别是同美国内外的重要机构和有影响人士有密切的联系。尤为突出的是,它不仅每年都有研究员在伦敦国际战略研究所等民间研究机构工作,还同德、日、加拿大等国政府的国防、外交部门有经常的联系,平时有大量外国官员、学者前来访问和进行学术交流。

凡此种种,使兰德公司在国内外享有许多"额外的"便利,其最大的好处是,"同联邦政府的这种传统的、长期的业务关系",同随之建立的各种私交互相渗透、影响,使之得以经常了解政府面临哪些问题,因而使自己的研究努力紧紧跟上国家决策的日程;由于政府让它了解政策实行中遇到的种种实际问题,从而使兰德公司的政策研究工作更加成熟。所有这些,最终都大大提高了兰德成果的价值,使其在政策研究中的新发现为政府所采纳的比率得到提高。

"兰德人"在如何同有关政府部门相处方面,有其特殊的体会。当问起"到底怎样形容兰德同政府的关系"时,有位"兰德人"说,"是一种竞争和合作的关系"。总的看,合作大于竞争,是"友好的伙伴间的竞争"。政府和军方给兰德公司的支持是很大的,如:互通信息、共享情报;联合组成"工作班子",共同研究某项专题;多种方式的互相交流、输送和储备人才等等。这种竞争合作、相辅相成的关系,"兰德人"认为其内在原因在于官方、军方同民间学者各有所长和所短,需要互为补充。他们认为自己同官员相比虽有其短处,但至少在三个方面是"得天独厚"的:

首先,分析问题能从"较大的背景"出发,有"较多的角度"。这同"跨学科"的特长有极大关系,"眼界宽"了,不仅从军事,而且从经济、技术、政治等多方面看,政策分析自然更为"深刻与周到"。

其次,身份比较自由,不大受政治气候影响。许多官员因身份所限而不便活动的时间、场合,"兰德人"可以去;官方不便讲的、问的,学者可以。"不是官方又同官方关系密切"的这一特点,在国际关系比较紧张的时候,尤其显得"宝贵",官方接触少了甚至"断了","我们仍是一条畅通的信息交换渠道和窗口",它可以"在紧要的时刻补官方之不足"。

再次,最重要的是他们"有更丰富的想象力",框框、顾虑较少,利用大胆设想,发挥创见。一言以蔽之,"同社会和外部世界的广泛联系,特别是同知识界的广泛联系所带来的广阔背景知识,加上'幻想的能力',使他们得以有信心地去对决策问题作出贡献"。当然,这些特长应当"是其他民间思想库都能分享的"。

(案例来源:①张静怡编著:《世界著名思想库——美国兰德公司、伦敦国际战略研究所等见闻》,军事科学出版社,1985年;②田湘、钟华:"美国政府智囊团——兰德公司",《国防科技》2004年第6期,第62~63页。)

【案例分析】

现代政策研究组织被称为"智囊团"或"思想库"(Think Tank),它是公共政策的间接主体,主要指由各种专家、学者所组成的跨学科的综合性的政策研究和政策咨询组织。其主要工作是进行综合性的政策理论研究、政策规划、政策设计、政策分析、政策评估等,帮助国家机关和社会机构进行决策,以提高公共政策质量。它通常以改进政策制定为目标,以开发大型综合项目(如宇宙开发、海洋开发)、寻求解决高度复杂的政策问题(如防治公害、城市建设)为己任,以规划和设计未来为导向,综合运用现代科学理论和先进的技术手段,相对独立地进行政策研究、政策规划和政策咨询[①],并向政策直接主体提供政策选择方案、评估政策实施效果。

伴随着现代化大生产的发展,政府决策活动也日益复杂化。瞬息万变、因素众多的决策形势要求决策者作出正确、及时和有效的决策,否则损失惨重。传统的单纯依靠行政首长一人决策的模式已经无法适应决策复杂性的要求,一大批具备专门决策知识和技能的专家学者进入政府决策领域,并且扮演着越来越重要的角色,成为政府决策科学化、民主化的主要推动力量。本案例中的美国兰德公司便是如此,它聚集工程技术人员、物理学家、数学家、计划统计专家、经济学家、社会学家、系统分析专家等方面的专家,从而能够从各个方面

---

① 宁骚主编:《公共政策学》,高等教育出版社,2003年,第239页。

对政策方案进行论证。并且,它与官方之间的密切联系为其自身的发展带来了极大的便利和好处,同时也使他们"自己的研究努力紧紧跟上国家决策的日程",最终"大大提高了兰德成果的价值,使其在政策研究中的新发现为政府所采纳的比率得到提高"。兰德公司作为美国成立最早、规模最大的智囊团,在其自身发展完善的同时也在政府决策中扮演着愈发重要的角色,可谓是政策研究组织中的成功典范。通过对它的分析与学习,可望进一步了解我国政策研究组织发展中的不足,以便尽快催生中国的"兰德公司"。

从案例中可以看出,兰德公司除了与美国政府间保持着一种特殊的"竞争与合作"的关系外,还具有以下显著特点:首先,美国兰德公司整体规模庞大、涉足领域广泛,"同时在教育、科技、司法公正、健康、劳动和人口、药物政策、企业分析、儿童政策等多个领域有着大型的研究计划"。其次,从公司组成人员来看,各类专、兼职员工"超过1600人",研究人员囊括了各个领域的专家学者,并在工作经历、政治观点、意识形态、人种、性别、种族等方面表现出很大的包容性。绝大多数研究人员拥有高学历,"超过65%的人拥有哲学博士或医学博士学位"。较强的专业性与跨学科的综合性研究相结合形成了一种独特的"矩阵研究体制"。再次,从研究经费来源来看,"兰德公司维持机构运行和开展课题研究的经费主要来源于与客户签订的项目合同",其中"80%以上的经费来自与美国政府签订的合同"。"这些充足的经费来源为兰德公司保持客观、独立的研究提供了资金上的保障"。最后,在研究过程中,独立性很强,项目的现实性也很强,注重调查研究和统计学数据分析,运用多学科的研究方法并不断创造新的研究方法。正是具有如上特征,使得兰德公司的决策分析具有很强的合理性,并且由于它与美国政府有着紧密的联系,它的很多决策分析都为政府所采纳,这样也就提高了美国政府决策的科学性和民主性。

相比较而言,我国的脑库特别是民间脑库的生存和发展却不尽如人意。首先,从规模及影响力来看,民间研究机构的先行者"天则经济研究所"历经十年沧桑,在业界乃至全社会都享有盛名,但却一贫如洗,作为中国最大的民间研究机构,专职人员不到20人。李凡的"世界与中国研究所",名为"所",正式的雇员却只有两个,更多时候,只有他孤独奔忙的身影。其次,由于自身发展动力不足、缺少强大的社会支持等原因,我国脑库的发展十分缓慢、市场化程度仍然很低。我国的脑库机构数与美国相近,约为2500个,研究人员3.5万人,但属于民办性质的不到5%[①],且研究人员大多身在体制内,兼职参与民间机构组织的研究课题。再次,对兰德这样的脑库来说,专业化是一个方面,另一方面

---

① 孙亚菲:"民间脑库的弱势生存",《南方周末》2004年1月15日。

是它们在美国政治生活中所扮演的角色。兰德公司的一份报告,可能改变军方的行动。每每布鲁金斯学会举办报告会,美国国会和国防部的官员必然不邀自来——这些民间思想库,已经成为政府之外影响政策走向的重要力量。而就我国目前来说,还没有一家民间机构可以做到这点。严格来说,"中国只有民间智囊人物,还没有民间智囊群体"(国家行政学院教授杜钢建),我国的民间脑库还有待于进一步发展壮大。

尽管如此,我国的民间政策研究机构还是取得了一些发展,在媒体上可以越来越多地听到它们的声音。2003年10月,国家发展和改革委员会发布公告,面向海内外公开招标第十一个五年计划(简称"十一五",2006~2010年)规划前期研究课题①。这是新中国经济发展史上首次将未来发展规划以公开招标方式向社会咨询、征求方案。这个举动,被解读为政府决策民主化、科学化的进步之举,也是民间研究机构开始得到政府认可的一个信号。2004年11月22日,全国首家民间政策研究组织——思明发展研究院在厦门正式成立②。一种在政府与学界、政治与知识分子之间的新型合作关系正在形成,并逐渐向制度化方向过渡。更值得一提的是,从2003年3月我国新一届政府组建到7月,短短的100天内,国务院总理温家宝主持召开的各方面专家座谈会达六次之多。新一届政府务实求真、注重科学的决策行为正在潜移默化地成为地方政府的榜样,影响着各级政府的政策制定,这是中国的"兰德公司"孕育生长的土壤。然而,我国要出现像兰德公司那样高度专业化、规模化和强大影响力的民间脑库,不是短时间能够完成的事,需要从法律制度、政策环境以及社会扶助体系上全面完善配合。

2—3 小结

公共政策的主体和客体贯穿于政策运行过程的始终,在政策系统中起着不可替代的作用。本章选用了七个相关案例,力求从多个角度分析说明不同政策主体和客体在政策系统中的地位和作用,希望由此引发更多新的思考,以进一步促进我国公共政策的民主化和科学化。

在这些案例中,正反兼有、中西结合。涉及的政策直接主体包括立法机关、

---

① www.sdpc.gov.cn 国家发展和改革委员会网站,招标公告,2003年10月。
② 余继军:"全国首家民间政策研究组织在厦门成立",《人民日报》2004年11月25日,第10版。

行政机关、政党等,间接主体则着重探讨了公民、NGO、智囊团、大众传媒等对我国公共政策的影响。本章的各个案例均选取了不同的政策主体作为重点描述对象,这有利于较系统地把握公共政策主体和客体的分类及其作用。同时,对 NGO、社区、专家学者等间接主体的关注,一方面反映了公共政策主体多元化的趋势;另一方面则强调了政策间接主体在政策过程中的重要作用,他们功能的发挥将有助于推动我国公共政策的民主化和科学化进程。值得一提的是,公民拥有政策主体和政策客体的双重身份,他们不但作为政策接受者而存在,同时普通公民的利益和愿望对公共政策会有相当大的影响,因此,在政策过程中应重视并强调公民的参与。

政策客体或称目标群体是与政策主体相对应而存在的。针对目标群体的利益,政策主体应予以高度的关注。因为一项政策能否达到预期目的,不是政策主体所能够完全决定的,它还与目标群体对该政策的接受程度有很大关系。政策主体只有在充分考虑多方利益诉求、综合权衡的基础上,才能够制定出合理的、有效的、能为大多数公众所接受的政策。

思考题

1. 简述公共政策主体的分类。
2. 简述公共政策客体的含义及其与政策主体的关系(公共政策主客体的互动)。
3. 我国公共政策的间接主体主要包括哪些?他们在政策系统中的地位和作用如何?
4. 阐述公民作为政策主体与政策客体的双重属性。
5. 如何理解公共政策主体的多元化趋势?
6. 简述 NGO 对我国公共政策的参与及其发挥作用的主要渠道。
7. 试分析社区参与在我国是否可行?为什么?
8. 如何发挥我国"智囊团"在政策过程中的作用?

参考文献

1. 宁骚主编:《公共政策学》,高等教育出版社,2003年。
2. 张国庆主编:《公共政策分析》,复旦大学出版社,2004年。
3. 王骚编著:《政策原理与政策分析》,天津大学出版社,2003年。
4. 吴东民、董西明主编:《非营利组织管理》,中国人民大学出版社,2003年。
5. 张静怡编著:《世界著名思想库——美国兰德公司、伦敦国际战略研究所等见闻》,军事科学出版社,1985年。

6. 何晓玲主编:《社区建设模式与个案》,中国社会出版社,2004年。

7. 朱光磊著:《当代中国政府过程》,天津人民出版社,1997年。

第三章 政策环境

3-1 理论要点

(一)政策环境的内容

在现实社会中,无论是一项具体的政策,还是由众多政策组成的政策集合体,都离不开一定的环境。任何公共政策都是在一定的环境下形成和运行的。就一项具体的政策而言,它包括主体、客体、目标、手段、资源等内在结构要素。这些要素通过政策组织、政策活动有机结合起来,形成政策的内部生态环境。相对于政策的内部生态环境,处在政策要素之外、构成政策形成和运行条件的则是政策的外部生态环境。具体而言,政策的外部环境包括以下几个方面的内容:

(1)社会经济状况。社会经济状况或发展水平是一个国家或地区的公共决策的最重要的依据。政府要想制定出合理的政策方案,并使它取得预期效果,首要的和根本的一条是从本国或本地的实际情况尤其是社会经济发展的现实出发。任何超越或者落后于社会经济发展水平的政策最终注定是要失败的。

(2)制度或体制条件。政策总是在一定的经济和文化体制或制度下制定和实施的。过去的经济学家们习惯于从广义上理解"制度",认为制度是正式或非正式的人类社会运行规则。在本书中,我们更倾向于使用"体制"这一术语。政策过程的状况如何,在很大程度上受制于现实体制。因此,政策制定或实施都与体制息息相关。

(3)政治文化。政治文化是人类政治生活中的主观意识范畴,是人们对有关政治方面的信仰、理论、感情、情绪、评价和态度等历史和现实的总和。

(4)国际环境。当前国际环境的变化呈现出三大趋势:全球化、市场化和信息化。全球化发展趋势在20世纪90年代清楚地显露出来。所谓全球化,是指世界各个分散的部分或因素形成紧密联系的世界性网络。它是一种客观的历史进程，即某种不以各国的具体环境、地域、制度、意识形态发展模式等为转移的趋势，其基本内容是各国（地区）的经济、政治、军事、科技和文化等方面密切联系和相互作用。市场化是指在当今世界发展过程中，市场经济体制以前所未有的强大的力量冲垮一切僵化过时的体制，整合、改造和重塑地球上的生产、经营、流通、消费诸方式。信息化是当代世界发展的第三个基本趋势。从20世纪八九十年代开始，信息化的浪潮席卷全球，通信技术和计算机技术的迅速发展，为21世纪全世界"信息化时代"的到来奠定了坚实的基础。当今世界正在经历一场以信息社会为特征的产业革命；这场革命使世界经济从工业化阶段进入信息化阶段，知识和信息的制造、加工、传播和应用成为新经济增长最重要的源泉；知识和信息的获取、加工和处理将逐渐成为生产和工作的主要活动。

当今世界的出现的三大趋势对一个国家或地区的公共政策产生了极为深刻的影响。在它们的影响和带动下，国际环境已经日益成为各国公共决策的一个重要变量。离开国际环境，无视国际经济、政治、科技文化的发展趋势的公共政策，要取得预期结果是不可想象的。

（二）政策环境的特征

一般而言，政策环境具有如下一些基本特征：

(1)政策环境的多样性。从内容上讲，政策环境可分为社会经济环境、制度或体制环境、政治文化环境以及国际环境等几类；从范围上讲，政策环境可分为国际环境、国内环境等几类；除此之外，政策环境在作用形势、作用时间以及作用强度等方面均体现出了多样性。因此，在制定、执行政策时，必须从多方面、多角度了解政策运行所处的环境。

(2)政策环境的稳定性。在一般情况下，政策环境因素是较为稳定的。这种稳定性首先是通过其自然地理环境的固定性来实现的。此外，环境的稳定性又是通过政治、经济、文化结构、制度的稳定性体现出来的。这种稳定性为人们制定和实施政策提供了重要的前提。

(3)政策环境的动态性。尽管政策环境具有稳定性的特点，但是，它并不是一成不变的，政策环境还具有动态性特征。这主要表现在社会变迁、体制变革、观念更新、经济发展、自然环境的改变等等方面。政策环境的变动或者使原有的政策问题产生变化，或者导致新政策问题的出现，这都使得原有的政策不再能够适应形势的需要。这样就要求出台新的政策，或者进行公共政策系统变革，以适应政策环境的变化。

(4)政策环境的突发性。这主要体现为各种无法预测的自然灾害的出现、社会政治经济动荡、国际政治经济危机，等等。政策环境的突发性往往对政策过程产生巨大影响，导致新政策出台或政策系统发生改变。例如，2003年突如其来的SARS疫情，就使得我国的公共卫生医疗体系在人事、机构等方面产生很大的变动。

3-2 案例分析

案例一 政绩考核新策呼之欲出

【案例正文】

一、政绩考核新策即将出台

绿色GDP、新政绩观、科学发展……一项项对新时期官员考核的指标成了时下的热门词汇，不少官员感叹：官，越来越难做了！毫无疑问，这场意义深远的吏治变法将对我国社会经济的和谐、健康发展产生重要的推动作用。据权威人士透露，新的考核办法提出了要对政绩进行成本分析这一新的要求，即不仅要看取得的政绩，还要看为此付出的投入和代价，把发展的成本高低作为判断和衡量政绩的标准之一，正确评价政绩带来的现实成效与长远影响，避免不计成本和代价的重复建设、资源浪费、环境破坏等。

在新的政绩考核标准出台之前，一项明晰官员责任的新举措已在实际操作之中。

2005年2月14日，辽宁阜新矿业集团孙家湾煤矿发生特别重大瓦斯爆炸事故，214名矿工遇难，辽宁省主管工业和安全生产的副省长刘国强由此被停职检查。因重大事故而被问责，刘国强并不是第一位官员——中石油川东天然气井喷事故、密云虹桥踩踏事故、吉林中百商厦大火事故，相关责任人都被严肃处理。一时间，官员"问责风暴"席卷全国，"有权必有责、用权受监督、侵权要赔偿"成了老百姓耳熟能详的一句话。

处于"问责风暴"中心的官员显然感受到了前所未有的压力。一位官员坦承自己头上的"五顶帽子"使得官越来越不好当：经济发展、社会治安稳定、安全生产、党风廉政建设、计划生育。这位官员说，以前在群众中说一句话意味着权威，而现在对群众说一句话则意味着责任。作为一个官员，每一句话都必须负起相应的责任，要想做好官变得越来越有难度。对于职责，官员们有不同的理解，而对于责任追究，官员们的步调则出奇一致。在官员们看来，为官一方，

第三章　政策环境

保不了平安,理应被问责。"当官是有一定风险的,不能说别人出了事,自己没责任。"一位官员如是说。也许正是在这种心态下,诚惶诚恐、如履薄冰、战战兢兢等词语开始频频出现在官员口中。但让不少官员苦恼的是:为官一方责任该负,但到底该负多大的责任？不知道。

在现行做法上,引咎辞职渐渐成为老百姓熟知的一种方式。但也有人认为,引咎辞职在承担起责任的同时,有逃避更严厉处罚之嫌。"况且,现在的引咎辞职大多是在事故发生之后,属于'被迫'行为,很少有官员觉得自己难以胜任职位,主动提出引咎辞职。引咎辞职在我国并不是一种常态,从而使得一些'庸官'在自己的职位上碌碌无为。"一位研究行政学方面的专家说。可喜的是,我国正在加大官员考核力度,"能者上,庸者下"的官员选拔制度正在形成之中。

二、内外部环境催生政绩考核改革

从20世纪80年代起,西方一些发达国家采用新经济时代管理的最新理论与方法,提出了政府管理的全新模式,即由管制型政府向服务型政府转变。服务型政府强调,政府要以顾客(企事业和公民)为导向提供可供选择的公共服务,并且,政府不只是把服务作为原则和宗旨,而且根据企业和公民的需求制定出政府公共服务的质量标准,并以立法的形式予以颁布。如英国《公共服务宪章》,美国成立了绩效评估委员会,并以立法的形式确定下来。同时,西方国家在改革过程中,对官僚体制下存在的与市场机制不一致的问题进行诊断,提出了"重塑政府"的一整套解决方案,这些方案强调"从人人为遵守规定而负责的体制转变为人人取得成果而负责"。

除了美国、英国、荷兰、日本、澳大利亚、德国、法国等发达国家实行政府管理模式改革外。亚洲四小龙之一的新加坡,也开始进行政府管理模式改革,强调对政府官员政绩的评估。在李光耀任总理以前,新加坡政事废弛,官员腐败,经济萎缩。李光耀上台后,厉行政治,其中政绩考核是他作为衡量政府工作人员成绩的最重要的手段。他不惜重金聘请发达国家研究机构,并从国内组织专家学者进行研究,建立了一整套科学的评估方法与体系。这不仅使政府工作人员工作绩效大为提高,而且使新加坡由一个微不足道的小国而跻身于亚洲四小龙之列。鉴于官员政绩考核对一国经济社会发展的重要性,以至于有的学者甚至公然宣称,政绩考核也要像"世界经济一体化"一样,谁不接受,谁就要落后于世界。

从我国目前的现状来看,加强和实行对政府官员的绩效评估(也就是政绩考核)已经是必须要经历的一项改革。十一届三中全会实现全党工作重心转移之后,发展经济成为重中之重。本来,在一个落后的东方大国建设社会主义,必然要求把发展社会生产力摆在突出的位置上；而建国以来我国政府在工作中出现的偏差、失误，从根本上说，恰恰在于没有处理好发展生产力这一问题。把全党工作重心转移到经济建设上来，是一个历史性的决策。这一决策对我国今后几十年的发展，仍然具有十分重要的指导意义。但是问题在于，改革开放以来，在一些地方，在一些干部心目中，为发展而发展，发展简单化为经济数量的增长，简单化为 GDP 决定一切。这样的片面发展观相当普遍，而且长时间没有引起重视，没有得到纠正。片面的发展观导致了片面的政绩观。在很多地方，一系列跟经济相关的量化指标，与官员的升迁奖罚紧密结合在了一起，政绩甚至简单化为年终报表的数据。

在改革开放之初，出现这样的问题有其必然性。但是，这种片面的认识和做法如果长时间得不到纠正，整个社会就会陷入一种"高增长、低发展"的畸形状态。经济从数据上看增长很快，而人民群众却没有从中感受到实实在在的好处。长此以往，势必影响社会的稳定和长远发展，甚至连经济本身的发展也不能保证。在全面建设小康社会的历史新阶段，解决以人为本的问题，解决全面、协调、可持续发展的问题，已经是迫在眉睫、不容回避。同时，20 多年改革开放积累起来的社会财富，也为解决这样的问题提供了条件。当务之急是在发展观上有新发展，在政绩观上有新标准，在政绩的考评上有新机制。

片面的政绩观很容易将官员引入歧途。在以经济数据、经济指标论英雄的片面政绩观引导下，为了保住自己的官位，一些地方不惜出台各种违规的优惠政策，低价拍卖土地和其他资源，欠下所谓的"政绩债"。一些地方"数字出官"、"官出数字"，这种数字腐败及其恶性循环，祸国殃民。政绩观，实质上反映了对待党的事业和人民利益的态度。十六大之后，以胡锦涛同志为总书记的新一届中央领导集体，在走上政治前台之初，就发出了"权为民所用，情为民所系，利为民所谋"的号召。这表明新一届领导集体对上述问题有着清醒的认识。中央经济工作会议指出，真正的政绩，应该是实实在在的工作业绩，是经济发展、社会进步的具体成果，这些业绩和成果要能够经得起群众检验、实践检验和历史检验。

三、新政绩考核需要量化标准

绿色 GDP 是近年来官员考核中被提及最多的词汇之一。相对于以前单一的 GDP 考核指标来说，绿色 GDP 引进了更多的内容，对官员的考评也要复杂得多。但如何以绿色 GDP 来考量干部？不少官员也心中没底。在官员中普遍存在的一种心态是，GDP 考核更易体现出官员的成绩，而绿色 GDP 的考核则相对难以操作。

从各地现行的做法来看，绿色 GDP 的考核标准也不尽相同：有的加入了

第三章 政策环境

自然保护、环境保护的指标,有的加入了社会治安、公共教育的指标,有的则加入了安全生产、能源消耗的指标……

由于矿难事故频发,安全生产成为列入绿色GDP最多的指标之一,但如何以安全生产来定赏罚,各地也没有一个统一标准。

有关专家认为,现在的官员考核制度多是一些粗线条的标准,而老百姓需要的则是一个对官员考核的量化标准。国家行政学院应松年教授认为,对干部的考核不同的部门有不同的内容,但这些内容的展开应该在大的框架下进行,最好的方式是将官员责任以法律形式固定下来。例如安全生产问题,官员应该认识到自己在法律规定的范围内该做什么、不该做什么,做与不做又有什么样的后果,这样官员才能更好地各司其职。应教授的观点与官员们的心态不谋而合,湖南省凤凰县县长张永中认为,只有在法律框架内依法行政,当官才能当得更规范。也有专家认为,权责不明是现行官员体制的弊端之一,以法律形式确定官员的权力与责任,能够进一步规范官员的行政职能。专家们还指出,绿色GDP应该加大追究决策失误的力度。在我国官员中,决策失误一般只有在触犯刑律时才被追究责任,而在大多数时候都能"安然无恙"。官员政绩考核逐渐细分,意味着官员的职责更加明确,"岗位压力"越来越大。

四、制度之网正收得越来越紧

据了解,新的政绩考核标准中包括符合"五个统筹"的要求、体现"三个文明建设"的成果等内容。考评标准一个重要的变化是扩大了评价的范围,其中包括调动各职能部门的积极性,让有关部门参与对干部实绩考核的评价,并为这些部门增设必要的程序和环节,使部门意见和结论在干部实绩考核中发挥应有的作用。

新的考核标准中触及了官员监督的"软肋"。长期以来,我国对官员的监督处于失衡状态,监督者向被监督者负责,一些具体实施措施在"暗箱"之中操作。不少专家谈道,河南省三任交通厅长相继落马,说明一些官员游离于监督体制之外。河南省监察厅副厅长储亚平认为,监察干部对同级官员难以独立行使监督权,往往使得监察工作难以落到实处。评价机制、监督机制、考核机制不力,使得少数官员在重大决策上少了顾忌、随心所欲。

但事情正在悄悄发生变化。"审计风暴"、"环评风暴"等陆续"吹"向敏感行业、敏感领域,"风暴"的矛头有时甚至直指某些官员,以前被称做"橡皮图章"的部门在官员监督上正在发挥着越来越大的威力。重庆市环保局原局长张绍志觉得,重庆被列为绿色GDP试点地区之后,环保干部的腰杆更硬了,在与别的干部对话时底气更足了。相应发生变化的是官员们在决策上的谨慎,"重大决策不能一个人说了算,必须有来自各方面的声音,必须实现统筹协调发展,时时刻刻需要注意老百姓在想什么,其他官员有什么看法。"来自中部某个城市的市长说。

专家们认为,在新的考核体系中,追究投资决策失误者的责任应该作为一项重要内容,官员作为和不作为都应当负起相应的法律责任。"法治国家里不是不允许有矛盾和错误出现,关键是有了矛盾要监督,有了错误要改正。"应松年教授说:"所有监督应该向法律负责,而所有的官员应尊重监督者。"在我国官员考核中,自律机制是一项重要内容。"但自律中的'不准'条款大多带有劝说性质,对少数官员来说并不具备说服力,官员的行为必须要靠制度来约束,靠法律来规范。"全国政协委员储亚平说:"法律约束到一定时候,'他律'行为就会变成自觉行为。"毫无疑问,《行政许可法》等一系列法律的出台,加大了官员的规范力度,制度之网正收得越来越紧。

(案例来源:①贺少成:"政绩考核新策呼之欲出",《工人日报》2005年3月20日,第1版;②范伟:"政绩考核的新坐标",《学习时报》2004年4月8日;③周凯:"构建科学的政绩考核体系",《学习时报》2004年6月7日。)

【案例分析】

案例主要介绍了我国政府即将出台的政绩考核新政策的内容,即在对政府官员的政绩进行考核时,要强调环保、投入和责任等内容;同时,还介绍了政绩考核新政策出台的内外部环境。从案例中可以看出,政府之所以要出台政绩考核新政策,主要是由于随着外部环境以及我国经济、社会的发展变化,原有的政府官员考核制度已经不能够适应政策环境的变化,并且与政策环境产生了激烈的冲突。这主要体现在如下几个方面:

从外部环境来看,世界上大多数发展程度较好的国家,尤其是发达国家都实行官员绩效评估制度。自20世纪80年代西方国家实行新公共管理改革以来,官员绩效考核更是受到西方国家的高度重视。随着我国经济的日益发展,与世界各国的联系日益紧密,特别是加入了WTO以后,外国政府的行政模式不仅对我国政府的行政模式产生重要影响,而且还对我国政府传统的行政、施政行为方式构成很大的挑战。这主要体现为,旧有的官员政绩考核制度所导致的政府施政行为已经很难与发达国家对接,这对我国加强与国外经济合作和交流产生了一定的负面影响。在这种情况下,国内许多有识之士都认为,加入WTO对我国政府最大的挑战就是政府行为模式和职能的转变。而要改变政府行为模式,重要一点就是要改变政府官员的政绩考核制度。这是因为,有什么样的政绩考核体系就会有什么样的行政施政方式。由此看来,尽快制定科学、合理的政绩考核制度,是国际环境的变化对我国政府提出的要求。

第三章 政策环境

从内部环境来看,主要是我国经济、政治环境的变化以及各类安全事故频发催生了政绩考核改革。

其一,就经济环境来说,十一届三中全会之后,党的工作重心开始转移,发展经济成为重中之重。这一历史性的决策对我国经济发展具有十分重要的意义。然而,随着现代化建设的开展,一些官员却对经济、社会的发展产生片面的认识,从而导致了片面的政绩观。"为发展而发展,发展简单化为经济数量的增长,简单化为GDP决定一切"。这样就导致一些官员在实际工作中片面追求"以GDP为中心",或者搞脱离实际、劳民伤财的"形象工程"、"政绩工程"。这种错误的政绩观忽视了经济社会的协调发展,为追求一时的经济增长速度盲目上项目、办企业、搞投资,造成大量低水平重复建设,给后任和一方百姓留下沉重的包袱。同时,还会使经济发展丧失真正的动力。由此可见,旧有的政绩考核制度已经与经济环境产生较为严重的冲突,这就要求制定一套科学、合理的政绩考核制度,以适应经济发展的要求。

其二,就政治环境而言,自以胡锦涛为核心的新一届党中央领导集体上任以来,针对过去一段时间以来我国经济、社会发展存在的问题,提出了坚持以人为本,全面、协调、可持续的发展观。党的十六大报告开宗明义地指出:"实现工业化仍然是我国现代化进程中艰巨的历史性任务。信息化是我国加快实现工业化和现代化的必然选择。坚持以信息化带动工业化,以工业化促进信息化,走出一条科技含量高、经济效益好、资源消耗低、环境污染少、人力资源优势得到充分发挥的新型工业化路子"。其后,党中央领导人在多种重要场合都提出要实践和贯彻科学发展观。在这种政治氛围下,就要求各级政府实践和履行科学发展观。而在政府部门落实科学发展观,其重要内容就是建立科学合理的官员政绩考核制度。

其三,各类安全事故频发也构成我国政府进行官员政绩改革的环境。进入新世纪以来,我国各类重大的安全事故频发,包括中石油川东天然气井喷事故、密云虹桥踩踏事故、吉林中百商厦大火事故,以及不断发生的各种矿难,等等。因这些重大的安全事故,很多官员被问责。"问责风暴"使人们对官员盲目追求GDP的单一考核指标产生质疑,"绿色GDP"逐渐浮出水面并为大多数人所接受。"由于矿难事故频发,安全生产成为列入绿色GDP最多的指标之一"。此外,"环评风暴"使人们的环保观念日益增强,有的地方加入了自然保护、环境保护的指标;还有一些地方在绿色GDP的考核标准中加入了社会治安、公共教育的指标;另有一些则加入了安全生产、能源消耗的指标……尽管难有一个统一的量化标准,但"绿色GDP"的理念必将深入渗透到新的政绩考核标准中。由此可见,各类安全事故频发是导致官员政绩改革的重要环境因素。

从上面分析可知,公共政策是环境的产物,即公共政策是为适应政策环境的变化而被制定出来,是政策系统为解决自身与既定环境的矛盾而采取的行动。在案例中,官员政绩考核制度是为适应国际环境、国内经济和政治环境的变化而被制定出来的,因而官员政绩考核改革将对我国社会、经济的和谐与健康发展产生推动作用。

案例二 高校扩招政策出台的背景及政策执行对环境的影响

【案例正文】

一、高校扩招政策出台的政治、经济、人口环境

1999年,教育部制定了《面向21世纪教育振兴行动计划》,提出我国高等教育入学率由1999年的9%提高到2010年的15%,使我国高等教育由精英教育向大众化教育转变。在高校扩招政策出台之前,我国的政治、经济和人口环境方面已经发生了很大的变化。

(一)政治环境

改革开放以来,党和政府领导人十分重视教育问题,将教育作为党和政府的工作重点之一。江泽民同志在党的十四大报告中指出:"必须把教育摆在优先发展的战略地位","各级政府要增加教育投入";在十五大上又提出"实施科教兴国战略和可持续发展战略";在庆祝北京大学建校100周年大会上指出:"我们的大学应该成为科教兴国的强大生力军。教育应与社会发展紧密结合,为现代化建设提供各类人才支持和知识贡献。"教育部长陈至立强调,"要尽快缩小同发达国家的差距,在下世纪国际竞争中取得主动,实现我国现代化建设'三步走'的战略目标,教育就必须首先提供足够的人才资源和智力支持,就必须适度超前发展。"为此,1999年6月,中共中央国务院制定了《关于深化教育改革全面推进素质教育的决定》。该规定提出要扩大高等教育的规模,"通过多种形式积极发展高等教育,到2010年,我国同龄人口的高等教育入学率要从现在的百分之九提高到百分之十五左右"。

(二)经济环境

改革开放以来,我国经济获得快速发展,居民可支配收入日益增加。根据世界银行数据(1995)及其分类办法,凡是人均GNP汇率值在765美元以下的,属于低收入国家;凡是人均GNP汇率值在765~3035美元之间的,属于下

中等收入国家。1995年我国人均GNP汇率值为620美元,属于低收入国家。但是,同年我国按购买力平价(Purchase Power Parity,简称PPP)方法测算的PPP值为2920美元。这就是说我国的人均GNP在620~2920美元之间。据此可以说,我国目前的人均GNP水平介于低收入国家和下中等收入国家之间,处于经济水平由低收入国家向下中等收入国家发展的过渡期。

在人均收入快速增长的同时,我国居民的消费结构也开始发生改变。有关国际经验表明,按购买力平价计算,人均GDP在1000~4000美元阶段,居民消费将出现两次结构性变化。第一次在人均GDP达到1000美元时,变化的标志是食品消费份额明显下降,教育、卫生保健、通信消费份额上升,成为消费热点;第二次变化是人均GDP达到4000美元后,住房消费份额明显上升,形成消费的新热点。我国经济发展水平处于按购买力平价计算人均GDP1000~4000美元之间,居民消费也呈现出与世界各国发展相同的趋势,教育成为新的消费热点,成为广大居民热衷投资的一大领域。20世纪90年代末,我国城乡居民储蓄已高达6万亿元,根据国家统计局的调查,"为子女上大学作准备"的储蓄动机所占的比重为44%,明显高于为养老和购房的储蓄动机(分别为38.4%和20.3%)。

(三)人口环境

据2000年第五次全国人口普查资料显示,我国人口增长非常快。自第四次全国人口普查(1990年)以来的10年中,人口增加13215万人,增长11.66%,平均每年增加1279万人,年平均增长率为1.07%。此外,我国的人口在年龄构成和受教育方面也发生了很大的变化。在年龄构成方面,在祖国大陆的31个省、自治区、直辖市和现役军人的人口中,0~14岁的人口为28979万人,占总人口的22.89%;15~64岁的人口为88793万人,占总人口的70.15%;65岁及以上的人口为8811万人,占总人口的6.96%。在受教育方面,在祖国大陆31个省、自治区、直辖市和现役军人的人口中,接受大学(指大专以上)教育的4571万人,接受高中(含中专)教育的14109万人,接受初中教育的42989万人,接受小学教育的45191万人(以上各种受教育程度的人包括各类学校的毕业生、肄业生和在校生)。同1990年第四次全国人口普查相比,每10万人中拥有各种受教育程度的人数有如下变化:具有大学程度的由1422人上升为3611人,具有高中程度的由8039人上升为11146人,具有初中程度的由23344人上升为33961人,具有小学程度的由37057人下降为35701人[①]。

---

① 数据来源:《第五次全国人口普查公报(第1号)》。

二、高校扩招政策执行对环境的影响

高校扩招政策自1999年开始实施以来，获得良好的效果，每年扩招的人数大幅度增加，在校学生的总量也有很大的提高，如表3-1所示。

表3-1 1998～2003年普通高等学校招生情况以及在校生规模（单位：万人）

年份 类别	1998	1999	2000	2001	2002	2003
招生人数	108.4	159.7	220.6	268.3	320.5	382.2
在校生人数	340.9	413.4	556.1	719.1	903.4	1108.6
扩招比率（%）	8.4	47.3	38.1	21.6	25.6	22.7

注：普通高等学校的学生指通过正规高考考试而录取的学生，包括本科生和专科生，不包括成人、电大、远程学生。

资料来源：招生人数与在校生人数数据来源于2003、2004年《中国统计年鉴》，扩招增长率通过对数据的计算得到。

然而，随着高校扩招政策的实施和扩招幅度的逐年加大，该政策所导致的问题也日益显示出来。

首先，学生质量有所下降。据有关数据表明，在"扩招"以后，高校英语四级的一次性通过率有所降低：学生在大学二年级时英语四级一次性通过率在"扩招"以前一般为50%，而"扩招"后下滑为20%到30%左右；学生在大学四年级时的四级通过率"扩招"前为80%以上，"扩招"以后则为50%。这就意味着扩招后第一届毕业生有近一半的人拿不到大学英语四级证。

其次，高校教育资源严重不足。这表现在师资力量不足、文献资料不足等方面，如表3-2和3-3所示。

表3-2 1998～2001年普通高等学校生师比的变化

类别	1998年生师比	2001年生师比	增长率（%）
本科院校	11.0	18.6	69
专科院校	11.4	17.4	53

本表根据教育部有关数据资料编制。

表3-3 1998～2001年普通高等学校生均藏书量的变化

类别	1998年生均藏书量（册）	2001年生均藏书量（册）	增长率（%）
本科院校	115	70	-39
专科院校	126	82	-35

本表根据教育部有关数据资料编制。

最后，大学生就业面临严峻考验。据教育部门公布的消息，2003年是我国扩招后的第一个毕业生高峰年，全国高校毕业生将从2002年的145万猛增至

212万人。其中仅北京地区的研究生、本专科毕业生就达到11.2万人,增幅为26.3%。因扩招而受惠的这200多万年轻人开始为校园生活后的就业而担忧。就业困难对个人、家庭和政府形成压力。大学毕业生的就业,一直是公众关注的热门话题。在2002年末到2003年初的招聘高潮期间,规模超过万人的大型招聘会在全国各大城市纷纷举办,探讨就业问题的相关专题也成为各个媒体、网站最受关注的部分。人头攒动的招聘会上,被誉为"天之骄子"的大学生却充满惶惑与不安,"金榜题名"时的自豪已经荡然无存。拿着精心准备的简历,奔波于各个招聘会场,接受形形色色的考试和面谈,大学生们还未迈出校门就已备尝生活的艰辛。在四川成都的一个招聘会上,一位大学生沮丧地表示:"至少要发出20多份简历才可能得到一份工作。"①

【案例分析】

本案例主要阐述了高校扩招政策出台之前政治、经济和人口环境的变化,以及政策执行后对环境所带来的正负两方面的影响。从案例中反映出,任何政策的出台都离不开它所处的环境,都是由其所处时代的政治、经济等多重环境因素所促成的。同时,一项政策执行后,又必然对其相关的环境产生影响,这种影响可能是正面的,也可能是负面的。因此,对于高校扩招政策,既要分析环境变化对它的影响,又要分析它的执行对环境产生的影响。从这两方面进行分析,将使我们对政策环境与政策之间的关系有更加全面的认识。

(一)高校扩招政策出台的背景环境分析

从案例中可以看出,高校扩招政策的出台受到各种各样环境因素的影响。概而言之,高校扩招政策的出台,主要受到政治、经济和人口这三大环境因素的影响。

首先,政治环境的变化对高校扩招政策的出台起着重要的作用。进入知识经济时代,国与国之间的竞争主要表现在以经济和科技为基础的综合国力的竞争,归根到底就是人才的竞争,所以培养一大批高素质的能与国际接轨的人才的重任就迫在眉睫。纵观中外历史,任何国家的经济腾飞都是以雄厚的教育实力为基础的。所以,随着改革开放的日渐深入,党和政府也开始把大力发展教育提到了战略地位,把发展教育作为党和政府的工作重点之一。党的十四大提出,"必须把教育摆在优先发展的战略地位"。党的十五大又提出了"科教兴国"战略,即全面落实科学技术是第一生产力的思想,坚持教育为本,把科技和

---

① 刘江、杨青、江涛:"200万大学毕业生考验中国就业市场",新华网 www.xinhuanet.com,2003年1月10日。

教育摆在经济、社会发展的重要位置,增强国家的科技实力及向现实生产力转化的能力,提高全民族的科技文化素质,把经济建设转移到依靠科技进步和提高劳动者素质的轨道上来。此外,党和政府领导人也在多种重要场合强调要大力发展教育。正是由于党和国家对教育事业的高度重视,所以在1999年召开的第三次全国教育工作会议上制定了高校大扩招的政策。这充分说明政治环境的变化对高校扩招政策出台的巨大影响。

其次,经济环境的变化也对高校扩招政策起着重要的作用。可以说,高校扩招政策出台最终是由我国经济发展所决定的。改革开放以来,我国的经济取得快速发展,居民可支配收入日益增加。如果按购买力平价计算,则我国的人均GDP在620~2920美元之间,属于中等偏下的收入水平。但是,我国的高等教育水平却仅与低收入国家接近。用毛入学率和每10万人口中的在校学生数这两个衡量高等教育发展速度的指标来量度,1994年我国高等教育毛入学率为4.6%,每10万人口中在校大学生数为440.1,刚刚达到低收入国家20世纪90年代初4.5%与417.7的水平,这可如表3-4和表3-5所示[①]。由此可见,我国的高等教育水平与经济发展水平极不相称,因此必须要加快高等教育发展的步伐。此外,根据国际经验,当人均GDP达到1000美元时,居民的消费结构将产生变化,变化的标志是食品消费份额明显下降,教育、卫生保健、通信消费份额上升,成为消费热点。我国居民的消费也呈现出与世界各国发展相同的趋势,高等教育成为人们主要的消费需求之一。在这种情况下,就要求政府扩大高校招生规模,以满足居民的高等教育需求。

表3-4　1990~1996年我国高等学校毛入学率和每10万人口的大学在校生人数

年份	1990	1991	1992	1993	1994	1995	1996
每10万人口的在校生数	334.3	311.5	320.7	380.1	440.1	464.2	477.1
毛入学率	2.7%	2.8%	3.0%	3.8%	4.6%	5.2%	5.7%

表3-5　各类国家毛入学率(%)和大学在校生占人口比例的平均值(90年代初)

类别	样本数	毛入学率(%)	每10万人口中的大学在校生数
低收入国家	52	4.5	417.7
下中等收入国家	49	22.4	1946.0
上中等收入国家	18	15.8	1446.1
高收入国家	30	53.0	3901.2

最后,人口环境也是促成高校扩招政策的环境因素之一。我国人口众多,

---

① 何祚庥、兰士斌:"高等教育适度发展还是大力发展",《上海高教研究》1998年第7期。

随着普九义务教育的实施,特别是高中教育的逐年普及,人们对高等教育的需求越来越强烈。而以往高校的招生规模难以满足学生和家长的要求。此外,我国是一个多民族国家,近年来少数民族在高考时享受一系列的优惠政策,使大量的少数民族考生进入了高等学府。再有,随着人们思想的开化,重男轻女的观念逐渐减弱,越来越多的女孩也拥有了上大学的机会。在这种情况下,必然要求高校扩大招生规模,以适应人口变化的需要。

(二)高校扩招政策执行对环境的影响

高校扩招政策降低了大学门槛,让很多原来没有机会享受高等教育的年轻人圆了大学梦,满足了自身发展的要求。随着上大学人数比例的增大,"千军万马过独木桥"的局面被改变,"象牙塔"神秘面纱被揭开。高校的扩招满足了社会对多样化人才的需求,保证了经济发展的后劲,使我国经济在度过亚洲金融危机之后,能够一直保持 8%~10% 的增长速度。

虽然高校扩招政策的实施获得良好的效果,但是任何事物都有两面性,高校扩招政策实施也带来了一些负面影响。主要表现为如下方面:①高校扩招后,生源的质量得不到保证。很多高校忽视了部分学生在学习方面的先天性不足,导致教学质量不高。"扩招后第一届毕业生有近一半的人拿不到大学英语四级证"。②高校师资缺乏。作为"传道授业解惑"的"师者",是教学科研的中坚力量。如果高校为解决师资短缺而大量聘任刚刚毕业的大学生,挂"助教"之名,而行"讲师"之职,教学质量难保事小,误人子弟则就事关重大。③学校硬件不足。扩招后,高校教室、宿舍、食堂等教育资源超负荷运转,一些高校由于占地面积小,基础设施老化,校舍面积尤其是教学、实验用房和学生宿舍严重不足,只好将部分学生安排在校外租住,给学校的教学、管理和学生生活带来诸多困难。为了改善学校条件,各地纷纷建设大学城,但风起云涌的大学城热的背后,不但埋下了违规圈地等隐患,而且偏离了高等院校自身建设发展的规律。④大学生就业形势严峻。从 2003 年我国扩招后第一个就业高峰年以来,大学生就业困难愈演愈烈。一方面,毕业生人数猛增不止,但面向应届毕业生的就业岗位并没有同步增加;再加上下岗失业人员数量的居高不下、农村富余劳动力转移规模加大,使全国劳动力总量供大于求的局面长期存在。另一方面,往年未就业毕业生与新增毕业生叠加,造成实际就业人数更高。自 2002 年至今,高校就业一直处于高峰年,往年未能就业的一部分毕业生沉淀到下一年度竞争就业岗位,造成更大的就业压力。

这些情况表明,高校扩招政策的实施已经改变了高等教育投入政策和就业政策的执行环境,并且造成了新的政策问题,即高等教育投入不足而影响高等教育的质量,以及扩招规模过大导致了严峻的就业压力。因此,政府和高等教育部门应该在高等教育投入和解决大学生就业问题上有所作为。就高等教育投入政策而言,政府应当改变财政支出结构,加大对教育领域的投入。就就业政策而言,政府要增加就业岗位,拓宽就业渠道,并且为大学生顺利就业创造一个良好的社会环境。高校的就业指导部门要收集更多的就业信息,加强对毕业生的就业指导,改变大学生的就业观念。

通过以上分析可以得出这样一个结论:我国的政治、经济、人口等环境变化促使了高校扩招政策的出台,同时,高校扩招政策的实施改变了相关的政策环境,产生了新的政策问题,从而又导致新政策的出台。由此可见,政策与环境相辅相成、相互制约,两者的不断变化使政策始终处于动态运行之中。

案例三 知识经济时代的香港人口政策

【案例正文】

香港经济正在经历着结构性的调整。在 20 世纪 90 年代前经历了两次成功的经济转型:一次是 70 年代,从中转港转型为制造业为主的工业城市;一次是 80 年代,从制造业转型为以服务业为主的经济。但是,始于 20 世纪 90 年代的向知识经济转型却遇到很多困难,原因是香港经济转型受到经济周期性衰退和结构性调整的双重压力。香港面对的结构性问题首先是劳动力结构问题。在调整过程中,香港不少产业和企业出现大规模外移,导致低技术的职位大量减少,而劳动力原有技能不能适应新职位的需要,因而导致失业增加,并长期化。更为不利的是,还要面对因内地经济崛起和珠江三角洲的成长所造成的香港原先所享有的独一无二的中介地位被不断削弱的现实。在这种形势下,香港企业为了生存被迫北移内地。由于内地具有生产成本低廉的优势,这种北移是永久性的,其结果是香港本地工作机会减少,而且不会因经济周期好转而明显改变[1]。

面对经济转型和结构性失业,特区政府并非视而不见,而是在探索新的路径和对策。虽然特区政府每年都为香港的定位提出一些口号,诸如科技港、中医药中心、环保港等,但从未采取具体的政策和措施来落实这些定位,结果使得这些定位成为"假大空"计划。迄今为止,特区政府也没有能够为香港经济前景作出清晰的定位。尽管如此,改善香港的人口结构,提升人力资源素质,仍是香港经济成功转型的前提所在。

---

[1] 叶秀亮:"香港经济前景及财政预算",《信报》2002 年 3 月 6 日,第 26 版。

第三章 政策环境

到2001年底,香港总人口达到672万人,其中劳动人口为343万人。由于经济富裕、医疗保健制度健全,香港市民的寿命较长、生育率较低。最新统计数字表明,香港女性平均寿命为85岁,男性为78岁。而在20世纪70年代初期,这一数字分别为75岁和67岁。同时,香港也是世界生育率最低的地方之一,在2001年香港女性平均只生育0.9胎,远远低于自然更替水平(2.1胎)。高预期寿命和低生育率的结果是香港人口的急剧老化。根据人口发展趋势预测,到2031年,香港四个人中就有一人年届65岁或以上;85岁或以上的人口会增加两倍,从6.7万人增加到20.9万人;总人口则会增加三成,从2001年的672万人增加到872万人。但是,其中劳动人口只增加8%,从343万人增加到370万人。这表明,到2031年会有500万人,即人口的58%,不再参与经济活动。

众所周知,人力资源是香港最为宝贵的资源,也是香港发展的优势所在。虽然本地人口的教育程度正不断提高,但随着全球化使经济竞争加剧,各个发达的经济体系争相发展高增值和以知识为本的经济,因此香港的劳动人口也越来越需要掌握更高的技能,以配合这种转变。人口普查结果显示,2001年香港15岁以上的人口中,有48%只具有初中或以下教育水平,具有高中或以上教育水平的约占52%,有大学以上学位的不足13%。虽然与十年前相比有了较大增长,但远远低于欧美国家,甚至低于某些亚洲国家。在25至40岁这一人力资源的黄金年龄段中,拥有学位的人口比例也只占该年龄段总人口的20%。从就业结构来看,香港劳动人口中超过半数从事非高增值的行业,批发、零售、进出口、饮食以及酒店业和社区、社会及个人服务行业,真正从事诸如金融、保险、地产及商用服务业这类高增值行业的劳动人口只占劳动人口总额的16%。从工作人口的技术水平来看,人口普查结果显示,担任行政人员、经理、专业人员及辅助专业人员的技术人员在整体工作人口所占的比例虽然不断上升,但至2001年只占23%。根据《2005年的人力资源推算》的结果,未来几年社会对教育程度与技术水平较高的认识的需求依然殷切。这些情况都表明,香港的人力资源素质并不理想,难以适应知识型经济的发展要求。

香港是一个由移民组成的社会,除了本地出生的人口外,影响香港人口数量的主要因素有两类,一是通过单程证制度从内地移居香港的人口移入,二是从香港移居外地的人口移出。按照单程证计划,香港每年要从内地吸纳超过5.5万多名移民。持单程证的来港人士,是香港人口增长的主要来源之一。在1983年至2001年间,共有724259人根据单程证计划来港地定居,占2001年香港总人口672万人的10.8%。香港居民每年移居外地的数量不断下降,自1992年的66200人下降到2002年的10500人。

人口移入不仅影响香港人口总量,也对香港人口的质量带来很大影响。在单程证制度下，香港虽然是移民的接受方，但是不能够对移入人口作出选择，结果是通过单程证计划移入香港的人口大多属于工作技能和教育水平普遍偏低的一类。20世纪90年代的研究表明，新移民的平均受教育年限约为七年，受过大学教育的新移民约为7%。香港政府统计处2001年香港人口普查的资料显示，15岁及以上内地新移民中，拥有高中以上教育程度的不足30%，其中接受大专以上教育的只有5.7%。与此相反，香港移出的人口中有相当大的比例接受过良好教育或专业训练。大量专业人才外流，以及中产阶层子弟海外留学不归，再加上大量低教育程度的新移民的进入，抵消了香港政府在教育方面的努力，影响了香港人口的整体素质。在这种情况下，如何通过人口政策提升香港的竞争力，协助香港的长期社会和经济发展，显得尤为迫切。

为此，香港政务司专门成立了政策专责小组。小组成员包括政务司司长、财政司司长、工商及科技局局长、房屋及规划地政局局长、教育统筹局局长、卫生福利及事务局局长、民政事务局局长、保安局局长、经济发展及劳工局局长、财经事务级库务局局长、入境事务处处长、政府统计处处长、劳工处处长、政府新闻处处长，以及政府经济顾问。专责小组的任务是研究香港未来30年人口结构变化对社会和经济的主要影响，指出在制订全面的人口政策时需要进一步研究的政策范围或计划，并且就短期和中期的可行措施提出建议，制定实施的时间表。简而言之，专责小组的责任是在2002年年底前制定出一个全面的人口政策。

专责小组认为，人口政策的首要目标是要让香港人口有能力维持香港的长远经济和社会发展。具体而言，香港人口政策的目标是为了提高香港人口的总体素质，以达到香港成为知识型经济体系和世界级城市这一目标的需要。为了实现这一目标，专责小组提出了以下几点原则：香港的人口政策应该致力于解决人口老化和工作人口缩减对经济增长构成的问题；应该使香港逐渐老化的人口年轻化；应该能够提升本港工作人口的生产效率和能力，增强本港的经济活力，增加内部消费；应该能够提高生产力，减轻长者的供养依靠。同时，专责小组还专门针对香港特区政府所面临的严重的财政赤字问题提出了一些建议。他们建议延长新来港人士享受社会福利的居港年限，从而降低赤字。

基于以上原则，专责小组提出了一系列政策建议，其重点为单程证计划、输入内地专才计划和投资移民计划。

首先，单程证计划。单程证计划过去一直存在，同时也一直是影响香港人口增长和人口结构的重要因素。但是，在单程证计划下，香港对于内地来港人士不能进行质量上的限制，因此，专责小组专门对其进行了修改。修改意见如下:现时每天150个单程证名额的安排应该维持不变,但若发现需求下降,应与内地当局研究减少配额。在现时每天150个单程证配额中拨出60个给享有居港权的内地儿童毋须改变,亦不能转让。报告建议有居港权的内地儿童获批来港后,可以选择暂时保留在内地的户籍,直到内地的父母也获得批准才一同移居香港,以消除家庭分离的痛苦。另外,专责小组建议把150个名额中解决长期分隔两地配偶的30个名额的生育名额,继续给予广东的港人内地配偶使用,以缩短广东方面的轮候时间。

其次,输入内地人才计划。为了扩大香港人才资源,应对发展知识型经济的需要,加强香港人口结构的竞争力,专责小组建议香港在吸纳世界各地最优秀、杰出人才的同时,大力吸纳内地人才。为此,专责小组建议放宽吸纳内地专才和优才的安排,取消原先对某些行业的已获批人士不能与直系亲属一起来港等限制;同时建议积极采取措施,吸引更多内地商人来港开办业务。在建议取消对内地人才歧视的同时,专责小组也把内地专才的定义从工商业人才扩展到其他不同领域范围的人才,如艺术、文化、体育以及饮食界的人才等等。

最后,投资移民计划。为了吸引投资移民,增强香港的经济力量,增加就业机会,专责小组建议容许外地投资者移居香港。投资移民是指那些有能力在香港作大量投资但不想经营企业的人士。专责小组确定的最低投资金额为650万元港币。同时投资申请人在选择投资类别时享有一定的灵活性,房地产以及特定的金融资产均可成为投资对象。

(案例来源:岳经纶:"面向知识型经济时代的香港人口政策",载《中国公共政策分析2004年卷》,中国社会科学出版社,2004年,第82~91页。)

【案例分析】

任何公共政策都是在一定的环境下形成、运行的。政策环境对政策主体的活动、对政策方案的选择等方面都会产生直接或间接的影响。在案例中,香港政府为了应对香港内外部环境的变化而对人口政策进行修改和重新修订。香港人口政策所面对的环境主要包括如下两个方面。

一方面是国际环境。它是香港人口政策的外部环境。公共政策的国际环境是指对一个国家或地区的生存与发展产生影响的,由国家、国际组织相互间的竞争、合作、冲突所形成的带有一定稳定性的世界政治、经济、文化运行的秩序与格局[①]。进入21世纪以来,国际环境的变化主要体现在信息化、市场化和

---

① 胡宁生著:《现代公共政策研究》,中国社会科学出版社,2000年,第83页。

全球化这三个方面。通信技术和计算机技术的发展使得人类社会进入信息时代,无论是发达国家还是奋力追赶中的发展中国家,都在进行一场以信息和知识为动力的产业革命。知识与信息的制造、加工、贸易已经成为新的经济增长的重要源泉。市场化是21世纪末出现的另一种强大潮流,占世界人口约2/3的国家实现了从计划经济向市场经济的转型。市场经济以一种神奇的力量将旧的经济体制冲垮,一只看不见的手将世界经济按照相同的规律整合起来,真正的世界市场正在形成。以市场化、信息化为基础,产生出当代世界的另一种潮流,即全球化。它是一种不以任何国家、任何人的意志为转移的客观历史进程。现代的交通工具、信息传输手段、计算机网络和几十万个跨国公司,将各国、各地区的经济、政治、军事、科技和文化等方面结合起来。全球化首先是经济的全球化,世界金融、世界贸易和跨国的投资、生产,使全球经济紧密地融为一体。

国际环境的变化对香港的人口政策产生着重大影响。信息化、市场化以及全球化不仅为香港带来空前的发展机遇和空间,而且还带来空前激烈的竞争。这种竞争是全方位的,包括政治、经济、技术、文化等。国际环境变化所带来的竞争归根结底是人才的竞争。香港政府为了在竞争中占据有利地位,对原来的人口政策进行了调整。在调整内容方面,主要侧重于引进高素质的专业人口。这有利于改善人口质量,应对国际环境变化的挑战。

另一方面是人力资源环境。它是香港人口政策的内部环境。人力资源环境包括人口环境和国民教育环境。人口环境指人口的数量、质量、性别、年龄、分布、人力资源的再生能力、人口集中程度、都市兴起的程度等,教育环境指国民的普遍文化水准、教育制度的完善程度、国民义务教育的范围和年限、接受高等教育和专业训练的人在总人口中所占的比例等[①]。在人力资源环境方面,香港的状况不容乐观。其一是人口严重老化,其二是人口受教育水平较低。这表明,香港的人力资源难以适应知识型经济的发展要求。这就要求香港政府对人口政策进行调整。

在国际环境和人力资源环境都发生变化的条件下,原有的人口政策已经难以适应知识经济的要求。为了扭转这种局面,香港政府一改过去对人口问题的消极态度,主动制定人口政策。由此可见,政策环境对公共政策产生着极为重要的影响。

[①] 荣仕星编著:《实用行政管理学》,人民出版社,2004年,第59页。

案例四 "恐怖"的广州

【案例正文】

2004年10月20日晚上,酒店服务员何爱华下班途经广州天河区棠下达善大街,遭遇3名歹徒抢包。凶狠的歹徒一上前就朝她背部先砍一刀,另一人去抢她的手提袋。何爱华还来不及松手,左手就被歹徒的第二刀砍落在地……

2005年6月28日晚上10时,打工妹郭衍芬在天河区棠下荷光路好友家楼下遭遇抢劫,反抗中被劫匪连捅三刀,其中一刀刺瞎其左眼……

2005年7月25日早晨7时,一名欧姓女子骑脚踏车经过起义路的广州市公安局门口时,遭两名电单车骑士飞车抢走挎包,左手腕动脉和肌腱还被砍断。她说:"以前觉得这段路应该很安全,想不到会在公安局门前被抢。"而这起案件居然发生在公安局所在的起义路。

目前,广州市民和网民中流传着这样的观点:广州有太多的"党",如扼颈党、飞车党、拍头党、砍手党。其中,最血腥是砍手党。这些"党派"没有一个与政治目标相联系,几乎所有都是与危害人民群众经济利益和人身安全的"两抢"(抢劫、抢夺)犯罪行为有关。

"两抢"行为在广州到底嚣张到什么程度?警方一份调查报告披露,在2000~2003年这4年间,抢劫案平均每半小时发案一起,抢夺刑事案件平均约24分钟发案一起,并且"两抢"、"两盗"案件占总刑事案件一半以上,这是"两抢"的高潮顶峰。

在警方的打击下,2004年开始,"两抢"发案率有所下降,但其总数依然达8万宗。截至2005年7月,"两抢"、"两盗"占全广州5万余宗刑事立案的2/3,在治安案件中,抢夺案平均增加了两成,广州市13个区(县级市)中有5个区上升幅度甚至达到了40%。而2005年8月到10月,广州市又开展了代号为"剑兰"的严打行动。在广州警方连续两天组织开展的大规模的"剑兰"专项行动第一次集中统一行动中,全警出动,共破获刑事案件260宗,其中"两抢"案件108宗(抢劫案件32宗、抢夺案件76宗)、盗窃案件94宗、扒窃案件14宗;抓获各类犯罪嫌疑人264名,打掉各类犯罪团伙19个。这只是两天的成绩。

而另一方面,"两抢"的作案手法变得越来越恶劣——有用辣椒水喷面抢劫的,有团伙合作在偏僻路段扼颈、殴打并抢包的,有用面包车把人强拉入车内,抢劫完后再推出车外的……

"两抢"的嚣张气焰和作案的恶劣手段引起很大的民愤和领导的关注。广州市人大代表陈彦文在2005年市"两会"时叹道:"我一个客户的妻子到广州来,竟然声称是'冒着生命危险来广州'……我们都希望广州好,但是广州的形象已经受到很大影响了。"2005年8月2日,广州市委副书记、政法委书记张桂芳在市政法会议上拍了桌子——"群众的安全感从何而来?群众有意见是正常的,没意见倒是不正常的!"

我国公安部没有公布可比较大陆各城市"两抢"案件的数据,但从媒体的大量报道看来,在沿海经济发展较快的城市中,人们似乎觉得广州、深圳的两抢案比上海、杭州等地多。

广州"比较危险",已经成了相当一部分人的共识。这种共识就来源于媒体上关于广州"两抢"案件的大量曝光。难道是因为广东媒体较为开放,并且因为毗邻香港,港报"炒作"比较多而给人的印象吗?很显然,这种解释显得单薄。单从官方公布的数据来看,广州的"乱"就不仅仅来自于媒体的报道,而是在广州街头"两抢"犯罪的的确确在公然肆意侵犯着公众的经济利益乃至威胁着公众的人身安全。那么广州的危险究竟来源于哪里呢?

其一,一名警官指出,珠江三角洲地区存在大量的劳动密集型企业,吸引了大批文化素质不高的外地人前来求职,一些找不到工作的人就聚集在"城中村"里,成为社会不稳定因素。

其二,"抢劫"和"抢夺"虽是一字之差,惩罚标准却大不同。按以前司法部门的实际判法,飞车抢夺数额不超过人民币500元、被害人没受伤,嫌疑人被抓获后大多拘留15天;即使抢夺罪成立,最高也不过处以3年以下徒刑。有人认为,如此"宽容"的惩罚措施,一定程度上纵容了劫匪。

其三,广州和深圳警力人数分别为2.5万人和1.6万人,比起香港警察的3万多人显得单薄;加上派出所基层警员还承担户籍登记的行政工作,工作压力大,士气不高,间接助长"两抢"犯罪猖獗。据资料统计,广州火车站每日平均流量在六七万人左右,而每一轮值班巡警只有一百多人,一天只有约400名警察,其中着装巡逻的只占40%左右,也就是一个警察得管火车站四五百流动人口。整个广州的情况也类似,2004年的统计资料表明,在广州一名警察至少要管380名市民,而香港一名警察最多只要管240名市民。而且,这两个城市的流动人口的基数与性质是有很大不同的。

受到现实条件的制约,各地公安机关只有在每年春节、劳动节、国庆日,或例如全国人大、政协等重大政治会议召开之前,才动员全市警力对地方治安进行"大扫除"式的重点打击,然后向新闻界提供一连串数据作为宣传"战果"之用。平心而论，单凭警力不足以改善治安环境。即便司法界从严对"两抢"定罪，如果检察机关不增加人手，也无法提升案件审讯的效率；监狱不扩建收容空间，终将人满为患。据一名长期在火车站工作的巡警介绍，火车站辖区内发生的案子实在太多，所以一般的"两抢"案子，往往也够不上法定的刑事案子，拘留上四五天就放了。有时候拘留所人满为患，犯事轻点的往往只能提前释放，"只有在严打时会罚得重一些"。

值得指出的是，单靠一两次的严打行动，是无法彻底根除"两抢"顽疾的。严打政策只能在一定时期遏制住实施"两抢"犯罪分子的嚣张气焰，而一旦风声减小，犯罪分子势必"重燃战火"，实施犯罪。因为一旦严打风过去之后，对于犯罪分子来说，其犯罪行为又进入了一个成本相对较低的阶段。

"两抢"行为的猖獗，给包括广州市在内的全国许多大中城市的城市形象抹了黑，对当地的社会治安环境和投资环境造成了极大的破坏。生活在那里和想去那里的人们内心的恐惧感在考验着当地政府的行政能力。政府针对以"两抢"行为为首的社会治安状况恶化进行积极有效的政策应对，已经成为了广大人民心中的无限期望。

《南方都市报》有一篇评论，探究了广州人对城市治安的"心理底线"，呼吁社会大众共同参与制止犯罪。文章指出，当这条心理底线一再下滑，一次次突破了道德底线，导致"抢劫成本"越来越低，越来越多的人就会不计后果，铤而走险。

在这样的形势下，2005年7月，最高人民法院专门针对"两抢"案件出台了新的司法解释，为各地打击"两抢"犯罪行为提供了法律依据。但是，打击"两抢"犯罪除了司法机关的努力外，还需要方方面面的积极配合，还需要各方面的政策的相互配套。只有这样才能保证还社会一片安宁，还百姓一处安心。

（案例来源：①李气虹："两抢猖獗，广州人有路不敢走"，《联合早报》2005年8月27日；②傅剑锋："一个城市与劫匪的战斗"，《南方周末》2005年8月25日；③栗占勇："飞车抢夺还是飞车抢劫，聚焦'两抢'案件新司法解释"，《燕赵都市报》（冀东版）2005年8月1日。）

【案例分析】

政策与环境存在如下的辩证关系：一方面，社会经济、政治、文化等政策环境要素不仅会影响政策制定和政策系统（例如，一些突发的事件将会导致环境产生巨变，从而引起政策系统内部的改变），而且还会影响政策的执行效果；另一方面，现有的政策会加入到环境系统中，成为环境系统中的一个要素，这样政策的执行将会对未来的环境变迁产生影响。因此，政策与环境是两个相互影响的系统。环境的变化要求政策或政策系统随之改变,而政策的变迁也会反作用于环境系统,成为促进环境系统改变的重要因素。案例就反映出社会环境的变迁对政策所产生的影响。

在案例中,主要介绍了广州市"两抢"行为猖獗的现状,并且分析了"两抢"行为猖獗的原因。从中可以看出,"两抢"犯罪猖獗不仅给社会稳定、人们心理带来重大的负面影响,并且还影响到人们对公共政策的信任度。环境的变化导致新政策问题的出现,这就要求政府在仔细和深入分析政策问题产生原因的基础上,对现有政策作出新的调整,通过公共政策手段来遏制恶劣抢劫行为,重建人们对政府的信心。

最高人民法院针对"两抢"案件出台新的司法解释,这是国家积极进行政策调整的一项具体举措。那么,最高人民法院为什么要出台新的司法解释呢?新的司法解释对于遏制当前猖獗的"两抢"犯罪能够起到多大的作用呢?

新的司法解释出台的原因有两个方面:其一,原有的法律体系对于"两抢"这种新出现的新的犯罪形式没有列举到,规定的原则性过强。其二,原有的法律体系对于"两抢"行为的定性不明确,进而导致在打击"两抢"行为的过程中,应用罪名不明确,对犯罪分子的惩罚力度过轻。而惩罚力度轻是导致犯罪分子猖獗的重要原因。

新的司法解释对于"入户抢劫"、"在公共交通工具上抢劫"、"抢劫特定财物"、"飞车抢劫"等概念作出了新的具体的解释,对抢劫罪与其他相近罪名的界限以及抢劫数额的计算等问题也作出了新的解释和规定,这样就使得司法机关打击"两抢"犯罪具有了法律依据和法律支持。此外,乱世用重典,提高犯罪分子的犯罪成本是解决社会治安恶化的一个重要手段。成本越高,在犯罪行为面前,犯罪分子实施犯罪的勇气也就越小。按以前司法部门的判例,司法部门对飞车抢夺的判罚较轻:飞车抢夺数额不超过人民币500元,被害人没受伤,嫌疑人被抓获后大多拘留15天;即使抢夺罪成立,最高也不过处以3年以下徒刑。对犯罪分子的宽容就是对其犯罪的纵容,这在一定程度上是对犯罪行为的鼓舞。新的司法解释对"两抢"犯罪用重典,这可以在很大程度上遏制这种犯罪行为。

但是,在目前广州"两抢"犯罪猖獗的情况下,仅仅依靠新的司法解释,显然很难达到遏制犯罪的目标。这是因为,广州"双抢"犯罪严重,不能仅将其归结于法律的不完善,除此之外,社会大环境也是重要的因素。因此,政府需要在其他政策上也要有所作为。

首先,我国的社会救助制度不够完善。如果穷人和没有依靠的人能够得到及时有效的救助,那么他们实施犯罪的可能性就要大大降低。广州的巡警张SIR几天前碰到了这样一个抢夺犯,他拿出一个多星期前的报案回执求情:"阿SIR,我上个星期刚到广州站,就全被抢光了,你看我还向你们报了案。后来,我真的走投无路啊,才跟着他们一起去抢的啊。"2005年以来,张SIR已经碰到过四五个这样的案例——从受害者变成施害者。由此可见,在生活上走投无路的人得不到及时的救助是其实施犯罪的重要原因。因此,政府需要尽快出台和完善社会救助政策和保障外来打工者权益的政策。

在广州这个"两抢"的重灾区,外地人犯罪呈上升之势。如何预防外来人口的犯罪成了摆在司法部门以及学者面前的一个重大课题。司法部预防犯罪研究所研究员吴宗宪教授从社会成本角度算了一笔账:"目前,中国关一个犯人的成本一年在1万元左右。但是,如果这笔钱用在保障外来工的基本权益方面,那么他犯罪的几率就会大大减少,而且增加了社会总效益。因此,维护好外来打工者的合法权益,是广州犯罪预防的根本性方向,是搞好广州治安的治本之策。"[①] 如果政府能够尽快出台社会救助政策和保障外来打工者权益的政策,那么就可以逐步消除社会上的"排外心理"、"仇穷仇富"心理,使得社会更加和谐,那么犯罪就会自然而然地减少。

其次,区域经济发展不平衡也是导致"两抢"犯罪猖獗的外部因素。目前,广东与周边省份的经济发展差距不断拉大,这使得大量流动人口涌入广东。并且,由于我国正处经济、社会转型过程中,因而,广东不仅承受着自身的转型之痛,还承受着西南、中南数个大省的社会转型之痛。因此可以说,广州治安之乱在某种意义上说是我国区域发展不平衡的必然结果,同时也是社会转型之痛的集中表现。所以,要解决"两抢"问题,政府需要在区域平衡发展、社会公平政策方面有所作为。

通过以上分析可知,任何一个公共问题的出现,都是多种环境要素作用的结果。这就要求政府在解决公共问题时,不能够仅针对某个环境要素,而是要针对产生公共问题的所有环境要素。当前,广州市在治理"两抢"犯罪时,仅依靠最高人民法院出台新的司法解释,显然很难达到治理的目标。因此,今后广州市政府在遏制"两抢"犯罪的政策取向上,不仅要重视社会救助政策和保障外来打工者权益的政策,还需要中央政府在区域平衡发展政策上有进一步的作为。

[①] 傅剑锋:"根治两抢要解决三大难题",《南方周末》2005年8月25日。

案例五　西部大开发政策

【案例正文】

　　我国的西部地区，习惯上指西南、西北12个省、自治区和直辖市，包括内蒙古、宁夏、陕西、甘肃、青海、新疆、西藏、四川、重庆、贵州、云南、广西。其国土面积约为540万平方公里，占全国的56%；人口约2.85亿，占全国人口总数的22%；少数民族人口众多，全国56个少数民族的大部分分布在西部地区。

　　西部地区的内陆边境长近两万公里，与哈萨克斯坦、尼泊尔、缅甸、不丹、印度、巴基斯坦、老挝、越南等国家接壤。西部边境地区有20多个少数民族与邻国一些民族有族缘关系，语言相通、风俗习惯相近。特殊的地理位置和民族习性，使得西部地区与毗邻国家既有传统的经济文化交往，如历史上西部出现过的"丝绸之路"、西南出现过的"马帮之路"，又在资源结构和现代经济技术方面存在明显的互补性，构成了西部地区与周边国家广泛开展经济、技术、文化交流合作的社会基础。西部地区在自然资源方面也具有独特的优势，其中水能资源占全国的51%、煤炭资源占全国的50%、有色金属储量占全国的90%，已探明有一定含量的矿产达130多种，其中有近30种矿产储量居全国首位。此外，西部地区的动植物品种多达万种以上，草原面积占全国的90%左右，可开发的土地后备面积约占全国的70%。

　　但是，当东部地区抓住改革开放的机遇，逐步进入到经济发展的快车道时，西部地区却由于多种因素的影响仍处于较为贫困的状态之中。西部发展落后主要体现在如下方面：

　　1. 从总体上看，据1989年统计数据反映，我国贫困人口有45.7%在西部。从贫困发生率来看，东部地区为5%，中部地区为7.8%，西部地区则高达16.8%。国家"八七"扶贫攻坚计划确定的592个国家重点贫困县中，有307个在西部地区，约占全国贫困县总数的51.9%。西部宁、云、川、陕、甘等地财政补贴县分别占本省总县数的90%、81%、51%、76%、69%。1993年，全国人均纯收入前10名的省市中，东部占9名，平均收入水平比西部高出近1倍；同年，中西部农民人均纯收入为746.04元，比东部的1398.69元低46.6%，比全国低25%。

　　2. 西部地区市场化程度相对较低，经济体制改革进展缓慢。与东部地区经济发展状况相比，不论是在规模、速度还是效益方面都存在着较大差距，从发展趋势来看，这一差距更有不断扩大的可能。以非公有制经济发展状况为例，

东西部地区存在着很大的差距,主要体现为:

(1)规模。从我国个体、私营经济的平均规模来看,东西部差距在不断扩大。从企业户数总量上看,1995年,东部地区个体与私营经济总户数1143万户,占到全国总量的44.1%;西部地区为575万户,占总量的22.1%。而在1999年,东部地区的总户数是1425万户,占到全国总量的43%;西部地区为653万户,仅占到总量的19.7%。在企业总户数上,东部地区所占比重上升,而西部地区所占比重下降。

(2)注册资金。从个体、私营经济户均注册资金来看:1995年,东部地区户均注册资金2.5万元,西部为1.1万元。1999年,东部地区上升到6.2万元,增加1.48倍;西部上升到3.3万元,增加2倍。由此可见,尽管西部个体、私营企业规模有所扩大,但是仍明显小于东部地区。

(3)从业人员。1995年,东部地区个体、私营企业从业人员2658万人,占全国的47.7%;西部是997万人,占全国总量的17.9%。1999年,东部地区上升到3998万人,占全国总量的48.4%;西部1591万人,占全国总量的19.2%。

(4)外商投资企业的数量和投资规模。从外商投资企业的数量和投资规模看,东西部也存在较大差距。1999年,东部共有外商户数17.1万户,占到全国总量的80.4%;西部仅有1.7万户,占全国总量的7.9%。外商投资总额1000~3000万元的,东部地区有1.03万户,3000万元以上的有27.12户,分别占全国总量的83.6%、86.2%;西部分别仅有865家、110户,分别占全国总量的7%和3.5%。1999年,外商新登记企业数居全国前十位的全部在东部地区,外商认缴出资额前十位的东部地区占9个,西部地区仅有1个。

另外,据有关资料显示,1995年,我国500家最大私营企业(按销售收入)排序中,东部地区有328家,占65.6%;西部地区只有58家,占11.6%。排名前10位的东部占7家。

3.教育发展落后。经济贫困和发展落后又必然制约教育事业的发展。西部地区的教育事业长期处于一种基础教育滞后,教育投资少,办学条件、师资配备落后的状态之下。

1990年全国人口普查结果表明,西部9省区6岁以上人口为22699.54万人,其中大专以上文化程度的为281.08万人,仅占总人口的1.23%,低于全国平均水平0.36个百分点;其中贵州、云南、西藏还不到1%。而不识字或识字很少的却远远高于20.61%的全国平均水平,达26.51%,不识字人口占30%以上的就有西藏、青海、甘肃、云南、贵州、宁夏等6个省区。1990年全国29个省市自治区(不含西藏)地方预算内教育经费支出为377.52亿元,而西部 8 省区只有 66.5 亿元,仅占投资总数的 17.7%,地方财政用于教育的投资显然太少。其结果是许多适龄儿童被拒之门外。青海省的适龄儿童入学率为 81.48%,牧区仅为 36.4%。

此外,办学条件和师资也得不到保障。2002 年,天津市从本市 13 个县、区 100 所中小学抽调了 100 名骨干教师到甘肃天水、定西、陇南 3 市(地)13 个县的 100 所中小学支教。据在天水甘谷县磐安中心小学支教的冯玉华老师反映:"教师缺编严重,1300 多学生,才 39 个教师,其中还有 10 个是代课教师,校长也得上课。每个教师一周平均 20 多节课,最高达到 24 节。"平电光老师在甘谷县六峰镇苍耳王村小学支教。他介绍,因为缺编太严重,许多老师除了教语文、数学、外语,还得兼带音乐、体育等课;一些山里的学校只有一两个老师,只能开设语文和数学两门课。素质教育几乎无法进行。不仅没有现代的教学设备,即使最基本的教室、课桌都没法保证,大多数班级学生人数在 60 人以上。王德伟老师在天水张家川县一所中学教初中英语,他介绍:"我所在的这所学校连一台录音机都没有,这是英语教学最大的缺陷。"王德伟带了 3 个班,最大的一个班有 117 个学生,而他所在中学班级学生平均数达 90 人。而在天津,一个班学生人数一般不超过 40 人,小班只有 20 来人。受条件限制,教师进修困难,教育理念也十分落后。在礼县进行过调研的于茂泽介绍说:"老师上课,基本上还是传统的灌输方式,仅靠一本书、一张嘴、一支粉笔,很多老师跟不上新课程。"于茂泽说,如果老师的教学理念不改变,农村孩子与城市孩子享受的教育将更加不平等。

4. 人才缺乏且流失严重。人才的缺乏与流失也成为制约西部地区经济发展的"瓶颈"。20 世纪 80 年代以来,西部 12 省、市、区人才大量外流,人才流出量是流入量的两倍以上,特别是中青年骨干人才外流现象更为严重。近几年仅西北地区调往沿海及内地的科技人员多达近 4 万人,且大多为中高级专业人才。青海省 20 年来累计流失科技人员超过 5 万人,而补充到科技队伍中的人员大都是本省 6 所院校的毕业生,不仅人数少,而且水平和层次都远远逊色于流失人员。更为严重的是,每年考入外地的大中专学生约 5000 人中返回青海的不足 20%。从 1997 年到 1999 年,重庆市的 5 个民族自治县的大学本科毕业生流失率为 67%,专科生流失率为 37%。新疆在上世纪 90 年代平均每年流失 1.3 万人,而且新疆每年去内地就读的大学生,毕业回疆的不足 50%。陕西是全国闻名的人才聚集地之一,更是科技人才流失的西部大省。据某高校统计,该高校近年来仅调走、辞职、不辞而别的教授、博士、骨干教师、青年教师就有 70 多人,占教师总数的 10%。特别是近年来,东部沿海地区再次降低人才进入"门槛",例如福建省决定建立和完善"户口不迁、关系不转、双向选择、合同约束、自由流动"的"柔性"人才引进机制,鼓励海内外人才通过开展项目合作、短期兼职、教授讲学、学术休假、顾问咨询、科研攻关等多种方式为其服务;而浙江省、江苏省则开始实行"零门槛"引进人才制度,进一步放宽对人才在学历、职称、年龄等方面的限制。面对东南沿海越来越强的人才吸引力,西部地区面临着更加严重的人才流失危机。陕西省在人才流失危机中首当其冲。外企和东南沿海各省对该省高级人才争夺日趋激烈,2002年陕西高校硕士以上毕业生4600多人,其中80%以上都离开陕西到外地,主要是到东南沿海地区谋职发展。

针对我国东西部地区发展差距日益扩大的现实情况,1999年11月,中央经济工作会议确定对西部进行大开发的战略决策。2000年,国务院陆续出台了关于西部大开发的一系列具体政策措施,形成了基本的政策框架。主要内容包括:加大建设资金投入力度,优先安排建设项目,加大财政转移支付力度,加大金融信贷支持,大力改善投资软环境,实行税收优惠政策,实行土地使用优惠政策,实行矿产资源优惠政策,运用价格和收费机制进行调节,扩大外商投资领域,拓宽利用外资渠道,放宽利用外资有关条件,大力发展对外经济贸易,推进地区协作与对口支援,吸引和用好人才,发挥科技主导作用,增加教育投入,加强文化卫生等社会事业建设,等等。

(案例来源:①王进杰等编:《中国公共政策2002年卷》,中国社会科学出版社,2002年,第105~110页;②庞跃辉:"西部大开发的前提与困难透视",《西安交通大学学报(社会科学版)》2002年第6期,第6页;③"西部非公有制经济发展现状及其与东部比较",《发展研究》2003年3月4日;④燕补林:"西部人才流失原因及对策",《人才开发》2004年第2期。)

【案例分析】

任何公共政策都是在一定的环境下形成和运行的,政策环境的变化可能导致新政策问题的出现,从而导致新政策决定的出台。本案例就反映出政策环境对于政策制定的重要影响。

政策环境的构成因素形形色色、复杂多样,有物质的和精神的、社会的和自然的、传统的和现实的、国内的和国际的等。在案例中,对西部大开发政策出台有较大影响的环境因素,主要包括如下方面:

1. 地理环境

地理环境是指一个国家或地区所处的地理位置和自然状况,包括地形、地貌、气候、土壤、矿藏等自然构成。地理环境作为政策环境的一个重要方面,对政策系统产生直接或间接的影响,而且这种影响并不是一时的,而是永恒的。

古往今来,政府制定重要政策时总是要考虑到地理环境。东部地区处于太平洋西岸,毗邻港、澳、台地区和日本、东南亚诸国,交通、通信发达,城市密布,经济基础雄厚,具有发展经济和对外开放的明显区位优势。而西部地区地处内陆,相当一部分地方交通闭塞、自然条件极差,属于国家重点扶持的贫困县。经济特区政策的出台,以及邓小平"两个大局"[①]战略思想的提出,就是政府基于地理环境方面考虑的具体体现。西部地区所特有的资源优势,也为其迎接大开发、大发展奠定了前提与基础。

2. 经济环境

经济环境分为两个层次:一是以一定的生产资料为基础的基本经济制度,它主要影响政策体系的性质;二是以一定的经济活动方式为基础所形成的国家宏观经济管理体制和企业经济管理体制,它主要影响政策运作方式[②]。不同的经济体制会导致不同内容的政策和相关的政策运作方式。东西部地区之所以存在巨大的经济差距,其中一个重要原因就在于经济体制环境不同。在东部地区,市场经济对政策的影响是巨大的。通过发展多元市场主体,东部地区提高了市场发育程度,促进并带动了当地个体、私营经济的迅速发展,公平竞争、优胜劣汰已成为重要的政策导向。而西部地区则处于后发的制度劣势,体制改革进展迟缓,企业管理尚未摆脱传统的发展模式,市场化发育程度较低。这一点在案例所提供的关于东西部地区在非公有制经济方面的数据中体现得十分明显。

3. 文化环境

文化,可以说是政策体系的"精神内核",是在长久的历史积淀中所形成的思想和价值观念体系。随着经济体制改革的逐步深化,传统的思想观念在东部地区已经受到严峻挑战,市场经济思想和意识开始深入人心。无论是在宣传个体、私营经济在改革开放和现代化建设中的地位和作用方面,还是在全社会营造理解、关心和支持个体、私营经济发展的良好氛围方面,东部地区的力度都较西部地区大。相比之下,西部地区却普遍缺乏市场经济意识,突出表现在"平均主义"思想严重和竞争意识过于薄弱。很多地区还处在"准农业社会",沿袭着千百年来内陆民众的价值观念、思维方式。例如,在人才这个问题上,西部地区之所以人才缺乏和大量流失,主要就是因为缺乏留住人才、用好人才的人文

---

① 20世纪80年代末期,邓小平提出两个大局的地区发展战略。一个大局是,东部沿海地区要加快对外开放,先发展起来,中西部要顾全这个大局;另一个大局是,当发展到一定时期,即到20世纪末全国达到小康水平时,全国就要拿出更多力量帮助中西部发展,东部沿海地区也要服从这个大局。
② 刘斌、王春福:《政策科学研究(第一卷)——政策科学理论》,人民出版社,2000年,第111页、第121页。

环境。

　　东西部地区无论是在地理、经济环境,还是在文化环境方面都存在着明显的差距。正是由于东西部环境存在着很大的差距,才导致了这两个地区在经济和社会发展上出现不平衡。西部大开发政策正是在东西部地区发展差距不断扩大的背景下出台的,它的很多内容,包括加大建设资金投入,实行税收、土地优惠政策,放宽外资进入条件,吸引和用好人才,增加教育投入等,有助于改善西部的经济、教育和人才环境。而这些环境的改善将能够有力地缩小东西部地区的差距。由此可见,政策制定不仅受其环境的影响,而且还可以反过来影响和改变环境,从而使政策问题得到解决。

3—3　小结

　　政策环境是政策系统的一个重要组成部分,也是政策学的一项重要理论内容。本章首先介绍了政策环境的理论要点,主要就是政策环境的构成、政策环境的特点。接着,选择五个案例对政策环境进行分析,通过案例分析,得出如下主要结论:①公共政策是环境的产物,是政策系统为适应环境的变化,解决自身与既定环境的矛盾而采取的行动。②公共政策的出台源自于政策环境的变化,而政策出台又会反作用于环境系统,促使环境系统产生改变,由此会产生新的公共问题。这要求政府在制定某项公共政策时,要考虑到政策对环境产生的影响,预先制定应对政策。③任何一个政策问题的出现,都是多种环境要素作用的结果,与多种环境要素相关联。这要求政府在解决政策问题时,要统筹考虑与政策问题相关的各种环境要素,并从多个方面制定政策。

思考题

　　1. 简述政策环境的内容及其特征。
　　2. 为什么说公共政策是环境的产物?
　　3. 以高校扩招政策为例,说明新政策出台如何反作用于环境系统。在当前情况下,政府应该出台哪些政策来应对高校扩招政策所带来的一系列问题?
　　4. 你认为仅依靠最高人民法院的新司法解释能够达到遏制广州"两抢"犯罪的目标吗? 如果不能,那么政府应该在哪些政策上有所作为?
　　5. 你认为西部大开发政策的执行会受到哪些环境因素的制约,中央和地方政府应该如何应对?

参考文献

1. 陈振明主编：《政策科学》，中国人民大学出版社，2003年。
2. 中国社会科学院公共政策研究中心、香港城市大学亚洲管治研究中心编：《中国公共政策分析 2003 年卷》，中国社会科学出版社，2003年。
3. 胡宁生著：《现代公共政策研究》，中国社会科学出版社，2000年。
4. 荣仕星编著：《实用行政管理学》，人民出版社，2004年。
5. 中国社会科学院公共政策研究中心、香港城市大学亚洲管治研究中心编：《中国公共政策分析 2004 年卷》，中国社会科学出版社，2004年。
6. 中国社会科学院公共政策研究中心、香港城市大学亚洲管治研究中心编：《中国公共政策分析 2002 年卷》，中国社会科学出版社，2002年。
7. 弗里蒙特·E.卡斯特、詹姆斯·E.罗森茨韦克著，李柱流等译：《组织与管理》，中国社会科学出版社，1985年。

第四章 政策问题

4-1 理论要点

政策问题是指应该由以政府为代表的公共权威机构负责解决的,且已经纳入政府工作程序或宣布即将纳入政府工作程序,开始实际解决的社会公共问题。政策问题是公共政策的逻辑起点,因为每一项公共政策的产生,都以需要解决的政策问题为前提,都以有效地解决问题为目的。所以,把握政策问题理论对于理解政策学理论具有基础性意义。政策问题理论主要包括如下三个方面:

(一)政策问题的内涵

理解政策问题的含义,需要把握下面三点:

(1)政策问题是多数人认识到的一种客观事实。客观存在的不良现象或事实之所以能够体现为政策问题,成为政府制定解决问题的对象,必定是社会多数人达成共识的一种结果。

(2)政策问题表现为社会利益的失衡和价值观念与行为规范的冲突。客观存在的不良现象和事实之所以能被社会多数人认定为问题,主要是因为这些现象和事实的出现损害了公共利益,并与现行的主导价值观念、社会行为规范产生了严重冲突。

(3)政策问题是政府纳入工作程序开始解决的问题。对于那些没有纳入政府工作程序或没有信息表示要纳入政府工作程序的公共问题,不能称为政策问题。

(二)政策问题的特征

政策问题的特征主要有下面四点:

(1)公共性。政策问题的公共性是指政策问题是社会上大多数人都要面对的,是在公共领域所发生的;一个人或一两个团体所面临的问题不能称其为政策问题。政策问题之所以被发现乃至被提上政策议程,也是因为它损害了社会大多数人的公共利益。

(2)相关性。政策问题的相关性是指任何一项政策问题都有着横向或纵向的相关因素。政策问题的相关性提示人们在分析解决一个问题时,一定要注意到它的连锁性的影响。

(3)主客观统一性。政策问题的主客观统一性是指政策问题的形成,从社会实践的角度说,是客观现象和主观认识的统一体。政策问题的主客观统一性要求人们在分析解决政策问题时一定要注意主观认定和客观现象的一致。

(4)发展可变性。政策问题的发展可变性是指政策问题经过认定以后,虽然具有相对的问题稳定性,但是它又将随着问题解决的程度、影响范围的变化和时代的推移产生变化和发展。政策问题的发展可变性提示人们,在分析解决某项问题时,必须要看到发展变化的各种可能性,防止陷入因为问题发展变化而造成的被动局面。

(三)政策问题的结构和层次

政策问题的结构和层次分析是对政策问题特点的深层次的认识,体现着政策问题的复杂程度和问题解决的难易程度。政策问题的结构是指与政策问题相关联的各种内在要素的构成状态。政策问题的内在要素包括:问题性质、资源投入、决策参与者、调适人数、方案数量、价值认识、概率测算、后果预测等[①]。根据政策问题构成要素的区别,可以将政策问题的结构分为优良、适度和不良等三种类型。而不同的结构质量决定政策问题解决的难易程度:结构质量越趋于优良,问题越容易解决;结构质量越接近不良,问题越不容易解决。

政策问题的层次是指由影响范围和社会关注参与人数的多少所决定的政策问题在社会政治过程中所处的位置。一般可以将政策问题的层次分为三个级别:微观政治(仅涉及较少的调适对象和单一的政府机构)、系统统治(涉及一个系统或数个集团)、宏观政治层次(关系到国家和社会的正常运转)。政策问题的层次不同,解决的难易程度也不同。从微观、系统到宏观的不同政治层次中,层次越高,宏观性越强,解决的难度就越大。

(四)政策问题产生的原因

认清政策问题产生的原因,是分析政策问题的性质及制定有效政策的关键。由于政策问题具有主客观统一性,所以政策问题产生的原因需要从主客观两个方面去探索。

(1)社会流行观念。社会流行观念是指社会上基于思想文化传统,对政策

---

① 王骚编著:《政策原理与政策分析》,天津大学出版社,2003年,第103页。

第四章 政策问题

问题产生原因的普通层次的直观认识。台湾学者林永波、张世贤认为,在政策问题原因的分析认定中,有三种流行观念产生着较大的影响,即自然观念、人性恶观念和内在素质观念[①]。

(2)社会现状的理性分析。社会学家鲁宾·唐纳德和温伯格认为,可以从以下五个方面对社会现状进行理性分析:①社会病态:社会政治、经济、文化、生活、思想、行为的不正常状态必然导致一系列政策问题的出现。②社会解组:社会的更替使得原先社会结构解组。新旧矛盾必然要引发大量的政策问题。③价值冲突:多元的价值认识如果不能通过协调就必然导致价值认识的冲突,价值认识的冲突又将导致行为的冲突。在这种情况下,协调并存的多元价值观念,也就成了政策问题。④偏差行为:如果一定数量的行为违法或脱离以法律、规章为代表的社会现行规范的要求,也就必然引发政策问题。⑤主观认定:一些政策问题的产生有可能是个人或团体主观界定的结果[②]。

(3)政策问题产生的客观因素。引发政策问题的自然现象或人文事件即是政策问题的客观原因。詹姆斯·安德森认为,一个国家内部发生的特定自然现象或人文事件称为政策问题产生的"内在引发机制",包括以下几种情况:其一,各种自然灾害;其二,意外的人文事件;其三,科技发展的副作用;其四,资源分配失衡;其五,生态变迁。国际上发生的、对一个国家内部产生影响的特定自然现象或人文事件称为政策问题的"外在引发机制",包括以下几种情况:其一是战争,其二是国防科技的发展,其三是国际冲突,其四是国家关系格局的变化,其五是全球性经济危机[③]。

(4)社会基本矛盾运动。社会基本矛盾的普遍存在是政策问题产生的最终原因。生产力、生产关系、经济基础、上层建筑这些社会结构因素所构成的基本矛盾运动决定了社会现实与社会发展。因此,对于社会问题、政策问题的分析,不能脱离社会基本矛盾现状,不能脱离对社会结构因素内部矛盾的现状分析。

在政策问题产生的原因里,需要特别注意的是科技发展水平与政策问题之间的关系。科学技术水平的提高,一方面促进了人类社会的迅速发展,另一方面也带来了许多新的政策问题,使政策问题产生的可能性与危害性发生了变化。

政策问题虽然是一种客观现象,但是必须通过政府有关部门的发现和提出才能有意义。在政策问题的发现过程中,专业机构、搜寻问题的方法、政策问

---

① 林永波、张世贤:《公共政策》,五南图书出版公司,1987年,第89页。
② E. Rubing Tonand and M. Weinberg, The Study of Social Problem, N.Y., Oxford university Press, 1977。
③ James E. Anderson, Cases in Public Policy Making, N.Y., Praeger Publishers, 1979。

题搜寻系统等发挥着重要的作用。

4—2 案例分析

案例一 强制婚检——婚姻的"门槛"？

【案例正文】

俗话说:男大当婚,女大当嫁。

每一个即将步入伊甸园的亚当、夏娃,谁不希望未来的婚姻生活和谐幸福?谁不期盼有一个健康可爱的小宝宝.能给小家庭带来新的快乐?

然而,生活并非总如人们想象的那样美好,伊甸园里,常常发生一幕幕这样的悲剧:

1998年5月,李某与孟女士经人介绍相识,次年12月正式登记结婚。婚前两人未按规定到计生部门进行"婚检"。婚后第六天,新娘旧病复发,因腹痛入住济南市第三人民医院,经诊断为重度肾积水。后经另两家大医院诊断,结论为慢性肾功能不全、泌尿系统感染。治疗期间,新娘共花费医疗费二万余元。新郎指责新娘隐瞒病情,并闹到法院要求离婚,法院判离,喜事瞬间变成了伤心事。

一对新婚的青年夫妇,女方是血友病基因携带者,怀孕后,医生发现胎儿已经遗传了血友病,劝说他们放弃这个孩子。但这对夫妻抱子心切,硬是生下了这个婴儿。结果,孩子稍微一被碰,就血流不止。父母成天提心吊胆。终于有一天,孩子从楼梯上滚了下来,等到大人发现赶到时,早已经流尽了血。

这样的惨剧时有发生,因为这种种因婚前未作医学检查而没能知晓的疾病对以后的婚姻生活所造成的困扰,使新人们梦寐以求的幸福生活变成了泡影,从此便不可避免地生活在阴影里。

一、"强制婚检"的出台

1986年,由卫生部、民政部联合发布规定:在各大城市推行婚前医学检查(以下简称"婚检")制度,无婚检合格证明者不予登记结婚。1994年国家颁布了《婚姻登记管理条例》,婚检成为一种强制的行为。患有法律规定禁止结婚或者暂缓结婚的疾病的人,婚姻登记机关不予登记。随着《婚姻登记管理条例》的颁布,强制婚检成为结婚的门槛。

第四章　政策问题

《婚姻登记管理条例》规定,婚检的内容一般分为五大项:病史检查、全身检查、生殖器官检查、实验室检查和婚育指导。其大致过程是医生首先询问被检者是否做过较大的手术、是否患有遗传性疾病、男女双方是否近亲、上辈是否近亲结婚、有无各种家族遗传病,然后对其身高、血压、营养、智力、五官、心、肺、肝、脾、血、尿、性器官、第二性征发育情况及精神状态进行检查,最后对即将成婚的情侣进行性知识和生育知识辅导,以及发放避孕药品。

婚检的主要目的有三个:一是检查欲结婚者是否患有法律所规定的禁止结婚或者暂缓结婚的疾病。如患有,医院作出不予结婚的建议。二是通过检查,发现其他疾病,特别是发现一些影响生育的疾病,从而对能不能生育、怎样生育进行适当的指导。三是进行必要的性生活指导,提供避孕等方面的知识。

从婚检的程序和目的可以看出,婚检有三大益处:

(一)使得当事人对自己的身体状况有一个清晰的认识,保证了当事人的身体健康。大多数年轻人自己不具备判断与确认健康状况的能力,尤其是隐性传染病和遗传疾病。而且不能或不宜近期结婚的病例、男女双方有无血缘关系、生殖系统的检查等等,这些都不是一般人能"目测"出来的,必须通过医学检查才能得到明确的结论。有这样一组数据:据卫生部有关人士透露,2001年,全国实际参加婚检人数为879万人,检出对婚姻有影响的传染病患者14万人,其中性传播疾病两万多人、艾滋病病毒携带者和艾滋病人84人、精神病者15000多人、严重遗传疾病患者6500人。许多患者在被检出后,自己还不知道已身患疾病。

(二)婚检是政府对公众进行性知识指导、咨询和弥补群众性知识空白的重要途径。医生所提供的必要的性生活指导和避孕等方面的知识使得新婚夫妇的生活质量有了提高。

(三)更为重要的是婚检有利于开展优生工作,增强国民素质,减轻社会负担。在婚检过程中如查出婚检者患有疾病,医院都会对其进行病因分析并给予医学指导意见,如暂缓结婚接受治疗等。对遗传病、待婚双方性器官、第二性征发育情况的检查以及医生所提供的必要的性生活指导和避孕等方面的知识也有利于夫妻双方主动有效地掌握好避孕方法和受孕时机,有利于提高出生人口素质,降低缺陷和残疾婴儿的出生率,在保护当事人健康和后代健康方面起了非常重要的作用。同时也避免了出生儿患病给家庭带来的巨大精神痛苦和相当大的经济损失,减轻了家庭和社会的负担。

二、社会上的反对声音

就在社会上的一些人为"强制婚检"的出台而叫好的同时,另一些人却就婚检的强制性提出了异议。

许多情侣在感情上无法接受强制婚检。他们认为结婚的基础是两个人感情和睦和相互信任，如果单单因为某种疾病就破坏了彼此多年培养的感情，甚至导致劳燕分飞，给婚检者带来终身的痛苦和遗憾，那么这个婚姻本身就是不可靠的。再者，现在的情侣大多选择试婚一段时间才进行登记，婚前对对方的身体状况已有一定了解，婚前性行为愈来愈普遍，婚检早已名存实亡。而优生问题目前有完善的孕检把关，所以他们认为根本没必要把自己个人的隐私暴露于人前。

结婚是公民一种合法权利，人本来就应该对个人和伴侣的健康状况负责，公民可以自行选择自己的伴侣并承担其后果而不必让政府"操心"。有关专家也指出："如果当事人在结婚之前明确得知对方患有疾病但仍希望结婚的，应该尊重双方当事人的意愿。"政府不该干涉婚姻自由，不应让公民的独立人格受到制约。强制婚检"多此一举"，婚检应由必须转为"可选择"最合理。而且到目前为止，医学上还没有证明患有哪一种疾病的人是不能够登记结婚的。因此有没有必要根据婚检的结果就决定情侣是否能结婚也受到了质疑。

婚检的程序过于复杂。现代社会生活节奏的加快使得烦琐的婚检过程无法适应社会的需要。很多年轻人的工作时间不固定，平时休息日就非常少，为了领一个婚检证还需要双方都腾出一整天的时间去医院进行婚检，等待化验结果、接受婚前性教育，有的地方还要排很长的队伍，时间上的耗费比较大，他们的心里实在觉得有些不划算。再者，现在的许多公司更加注重对企业员工的人文关怀，每年都会组织大家去参加体检，检查的项目比较全面，检查程序也比较便捷，所以许多公司年轻的员工也认为没有必要再专门为结婚去一次医院进行婚检。

随着时代的发展，人们的价值观念也发生了很大的变化。在现代社会里，大众已普遍认可结婚并不单纯是为了生育的观念。男女双方是否适合生育子女，则属于优生优育的范畴，不能以此为理由来剥夺人的结婚权。在这种情况下，婚检应是判断双方是否适合结婚，或是为了满足了解对方健康状况的一种手段而不该再成为婚姻的"门槛"。

婚检的强制性已经造就了一批既得利益集团。婚检基本项目的检查费用其实本来并不算高，全国最高为252.8元，最低仅为42.5元。但由于婚检的强制性使得一些不道德的医院利用手中的这点小小的权力谋取私利。医院乱收费现象屡见报端，婚检费用成为一些医疗单位的"奶酪"已是不争事实。男女双方到当地婚检机构进行婚检，不但要缴纳名目繁多的相关费用，在个别地方，还要用红包免遭刁难。婚检不仅演变为"走过场"，还给新人带来了一定的经济负担，导致一些新人视婚检为畏途。

第四章　政策问题

促使社会上反对强制婚检的呼声越来越大的一个更重要的原因是：在实际生活中，出现了有些低素质的婚检医生不遵守职业操守，无视患者的隐私，缺乏应有的道德感和责任心，使得婚检缺乏人情味。更有甚者，恶意泄露婚检者的隐私。曾有一位市民如此描述她的亲身经历：

"门诊部一楼中间的过道摆着几张长条桌，供人填写表格。我惊讶地发现，一对老人正坐在大夫前，逐项回答表格上的问题，由大夫替他们填写。我问大夫：'婚检不就是查查是不是有影响结婚和生育的传染病、遗传病吗？他们那么大年纪了，也得按程序每项都检查吗？'大夫奇怪地看了我一眼，说：'当然了，这是规定。'

做胸透的时候又看见了那对老人。他们检查完刚出门，负责胸透的大夫鼻子里'哼'了一声说：'真不害臊，都多大年纪了，还结什么婚呀！'

在妇科诊室，护士叫我进去的时候，大夫正在数落刚检查完的一位女士。我刚要退出去，大夫对我说：'别出去了，在这儿等会儿。'转身又开始教育那位私生活应该如何多注意，我没办法，只好不好意思地看着她红着脸，连连应声而去。

去拿婚检结果的时候，被通知先去宣教室看录像。二十来个人在椅子上坐了半天，有人宣布放录像的没来，录像就不看了，'反正看不看也无所谓，等一会儿拿结果吧'。看见拿着一摞表格的大夫过来，所有的人都围了过去。

大夫一个个地叫名字，一对对欢天喜地地拿着结果到一旁看去了。有几位问为什么没有他们的，大夫从兜里掏出一张纸条，对一位说他的血有问题，能结婚但暂时不能要孩子，而且必须在医院打针；又说另一位有什么毛病，现在还不能结婚……宣教室一下子安静下来，其他人看着这几位，慢慢地往旁边挪了几步。"

更有的医生检查与结婚无关的项目，有意无意地泄露婚检者的秘密。还有的甚至拿婚检者的一些缺陷公开取笑，从而发生了许多不必要的麻烦，使婚检者陷入了无穷的恐惧、痛苦的悲愤中，甚至引发了许多不该发生的爱情悲剧。

在四川一家医院，有个让人胆颤心惊的规定：凡是来做婚检的女青年，视其处女膜完整与否，分别发放"白花"、"黄花"和"黑花"。凡处女膜完整的，可得"白花"；凡处女膜破裂的，得"黄花"；如果已经流产刮过宫的，就只能得"黑花"。理应开展婚检工作的医院，彻底演变成了维护封建道德的宗教裁判所，多少情深意笃的男女就因为这一朵朵"黄花"、"黑花"而分道扬镳。

在云南某地，一些医院竟然规定，凡在婚检中发现未婚女性处女膜破裂的，要交50元罚款。就是这条规定，使有的女子不堪忍受，结束了自己如花的生命。

男女想结婚要遭受"道德"与身体的双重拷问。即将结婚的人因这样的婚检造成了心理上的阴影,却又徒呼奈何。有人反对取消婚检,正是基于利益上的考虑。只有把婚检的权利还给公民,关心自己健康的公民就会选择对自己有用的婚检项目和服务优质、价格合理的医院进行婚检。而医院因为没有了强制权力,迫于市场竞争必然也会改善服务、降低价格以争取顾客。由此才能形成基于市场机制的良性循环,使得婚检走上正轨,真正的造福于民。

三、政府颁布《婚姻登记条例》:取消强制婚检

社会上的这些反对婚检的声音引起了政府的关注,政府再一次将婚检问题纳入政策议程。2003年8月8日国务院总理温家宝签署第387号国务院令,宣布《婚姻登记条例》将于10月1日起施行。新的条例充分考虑男女双方相爱的事实,在"双方知情、双方愿意、采取必要预防措施(譬如限制生育)"这3个条件满足的情况下,新条例允许结婚。结婚登记将充分尊重个人的隐私权,婚检将成为私人化的一个检查。婚姻登记机关只会倡导新人进行检查,在结婚登记前出具婚检的告知单,给予一定的提醒,而不再作为硬性条件,强制进行。结婚离婚再无须单位、街道"点头",婚检不作强迫要求。婚姻登记条例的"变脸",折射出时代的变迁和社会的进步,更让无数相恋的男女感受到了严肃的法规后面所蕴含的浓浓人情。"婚检"取消了,结婚作为一件"私事",终于"回归"到它的本位。

《婚姻登记条例》的出台,不仅是政府部门重视社会事务管理、搞好公共服务的具体体现,也向人们传递出一个强烈信号:政府管理更加重视以人为本,对人性和自由的主张给予充分保障。人性化或"以人为本"越来越成为政府制定和改革某些条例的基准之一,成为"执政为民"的具体体现。

与此同时,政府也强调,不强制婚检并不等于不用婚检,更不意味着婚前检查不重要。政府正积极寻求遏制婚检率滑坡,提高新人自愿婚检的积极性的综合措施。

【案例分析】

该案例反映了国家有关婚前医学检查(以下简称"婚检")的政策变化过程。新的《婚姻登记条例》出台表明,政府从强制居民在结婚前必须婚检变成了建议居民在婚前进行体检。政策的转变实质上反映了原来的强制婚检政策在执行中产生了新的问题;这些新问题日积月累,从而上升为政策问题,最后导致《婚姻登记条例》政策的出台。在这个过程中,值得讨论的问题是,为什么强制婚检政策执行过程中所产生的问题会演变成为一个新的政策问题,也即是新政策问题产生的原因是什么。

第四章 政策问题

一般来说,政策问题主要表现为普遍性的社会利益失衡、价值观念冲突、行为失范等方面,因此可以从社会利益、价值观念和行为规范这三个角度寻找案例中政策问题产生的原因。

(1)从社会利益角度看,政策问题的出现是社会利益冲突的结果。利益分为公共利益和私人利益两种。公共利益是指一定区域内公民个体利益的集合,它既反映了公民的整体利益和长远利益,同时又与个人利益存在密切的关联。利益的损害并不一定单纯指金钱的损失,也可能是一种心理上的伤害。一种现象的出现如果使得社会大多数人的利益受到了伤害,出现利益分配失衡,就必然会引起社会大多数人的关注,从而形成公共问题。在案例中,强制婚检中的乱收费、不道德的医生泄露接受检查者的隐私等行为,不仅严重侵害了接受检查者自身的利益,而且也影响其家庭、亲属的利益,由此引起接受检查者及其亲属与婚检机构之间的利益冲突。随着冲突范围的扩大(在全国范围内都出现),最终导致政策问题的产生。

(2)从价值观角度看,政策问题的出现是价值观念冲突的结果。我国现在正处于社会转型时期,在人们的价值评价标准上普遍存在着不一致、难以统一的问题。这个问题如果处理不好将会直接导致政策实施过程中的冲突及碰撞,产生政策问题。在案例中,随着社会的发展和对外开放的进一步深化,人们的自我意识不断加强,尤其是七八十年代后出生的年轻人思想开放了很多,价值观念也发生了很大的变化。在婚育观上,老一辈"不孝有三,无后为大"的信条已经不再受到这些年轻人的认可。现在的年轻人结婚已并不单纯是为了生育,甚至有些年轻夫妇即使有生育能力也不愿意要孩子。因此,以促进优生优育为主要目标的强制婚检已被不少年轻人视为累赘。

(3)从行为规范角度看,政策问题的出现是个体或团体的行为与社会行为规范产生矛盾的结果。当一定数量社会成员的行为违反以法律、规章为代表的社会规范时,必然引发政策问题。在强制婚检政策执行过程中,由于婚检检查权的垄断性,一些医院巧立名目、胡乱收费,医生向被检查人索要红包的现象也屡见报端。而且一些医生由于自身素质低,政府机构对婚检管理的无力甚至失控,致使某些医生不遵守职业操守,无视患者的隐私,缺乏应有的道德感和责任心,有意无意地泄露婚检者的秘密,还有的甚至拿婚检者的一些缺陷公开取笑,使婚检者陷入了无穷的恐惧、痛苦的悲愤中。这些医生的卑劣行为与社会行为规范产生严重的冲突,这也是政策问题产生的原因之一。

以上三个原因导致了强制婚检政策执行中出现的问题变成公共问题,但是它能否成为政策问题,还需要决策部门进行主观的认定。这是因为政策问题是主观和客观的统一体,即任何政策问题都将在客观现象的基础上通过主观认识和描述才得以产生。在强制婚检政策执行中出现了社会利益失衡、价值观念冲突和行为失范等方面的问题,这些问题日益受到公众和媒体谴责,社会上反对的声音越来越大。在这种情况下,政府有关部门也认识到该问题的严重性和危害性,于是终于将婚检问题纳入政策议程。

综上所述,社会利益的失衡、价值观念冲突、行为失范等是政策问题产生的原因,而政府有关部门对问题的认定是公共问题上升为政策问题的关键环节。因此,任何一个公共问题要上升为政策问题,既离不开对其原因的分析,也离不开政府部门的关注。

案例二 城市居民住宅问题的变迁

【案例正文】

一、城市居民住宅问题的演变

城市居民住宅问题长期以来是我国城市建设发展和改善居民生活条件最难解决的一个问题,也是历届政府极其重视的一项政策问题。从建国以来近60年间,城市居民住宅问题便一直处于不断发展变化中。

在旧中国,城市住房数量少、质量差,分配也极不合理,很多人无房可住;即使有房,条件也非常的简陋。建国以后,为了改善居民的居住条件,从国民经济恢复时期开始,我国政府就着手为城市居民建设新住房。从1950年到1978年,总计建设住房53172平方米。住房的面积虽有所增加,但由于城市人口增多,投资有限,单位所有制的福利性实物分配式的住房制度也不尽合理,加上政治运动的干扰,居民住房状况非但没有得到改善,反而日趋紧张。1978年,人均居住面积只有3.6平方米,低于解放初期的4.5平方米,更远远低于发达国家城市居民的居住水平,居民住房问题形势很严峻。

改革开放以后,我国经济持续快速发展,人民生活水平不断提高,对住房面积、功能、质量等提出了更高的要求。社会结构也发生了很大的变化。自1995年以来,在非国有企业中工作的工人在数量上已经超过了国有企业职工。换句话说,越来越多的家庭已经开始需要在传统的福利分房制度外,也就是通过住房市场来解决自己的住房问题。为此,自80年代初以来,我国城市住房改革开始进行,住房政策与体制发生了深刻的变化。

随着改革的深入,特别是房地产市场的兴起,城市住房改革的基本目标日益清晰。即将以往僵化和低效益的由政府控制的住房体制转变为新的适应消费者需求的市场化的住房体制。而住房市场与住房金融的发展也成为改革的

第四章　政策问题

重点。

首先,国家把住房投资的决策权逐渐下放到地方政府国营单位和城市集体企业。到1988年时,国家预算内资金在住房投资中所占比例已从改革开始时的90%下降到16%,国营单位自有资金的比例上升到52%,非国有投资也开始占到20%。政府和国营单位下属的住房建设企业也通过企业改革成为经济上独立的房地产开发企业。在此期间大批的新住房建设和旧住房改造项目得以上马,缓解了由于长期缺乏投资而造成的严重住房短缺现象。

与此同时,在住房政策和制度改革之外,住房改革的另一个重要任务是建立为住房开发与建设提供稳定的资金来源的市场融资机制。政府通过商业银行和专业住房储蓄银行提供的住房信贷以及来源于个人强制储蓄的住房公积金,初步建立起自己的住房金融体制。这就为住房开发与建设以及居民买房提供了稳定的资金来源。

1984年以后,国家又出台新的政策,在一段时间内放宽了对房地产开发建设贷款规模的限制,对经济适用住房开发建设贷款实行指导性计划管理。同时,扩大了个人住宅贷款的发放范围,取消了规模限制,适当放宽了贷款期限。鼓励发展住房公积金贷款与商业银行的组合贷款,促进了个人住宅贷款业务的增长。从1998年起,商业银行所增个人住房贷款额、个人住房贷款余额逐年翻番。到2000年9月底,全国共有6777万职工建立了住房公积金,归集余额1669亿元,发放个人住房贷款444亿元。住宅贷款来源的多渠道,使得城镇居民个人购买商品住宅的总量不断提高,许多人用个人储蓄加上一部分贷款,买到了自己所需要的住宅。

为了更好地解决居民的住房紧缺的问题,政府还在全国大力推行了"安居工程"。这个工程于1995年开始实施,计划在5年内新增居民住房面积15亿平方米。这一工程大大增加了可供居民居住的住房面积,大大缓解了房屋短缺的压力。

1997年中国人民银行决定在233个城市开展试点,为家庭提供个人住房消费贷款。1998年4月7日中国人民银行下发《关于加大住房信贷投入支持住房建设与消费的通知》,决定进一步加大住房信贷投入,支持住房建设和消费。这一举动成为国家实行个人住房贷款优惠利率政策的开端。至2005年3月16日,央行宣布自次日起不再对个人住房贷款实行优惠利率,个人住房贷款利率将与其他商业贷款一视同仁,执行同样的利率水平和同样的九成利率下限管理,结束了一共执行了长达7年之久的住房信贷优惠政策。

经过住房制度改革,住房建设由政府一统天下的投资体制,转向国家、集体和个人三者多元化投资。住房建设的速度加快了。住宅开发公司的兴起,已改变了政府高度集中统一的住宅开发格局,住宅建设的质量得到了不断提高。适应住房需求由集团向个人的逐步转变,原来那种不考虑居民支付能力和需求特点的开发方式,服务于实物分配的标准化、模式化的设计方式都开始发生重大变化。于是,出现了与居民收入、消费偏好相关的,价格多层化、居住品位与人文环境多元化的格局。针对不同收入的多层次的住房供应体系得以建立,居民可以根据自己的收入选择购买何种住房。高收入家庭可以购买或租用市场价的商品房,有的还可以购买和租用豪华别墅。中低收入家庭可以购买经济适用住房。这种住宅是政府调控价格的微利商品房,政府给予财政支持,价位比较低。最低收入家庭可以申请廉租住房。廉租住房制度是住宅社会保障制度的重要组成部分,有利于解决这部分家庭的住房困难问题。

但新的问题又随之而来。随着城市化进程的加快、人民生活水平的提高,以及在金融业务创新和住房改革的综合作用下,我国的房地产业从1998年逐渐开始启动,到2002年以后出现高潮,年投资增长率达到25%以上,甚至接近30%。房价一路飙升,远远超过收入房价比。收入房价比的合理水平是5:1,但上海、北京、广州为8.7:1、12.4:1、10.1:1,全国平均7.8:1。巨大的利润使得一部分购房者出于投资或者投机心理而购房。更大数量的居民购买新房以后把旧房出租,以房租支付新房贷款,其实这也是投资行为。最为典型的是温州炒房团,民间说法是其拥有的资金达1500亿元。富裕的温州人希望投资但苦于没有合适的渠道,于是亲朋好友几十个人凑几千万资金一起砸在某个楼盘上,迅速抬高楼价再卖。这就造成了大量商品房空置、但许多急需用房的普通百姓却买不起房、需求和供应结构脱节的现象。

房地产投资、信贷规模的持续增长是否会诱发房地产泡沫,商品住宅的热销和价格的不断攀升是否意味着房地产泡沫的显现,这已成为民众关心的热点。

二、政府新的政策举措及社会反映

鉴于此,2002年8月,在重申了"低利率、鼓励个人住房信贷、增加房地产开发企业信贷"的货币政策不会改变之后,政府首次提到要"防止产生房地产泡沫,防止信贷过度集中于房地产业"。

2003年6月,政府又下发了对普通的中低收入家庭而言是比较有利的被业界称为"121号文件"的《关于进一步加强房地产信贷业务管理的通知》。该通知重申了商业银行不得给自有资金比例低于30%的房地产商贷款的规定,新增了不得对未封顶的住宅发放消费贷款的规定。此外还有一条由商业银行自行掌握的规定:对购买高档商品房、别墅或第二套以上(含第二套)商品房的借款人,商业银行可以适当提高个人住房贷款首付款比例,并且不再执行优惠住房利率规定。

　　这项法规,保障了普通家庭购房时的低风险,但由于在开发贷款上的限制,使得开发商获得银行贷款的难度加大,而开发商将这种不利因素转嫁到个人购房客户身上,因此对于购房客户而言也是有一定影响的。加上没有了资金支持后,有些项目缓建或不建,导致市场供应量下降,而持续旺盛的购房需求仍然导致房价持续上涨。

　　2005年3月,国务院领导在人代会上对房价问题作了明确表态,央行随即宣布取消住房贷款的优惠利率,转而执行正常的贷款利率,这也意味着5年及以上期限的房贷利率将至少上调0.2个百分点。国家对个人住房贷款实行优惠利率的政策终结了。

　　对于央行此举的影响众说纷纭,大多数专家认为此举将促进国内房地产业整体良性发展。此次加息的幅度仍然比较温和,对房价抑制作用不会很明显。但会引导低收入者更理性消费,不去购买大房或者豪宅。对于投机者而言影响不会很大。相比提高利率,只有加税才是最有效的武器。

【案例分析】

　　本案例叙述了城市居民住宅问题的发展演变过程,以及政府针对城市居民住宅问题所采取的应对措施。由于城市居民住宅问题牵涉到千家万户,因而它是一个公共问题;而又由于这个问题已经进入政府的议事日程,因此它又是一个政策问题。从案例中可以看出,该政策问题不仅具有公共性,而且具有发展可变性的特征。

　　政策问题具有公共性,它是多数人认识到的一种客观事实。当一项政策问题作为社会公共问题最早出现时,它首先是一种客观现象,这一现象有可能已经构成对现实社会的压力或危害,也有可能正在孕育发展中。政策问题的公共性主要表现在:①政策问题的解决者是公共权威机构;②政策问题所涉及的主体是社会公众;③解决政策问题的目的是公共利益的调节和分配。城市住房问题是人民生活中的基本问题之一,每个人都会遇到。它与人民的利益密切相关。这一问题解决不好就会影响人民的生活质量,造成社会的动荡。所以这一问题具有公共性。

　　政策问题具有发展可变性。政策问题的发展可变性是指政策问题经过认定以后,虽然具有相对的稳定性,但是它又将随着问题解决的程度、影响范围的变化和时代的推移产生变化和发展。政策问题的发展可变性与它的纵向相关性密切联系。政策问题的形成有其发展演变的历史过程。同样,随着未来相关情况的变化,政策问题也将不断地变化。一个单纯的问题,随着影响范围的扩大将会成为复杂的问题,一个问题的横向发展将会使其演变成其他的问题。政策问题的发展可变性也与它的横向相关性密切联系。在一项政策问题的解决过程中,有可能使该项政策问题发展演变成其他政策问题。

城市居民住宅问题的变迁形象地体现了政策问题的发展可变性。从旧中国直到现在,城市居民的住宅问题一直就处于发展变化中。旧中国城市住房资源非常紧缺,住房数量少、质量差,分配也极不合理,条件也非常的简陋,很多人无房可住。即使有房可住,住房条件也较为恶劣。建国以后,政府对人民住房问题非常重视,将之提上了政府的政策议程,并制定了一系列的相关政策着手加以解决。虽然这期间也经历了曲折反复,但总体来说我国的住房情况是向好的方向发展的。尤其是自上世纪80年代以来,政府推行城市住房改革,辅之以市场融资体制的改革,更是大大缓解了城市住房压力,使人民的住房问题得到了一定程度的改善。

住房改革对市场融资机制也提出更高的要求。如果市场融资机制发展不完善,也必然会影响到住房改革的进程。这便涉及市场融资机制的改革问题。因此政府在深化住房改革的过程中,除了进行住房政策和制度改革之外,还建立了旨在为住房开发与建设提供稳定的资金来源的市场融资机制。努力建立良好的房地产企业直接融资机制,包括大型房地产企业的上市融资、债券融资以及各种高比率融资机制。大力发展房地产投资基金和房地产投资信托,帮助优秀的房地产企业建立资本通道,引导市场资金进入优秀的房地产企业,从而提高这些企业的资本实力和获取银行贷款的能力,使银行贷款和资本市场资金向优秀的房地产企业集中。

随着住房改革的更进一步深化,我国的房地产业也开始逐渐蓬勃发展起来。由于缺乏相关的改革措施和管理规范,房价一路飙升。巨大的利润使得一部分购房者出于投资或者投机心理而购房。这就造成了大量商品房空置、但许多急需用房的普通百姓却买不起房、需求和供应结构脱节的现象。房地产投资、信贷规模的持续增长有可能造成房地产泡沫。这就又带来了新的政策问题。政府对这一现象也非常重视,制定了新的政策,诸如:认真管理好城市土地供应和使用,确保住宅建设用地价格的合理与稳定;认真审定城市房屋价格,控制房屋售价;禁止炒房行为,打击对房屋的屯积;防止因原住房拆迁估价过低,拆迁户买不起房或因买房借贷走向贫困化,一定要大大提高对拆迁户的补偿费,使拆迁户不仅无住房之忧,还有利可图,用这些措施来遏制这种房地产泡沫的发展势头,保护人们的利益以及巩固既有的改革成果[①]。

---

① 李开发:"五条建议控制高房价",《南方周末》2005年3月10日。

由此可见,政策问题具有公共性和发展可变性。政策问题的发展可变性与它的横向和纵向相关性密切联系。政策问题的发展可变性提示人们,在分析解决某项政策问题时,必须看到发展变化的各种可能性,要有预见性和洞察力,防止陷入因为问题发展变化而造成的被动局面。

案例三 天津水荒

【案例正文】

一、天津水资源紧缺:2001年和2002年天津的水荒

天津是一座严重缺水的城市,自1997年以来,天津市连续6年遭遇特大干旱,尤其是2001年和2002年缺水的情况更加严重。2001年那年,为天津供水的潘家口水库仅存水2~3亿吨,蓟县水库仅存水1亿吨,整个天津一共缺水5.7亿吨。天津开发区污水处理厂厂长李健就曾亲身经历了2001年天津市的大缺水。在他的记忆中,当时正是夏天。那次"水荒"前后持续了两个多月,几百万城市人民生活用水发生"危机",天津市的老百姓不得不在炎热的天气里忍受缺水的煎熬。居民到晚上六点以后,或者是早上一段时间,才有供水,白天中间这一段时间基本上就是停水的状态。市有部门关闭了80%的洗车行业,关闭了60%洗浴行业,游泳馆的水指标压缩了40%,但水仍然不够用。

后经天津市政府向中央书面报告,中央调拨了黄河水,那年的水危机才有所缓解。许多农民尚记得当时引黄入津的情景。引黄沿途渗漏近2亿吨水,武警日夜守护,沿途护堤。天津津南区、北辰区、东丽区及郊县的稻田和农作物早前已旱死了240万亩,当期盼已久的黄河水从自家田边流过时,农民们的眼中都含着热泪。

2002年旱情更为严重,由于当年汛期海河流域降水严重偏少,天津市唯一的"水盆"潘家口水库蓄水只有1亿立方米,与上一年同期相比少2亿多立方米,不到常年的1/10;天津市的"生命线"——滦河水,也已不能完全满足天津用水。那年整个天津缺水13.57亿吨,政府已经在有意识地控制水资源的日用量。1~6月份,天津的日用水量已经从原先的每日220多万吨降为160万吨,几近底线。这样的形势维持了将近半年,但是,气候依然干旱异常,没有丝毫变化的迹象。于是天津市政府连续发出了3个节水通令,采取26项节水措施,包括停止农业用水、关闭所有冲水洗车点、严格控制企业耗水大户,对居民生活用水也进行了限量、提高水价等。同时,诸多的节水动员教育大会不时召开(在黄河水刚刚进入天津九宣闸不到一个小时,市政府就召开了全市的节水动员大会），但是仍不能渡过缺水难关。整个城市供水形势极为严峻。

天津现在人均水资源占有量约为 160 立方米，为全国人均占有量的 1/16。按照国际上判别一个国家或地区水资源状况的一般标准：当人均占有水资源量小于 1700 立方米时属水资源"紧张"，小于 1000 立方米为"短缺"，则天津市的水资源状态，远远低于世界公认的人均占有量 1000 立方米的缺水警戒线。

然而，随着经济增长速度的提高、人口的增多、人民生活水平的提高，天津市城市的水量需求将成倍地增加。这使得缺水的形势更为严峻。据专家估计，在今后一二十年内，天津市城市水资源短缺量可能要达到 7～12 亿立方米。

二、天津缺水的自然原因

天津地处华北地区，气候持续偏旱。众所周知，我国水资源的地理分布极不均衡，降水量从东南向西北逐渐减少，东南沿海地区正常年份降水量大于 1200 毫米，西北则少于 250 毫米。我国的华北地区对水资源存在着"外来支援"的依赖，水资源严重短缺，干渴是这个地区共性的话题。

天津的水资源年际变化较大。根据 1956～1997 年天津市降雨量过程分析，在这 41 年中，天津市的平均降雨量为 560～690 毫米，多年平均降水量约 67 亿立方米，降水量大于平均值的只占 30%，70% 年份的降水量都小于平均值；降水量最大的，如 1964 年达 107 亿立方米，而降水量最小的如 1997 年不到 40 亿立方米，相差 2.5 倍；而且还经常出现如 1980～1984 年那样的多年连续干旱。由于天津市以及华北地区的降雨约 80% 集中在每年 6～9 月份的汛期，并且往往集中在几次大暴雨中，非汛期降雨量很少，所以，丰水年往往暴雨成灾。降水集中需要大量的容积贮存降雨水量。但对于人口高度密集的城市地区，初期雨水水质恶劣，无贮存价值；地价昂贵，没有足够的池、塘、沟贮存淡水资源；土质恶劣防渗性能差，建地下贮水池造价昂贵等方面的原因，使得集中降雨也很难贮存。而遇到枯水年份，特别是特枯年份，则水资源严重不足，河道干枯断流，给人民的生活和工农业生产带来巨大的影响。加上居民生活用水的水平还很低，天津市的水资源仍将面临严重短缺的局面。引滦入津以来的 1989、1992、1997 年三次枯水年，尤其是 1999 年的特大干旱，就导致了紧张的供水局面。

更为雪上加霜的是，天津市的地下水贮存条件受地貌和水文地质条件限制，仅山区和冲积平原区是全淡水区，而占土地面积 80% 的平原地区均为咸水区。在厚达 60～220 米的咸水层下，贮藏着几乎不可再生的深层地下淡水，全市地下淡水年可开采量仅为 7 亿立方米。

三、天津缺水的人为原因

天津历史上也曾是一个水资源十分丰富的地区。由于地处九河下梢，海河流域中几乎所有大的河流都汇流在天津市入海。据统计,20世纪50年代经天津入海的水量高达144亿立方米。但是自60年代以后,流经天津市的入海水量随之大幅度减少;至70年代,年经天津市的入海水量衰减到45亿立方米;至80年代衰减到9亿立方米左右,使天津市成为水资源十分贫乏的地区之一。

这其中既有上述的自然原因,更有一些人为的原因。如果说水资源时空分布的不均是缺水的"天灾",那么比"天灾"更严重的是"人祸",随处可见的人为的浪费水、破坏水、不合理用水,更是天津水资源的大敌。我国是世界上用水最多的国家,同时也是水资源浪费最严重的国家之一。生产同样的粮食,我国比美国多用一倍的水。据水利部副部长张春园介绍,农业用水是我国用水的大头,约占总用水量的72%,但真正被有效利用的水只占农业灌溉用水总量的1/3左右,多半损失在送水过程和漫灌之中。工业方面,我国万元产值的耗水量是225立方米,发达国家却仅有100多立方米。另外,城市生活用水的数量虽远远低于农业用水和工业用水量,但生活用水中人们对水资源的毫不吝惜和肆无忌惮的浪费却与前二者相差不大[①]。

天津缺水还跟一些短期行为有关。长期以来,为了"死保"大城市的生活生产用水,通常采取的是牺牲挤占生态用水的短期行为。这种做法长期下去,对生态环境必然会造成许多负面影响。华北地区近年环境的急剧恶化,同这种治水的主导思想应该紧密相关。

另外由于严重缺水,在相当长的时间内,天津主要是靠汲取地下水来供应生活生产用水,长期汲取地下水导致地面沉降,海水入侵,地下水质遭到了污染。天津水之苦也远近闻名,以前有民谣曰,用天津水来腌咸菜,根本就不用加盐。

四、政府:建设南水北调工程

干渴正在消耗着天津这座城市的活力和意志。因为缺水,天津的工业和农业用水都得不到保障,天津工农业的发展受到了限制;水资源严重缺乏也阻碍了国家在天津立项的发展。一个城市如保证不了水资源,国家级的项目就难以承担,因此天津失去了很多国家级的工程项目。随着工农业生产的发展,人口的增长和生活水平提高,以及改善生活、生态环境质量的需要,在今后的十几年内,天津市对水资源的需要,无论在质和量的方面,都还将出现较快的增长趋势。

天津作为我国的一大直辖市,其发展因为水资源的缺乏受到了严重的限

---

① 中国环境资源网:"全社会应重新认识水",http://www.ce65.com。

制,政府对此非常重视。由国家建设的南水北调工程使得水资源实现了可持续发展,天津由此受益匪浅。另外为解决天津市城市水资源短缺,缓解水资源的供需矛盾,实现水资源可持续发展利用,国务院还连续成功实施了九次"引黄济津"应急调水,最近的一次是在2004年的10月,被引入的黄河水有效缓解了天津市的供水紧张局面。天津市政府也加大对现有水资源,特别是引滦入津水源的管理和保护力度。同时,有计划、有步骤地实施强制性的节水和限水方案。在特殊干旱条件下,以保证生活用水为前提,实施特殊的供水政策。并加大宣传,提高全民水资源意识,认识天津市水资源严重短缺的实际情况以及对我们的生活和社会经济发展可能带来的影响,认识节约用水和保护水资源的重要性,并且从日常生活中一点一滴做起,科学用水,节约用水,保护水资源。

【案例分析】

本案例反映了政策问题的相关性特征。政策问题的相关性是指任何一项政策问题都不是毫无联系的孤立个体。它一方面要与其他社会公共问题息息相关、互为因果,体现为一种横向相关性;另一方面它又是历史问题演变发展的结果,与历史问题体现出一种纵向相关性。

在案例中,天津市的水荒问题作为一项政策问题与自然地理问题、历史问题、其他的社会公共问题等息息相关。该问题既体现了政策问题的横向相关性,也体现了政策问题的纵向相关性。

一方面,天津市缺水问题受自然地理环境的影响。天津地处华北地区,而华北地区气候持续偏旱,降水量较少,素以干渴出名。这就造成了天津的水资源总量不多。再加之天津水量年际变化较大,地区和年际之间的水资源分布也存在着不均匀性。因此,导致天津的丰水年往往暴雨成灾,但却因为储水能力不强而未能储存足量的水;而枯水年则水资源严重不足,河道干枯断流,给人民的生活和工农业生产带来巨大的影响。

另一方面,天津市缺水问题也在一定程度上受历史方面的影响。天津历史上曾是一个水资源很丰富的地区,但随着近几年来国家对海河流域各河系中、上游的不断治理,海河流域工农业发展和人口的不断增加,对水资源利用程度快速增长,使得流经天津市的入海水量随之大幅度减少,也使天津市的水资源逐渐贫乏。

更重要的是,天津缺水问题与社会上的一些不恰当行为造成的社会问题有着密切的联系。主要体现为,人们的节水意识不强,社会上随处可见浪费水、破坏水的现象,大量的水由此而白白流失;长期以来,为了"死保"大城市的生活生产用水,天津市政府曾一度采取牺牲挤占生态用水以及过量地汲取地下水的短期行为来供应生活生产用水。这些短期行为的持续导致了地面逐渐沉降,海水入侵,地下水质遭到了污染。这使得天津的水资源缺乏问题日益加剧。

天津市水荒问题源于自然地理环境、历史问题和其他社会问题等因素,然而由于水与每个人、每个领域都息息相关,因此水荒又会引起其他一系列社会问题,主要包括:天津市经济发展受到严重的影响,天津工农业发展因水资源的缺乏受到了限制,水资源的严重缺乏也使得国家在天津的立项受到了一定的阻碍。

由此可见,不仅政策问题的起源与其他问题具有相关性,而且一个政策问题又会导致一系列其他政策问题。政策问题的横向相关性暗示,在分析解决一个政策问题时,一定要注意到连锁性的影响。政策问题的纵向相关性暗示,一方面,一项政策问题的产生有可能是先前有关政策偏差或失误累积的结果;另一方面,一项政策问题已经解决,很有可能会出现另一个与其相关的新问题。政策问题的相关性表明,在制定政策方案过程中,要考虑到政策方案相关性和全面性。

因此,针对天津市水荒问题的相关性,在解决天津市缺水问题时应该从如下方面进行综合考虑:①促进水资源的优化配置。这是解决缺水问题的基础。针对天津市水资源年际变化大和地区分布不均的状况,应当实行时空配置、供用协调、实时调度、效益优先的优化配置;通过行政的、经济的、技术的和法律的手段,正确处理好产业结构、经济发展与水资源条件的相互关系。根据不同地区、不同用水户的用水特点,结合当地的水源条件,在不同水文年份研究制定相应的水资源优化配置措施。②提高公民和企业的节水意识。这是解决缺水问题的首要选择。社会节水意识不强必然会使得水资源白白被浪费或破坏,因此应根据水资源条件,合理调整产业结构和工业布局,压缩高耗水生产,逐步提高高新科技产业的比重。采取有力措施敦促企业控制用水量。同时对公民加强道德教育,培养他们的节约用水意识。③充分利用非常规水。这是解决缺水问题的必要手段。要利用好非常规水,即地表水、地下水的水源,包括污水处理回用水、海水、微咸水、雨洪水等。④建立合理的水价体系。这是解决缺水问题的保障措施。合理水价是促进城市节水、治污和水资源合理配置的重要手段。

案例四　SARS击中中国公共卫生体系的"软肋"

【案例正文】

一、SARS突然袭来

2002年底，SARS在广东省珠江三角洲地区几个中等规模的城市登陆。2003年的春节长假尚未过完，广州市民突然陷入恐慌之中。节日的吉祥问候一夜之间变调，各种各样关于疾病、死亡、药品的坊间流言通过电话和手机短信流传。原来门庭若市的各家医院，忽然变得冷冷清清，连空气中都弥漫着不祥之兆。几天之内，市面爆发抢购药品、食盐和粮油的风潮，最普通的中成药板蓝根竟然断货。更极端的情况是，据说可以用作空气消毒的食醋，从平常的几元钱一瓶被抬到上百元一瓶。广州的移动通信出现短暂的中断，原因竟然是太多的人在同一时间用移动电话发短信息而导致网络崩溃。很快，SARS以惊人的速度向北京以及我国其他地区扩散。根据有关统计，自2002年11月至2003年6月14日的短短八个月内，我国内地有25个省、自治区、直辖市先后发生SARS病情，共波及266个县、市、区。我国内地累计报告SARS临床诊断病历5327例，其中医护人员累计病例969例。已经治愈出院4956例，治愈率为87%；死亡346例，死亡率为6.5%。此外，疾病与恐慌心理引起了广泛的连锁反应。旅游、交通、餐饮、酒店、零售、娱乐、会展等领域首当其冲，全行业受累，其他经济社会领域包括对外关系与形象均遭受不同程度的打击。SARS最终引发了一场真正的社会危机。

二、中国公共卫生体系的"软肋"

如同被击中软肋，我国公共卫生体系积蓄的诸多问题在突如其来的SARS面前暴露无遗。卫生部常务副部长高强如此总结：造成"非典"疫情早期流行和蔓延的主要原因是我国公共卫生体系存在缺陷[①]。

我国的公共卫生支出整体投入不足、投入结构不合理在"非典"爆发之前已经露出了很明显的迹象。从1980年起，政府卫生支出逐年下降，20年时间，平均每年下降1个百分点。在2000年世界卫生组织的报告中，对各国卫生系统的公平性进行排序，中国在191个国家中排名倒数第四位。数量有限的公共卫生支出在城乡之间还存在着不合理的分配。约占我国总人口15%的城市人

[①] 孟娜、赵磊："我国初步建立突发公共卫生事件应急机制"，人民网：www.people.com.cn，2004年4月4日。

第四章 政策问题

口享用着2/3的卫生保障服务,而约占85%的农村人口却只能享用不到1/3的医疗卫生保障服务。地区之间也存在着不平衡。近11年来,我国的公共卫生支出实际上是一直在向富裕的区域倾斜,在区域内则是向发达省份倾斜。但事实上,越是经济发达地区,卫生状况往往越好,发生传染病的可能性就越小。而在经济不发达的地区则恰恰相反,但是与之对应的却是少量的公共卫生支出,这就为恶性传染病的流行留下了机会。SARS爆发后,社会中的大多数人才开始真切感受到这种弊端的存在。数字是这样的触目惊心:同样是重灾区,北京每千人拥有的医院床位数为6.28张,山西省只有3.23张;每千人拥有的护士数,北京为3.59人,山西为1.33人。

从疫情的控制过程也可以看出,从疫情的收集、统计、分析与发布,到隔离与抢救治疗;从医疗防疫人员的调度配置,到抗疫物质的生产、调度配置,均暴露出诸多协调不力、统一的调度与指挥难以及时到位等弊端。

对于流行病的控制最首要的一个环节就是快速掌握准确的疫情信息。这次SARS疾病之所以会在广东流行两个月之后,再次在北京等地第二次流行,其根本原因就是对疫情的信息统计收集不充分,不能及时把握疫情发展的态势。其实,在我国的现行法律中,已有许多关于疫情的预防、报告和控制制度,国务院《传染病防治实施办法》甚至将责任疫情报告人的报告时间限定在6小时(农村12小时)以内。但相关法律没有对疫情的确认时间和程序作出明确规定,致使这次新发现的疫情的确认、预防、报告和控制在很长一段时间内无章可循。2003年4月初,卫生部发布了"SARS得到了有效控制"的公告,这一方面是出于"维护社会稳定"的政治目的,而更重要的原因是由于低效和混乱的统计路径导致感染SARS的人数不清,疫情的实态无法把握。在SARS蔓延初期,由于缺乏有效的传染病疫情报告渠道和公开透明的疫情公示制度,导致疫情信息不畅通,个案病例从发病到国家收到报告的时间间隔全国平均为8到9天,从住院确诊到国家收到的时间间隔为3到4天,严重影响了采取措施的及时性。在4月20日国家卫生部新闻发布会上,卫生部常务副部长高强在解释北京的数字为什么突然高出很多时说:"北京地区二级以上的医院有175家,其中,北京的市、区、县属医院131家,卫生部、教育部所属医院14家,军队、武警所属医院16家,各行各业所属医院14家。这些医院彼此缺乏有效联系,信息互不沟通,资源不能整合。而目前,收治的病人分散在70多家医院里,北京市没有全面准确的统计。"

面对这种条块分割而缺乏协调统一的组织机构的情况,国务院于4月不得不向北京派出督察组承担协调职能,协调各个主管部门,采用最原始的统计办法,对医院一家一家进行核对,对患者一个一个进行登记,用了整整一周才查清了北京所有医院收治的病例。如果国务院不派出承担协调职能的督察组，北京的感染人数恐怕始终难以统计清楚。4月20日后，中央政府国务院不得不临时承担类似WHO组织的协调功能，依靠行政命令，才得以掌握全国每天的疫情。

我国的公共卫生体系缺乏统一的应急指挥系统。由于医疗卫生部门管理缺乏整体性和协同性，不同部门、专业之间机构设置交叉重叠，条块分割、部门封锁现象较为严重，未能构建良好统一的公共卫生信息平台，无法有效地实现信息共享及决策的协调。所以有些地方政府不能及时准确地掌握可利用的医院床位、专业医护人员的数量和能力、检验救治设备、药品、防护设施等储备的情况，医疗救治面临信息闭塞的被动局面，难以整合调动有效资源，指挥开展高效的救治工作。

各级疾病预防控制机构还存在人员素质不高，缺乏一支训练有素的公共卫生应急反应队伍的问题。当前，我国县级以上的公共卫生专业队伍中，专科以上的本专业毕业的人员比例极小，非专业人员（军转干部、顶替人员、非公卫院校毕业人员等）占大多数，乡村级公卫人员更是奇缺。这些非专业人员对防疫知识和技术了解不多，做些事务性工作尚可，一旦遭遇传染病暴发流行，就显得难以胜任。究其深层次的原因，是卫生防疫长期投入不足、保障机制不健全，基层预防保健人员综合素质偏低。当前医院是差额拨款单位，为了医院的生存与发展，创收已经成为院长的第一要务。院内承担预防保健、传染病防治任务的保健科，由于其工作具有政府行为的"公益性"，不能为医院带来经济效益，必然受到冷落，在各方面待遇均较差，预防保健人员的素质问题更是无人过问。更有甚者，有些医院公共卫生意识非常淡薄，把保健科当作解决"老弱病残"者的出口。这样的体制自然不能吸引人才加盟，造成目前基层缺乏专业公共卫生人员，在职人员年龄老化、职称偏低、专业程度差的现状。以北京市宣武区为例，基层医院中从事预防保健的人员共有146人，从年龄结构上看，年龄在46岁以上的占70%，小于30岁的仅占7.5%；从职称结构上看，79%的人为初级职称，21%的人为中级职称，无一人有高级职称，且中级职称中46岁以下的仅有7人；从学历结构上看，大专以上学历占22%，而仅初中文化的占10.27%。

在这次SARS的防治过程中，还明显暴露出我国公共卫生体系在应对突发性公共卫生事件时的脆弱。

首先，缺乏有效应对突发公共卫生事件的应急预案，应对突发公共卫生事件的体系不健全。卫生防疫机构多只设至县一级，乡、村一级疾控工作大多还处于"真空"状态，整个卫生防疫网络呈"头重脚轻"状态，给抗击"非典"等流行性、传染性疾病留下了诸多隐患。

再者,在应对突发公共卫生事件时的职责和任务不明确,监测预警制度不健全,应急设施设备不完善,应急救治药品器械和物资储备不充足,有的地方一度处于被动局面;应急医疗救治能力不强,相当多的医疗机构不具备应急处置的必要设施,面对"非典"危机,防护用品、消杀药品储备不够,检测设备残缺不齐,各种物质和设备难以及时到位,医务人员缺乏应急意识和防护知识,不能有效地实施预防控制和医疗救治。

正是因为公共卫生体系中所存在的这些问题,导致突发公共卫生事件发生时,不能有效应对、及时控制,造成疫情的传播和扩散,不仅给人民身体健康带来了严重威胁,也对经济发展和社会稳定产生了重大影响。

三、政府:促进公共卫生体系建设

在SARS来袭之前,无论是老百姓还是政府有关部门,都没有意识到建立公共卫生体系的重要性。正是由于SARS才使得人们对"公共卫生"这个以往陌生的名词渐渐熟悉起来,并对公共卫生的重视达到过去少有的程度。SARS带给人们的思考和启示是沉重而有价值的,它有助于政府更好地针对广义的、而不仅仅是SARS,做好具有时效性的防疫工作。

如何应对和改进现状,促进我国公共卫生体系建设,并与国际社会接轨,日益成为我国政府目前一项重要的工作内容。2003年5月12日国务院颁布的《突发公共卫生事件应急条例》对SARS的防疫起到了重要的作用,应急反应机制的规范化、法制化得到前所未有的重视。温家宝总理在政府工作报告中排出了为群众办7件大事的时间表,其中明确指出:"力争用三年时间,基本建成覆盖城乡、功能完善的疾病预防控制和救治体系,提高应对重大传染病等突发公共卫生事件的能力。"

【案例分析】

本案例主要反映了政策问题的主客观统一性。政策问题的主客观统一性是指政策问题的形成,从社会实践角度来说,是客观现象和主观认识的统一体。客观存在的不良现象或事实既然能够体现为政策问题,成为政府政策解决的对象,也就必定是社会多数人达成共识的一种现象。因此作为客观存在的公共问题,虽然有可能已经构成对现实社会的压力或危害,但如果没有被察觉到,仍然不能成为政策问题。只有客观现象被社会多数人认识到,才能影响政府并列入政府工作程序,使之成为政策问题。

2003年的SARS疫情无情地击中了我国公共卫生体系的"软肋"。从此次疫情的爆发、发展乃至疫情的控制过程可以看出,我国的公共卫生体系在日常运行和应急运行两方面都存在着不少弊端。

在 SARS 蔓延初期,由于缺乏有效的传染病疫情报告渠道和公开透明的疫情公示制度,导致疫情信息不畅通、重大传染病疫情信息报告网络不健全。从疫情的收集、统计、分析与发布,到隔离与抢救治疗;从医疗防疫人员的调度配置,到抗疫物质的生产、调度配置,均暴露出诸多协调不力、统一的调度与指挥难以及时到位等弊端。公共卫生支出整体投入不足、投入结构不合理在"非典"爆发之前已经露出了很明显的迹象。这就导致了在面对"非典"危机时,保障机制不到位——设施条件落后,防护用品、消杀药品储备不够,检测设备残缺不齐,各种物质和设备难以及时到位。另外,医护人员职能不明确、工作效率低也导致了疾病控制体系、尤其是农村疾病控制体系的效率低下。

我国公共卫生体系财政投入不足、体系中存在诸多弊端其实早已是客观存在的现象。但是在 SARS 来袭之前,无论是老百姓自己还是政府,长久以来一直都不是太重视这个问题,国内甚至有很多人对"公共卫生体系"这一概念还不是很清楚。因此公共卫生体系存在不足在"非典"之前也就只是作为一种客观现象存在着,而没有成为政策问题。是"非典"让我们对公共卫生的重视达到了过去少有的程度。正是由于这一场 SARS 战役,才使得人们对"公共卫生"这个以往陌生的名词渐渐熟悉起来,并且随着"非典"的渐渐蔓延并不断肆无忌惮地吞噬着人们的生命才引起了对这一问题的反思,公共卫生体系的建设问题才得以被政府纳入政策议程,成为政策问题。

政府通过研究和分析,采取了多项有力的措施。诸如:深化医疗卫生体制改革,打破条块分割,实行医疗机构的分类管理;合理有效地配置卫生资源,使其向公共卫生倾斜;健全疾病监测报告制度,建立从中央到省、市、县的疫情报告系统,以保证重大、紧急疫情的信息在第一时间上报;建立中央、省、地、县疾病预防控制体系;建立疾病应急医疗救治体系。通过新建、改建,在省和地(市)两级设置传染病专科医院,在县级医院设传染病科或相对隔离的传染病区;加强、充实基层疾病预防控制机构的专业技术力量;投资 6 亿元支持国家疾病预防控制中心一期工程;安排资金数十亿元用于地方疾病预防控制机构建设;加强农村医疗卫生基础建设,加快开展农村新型的合作医疗事业,重视农村公共卫生体系的建设等等。

通过分析可以看出,任何政策问题都是客观现象和主观认定的统一体。没有人的主观认定,客观现象再严重也不能成为政策问题。但是,当客观现象没有显示出问题时,也不要从主观上捏造问题,造成公共资源的浪费。鉴于价值、利益的多元性,对客观现象的本质认识,社会任何一方面的观点都可能带有主观片面性。在"非典"蔓延时,有些人因为恐慌或者某些不明的企图宣称"非典"根本就无法控制,即使一时得到了控制仍然还会复发之类的断言,造成了社会更加恐慌,这不但不利于问题的发现,反而加剧了问题的恶化。而如果这样的认识成为了决策的基础,就必然会导致政策的失误。

案例五 城乡教育的反差

【案例正文】

一、农村教育状况令人甚忧

过年的喜庆尚未退去,愁容已经爬上了甘肃民勤县农民赵兴保的脸。再不到半个月,学校就要开学了,可两个孩子的学费还没有着落。望着因过度劳累而身患严重关节炎的妻子,赵兴保叹了口气:"没法子,家中的牛羊全卖了,还欠着别人八千多元的债。"

生有一儿两女的赵兴保,为了供3个孩子同时上学,借遍亲戚朋友,举债一万多元。去年,有着很好美术功底的儿子原本考上了一所大学,可面对巨额的学费只好忍痛放弃。儿子含泪回到家,辍学外出打工一年的小女儿才得以再次回到课堂。"没能力供孩子上学,我们当娘老子的惭愧得很!"

和赵兴保一样,为儿女上学,农村妇女朱存莲时常受着内心的煎熬。朱存莲的两个女儿,学习一个赛一个好,挣回来的奖状贴了一墙。可她供不起。大女儿只读到初三,便跟人去了新疆摘棉花。二女儿读到初三时,父母本不想让她再读下去,可她哭闹不止,来走亲戚的舅舅实在看不过眼,给了300元,这才有机会回到学校。可是这300块钱也只是解一时的燃眉之急,家里的经济状况已无力承担二女儿高中的学费,辍学在所难免。

新华网记者在山西吕梁贫困山区采访时,碰到许多小孩子,与城里的孩子相比简直就是另外一番景象:他们连正常的学习经费都难以得到保障。他们根本没有进行过一次正规的身体健康体检,有的孩子已经八九岁了,问他自己有多重、身高有多少,他们只是害羞地摇摇头。

临县山区一位12岁的小姑娘告诉记者,她从来没有上过什么正规的体育课、音乐课,也不懂得肺活量、龋齿是怎么回事。唯一能使自己得到锻炼的就是每天给家里提水。她说自己在家里排行老大,父亲外出打工,她和母亲负担家里所有的活,自己要上学,就必须每天起得很早去提水。她说别看她瘦小,由于每天提水,已经让她的胳膊变得很有力气。

这位小姑娘并不是个别现象,在吕梁山区还有不少这样的例子,在山西乃至全国的贫困乡村也存在着类似现象。农村小学生的素质教育得不到重视,一方面和当地经济发展有关系,同时也和社会的重视程度有关系①。

在农村,像这样因为交不起学费而面临辍学或已经辍学的失学儿童绝非少数。在农村,到处可以看到这样的口号:再穷不能穷教育,再苦不能苦孩子。但这只是口号,没有钱,教育的质量就是办不上去。我们一直说要缩小城乡差别,但实际情况是,国家教育的投资还是人为地向城市倾斜,向城市中设在行政区的重点学校倾斜,并且越是行政级别高的城市这种倾斜就越明显,由此导致最好的设施、教师等公共教育资源向少数学校流动和集中。而广大的农村,得到的国家教育投资却人均较少,甚至要用"人民教育人民办"的办法自己筹款去实现本应由政府负责的"义务教育达标",使农民在基础教育上负担最重,使得这些地区的入学率、升学率和受教育程度明显低于城市。

根据《中国教育报》2004年夏天对174个地市和县教育局长的问卷调查,超过50%的农村中小学"基本运行经费难以保证",超过40%的小学仍然使用危房,缺少课桌凳的小学接近40%,超过30%的农村小学"粉笔论支有限发放",接近40%的农村小学"交不起电费、有电不敢开电灯"。

"在2000年'义务教育基本普及'之前,许多大中城市已经普及了高中教育,但是到2004年,仍然有至少10%的农村地区尚没有普及九年义务教育,有的县甚至没有普及小学教育。"

1998年进行的一项对全国37所不同层次高校的调查显示,城乡之间获得高等教育的机会整体差距为5.8倍,在全国重点院校中则达到8.8倍,即便在地方高校中也有3.4倍,超过了城乡居民经济收入的名义差距(2.8倍)。

教育资源分配的极不公平,使许多农村少年儿童"望学兴叹",以至不得不离开学校。一个又一个乡村孩子通向大学之路就这样被切断了!农村教育有着如此令人揪心的痛,这是一个让人悲哀的现实。这不仅是农民心头最大的痛,也是每一个关心教育、关心农村的国民心头的痛。

二、城乡教育差距已经成为社会关注的焦点

在阔步迈向小康的同时,教育却成为了亿万中国百姓最担心的问题。跨过21世纪的门槛后,社会却在讨论最基本的教育公平的话题,这不能不说是一种另类的沉痛。

南京大学社会学系张玉林副教授发表于《中国改革》杂志的《2004中国教育不平等蓝皮书》在网络上被广泛转载。2005年2月2日,《中国青年报》刊发了湖南省教委原党组书记等5位教育界资深人士撰写的、经湖南省原省长刘正校订的《遏制教育公平性的恶化趋向》。而《人民日报》在2月16日和21日

---

① 王永霞:"谁来关注农村孩子的素质教育",新华网,2004年2月4日。

第四章 政策问题

两次发表文章,介绍了北京理工大学高等教育研究所杨东平教授主持的全国教育规划"十五"课题"中国高等教育公平问题研究"的阶段性研究报告《高等教育入学机会:改善中的差距》,这一报告令社会对这一问题倾注了更多的关注。

张玉林在蓝皮书中开宗明义地谈到中国教育制度的最大缺陷在于它的二元分割性。它是一种双重的二元教育制度。其中的一种表现形式就是,在城市和农村之间进行整体分割,形成"农村教育"和"城市教育"的天壤之别[①]。由于城乡之间经济发展水平和财源的差异,二元分割的办学制度必然导致城乡义务教育资金投入的严重失衡。以 1993 年为例,全国城乡小学生的人均经费差距为 1.9 倍,贵州省内城乡之间在 3 倍,而上海市与安徽农村之间达 7 倍;在初中阶段,全国城乡整体差距为 2 倍,贵州省内城乡之间达到 4.2 倍,而北京市与贵州农村之间则达到 10 倍。到 1999 年,上述各个层次的差距都进一步扩大了,其中小学和初中阶段城乡整体差距均扩大到 3.1 倍,小学阶段最大差距达 11 倍(上海市 3556.9 元:贵州农村 323.6 元),初中阶段最大差距达到 12.4 倍(北京市 5155.2 元:贵州农村 416.7 元)。在人口大省河南内部,这种差距也异常惊人:在小学阶段,郑州市生均预算内教育经费为全省农村平均额的 5.9 倍,相当于最低的滑县农村的 14.7 倍;在初中阶段,郑州市生均预算内教育经费与全省农村的平均数的差距达 5.9 倍,与最低的延津县的差距达 11.4 倍。在 2000 年之后的数年间,考虑到向农民收取教育集资的行为受到限制而农村中小学的教育经费更加紧张,诸多差距可能并没有缩小,甚至是再度拉大了。

杨东平教授在《高等教育入学机会:改善中的差距》中指出[②],在影响高等教育公平的主要因素中,最重要的也是城乡差距。他们的研究表明,随着学历的增加,城乡之间的差距逐渐拉大。城市高中、中专、大专、本科、研究生学历人口的比例分别是农村的 3.5 倍、16.5 倍、55.5 倍、281.55 倍、323 倍。另一个角度的调查也印证了这一点,即国家重点高校,来自农村的学生逐渐减少。而教育资源、教育质量相对较弱的地方性高等院校聚集了较多农村学生。可以说,城乡之间的巨大差距成为我国最主要、最显著的教育差距。

杨东平在研究中选取了北京、苏州、重庆、赤峰、兰州、菏泽等 10 个样本城市,调查数据显示,城市重点中学 42% 的入学机会被包括高中级管理层和技

[①] 张玉林:"2004 中国教育不平等状况蓝皮书",《中国改革》2004 年第 11 期。
[②] 国家教育科学"十五"规划课题"我国高等教育公平问题的研究"课题组:《高等教育入学机会:改善中的差距》,2005 年 1 月 21 日。

术人员在内的社会上层人士的子女所获得；仅有27%的入学机会由包括农民、工人、无业在内的草根阶层子女所获得。张玉林在《蓝皮书》中援引了一项对湖南某电力学院2000级学生录取分数的调查，"在4大类学科16个专业中，农民子女的平均分数高出干部子女22分。其中工科类高出干部子女26分，财经类高出30分，最高的分数差达60分"。大学、重点大学、重点大学热门专业的生源阶层及其成绩分布也呈现出类似的格局。

杨玉林教授的报告还特别提到了乡村教师工资的拖欠情况。乡村教师工资的拖欠始于20世纪80年代后期，也即"分级办学"制度出笼和《义务教育法》颁布不久，至今已延续近15年左右。它令人想到其旧中国的同行的境遇。到1989年，"拖欠"已经到了被温文尔雅的冰心老人怒斥为"耻辱"的程度。到2000年4月，这种"耻辱"的货币化表现上升到135.6亿元人民币，覆盖了北京、上海和浙江、西藏之外的27个省区。在2001年农村教师工资实行县财政统一发放之后，情况有所改善，但"拖欠"的悲剧仍然继续上演。

据全国人大常委会副委员长路甬祥在2003年9月10日"庆祝教师节及纪念《教师法》颁布十周年座谈会"上披露："拖欠数额依然较大，涉及范围依然较广。有些地方陈欠未清又添新欠。"他引述的教育部的有关统计显示：截至2002年7月，全国累计拖欠教师工资距国家规定标准还有127亿元，涉及24个省区；其中2002年1～4月新欠14.6亿元，涉及21个省和420多个县级行政区域。

推进教育改革，呼吁教育公平成为2004年两会的一个焦点。3月12日，人大关于《代表提出议案处理意见的报告》显示，人大共收到30名以上代表联名提出的议案991件，所有议案都与立法或修改法律有关，涉及行政法、经济法、宪法等7大法律类型。记者翻阅了所有议案目录后发现，就涉及的单个法律而言，涉及教育法修改及教育公平法立法的议案数量最多，总计有30多个议案、900多名人大代表围绕教育这个话题建言献策，教育公平成为代表们最为关注的话题。

许多委员呼吁，应尽快出台《义务教育投入法》，以法律的形式保证对农村教育的投入，适当调整义务教育在城市与农村的投入比例。同时广开投资渠道，如发行教育彩票专门用做筹集农村基础教育资金；国家还可以出台相关优惠政策，鼓励企业、个人捐助和到农村去兴办基础教育。

三、政府出台相关措施

让每一个孩子拥有接受良好教育的机会，是义务教育真正实现平等性、全民性、普及性的必然要求。在全面建设小康社会的今天，城乡教育的巨大反差令人警醒。农村教育困境所带来的疼痛是长期且生涩的。农村教育，注定背负着解决"三农问题"命题的使命。"办好农村教育,除了要落实政策、完善制度,还要带着感情。"——这是本届政府领导常说的一句话。

2003年9月,国务院召开了全国农村教育工作会议,颁布了《国务院关于进一步加强农村教育工作的决定》,提出了西部攻坚、巩固提高和深化农村教育综合改革的三大目标和深化改革、促进农村教育发展的一系列重大政策措施。到目前为止,"国家贫困地区义务教育工程"二期实际到位资金30亿元,"农村中小学危房改造工程"二期中央共落实资金60亿元,今年已拨付20亿元。"农村中小学现代远程教育工程"试点已安排资金13.44亿元,先期启动的西部中小学现代远程教育试点示范项目的10000所乡村中小学示范点全部建成。用于免费发放教科书的经费从每年2亿元增加到4亿元。中央和地方共同出资,对新疆经济困难的56个县义务教育阶段的学生全部免费提供教科书、免除杂费。各地也相应增加了对农村教育的投入,并积极推动各项对口支援工程的实施。

在"三农"问题得到重视之后,中央政府更先后出台政策把农村教育和基础教育放在"重中之重"的位置上。以北京市为例,2004年以前,农村学校和城市学校的办学经费各占政府教育支出的20%和80%。2005年以后,教育主管部门为兑现"向郊区倾斜"的承诺,把两者的办学经费均衡至各占50%。

2005年3月5日,国务院总理温家宝在十届全国人大三次会议上作政府工作报告时表示,从今年起,免除国家扶贫开发工作重点县农村义务教育阶段贫困家庭学生的书本费、杂费,并补助寄宿学生生活费。中央财政将为此安排13亿元,地方财政安排28.1亿元。

(案例来源:颜安英:"娃娃上学,何时不成心头痛",《时代潮》2004年第5期。)

【案例分析】

本案例反映了政策问题的结构和层次与解决的难易程度之间的关系问题。政策问题的结构是指与政策问题相关联的问题性质、资源投入、决策参与者、调试人数、方案数量、价值认识、概率测算、后果预测等各种内在要素的构成状态。政策问题的结构质量分为优良、适度和不良等三种状态。结构质量越趋于优良,问题越容易解决;结构质量越接近不良,问题越不容易解决。政策问题的层次是指由问题的影响范围和社会关注参与人数的多少所决定的政策问题在社会政治过程中所处的位置。一般可分为三个政治层次,即微观政治、系统统治和宏观政治层次。从微观、系统到宏观的不同政治层次中,层次越高,宏观性越强,解决的难度就越大。

政策问题的层次与结构具有一定的相关性。政策问题的宏观性越强，其结构质量的不良度就越强，那么解决的难度也就越大；政策问题的微观性强，其结构质量的优良度就越强，解决的难度就越小。

从案例中可以看出，城乡教育不公是一个比较棘手的政策问题。这是因为该政策问题涉及很多的影响因素，包括生产力发展、不同地区社会经济总体发展不平衡，政府在教育经费的投入方面明显地偏向于城市，广大农村教师自身文化素质相对较低，大班教学使得教师超负荷工作，一些地方拖欠教师工资，等等。由此严重影响了农村教育教学质量，导致了城乡教育机会愈发不均等等，使原已存在的城乡差距进一步拉大。从政策问题的结构来看，城乡教育不公属于结构质量不良的政策问题。这是因为，从问题性质看虽然清晰可辨，从价值认识看，人们对解决城乡教育问题已经获得了共识；但是，从资源投入看，城乡教育不公的解决需要国家、地方、团体和个人投入大量的人力、物力、财力；从调适人数看，涉及上亿个农村学生及其家庭；从决策参与者看，涉及各级党委、各级政府、各级教育部门、各个大中小学校；从政策方案看，直到如今尚未形成一个完善的解决方案，一切仍在摸索中，且不同方案的后果也难以预测。

从政策问题的层次来看，城乡教育不公属于宏观层次的政策问题。这是因为，城乡教育不公所涉及的不是单一的调适对象和单一政府机构，而是涉及整个教育系统，是社会教育不完善的缩影；并且，由于教育不公平降低了未来一部分国民尤其是广大农民子女的文化素质，影响了他们未来的生活甚至是国家现代化建设，在社会上将产生强烈的政治影响，使得国家和社会的正常运转都将受到阻碍。

城乡教育不公属于结构质量不良和宏观层次的政策问题，从理论上来说，这类政策问题是很难解决的。因此，对于政府来说，如何缩小城乡教育差距，从而解决这个长期积累下来的问题是具有很大挑战性的。

尽管如此，从案例中可以看出，我国各级政府还是出台了一系列有力的政策措施，尽其所能来解决这个问题。首先，政府转变观念，认识到没有农村教育的现代化就没有中国教育的现代化，并在这一思想的指导下调整了偏向城市的教育政策，把农村教育和基础教育放在"重中之重"的位置上。其次，加大了对农村教育的财政支出。为了缓解城乡教育差距问题，中央政府增加对农村教育经费投入，并要求各县、市、区人民政府确保农村义务教育基本需要，严禁任何组织或个人以任何理由挤占、挪用、截留和平调农村教育经费投入。再次，加快危房改造与布局调整步伐，积极改善农村学校办学条件。最后，加强农村教师队伍建设，制定优惠政策，鼓励城镇中小学教师到农村任教。按照公开、公正、公平和择优的原则,每年通过考试、考核,选拔一定数量的师范类大中专毕业生到农村学校任教。并且,进一步深化学校人事制度改革,加强教师队伍管理。全面推行教师聘任制,加强对教师的师德表现、专业理论、业务能力和工作业绩的综合考核,并将考核结果作为聘任教师的主要依据。

随着政府一系列有针对性政策和措施的出台,城乡教育差距在一定程度上得到缩小。然而,从目前情况看,城乡教育不公仍然存在,因此解决这个政策问题,政府仍然任重而道远。

通过对本案例的分析,得出如下结论:政策问题的结构和层次与解决的难易程度有着很强的相关性。这就要求,在解决政策问题之前,必须仔细分析政策问题的结构和层次,以此为依据制定政策方案,才能够更有效地解决政策问题。

案例六 网络游戏的"魔力"

【案例正文】

一、网络游戏的诞生和蔓延

网络游戏,是电子游戏与互联网络相结合的一种通过网络进行的新型游戏方式。其融合了画面精致清晰、声色刺激强烈、效果逼真有趣、易学易供参与游戏者操作,尤其是玩家互动等优势,正以不可阻挡之势冲入国内,吸引了上千万的玩家。城市里网吧遍地都是,网吧里一天的大多数时间都坐满了玩游戏的网迷。据《商业周刊》统计,任一时间点,靠代理韩国游戏《传奇》起家的盛大游戏拥有在线玩家不下120万,而每个玩家平均每小时便有3美分投入了盛大囊中。

作为一项产业,网络游戏的发展前景十分广阔。网络游戏的发展必定会给国家经济的发展带来一定的好处。但是正如所有事物都具有两面性一样,网络游戏也具有"毒性"。由于利益的驱使,网络游戏商经常炒作,不断推出卖宝物、卖套装、让利、免费试玩等促销新招;网络游戏运营商为追逐暴利,违法违规经营,甚至为招揽学生,不惜经营暴力、色情、赌博等游戏内容,并提供吃、睡、玩等一条龙服务。网迷们在网络游戏里沉迷的时间越来越长,网络游戏成瘾者的人数已越来越多。网络游戏和上世纪80年代起盛行的电子游戏一脉相承,网吧与电子游戏厅如出一辙,游戏优劣并存,网吧鱼龙混杂。网络游戏是尚未成熟的产业,管理手段尚不健全,导致问题不断产生。

二、网络游戏所带来的种种社会问题

据《周氏报业》2005年5月5日报道,陕西省西乡县农民库德银因极度迷

恋网络游戏，竟将亲生女儿碎尸变卖，近日，被县公安局以涉嫌故意杀人罪正式逮捕。

两年前库德银经常殴打妻子，妻子已经与他分居。只有一个精神病女儿和库德银住在一起。在两年前的一天，库德银因无聊去网吧看电影，无意中玩上了网络游戏，从此对网络游戏极度着迷。每天种完地马上去网吧，投入网络游戏的世界。为了玩网络游戏，库德银把为女儿治病的钱基本用尽，还买了大量的网络游戏攻略在家研究。

由于他女儿有精神病，天天在家中吵，使得库德银无法专心研究游戏攻略。在2005年4月20日那天，库德银用锄头将他女儿库先丽狠狠杀死！然后再将尸体切碎做成肉包上集市卖钱，用包子换来钱后继续投入网络游戏。

两年后网络游戏账号被盗，使得库德银对人生失去信心，到当地派出所报了案。面对迟到的手铐，库德银对自己残杀亲生女的犯罪事实供认不讳。

正是网络游戏的"魔力"导致了这一惨剧的发生。成年人尚无法抵挡得住网络游戏的诱惑，做出蠢事。那些心理尚未成熟，阅历浅，独立性差、自控力低的学生更难以抵挡网络游戏的负面影响。由于部分网络游戏存在色情、赌博、暴力、愚昧、迷信以及危害国家安全等不健康内容，影响游戏者尤其是未成年人的身心健康。2003年的一份《关于电子游戏与未成年人教育问题的调研报告》显示，北京市约有20余万中学生迷恋网络游戏。随着网吧管理条例的实施，学生在家里玩游戏的比例急剧上升，平均一次持续玩5小时以上的占72.9%。青少年沉溺于网络游戏已成为日益突出的社会难题。

几乎所有的网络游戏都是建立在时间基础上的，只有不断地练、不断地玩，才能成为游戏高手。成为高手后，还必须继续练，才能巩固高手地位。自制力差的青少年因此越陷越深、不能自拔，网络游戏成瘾者因此而浪费了大好时光。许多大学生也因玩网络游戏成瘾不能自拔而导致多门科目成绩不及格，受到学校降级、退学等学籍处理。

每天高负荷地运转、长时间地沉迷于网络游戏所造成的生理上的危害是明显的。游戏的强烈色彩大量消耗、破坏了眼睛里的维生素A和视力蛋白，电磁波辐射、影像跳动、眼睛距屏幕过近、时间过长等因素，会使眼睛睫状肌过度紧张、晶体过度弯曲，易导致眼睛疲劳、发胀、酸疼、视物模糊，视力急剧下降。长时间沉溺于网络游戏，还可能出现腰酸、背疼、恶心、厌食、内分泌失调、消化功能不良、睡眠节律紊乱等身体不适。不分昼夜地坐在电脑前，沉湎于虚拟世界，正常的生活习惯被打乱，新陈代谢、生物钟都被破坏。

网络游戏玩者受到长时间的强刺激，注意力高度集中，大脑高速运转会导致大脑疲劳受损、发育受阻；游戏时大脑高度紧张，游戏后头脑一片空白，注意力不能集中、持久,反应迟钝,记忆减退;长时间的视觉形象思维,会导致玩者逻辑思维活动迟钝。近日,北京心理咨询中心孙欲晓咨询师爆出一条惊人的消息:该中心在贵阳、南京等地采样调查测试后发现,长期上网、沉湎于网络游戏的孩子,其智力会受到很大影响,甚至导致智商下降到正常孩子的标准水平线以下。

网络游戏不仅危害了广大青少年的生理健康,更对其心理的健康发展产生了巨大的不利影响。

网络游戏所造成的精神上的空虚和家长、老师的批评指责,会导致沉迷网络游戏的学生内疚自责,情绪消极低落,焦虑忧郁,神经衰弱,消沉颓废,意志减退,甚至丧失自尊、自信。上网的时间多,与人沟通的时间少,脱离了现实和集体,以自我为中心,就会出现依赖、嫉妒、敌意、偏激、分裂、不合群等人格障碍,变得自私、怯懦、自卑、退缩,缺乏理智、同情心和责任感。而现今网络游戏内容也很不健全,一般以"攻击、战斗、竞争"为主。很多外来的网络游戏里面充斥着对征服的向往,多为暴力、刺激的内容。而中国的文化传统比较中庸、平和,所以面对大量充斥市场的血腥暴力游戏,往往没有合适的道德标准来约束和评价它。社会道德的缺位导致了很多"重度"玩家的道德天平的失衡,模糊了道德认识,淡化了虚拟与现实的差异,误认为通过伤害他人而达到目的的方式是合理的,也就导致了一些扭曲行为的发生。

每个玩家都很看重输赢。玩游戏不仅要交上网费,还要购买"点卡"。虚拟世界的背后,是真实的货币进出。所以,当有人在游戏里被PK(游戏中杀人的代称),或者被盗窃了装备,总是很愤怒。而这种愤怒,又往往容易演变成真实的械斗。

北京师范大学沈绮云教授首次在国内组织了未成年人网络游戏的专项调查。被访中学生当中,认为自己因玩游戏而变得性情暴躁的占27%,认为玩游戏与校园暴力相关的达29%。沈绮云说:"大部分网络游戏存在暴力因素,充斥着打打杀杀的血腥暴力画面。青少年正处于人生观、价值观形成期,缺乏判断是非的能力,大量接触游戏中的暴力情节,会习以为常,在现实生活中遇到一些问题,往往想到用游戏里的方式解决,容易产生一些过激的行为,误入歧途,走上犯罪道路。"

2005年初的某日,已是后半夜,重庆少年涂某在《传奇三》游戏中败给网友阮某,不服输的涂某探问清楚阮某就在附近的网吧后,赶去"教训"。在游戏中已经打到61级、"战无不胜"的阮某,却不是身高1.85米的涂某的对手。阮某挨揍后回家取了一把折叠刀赶到网吧,对准涂某猛刺。涂某负痛转身向网吧外跑,被阮追上又刺了几刀后死亡。

由于网络游戏危害极大,因此无论是在中国还是外国,对网络游戏的声讨此起彼伏,一浪高过一浪。关于网络游戏祸害青少年、导致原本幸福的家庭破裂的报道触目皆是。家长们声泪俱下地控诉网络游戏对孩子的危害,网络游戏和黑网吧已经让一些家长失去唯一的希望。

家长们在到处寻找着解决这一问题的途径。除了自己在家里面苦口婆心对孩子进行教育外,有的家长实在没有办法,不得不忍痛把孩子送往能够帮助孩子戒网瘾的戒瘾所。曾经成功帮助过一些网络成瘾者戒掉网瘾的戒网瘾专家陶宏开家的电话从来没有停止过一秒钟,信件、专递更是难以统计,还有很多家长坐飞机找到他家,堵他的门,要他帮忙解决他们孩子的问题,以至于他不得不请求保安的帮助。

学校、教师们在想尽各种办法让孩子们拒绝网络游戏,管理部门也在着力加强监管网络游戏。在社会上,相当多的人把网络游戏当成暴力、色情的同义词。各种各样的暴力游戏在青少年当中的高烧程度又时时刻刻证明着这一点。网络游戏将会受到社会越来越多的质疑和拒绝。

三、网络游戏管理是否真的无法可依?

在社会对网络游戏予以越来越多的关注的同时,人们不禁有如此的疑问:难道国家有关部门对网络游戏的管理真的无法可依,就任凭一些有害的网络游戏肆虐?事实上,国家早就出台了对互联网的管理规定,各地对互联网的管理也是有章可循的。

《互联网上网服务营业场所管理条例》第十条规定,互联网上网服务营业场所经营者,应当履行下列义务:不得经营含有色情、赌博、暴力、愚昧迷信等不健康内容的电脑游戏;不得在本办法限定的时间外向18周岁以下的未成年人开放,不得允许无监护人陪伴的14周岁以下的未成年人进入其营业场所;互联网上网服务营业场所的营业时间由经营者自行决定,但是,向未成年人开放的时间限于国家法定节假日每日8时至21时。

但遗憾的是在现实生活中,除了所谓专项严打的"特殊时期"外,平时相当多的网吧是把这些规定不当一回事的。许多网吧是没有执行"不得向未成年人开放"的有关条例的。

四、政府就网络游戏的管理出台相关措施

2004年7月22日上午,"网络游戏法律问题研讨会"由上海律协网络法研究会和上海市信息服务行业协会网络游戏专业委员会在上海市中山西路司法会堂召开。本次会议的目标是促进网络游戏法律政策问题的研究和解决,进一步加强律师、企业和政府部门间的相互交流。在会议上,政府领导和游戏运营商代表、律师代表就"网络游戏的现实问题"、"网络游戏发展趋势与发展民

族游戏产业"、"网络游戏的分类和分级问题"、"网络游戏产业政策和管理政策"等方面进行了讨论。还通过分析"日本相关规定和案例评述"与"国内外相关法律规定和典型案例评述",对国内的一些网络游戏相关案例进行了研究。

在 2005 年的两会上,来自全国各地的人大代表、政协委员强烈呼吁坚决抵制不良网络游戏对青少年的侵害。个别网络游戏运营商的产品因为涉赌已经引起了人大代表和政协委员的注意,并且已就此类问题向全国人大提出多项建议。

当越来越多的有关青少年的抢劫案、杀人案背后都可以看到暴力、色情游戏的影子时,当越来越多的青少年因为玩网络游戏而人格扭曲时,政府不会坐视不管。针对现实生活中有法不依、有章不循的现象,政府出台了相关措施加强对网络游戏的管理。主要措施大致如下:

其一,认真贯彻落实国务院《互联网上网服务营业场所管理条例》规定,坚持从严审批、从严管理,打击违法违规经营行为,对网吧违法接纳未成年人进入的现象应坚决打击。

其二,教育行政部门要加强对学校内互联网上网服务场所的治理,学校必须加大对未成年人不得进入网吧的宣传教育和管理力度,严格校纪校规。同时,疏堵结合,学校要充分利用现有的计算机网络资源,为学生正常学习提供必要的上网条件,提倡中小学校的计算机教室在课余时间对学生开放。

其三,动员一切力量,加强社会监督。广泛发动家庭、学校和社会以及街道、乡镇和社区(村),聘请学生家长、老师和热心教育的社会各界人士作为网吧义务监督员,实行群防群治,不留死角。各地文化、财政、公安、工商等部门要根据本地实际情况制定举报奖励办法,在新闻媒体、网吧经营场所、中小学校等公布举报电话、举报信箱,鼓励广大群众积极举报,让违规网吧无处藏身。

其四,严格责任追究制度。凡因管理不力,导致管辖区域内网吧等互联网上网服务营业场所违法违规经营猖獗、经营秩序混乱、社会影响恶劣的,要坚决追究当地政府和所属部门的工作责任及其领导责任;对推诿扯皮、监管不力的,要坚决追究有关部门的连带责任。

政府有关部门已行动起来,正将网络游戏纳入正规管理体系。文化部自 2003 年 4 月成都国产网络游戏座谈会议后,相继采取措施扶持具有民族特色的健康的网络游戏产品的开发和运营,民族网络游戏市场被韩国产品所占据的局面已经有了很大的改观。今后要进一步扶持国产原创的游戏产品开发,丰富游戏品种、提升文化品位,开展网络游戏产品的内容审查,改善行业形象。

(案例来源:蒋犎薇:"杀人游戏还是游戏杀人",《中国青年报》2005 年 3 月 23 日。)

【案例分析】

　　本案例说明的问题是科技发展水平与政策问题之间的关系。从该案例中可以得到如下启示:科技发展水平的提高,一方面给社会带来了福音,促进了人类社会的迅速发展;但另一方面也带来了许多新的政策问题,使政策问题产生的可能性与危害性发生了变化,甚至有可能导致更严重的不良影响。

　　近年来,计算机技术和互联网技术飞速发展,网络游戏也应运而生。这种与互联网相结合的高科技的新型娱乐方式以强劲的势头冲进中国。网络游戏以玩家互动为平台,为游戏玩家们设计了一个神怪与人类交错、情感与大义并存的虚拟的美丽世界。从它诞生的那一天起,就以优美的画面、生动的剧情、精彩的互动、不断更新的游戏方式、扣人心弦的不断升级等优势,吸引了众多网络游戏爱好者的眼球。不仅使得许多成年人乐此不疲,也受到了很多大学生的喜爱。然而网络游戏在给大学生带来精神愉悦的同时,也带来许多消极影响。

　　由于游戏的设计科技含量高,并牢牢地抓住了玩家的心理,击中了人性的弱点,所以想戒掉网瘾也并非轻而易举。玩家们往往因无聊而玩赏网络游戏,接着便沉迷于此并一发不可收拾。很多大学生在沉迷于其中的同时,也在不知不觉中迷失了很多宝贵的东西。于是,上瘾的玩家越来越多,诱发的社会问题也越来越严重。

　　网络游戏使得大学生的生理健康受到了严重的影响,长时间对着电脑,游戏中大量的强烈色彩、影像跳动、电脑的电磁波辐射、眼睛距屏幕过近等都直接导致了玩家的视力急剧下降。由于长时间的注意力高度集中,大脑高速运转,导致大脑疲劳受损,智力发展也受到了阻碍。大好年华被耗费在这些无谓的游戏上,人生的目标迷失了。游戏过后是愈发的空虚和逃避现实。再加上网络游戏中充斥了色情、暴力等内容,这必然影响众多玩家的人生价值观。久而久之,一些大学生的心理健康受到了严重的影响,从而引发了一系列危害社会安全的恶性事件。

　　由此可见,高科技的使用并非一定能遏制政策问题的发生。相反,在有些情况下,反而会带来危害性更大的公共问题。而在有些时候,高科技所带来的危害甚至可能是致命的。网络游戏的严重后果不仅体现在当前很多青少年的身心受到损害,出现了一定程度的社会治安问题方面,更为严重的是,由于不少青少年身心健康受到损害,那么在不久的将来势必会导致中国人力资源素质的低下,由此会影响到中国经济社会的发展。这表明,高科技一旦不能被正确地运用,将可能导致更严重的政策问题的出现。

　　因此,在科学技术飞速发展的情况下,决策者需要掌握科技发展水平与政策问题之间的关系,认识到高科技发展在提高社会生产力水平、促进社会进步的同时,也会产生棘手的社会公共问题。因此,应防止因高科技导致的政策问题所产生的重大危害,而决不能认为高科技使用可以减低政策问题产生的可能性和危害性。

4—3 小结

本章结合案例对公共政策问题产生的原因和特征(公共性、相关性、主客观统一性及发展可变性)、政策问题的结构和层次、科技发展与政策问题的关系等理论问题进行了分析。通过对案例的分析,得出如下结论:①在政策制定过程中,首先要分析政策问题产生的主客观以及更深层次的原因;②在分析政策问题时,必须注意政策问题横向相关性和纵向相关性,同时要做到对政策问题认识的主客观统一性;③在分析政策问题时,需要对政策问题的结构和层次进行分析,以把握政策问题的复杂程度和解决的难易程度;④在分析政策问题时,还需要了解科技发展和政策问题之间的关系。

思考题

1. 简述政策问题的理论要点。
2. 以"强制婚检——婚姻的'门槛'?"案例为例,说明政策问题产生的原因。
3. 以"城市居民住宅问题的变迁"案例为例,说明政策问题的发展可变性。
4. 以"天津水荒"案例为例,说明政策问题的相关性特征。
5. 以"城乡教育的反差"案例为例,分析政策问题的结构和层次与政策问题解决难易程度之间的关系。
6. 谈谈你对科技发展水平与政策问题关系的看法。

参考文献

1. 王骚编著:《政策原理与政策分析》,天津大学出版社,2003年。
2. 陈振明编著:《公共政策分析》,中国人民大学出版社,2002年。
3. 威廉·N.邓恩著:《公共政策分析导论》,中国人民大学出版社,2001年。
4. 张金马著:《政策科学导论》,中国人民大学出版社,1992年。
5. 王修达等著:《中国公共政策分析(2004年卷)》,中国社会科学出版社,

2004年。

6. 丁俊发等著:《中国公共政策分析(2003年卷)》,中国社会科学出版社,2003年。

7. 王进杰等著:《中国公共政策分析(2002年卷)》,中国社会科学出版社,2002年。

8. 唐钧著:《问题与障碍——中国走向全面小康的社会政策思考》,宁波出版社,2003年。

第五章 政策制定

5—1 理论要点

政策制定是政策学中的核心问题之一。对于政策制定概念,有广义和狭义两种理解。政策科学家叶海卡·德罗尔将政策制定理解为整个政策过程,他把政策执行、政策评估等环节称为"后政策制定阶段"。显然,这种观点受到了西蒙"管理就是决策"思想的影响。虽然决策贯穿于整个公共管理过程,但是为了便于理解,本章所采用的是狭义上的理解,即政策制定仅仅限于从政策问题的认定到政策方案(法案)产生效力的阶段。

查尔斯·琼斯和迪特·马瑟斯在《政策形成》一文中认为,政策形成(即政策制定)包括了这样一些问题:政策问题来自何方？如何分清政策问题的轻重缓急？问题怎样随时间变化？什么人与提案的形成有关？他们怎么做？如何支持提案？体制对方案的形成有何影响？出现了什么跨体制因素促成了方案的发展等等[1]。由此可见,政策制定的过程大致包括三个基本的环节:政策议程的设立——公共问题引起决策者注意;方案规划——政策方案的设计以及选择过程;政策合法化——政策方案获得支持并予以公布实施的过程。

政策议程是指对政策问题的讨论、商讨、规划以及研究的议事程序[2]。根据政策议程的不同主体和不同性质将政策议程分为了公众议程和政府议程。公众议程是指人民群众共同议论某个问题,并认为有必要提交执政党和政府采取措施予以解决的过程。而政府议程是指执政党和政府觉察到公众广泛注意和议论的某一社会问题确实有解决的必要,从而把它列入议事日程作为政策问题进行研究和处理的过程。如果说公众议程是公众针对某个政策问题向

---

[1] [美]S.S.那格尔主编:《政策研究百科全书》,科学技术文献出版社,1990年,第94页。
[2] 王骚编著:《政策原理与政策分析》,天津大学出版社,2003年,第118页。

政治系统进行利益表达的过程,那么,政府议程"本质上就是政党和政府综合与平衡不同阶级、阶层和集团的利益,并通过政策制定予以确认的过程"①。

一个社会问题能否成为政策问题,离不开公众议程和政府议程各自作用的发挥。这两个环节的相互作用构成了政策问题的认定过程。一般地,公众讨论往往偏重于对问题现象的阐述,政府分析往往侧重于对问题实质的界定。本章将通过两个案例即《褒贬不一的高校"禁租令"》和《自行车牌照该不该取消》来认识政府和公众在政策问题认定中的不同作用,以及政策问题认定所应遵循的基本原则。

在确认政策问题后,下一步就是寻找解决方案,即进行方案规划。方案规划"指的是对政策问题进行分析研究并提出相应的解决办法或者方案的活动过程。它包括问题界定、目标确立、方案设计、后果预测、方案抉择五个环节"②。具体而言,政策方案的规划的动态环节包括政策目标的确定、规划原则与规划标准分析、确定实现目标的行动方式、确定实现目标的行动步骤、政策方案付诸实施的综合影响分析、政策效果的预测分析、多种备选方案的优化分析以及多方因素的政治协商等。本章选择了三个案例(《〈关于北京市严格限制养犬规定〉的出台始末》、《城市"窝棚区"的去与留》以及《〈节水条例〉出台:深圳水改的第二个关键时刻》)来说明政策方案规划的上述环节。

政策合法化是政策制定的最后一个阶段。公共政策合法化包含法学意义上的合法化和政治学意义上的合法化③。前者是指政策的制定程序、内容以及政策制定的主体应符合宪法和有关法律,同时还意味着公共政策上升为法律或其他获得合法地位的过程。而政策合法化的政治学意义在于建立对领导权威(力)的承认,它要求政策合法化主体在合法化过程中明确政治责任,作出正确的判断,在符合其所代表的公众或组织的利益的前提下,关注目标与行动,而不是以其个人的角度悖逆大多数人的意志。本章认为政策合法化既包括法学意义上的合法化,又包括政治学意义上的合法化。本章通过《重庆路桥年票制:听证会成"走过场"》和《外来人口,三六九等》两个案例来说明政策合法化问题。

需要说明的是,虽然每一个案例的分析都有其理论侧重点,但也兼顾到其他理论要点。如《〈关于北京市严格限制养犬规定〉的出台始末》,这一案例全面说明了政策的整个制定过程,但是从它制定的过程看,每个环节都体现着公民

---

① 胡平仁:"政策问题与政策议程",《湘潭大学社会科学学报》2001年第1期。
② 陈振明主编:《政策科学》,中国人民大学出版社,1998年,第226页。
③ 刘善堂:"公共政策合法化及其障碍规避",《新疆社会科学》2004年第4期。

的参与。所以在此案例的分析中,也对政策制定过程中的公民参与问题进行论述。

5-2 案例分析

案例一 褒贬不一的高校"禁租令"

【案例正文】

一、"禁租令"出台

针对近年来日渐突出的高校学生在校外租房问题,教育部于2004年6月22日发出通知,要求各地高等院校原则上不允许学生自行在校外租房居住。对已在校外租房的学生,应要求其搬回校内住宿;对极少数坚持在校外租房的学生,要向他们耐心说明可能产生的后果和个人应承担的责任,并逐一登记,建立报告和承诺制度,说明租房的原因、房屋详细地址、联系方式,承诺加强人身和财产安全的自我保护,经本人与家长双方签字报学校备案。

在教育部发出"禁租令"后,各地教育部门也出台了相应的规定。安徽省教育厅就大学生校外租房问题发出通知。通知要求,对于因身体等特殊原因,确实需要单独居住的,必须由其本人提出书面申请,并填写《学生租房申请表》,经班主任(辅导员)、学生家长签字后,报经学校审批。同时,通知强调,凡是经批准租房居住的,不得申请国家助学贷款;私自租房居住的,取消其享受奖学金和评优资格,经劝说仍不改的,要按照有关规定处理,直至勒令退学。

广东省教育厅明确规定:"各高校必要时,要强制执行,对于执意不搬回宿舍,劝说多次仍然我行我素的学生,可以按照高校学生管理条例加重处罚,情节严重的,甚至可以开除学籍。"

广州大学主管学生工作的龙少锋副校长则表示,教育部出台这样的文件无疑为高校硬性"执法"提供了依据,目前广州大学就要着手修改一些对学生的"奖惩规定",修改大学生管理规定,"对于情节严重的学生,必须开除学籍的也只有开除"。

青海师范大学则规定凡在校学生原则上应在学生公寓居住,如遇特殊情况可由家长同意,允许其走读,学生及家长应与校方签订责任状,并由所在系部的辅导员定期了解其状况。对晚归、夜不归宿的学生,学校将加大查处力度,屡犯不改的将在校内通报批评。学校早在今年3月份就对各系部下达了《关于做好学生管理工作的通知》，明确规定学生不得在校外租住，凡私自在校外租住的，给予严重警告以上处分。

二、政策执行难

"禁租令"颁布后，各地开始实施该政策，但是在实施过程中却面临着很多困难。

四川省社科院社会学所的胡光伟副所长表示，"禁租令"的执行难度相当大。一方面，高校扩招后，学生人数急剧增加，学校硬件难以跟上。另一方面，当代大学生崇尚自由观念较强，很难严格控制住他们。

这几年，几乎各个学校规模都扩大了，但学校的住宿条件和后勤管理却没有跟上。好多学校为了应对校内住宿条件的紧张，都在校外为学生租了混合公寓。混合公寓虽然条件比校内的稍好一些但住宿费用偏高，因而不少同学有意见，就到校外租房。

新的学期已经来临，面对"禁租令"，大学生们心态各异，相应的"对策"也悄然而生。部分学生为达到在校外租房的目的，纷纷打起"走读生"的主意。有些学生"认"房东为直系亲属，而房东为了经济利益，也乐为学生提供"方便"，这就让学校很难判断，因而就有了部分"漏网之鱼"。学生与房东演"双簧"，真真假假学校很难分辨。同时，也有部分学生住宿费也交，宿舍里也放有日常生活用品，但就是人"没"了，学校检查时也很难判断。为了自己的"安乐窝"，他们与学校玩起了"你进我退，你退我进"的游击战。

而据四川新闻网从高校的调查了解来看，"禁租令"发出后，有大学生为"应对"学校的查房政策，在继续租房的同时，采取将自己校内床位私下对外出租的做法。这种做法增加了新的校内安全隐患。

同时，一些商家为了应对"禁租令"，纷纷改变了经营策略——变"长期租房"为"日租房"。"禁租令"出台后，高校附近的日租房市场逐渐开始火爆起来。

三、社会各界褒贬不一

青海民族学院经管系学生赵某说，他不赞同"禁租令"，他认为在外租房有许多好处，伙食可以自己安排、学习环境安静等，这些都是学校生活无法相比的。青海民院数学系的王某告诉我们，自己并不喜欢宿舍生活，但也不愿在外租房，因为那样既浪费时间、精力，也影响学习，相比之下还是住宿舍好一些。这两名学生表示他们理解那些校外租房住的同学，认为每个人都有选择自己生活方式的权利，至于教育部的文件和校方的规定那是校方的事情。而青海大学2002级一名家在州县的同学说，如果自己有多余的钱也许也会租房住，没别的，就是想体验一下独立生活的感觉。

第五章 政策制定

虽然不少学生反对"禁租令",但也有不少赞成的声音。一位学生家长听说教育部发出了关于加强学生住宿管理的通知后,很高兴地对记者说,孩子去外地上学,做家长的最担心的就是安全问题,如今就比较放心了。他认为在上大学的这个阶段就应该学着去适应过集体生活。还有一位学生家长也认为在校外租房不安全,而且租房也要花一笔钱,不会省下多少,相反开支会更大。

"禁租令"出台后,不少网友在网上发表发表自己的见解。有网友认为,大学之所以要设立在校大学生不能在外租房子的规则,在于更好地对在校大学生进行管理(更多地是对大学这个组织自身规则的维护),更多地节省学校管理的费用,更好地达到培养目标。也有不少网友认为,不少学生在校外几人同租房住,不再受学校的纪律约束,赌博、喝酒、外出不计日夜,熏染社会不良风气,任意而为。男女混住的问题更多,而一男一女"新方式"同住的,俨然就是一对"小夫妻",这哪里有助于学习。既然是学生,就要遵守学校的管理。假如学生出个什么意外,无论他们是住在校内还是校外,恐怕其亲属和舆论都会追究校方的管理责任。这一规定(外住要家长签字)说明,校方在管理上态度是积极负责的,而且并没有搞绝对化,如果个别学生有外住的正当原因或特殊情况,也可以例外。经济上对父母的依赖性也要求学业和生活上要对父母负责。

一些律师和法律工作者从法律角度指出"禁租令"的不足之处,即"禁租令"于法无据。

法律工作者章成直言不讳地说:"学校很多规定都是没有法律依据的。特别是广东出台的勒令退学这一规定,更是于法无据。退学是对学生最大的处分,就是学生守则里也没有列明在外租房就要开除学籍。"不过也有不少法律工作者认为,教育部和学校出于安全和管理的角度,有它的一部分道理。但是学校从安全角度出发就有限制学生自由的权力吗?安全与自由的冲突从来都是存在的,是选择安全还是选择自由,这个问题要综合考虑。

章成也认为,高校和学生之间形成一种教育合同关系,既然是合同,就可以进行双向选择,有选择的空间,不能制定单方面的格式条款来限制学生选择住处的权利。学分不够学校可以管,但住宿不属于教育秩序的范围。学生在哪里住,不是学校能管得着的。

章成律师还说,"红包禁令"(收受红包的医生一律取消行医资格)远比"禁租令"来得合理,最后都泡了汤,更不用说"禁租令"这样违背常识的东西了。人到了成年以后,对独立个人空间的渴求会很强烈,这很健康,对个人的成长也非常有好处。而有一部分经济宽裕的家庭,是能承担这笔费用的。这两个条件结合起来,大学生租屋独住,是必然要大量出现的事实。如果真正是关心学生,就应该建议(甚至可以禁止)学生不要租条件太差、周边环境不好的房子;学校也可以对在外租住的学生造册记录,定期走访,甚至每天电话联系也可以。

至于说到几个人住一间集体宿舍,能培养这个主义那种精神之类的话,章成认为,就没必要多讨论了。马加爵没有外出租房子,主义和精神没见得更多,倒是平日的摩擦增多了,可能会引发杀机。马加爵虽然是个特例,但他能说明,集体宿舍也有其负面因素。

(案例来源:①毛飞:"大学生首先是公民",《中国青年报》2004 年 8 月 10 日;②中国新闻网:"安徽教育厅:大学生校外租房不得申请助学贷款",http://news.tom.com,2004 年 8 月 19 日;③太原新闻网:"'禁租令'发出之后(二):上有政策,下有对策";④"教育部门有权向大学生发'禁租令'吗?",《新京报》2004 年 8 月 10 日;⑤人民网:"高校'禁租令'遭遇执行难",2004 年 11 月 29 日。)

【案例分析】

在案例中,教育部出台的"禁租令"所引发的广泛争议,究其原因,主要在于政府有关部门忽略了对政策问题的认定。因此,在案例分析中将主要讨论政策问题认定的过程及其主要的一些问题。

政策问题的认定是指政策问题被提出后,通过议论陈述、分析界定,达到对问题实质的认识的整个过程;也是在对政策问题的社会认识走向统一的过程中和在社会认识统一的基础上,政府将问题纳入议事日程开始解决的过程。在这一过程中,社会公众的讨论和政府议程中的讨论是两个关键的环节[①]。这两个环节的相互作用就成了政策问题的认定过程。一般地,社会讨论往往偏重于对问题现象地阐述,政府分析往往侧重于对问题实质的界定。

从案例中可以看出,"禁租令"的出台仅是政府议程推动的结果,而社会公众的讨论只是在"禁租令"出台以后才出现的。虽然在有些政策问题的认定过程中,社会讨论没有明显的痕迹,但一般而言,政府议程对问题现象的认识和本质的界定都是以社会讨论为基础的。"禁租令"的出台,其社会讨论的基础并不明显,这导致政府对该政策问题的认识存在着偏差。从政府自身角度来看,大学生校外租房的安全性不足以保证,所以才要求在校外租房的要登记备案。而这种原则性的规定在执行过程中,又遭遇了执行困境,进而被执行机构采取了一刀切的做法,"禁租令"才出现。制定这样一个政策的合理性遭遇到的质疑之声也说明,社会讨论缺失的情况下,贸然地认定一种社会问题为政策问题,不利于对问题本质的准确界定,而这种情况直接导致的后果就是政策的执行

[①] 王骚编著:《政策原理与政策分析》,天津大学出版社,2003 年,第 118 页。

困境和政策的合法性遭到质疑。

大学生校外租房究竟是出于什么样的原因呢？"禁租令"发出后，一项由四川新闻网与 TOM 网合作进行的名为"你认为大学生在外租房屡禁不止的原因是什么"的在线调查显示，认为"高校没有认真执行教育部下发的禁令"的网上读者，仅占 9.35%；另有 14.02%的人认为，大学生在外租房屡禁不止的原因是高校的住宿管理制度存在漏洞。然而，更多的读者倾向于认为问题的根源在于"学校的住宿环境不能令学生满意"和"大学生追求时尚自由的生活"。其中，前者占 35.98%，后者则以 40.65%居于调查项目首位①。尽管网上调查的权威性不足以说明问题，但是它至少能够说明，大学生校外租房这一现象的出现是一系列因素共同推动的结果。这里面有学校硬件上、管理上不足的原因，也有学生们追求独立自由的个性追求以及由于考研、兼职工作等现实原因而产生的多样化需求的原因。在个别高校，大学生校外租房的原因甚至是校方的鼓励。近年来，由于高等院校的不断扩招，不少高校都出现了住宿条件的硬件危机。于是，在有些高校的解决方案中就出现了对校外租房的学生进行补助以鼓励有条件的学生校外租房。这些因素的交互作用更增加了对此问题进行全面认识的难度。

在"禁租令"遭到的质疑中，另一个值得关注的问题是，教育部有没有必要来认定这一问题，或者说教育部命令的出台与现在所提倡的建设服务型政府的理念是不是相违背？服务型政府的一个重要的特征就是政府的社会管理功能的"瘦身"和管理手段、管理理念的人性化。大学后勤社会化改革已经进行了好长时间，在这样的一个背景下，出台"禁租令"实质上是重新强化了大学这一教育机构的社会管理功能。在这一问题上，也有人提出了管理人性化的问题。为什么高校自身不能通过自身管理水平的提升来吸引在校外租房的学生回流呢？合理的解释就是时间的问题，即高校在短时间内无法通过硬件设施的大幅度建设来满足庞大生源的多样化需求，在管理手段和管理理念上也无法在短时间内实现质的突破。在这样的条件下，似乎只有"堵"的方法才能尽快实现高校对学生生命财产进行保护的职责。但是即使在这样的条件下，"疏"的方法也并不是没有，这些在案例中都有提及。

校外租房这一问题的认定至少受到了三种因素的直接影响：其一，对此问题的认定是在决策者的职责范围之内，是决策者对被管理者负责任的体现；其二，大学生校外租房的安全性没有保证，而且问题十分突出；其三，安全和校内管理的优势必须加以强调。尽管这三个因素具有很强的道德合理性和内在的

---

① "高校禁租令到底能禁多久"，四川新闻网，2004 年 8 月 24 日。

逻辑基础，但是为什么每一条都受到公众的质疑呢？这是一个值得深思的问题。站在反对的立场上，质疑之声可以归结为三条：其一，决策者没有认清自己的职责所在，偏离了服务的基本行政理念，认定了不该由他们认定的问题；其二，追求安全等价值因素不应该以禁止校外租房这样的命令形式出现；其三，"禁"不如"疏"，在当前的条件下，"禁租令"没有实施的可行性。

决策者们认为，校外租房的主要问题就是安全问题和不利于学生人格品质的培养，这些价值取向成为他们认定这个问题最重要的原因。但是同样是安全问题，西方国家的学校当局并不比我们面临的压力更小，但从来没有听说过有类似的规定。美国有的校园没有围墙，法国的名校甚至连一个像样的校园都没有，更何况统一管理的学生宿舍。他们如何解决安全问题呢？在美国，校园里随处可见印制精美、内容详备的租房指南、安全手册等，学校有针对租房集中地区的专线车、夜间有陪送服务等，其考虑之周到细致、劝说之礼貌耐心已经到了极至。至于集体住宿有利于学生人格培养的问题，一方面由于集体宿舍本身也不是完全没有其负面影响，另一方面由于租房住宿的同学也并不是完全屏蔽了集体生活，而显得不值一驳。

虽然教育部认定禁止学生校外租房这一政策问题是出于对学生人身安全的考虑，但是从目前来看，正是由于"禁租"这一政策重管理轻服务，才会招致广泛的争议。由于高校本身执行力量的单薄以及高校学生已经是成年人，独立自主意识很强等多种因素的制约，"禁租令"必然遭遇执行困境。

案例二 自行车牌照该不该取消

【案例正文】

一、政策背景

四川省政府决定从2004年12月5日起在全省范围内不再对自行车实行注册登记和牌证管理制度，立即取消自行车牌证收费项目，停止收费并继续加强对被盗自行车的治安管理工作。为便于确认车主权属，工商行政管理部门应责成自行车销售商家免费为新购车者在车身上打印购车发票号。这意味着，此后新买的自行车不用再上牌照，义务交管员也无权再检查骑车市民的自行车牌照。

作为普通民众的主要代步工具，自行车在早些年算是家中"一大件"。买辆新车，头一件大事就是先上牌照。办理自行车牌照的目的，一方面是加强对非机动车辆的管理；另一方面是为了有效遏制丢车偷车现象，既便于警察在追查盗车者时掌握线索,也便于在缴获赃车后准确送还失主。

但时至今日,自行车的地位早已不及多年前,牌照所具有的保护车辆所有者权利、为防盗提供线索的功能已变得极其微弱,丢失或被盗的自行车能归还原主的极少,已经无法达到实行牌证管理的预期目的。从现实来看,多数人也不再把自行车作为家庭的重要物品来对待,不少丢失或被盗者基本没有报案。更主要的是,办理自行车牌照也需要相应的烦琐手续。以成都为例,1994年成都市人民政府颁布的《成都市非机动车管理暂行办法》规定:凡购买非机动车或异动非机动车的,按规定时限到所有人户口或工作单位所在地公安非机动车管理机关办理入户、过户、外迁手续,购买发票、单位证明或本人身份证、赠与人的说明等都是不可或缺的证明文件。到了1998年,《成都市非机动车管理条例》颁布实施,购车发票、本人身份证明或过户双方身份证明等仍是"必需品"。2000年,成都的自行车开始享受和机动车一样的"待遇"——采用微机管理,但换牌照时仍需相关的证明资料,换发分合式自行车牌照每套需交8元钱。

当办理牌照的意义仅限于每年在规定的时间里缴纳几元的年检费用的时候,牌证管理制度到底还有没有存在的必要?四川省政府从2003年12月4日作出取消自行车牌照的决定,引起了人们的广泛争论。

二、各方反应不一

在国务院的有关文件中,自行车上牌属于可以取消的行政审批项目,但是否取消,由省级人民政府批准。四川省行政审批制度改革领导小组办公室表示,公安机关对自行车实行牌证管理,对防止自行车丢失、被盗起到了一定作用。但从实际效果来看,牌照为侦破提供的线索微乎其微,丢失或被盗的自行车能物归原主的极少,没有达到实行牌证管理的预期目的;黑自行车泛滥,放开牌证管理既能减轻市民负担,又能减轻交管部门的工作压力。同时,多数丢失或被盗都与个人停放或保管不妥有关,属于个人行为和责任问题,并不属于政府的行政审批事项。所以,省政府组织有关部门充分讨论和会商后,根据《国务院办公厅转发国务院行政审批改革工作领导小组办公室关于进一步推进省级政府行政审批制度改革意见的通知》要求,决定将取消自行车实行注册登记和牌照管理制度纳入该省第六批行政审批改革事项。

对四川省率先在全国取消自行车牌照的行为,各方反应不一。北京市、江西省有关部门的负责人表示,虽然四川省的做法有可取之处,但《道路交通管理法》明确规定,所有上路行驶的车辆,不论是机动车还是非机动车,都应该是证照齐全的,自行车牌照在两地没有被取消的可能性。北京市一位交警从路权的角度,认为取消牌照制度不合理。"自行车如果没有牌照就没有路权,它没有路权,发生事故至少要负一半的责任。"江西一位从事刑侦工作的警察认为,取消自行车上牌有利有弊。利当然是方便了群众,减轻了群众的负担。但是也会带来一系列的问题,自行车牌照就好像是自行车的身份证,车主只有通过牌照才能证明车子是自己的合法财产。警方只有凭着车牌和钢印,才方便查找车主。如果赃车追回后,车主也只能凭着车牌号领回车辆。一旦取消上牌,警方如何认定,缴获的赃车又该如何处理?

而有过丢车之痛的多数市民却积极赞成这项举措。多数市民认为,持牌照报警也没有用。一是偷车贼的流动性大,销售渠道隐蔽,很难被抓到,报警之后往往杳无音信;二是凭发票、牌照等到公安机关报案,在确认已经丢失后,也无法办理理赔,因为各保险公司认为自行车现在已属于日常生活用品,早在数年前就已经取消了自行车保险业务。再者,反正现在自行车便宜,取消自行车上牌的烦琐手续,可以在买车时省钱省事。因此,更多的市民认为取消牌照是符合现实情况的。但是也有少数市民对取消牌照后可能导致的自行车安全问题担心。一位销售人员表示,取消上牌制度以后,这两天来买自行车的人比以前增加了10%,但考虑到防盗的要求,这两天还是有人要求自行车销售人员为他们代办牌照。

更多的学者则把自行车牌照管理制度放置在一个更宏大的视野中来思考。上世纪六七十年代正处于计划经济的顶峰时期,政府拥有权力之大、行政范围之广,可谓事无巨细。在一个"万能政府"之下,自行车牌照就是千百万个行政管理环节中的一环,环环相扣,就形成了一个庞大的行政管理链条。而四川省取消自行车注册登记和牌证管理制度,是继我国结婚登记取消婚姻介绍信、考研取消单位证明、部分城市取消暂住证之后的一项务实举措。这一政策的意义,不仅在于为群众减掉了相关手续和费用,最关键的是传递着政府转变行政职能的一个信号。执政为民就应该顺民心、合民意,尊重客观现实,敢于直面现实存在的一些过时的、繁杂的或明显不合理的相关法律法规,并取消或修正这些制度。因此,自行车牌照淡出历史舞台的示范意义在于,它必将引发人们对社会当前存在的许多历史惯性政策的反思,并由此引发社会更深层次的变革。

(案例来源:①北京行政学院公共管理教研部、北京市领导科学学会选编:《服务型政府》,中央编译出版社,2005年,第209页;②英克莱在线:"自行车牌照淡出历史舞台的示范意义",www.incalcu.net,2004年3月2日。)

【案例分析】

确认一个公共问题为政策问题是一个政策过程的起点,它不仅体现着政府解决社会问题的政治智慧,而且还能表明政府为民众服务的态度和能力。该不该认定一个公共问题为政策问题,关系到政府的角色定位——如果政府将本不属于自己职能范围内的问题认定为政策问题加以解决,那么政府就是在越权行事;同时,该不该认定一个公共问题为政策问题,也在考验着政府的执政本质和执政能力——认定政策问题是出于为民众服务,还是为了加强不必要管制呢?

在前一个案例中,"禁租令"的出台引起广泛的争议,争议主要源于政府在认定政策问题中忽略了公众议程。而在本案例中,取消自行车牌照的政策出台却没有引发过多的争议;换句话说,包括政策问题认定和政策出台都得到了广泛的认可,两者形成较大的反差。那么,取消自行车牌照的政策为什么得到广泛的认同呢?对此,可以从如下角度理解:

(1)从公众的角度来讲,公众认为自行车领域的政府管制牺牲了社会效率。越来越多的自行车拥有者都不愿意去上牌照,就是因为大家对牌照本身意义的不认可。这种不认可来源于两个方面:一是自行车价值相对人们收入日益微不足道,不再具有特别贵重物品性质,政府专门保护无必要性;二是政府提供的这一特定公共产品的使用价值非常有限,对防盗和窃后侦破并物归原主的作用极小,车主付费买它得不偿失。在这种情况下,自行车牌照所带来的政府管制显得没有任何的意义了。

(2)从政府的角度讲,这种"多余的政府管制"在增加了政府本身的管理负担的同时也增加了政府权力寻租的机会。我国是个自行车王国,自行车是大量国民的代步工具。据统计,目前我国拥有大约5亿辆自行车。自行车管制所带来的各种直接和间接成本非常高。取消牌照管制,既可以减轻老百姓的负担,也可以缩减政府交通管理的职能,进而达到减少管理成本、精简政府机构的作用。

(3)从公共管理的角度来讲,政府能够取消自行车领域的行政管制,体现了行政改革中塑造有限政府、转变政府职能和管理方式、构建服务型政府的大趋势。就自行车管制而言,自行车丢失、被盗与自行车牌证管理之间已经在逐步失去其必然的内在联系。事实证明,政府的强化管制也并未奏效,并未达到保护公民财产权利的目的。而放弃强化管制则意味着政府权利的"瘦身",是政府职能有限化的现实举措。

基于如上原因,虽然在认定公共政策问题过程中,仅是政府议程在起作用,而公众议程没有起多少作用,但是政策问题认定和政策出台仍然得到了广泛的认同。这说明政策问题认定中的两个重要问题:一是对于获得社会普遍共识的政策问题,可以只通过政府议程的讨论,而不需要通过公众议程;二是如果政府议程能够充分考虑不同群体、公众的利益要求,那么即使没有通过公众议程,政府的政策问题认定也同样具有政治意义上的合法性。

在案例中,还有一个值得注意的问题,即政策问题认定与政府角色定位的关系。政府角色定位可以分为两种类型:管制型政府和服务型政府。管制型政府通常事无巨细,将各领域的事情都纳入管辖范围,导致在政策问题认定上,将一些没有必要上升为政策问题的公共问题认定为政策问题,致使其职能越位;服务型政府提倡服务理念,它的管辖范围相对来说比较小,在政策问题认定上,仅将那些确需政府来解决的公共问题认定为政策问题。案例中四川省政府自行车牌照改革的做法就具有某些服务型政府的特点。四川省自行车牌照改革规定:"停止收费并继续加强对被盗自行车的治安管理工作。为便于确认车主权属,工商行政管理部门应责成自行车销售商家免费为新购车者在车身上打印购车发票号。"在这些规定中,政府从收费变成免费服务,这体现了政府角色的变化,即从收费型的管制政府向服务型政府的转变。

案例三 《关于北京市严格限制养犬的规定》的出台始末

【案例正文】

一、政策背景

据调查,1991年,北京城区、近郊区的狗约有2万余只。到1993年却达到了7.5万只左右,加上郊区的狗的数量,总共达到19万多只。城区、近郊区的7.5万只狗中,观赏狗占50%左右,居全国之首。虽然养狗者在北京城区280万户中所占的比例不大,但狗所造成的危害是有目共睹的。据粗略统计,1991年,约有3万人次被狗咬伤;1992年约有4万人次被狗咬伤;1993年约有5万人次被狗咬伤;而1994年1~9月约有4.5万人次被狗咬伤。北京市卫生防疫站的门诊室,开诊数月来,平均每天有20多人就诊咨询。被狗咬伤来就诊者的高峰期是1994年4月份。其中不少患者是因去朋友家做客而被狗咬伤的。"狗祸"成了社会问题。

在多数老百姓的眼中,狗一直被视为人类的朋友。但在1994年,狗却在北京市民中搞得沸沸扬扬。人们一提起狗,多数人频频摇头、不知所云。因为人们注意到北京市狗的数量愈来愈多;在电梯、草坪里,到处可见狗的身影;北京市的电影院、闹市街头、公共汽车、地铁等地,到处可见携狗者出入;小狗到处乱窜,吓得老人、小孩惊恐万状、左右提防;马路以及许多公共场所,狗溺斑斑,污染了市容;深更半夜犬吠声声,扰得许多市民不得安宁。养狗问题已经不是

第五章　政策制定

私人问题而是需要有关部门加以重视和解决的严重的公共问题。

二、政府规定（草案）出台

在1994年4月北京十届人大二次会议上,占出席会议代表人数59.4%的476位代表,提出了限养或禁养议案。不少人大代表在提出议案期间,进行了大量的调查研究工作。他们发现多数居民对养狗的反应极其强烈,其中不少人已经到了不可容忍的地步,直接影响了社会的安定与团结。而少数养狗者也希望自己所养的狗有人来管理,保护狗的生存权。市人大代表们还发现,少数素质不高的养犬者,竟然纵容自己的狗在公共场所狂叫、便溺。

市人大代表、北京市百货大楼售货员刘某在会议上,针对要加强养狗的管理问题发表了自己的意见。她的发言引起了其他代表的共鸣,他们共同起草了《对北京市养狗必须加强管理》的议案;另一位人大代表石某某,也与其他代表一起,起草了《禁止城区养狗》的议案。这次大会提案委员会共收到代表提出的涉及对狗禁养或者限养的提案以及建议共12件。在同一个问题上,提案和建议这样集中,在市人代会历史上实不多见。

北京市人民政府十分重视群众的意见,在广泛认真调查研究的基础上,参照了国内外相关的法规和政策,在北京市人大常委会第十二次会议上,推出了《北京市关于严格限制养犬的规定（草案）》,提交常委会讨论。在具体讨论中,常委们对若干细节问题争执不下。面对着关系千百万人的切身利益的大事,北京市十届常委第十二次会议决定广泛征求市民意见,再作决定。1994年10月17日北京市人大常委会发出公告:北京市第十届人民代表大会常务委员会第12次会议,初次审议了由市人民政府提交的《北京市关于严格限制养犬的规定（草案）》,根据审议意见,形成草案修改稿,现将该稿登报公布,广泛征求市民意见。同时要求各区县、乡镇人民政府和街道办事处,要采取座谈会等多种形式征集意见。市人大常委会办公厅、市人民政府办公厅分别设立意见征集组,负责收集意见。征集意见的时间截止到1994年11月10日止。

三、征集市民意见

"草案修改稿"被公布后,市民们纷纷来电、来信。市民们普遍谈到,在北京市养狗,要从国情和市情出发。市民们不仅要求政府把狗管起来,而且希望通过具有约束力的公告政策,把此事管起来,既要保护绝大多数市民的利益,也要考虑少数市民的意见。

在市民的来信中,有一封署名"本市部分公安干警"的信。信中说:"对那些品种名贵、性情温顺的小型犬完全禁养很难行得通。在执行任务中,我们发现居民家中,养狗或者带狗散布的有三四十岁无子女的夫妇,他们养狗,以'儿'、'女'相称,对其爱护备至;有的是风烛残年的老人,子女不在身边,养只善解人意的小狗是相依为命。"养狗者有着十分复杂的微妙心理,但下列三种情况居多,即老人以狗为伴,克服孤独之感;病人以狗为朋,感受生命的乐趣;小孩以狗为友,体会某种特殊的情感。

不过,常年工作在卫生防疫站的专家和医生,从卫生与防疫的角度向人们提出忠告:"在现阶段的条件下,养犬弊大于利。为了您的健康与生命,奉劝大家最好不要养犬。"因为狂犬病是人兽共患的病,一旦发病必须严格隔离。我们居住条件太差,远远达不到这个目标,极易引起狂犬病的传播。在人口密集、居住条件较差的地方养犬,对居民健康与社会公共卫生都带来了破坏性的影响,严重违反了环境卫生管理条例。

在来信中也有相当一部分人提出:政府的政策与法规,必须从实际出发,既要坚持尊重多数市民的意愿,同时也要照顾少数市民的合理要求,因为事实表明,把狗作为宠物的并非都是那些款爷。根据北京市5个区15个居委会的调查,在1万多户、3万多人口中,养狗者只占4.6%。但养犬户中,干部、知识分子、工人、离退休人员占74%,这些人月收入在500~800元左右,其中还有11%的月收入在200~300元左右。而大公司老板、演艺界名人、外贸公司职员、个体户、出租汽车司机等高收入者只占15.9%。那些经济上并不富裕的人,不少人因子女不在身边,养了条小狗,不仅减少了孤独感,而且精神好多了。因此完全禁养是做不到的。从总体上看,人们更多的支持限养,而要求禁养烈性犬。

"草案"修改稿中提出:养犬者必须缴纳养犬管理费。对此,绝大多数人认为,收费是应该的,但要考虑到普遍工薪阶层的实际收入,主张低收费重罚款。对狗咬人的经济赔偿力度,不少人认为规定得较弱。也有人指出,对法规实施后的监督措施讲的不够,很容易让少数人利用漏洞,走后门,造成管理与审批中的混乱。不少人还对养犬的具体规定作了许多细节上的补充,比如,在遛狗时间、地点上应加一条:"在狂犬病流行季节要给犬戴上防止咬人的口罩"。

从1994年4月,476位人大代表提出禁养或限养的议案,到市十届人大十四次常委会通过,这期间政府通过各种渠道来征求市民意见。全市18个区(县)共召开座谈会5352个,共有154307人直接对草案修改稿发表意见与看法。至于那些间接关心、议论此事的人就更多了。其中,对规定草案表示赞成的有132467人,占85.8%;主张完全禁养的有15971人,占10.4%;认为不宜立法或持否定态度的有5869人,占3.8%。一个地方性法规,由这么多人直接参与讨论,其规模之大、范围之广、人数之多是空前的。

四、立法机构的审议通过

1994年11月29日,北京市十届人大常委会举行十四次会议。会议不仅有市人大代表和18个区(县)人大常委会主任列席参加,而且还有新闻媒介的记者们参加,人们就议案再次展开辩论。审议的一个热点,仍然是禁养还是限养。占代表人数57.2%的400多位代表中,当初提出议案时,多数写明的是禁养。在10月份征求市民意见时,也有10.4%的人要求禁养。曾发起议案的人大代表石某,原是一位坚决的禁养者。为了对自己提出的意见负责,他花了不少时间进行调查分析,从而对养犬户的现状有了更深的了解。他认为,鉴于养犬者有70%是工薪阶层,而且其中有相当一部分是退休老人这样一个基本事实,他改变了态度,赞成"严格限养"。

审议的第二个热点是登记注册费的数额。不少代表不赞成"缴纳登记注册费会伤害部分市民感情"的说法。大会工作人员宣读了根据市民意见,对原"草案"所作出的修改:"第一年登记费为5000元,以后每年注册费为2000元。同时,为了促进养犬者尽快登记,在实施方案的最初3个月内办理登记手续的,减收登记费2000元。"少数委员不同意这种修改,认为原规定6000元的费用,减到5000元,以属照顾,再减少就没有必要了。因为限制养犬,征收管理费的多少是个杠杆,数量太低,就失去了它的调节作用。大多数常委从执法的角度,认为降低费用,加强管理会更得人心;主张区别对待,坚持"给出路"的政策,工作上有理有节,会更有利于限养犬的实施。

按照多数市民的意愿,以及国家有关法律和政策,到会的常委会委员,以举手表决的方式,一致通过了修改后的限养规定,并决定于1995年5月1日起开始实行。

(案例来源:根据陈庆云《公共政策分析》,中国经济出版社1996年版,第325～336页案例《〈关于北京市严格限制养犬的规定〉的分析(定性)》改编而成。)

【案例分析】

现代民主国家是法治的国家,公共政策的合法化是现代法治国家的重要原则。公共政策合法化,简单讲就是指"最终被采纳的政策方案,在进入实施之前通过各种必要的行政程序和法律程序,使之在人们心中建立合法地位,被认可接受的过程"[①]。公共政策的合法化要求包括政策规划、政策问题认定、政策议程、政策决定、政策执行、政策修改在内的政策的全过程,至少在形式上都必须符合法律规范或者传统规范。只有政策具有合法地位,它才具有约束力和可执行性,才能获得公民的认同和遵从。否则,政策的执行过程必然遭遇困难和

---

① 王骚编著:《政策原理与政策分析》,天津大学出版社,2003年,第151页。

阻碍。而需要注意和指出的是，公民参与对于公共政策合法性地位的确定具有重要的作用，本案例中就说明了公民在政策制定过程中的作用。

一般而言，公共政策的对象是广大公众，其目的在于维护广大公众的共同利益。从本案例可以看出，"限制养犬"这一规定的直接对象是养犬者，但是不难发现，其他的公众也是潜在的政策对象和政策受益者。案例中提到，狗在北京造成的危害是巨大的，不仅伤害了他人的身心健康，而且还严重影响了市容卫生和居民的安宁生活；不仅伤及他人，而且连狗的主人也会因此而惹上麻烦甚至是吃官司。因此养狗问题已经跳出了单纯的私人问题范畴，而成为了一种具有普遍性的急需政府加以干预和解决的社会问题。由此可见，限制养犬问题是完全可以纳入政府政策议程的，而政府政策议程的建立是以社会上广大公众对于养犬危害以及限制养犬的讨论不断加剧为基础的。

制定政策、解决问题是政府的责任。但是政府制定出来的政策能否反映和表达公共利益，能否获得公众的认同和支持，则成为了影响该政策是否具有合法性地位、是否具有可执行性的关键因素。北京市在制定"限制养犬"政策的时候，非常重视群众意见的表达。在草案出台前后，都广泛地征求市民的意见。而且对于市民的不同意见进行分析和综合。这也充分体现了公民意见对于一项公共政策的制定的重要作用。正是公民广泛的讨论才推动了政府"限制养犬"政策草案的出台，正是公民的意见完善了这一草案。这样一个充斥着公民意见和表达公民要求的政策也必将获得公民的支持，从而获得到合法性和可行性。

政策在征求公民意见之后，就进入了审议的程序。在这个过程中，公共政策仍然要经历多次的修改和完善，其中大多是根据代表们的意见而进行，而代表们的意见大都来自于在群众中的调查，是群众利益要求的集合。在案例中提到，在最初的议案中，大多数代表的意见是"禁养"，但是经过广泛征求市民意见之后，代表们发现"禁养"在一定程度上会伤及一些普通市民的感情，从而会导致他们的不满，因而在审议的时候将"禁养"变成了"严格限养"。这样就在公众利益和养犬的特殊人群之间达成了妥协，使得养犬者不会伤害到他人和社会，又能照顾到少数特殊情况的养犬者的利益要求。在审议登记注册费数额时，代表们也在充分尊重市民意见基础上进行了区别对待，有理有节，充分体现了大多数人的共同利益和共同愿望。正是在这样的情况下，北京市"限制养犬"的规定才得以顺利地通过了审议，并决定施行。

从这案例中可以发现，无论是在政策问题认定的过程中，还是在政策规划以及政策议程等环节上，北京市"限制养犬"政策的出台都充分体现了公民参与，政府是在尊重民意和了解民意的基础上制定公共政策的，这也是使得该政策合法性得以确立的一个重要原因。试想，如果政府在制定该政策的时候不能广泛地征求群众的意见,而是根据一些代表的主观性认识而采取"完全禁养"的规定,在登记注册费数额上也采取一刀切的做法,这样的政策在执行过程中必然会遭遇信任危机,并由此导致执行困境,反过来执行困境的出现又会导致更大的信任危机的出现。一旦出现这样的恶性循环,那么政策的合法性将彻底丧失。失去了合法性的公共政策,也就成了不得人心的政策、失败的政策。

因此,政策制定者在制定政策的过程中,一定要广泛地征求广大公众的意见。并且要对这些意见进行分析,要区别对待不同群体的意见表达,要分清轻重缓急,分清主次,抓住问题的主要方面,以便整合不同的意见,协调出一个能让政策的不同影响群体都能满意、至少能让最大多数市民满意的政策方案。如果政策方案符合多数群众的利益的同时又能够照顾到特殊少数群体的利益要求,那么这样的政策方案就会在更广泛层次获得其合法地位,从而也有利于政策的执行和政策目标的实现。

此外,从政策方案规划的角度来考虑,"限制养犬"政策在政策问题的界定、政策目标的确立、方案的设计和方案的抉择等方面均体现了群众利益至上的特征。如前所述,政策问题的界定是以广泛的群众讨论为基础的;关于政策目标确立为"禁养"还是"限养"的争论的最终解决仍然是以群众的利益为依归的;方案的设计上更能体现群众的利益要求,避免一刀切的做法迎合了不同层面的公众的要求;而方案的最终抉择过程由于有了充分的讨论而变得顺利了许多,只要意见统一到了群众的利益上,那么共识就能够轻松地达成。

案例四 城市"窝棚区"的去与留

【案例正文】

一、背景资料

根据国家统计局最新统计,到 2003 年底,我国城市人口已达 5.237 亿,但其中只有 3.38 亿是所谓的合法城市人口。这就是说,目前农民进城务工人员高达 1.85 亿。与此同时,有关专家预测,在未来 20 至 30 年内,我国至少有 5 亿至 6 亿农村人口将转变为城市人口,年均 2000 万到 3000 万人,这将使得我国的大中城市不得不面临长期存在的"窝棚区"现象。

"窝棚区"整治、"城中村"改造可能是城市现代化过程中一块"最难啃的硬骨头"。如何根治类似"窝棚区"、"城中村"这样的城市顽症,现在看来仍存在很大分歧。这种分歧形成两种观点,即到底是清除还是提升?在这方面,深圳根据城市发展特殊性,结合全面城市化,总体上走了一条清除的道路。

二、窝棚区的状况和影响

2000年12月5日,深圳成为亚洲第一个获得国际"花园城市"称号的大城市。但"花园城市"不仅有鳞次栉比的现代的高楼大厦,而且还有脏乱差的窝棚区。在这些乱搭建的窝棚内,长期居住着大量无业人员,他们多以种菜、养猪、乱摆卖、制假、捡拾废品为生,凡有乱搭建的地方,往往垃圾遍地、污水横流。

深圳市城管办主任吴子俊说,乱搭建是非正当职业者的主要聚集地,往往藏匿很多社会问题。这里是黄赌毒等社会治安问题的多发点,是制假贩假、私宰生猪、搞乱摆卖的窝点,更是污染水体、破坏生态的焦点和安全消防的重大隐患。

生活在乱搭建里的游民部落,大多以捡拾废品为生,对环境造成极大破坏。南山区的荔园新村,荔枝林中隐藏着大大小小上百个窝棚。拾荒者把这里当成垃圾集散地,砍树搭棚、焚烧垃圾。不到一年,黄色的浓烟和难闻的怪味使原本茂密的荔枝林日渐枯萎、消失。当地居民看在眼里,疼在心里。

乱搭建中还充斥着地下工厂,制假售假坑害百姓。深圳市龙岗区沙平北路的青山脚下的一片窝棚里,整日臭气熏天、苍蝇乱飞,灶旁4个大油桶装满了病、死猪及市场回收剩肉制造的猪油,油上面还飘浮着猪毛和死苍蝇。3月10日,龙岗工商分局沙湾工商所在这里现场查扣了涉嫌由潲水油灌装的各类假冒名牌食用油共42罐。

窝棚区不仅内部环境恶化,而且其对周边的经济治安状况造成了恶劣的影响。据深圳特区报的报道,在深圳华翰科技园北区第五工业区内就存在一个上万平方米的窝棚区。

深圳市一家公司的负责人告诉记者,3月初,一个日本客户前来他们公司考察项目。这位日本客户对周边环境特别看重,在没有考察这家公司附近环境前,基本上已经同意和他们合作。但当他来到这家公司楼顶往四周一看,发现竟然有个上万平方米的窝棚区,态度发生了微妙变化,在回日本前,对这家公司的负责人说:很遗憾,我们不能成为合作伙伴了,希望贵公司附近能够更干净些。

另一家企业负责人愤愤地告诉记者:"这个窝棚区里的一些人打着收废品的名义,经常来我们公司偷东西,被我们抓过一次,他们竟然还围攻我们。"偷东西还不算,还纠集人闹事。有一次,保安在工地上抓住两个偷钢管的人员,于是不让他们离开,他们竟然电话通知同伙,没多久就来了几个人,气势汹汹,手里还拿着家伙。保安见状,只好把两个窃贼放了。

三、窝棚区的起因

城管部门的调查表明,2004年初,深圳市乱搭建总面积为1344万平方

第五章　政策制定

米;如按每 10 平方米居住 1 人计算,所涉及的流动人口在百万以上。

深圳市民在发问,市长李鸿忠也在发问:"花园城市"为什么有如此多的乱搭建?为什么会有如此多的人住在乱搭建的窝棚区里?谁搭建了这些"窝棚"?谁给"窝棚"提供水、电?

人们一边拆乱搭建,一边追根溯源。

深圳寸土寸金,占用稀缺的土地资源可以获得极大的收益,乱搭建出现和存在的首要原因也是利益。一些单位或个人取得土地使用权后,不充分利用土地资源,只图租借土地赚钱。有人肯出钱租借土地,这些单位或个人就只管收钱,而不尽管理之责,对乱搭建置若罔闻。有的租地者甚至还在乱搭建的窝棚中设立了所谓"招租办公室",对乱搭建供水、供电。

一些土地权属不明、无人管理,使乱搭建的出现和存在都无人过问,也为滋生乱搭建提供了温床。深圳市科技园北区第五工业区有一个上万平方米的窝棚区,层层叠叠密布了上百间临时搭建的房屋,屋顶上还竖起了许多天线杆。而在窝棚区的一侧,则是堆积如山的废品。早在 1992 年,这块土地已经被一家食品公司所购得,但直到 1996 年科技园成立,仍未被开发利用。1998 年,深圳市中级人民法院依法把这块土地查封,作为抵押。从此,这块地基本处于无人管理状态。因这块地不属于开发区,高新区管理办公室也只能眼睁睁看着窝棚越建越多,而国土部门一般都是拆除政府预留地上的违建,被法院查封的土地,他们也不能贸然行事。

由于经济条件好、消费能力强,一年四季气候宜人,拥有基本的生存环境,深圳吸引了来自全国各地的"淘金者"。而其中一部分人由于没有固定收入,往往以种菜、养猪、乱摆卖、制假、捡拾废品为生,对成本极低、不需付费或价钱便宜的乱搭建形成了强大的需求。深圳市龙船塘工业区有一处生产高档快餐的窝棚。作坊主说,这里虽然只有水、没有电,但不用交房租,所以他制作的快餐非常便宜,每份只卖 2 元钱,附近的工地及工厂都愿意买。他说,也想到条件好的地方去,但房租、水电少则几百元,交不起。

以权谋利的驱动、流动人员的众多、廉价居住的需求、无力的管理,使得深圳的乱搭建往往拆而复生,最终形成痼疾。近年来,深圳每年拆除的违法乱搭建的总面积都在 300 万平方米以上,去年达 500 多万平方米。但在今年的摸底排查中,人们发现许多曾经被拆除过、甚至多次被拆除过的地方,又出现了乱搭建。

四、"守土有责":整治后的管理

针对窝棚区现象,深圳市政府开展了"梳理行动"。行动要求不仅要拆除乱搭建,更是不容许乱搭建拆而复生。为此,深圳市城管部门开始建立各种规则制度:推出了及时的绿化覆盖机制,要求拆除一片、增绿一片、巩固一片;制定了严格的辖区管理责任制,规定因管理不到位而造成乱搭建回潮,责任单位将被依法严惩;建立了经常性的巡视制度,要求市、区、街三级执法部门定期巡查、及时发现问题;实行了定点监管制度,对面积较大、易于成片搭建的地方,实行定人设岗定点管理;推行了警示告示制度,在乱搭建易于出现的地区设置警示牌,戒除违法行为;实行了回访检查制度,定期邀请人大代表、政协委员及新闻媒体进行回访检查。

短时间内强行拆掉乱搭建并不难,但拆除了之后,那些生活在其中的人如何落脚,也是个不容回避的问题。按最保守的每10平方米居住1人计算,梳理行动所涉及的流动人员达百万以上。在取得显著成效的同时,此次行动也面临着如何妥善安置这些流动人员的难题。如果不能给他们一个适当的替代性空间,杂乱无章的窝棚不久就会卷土重来。

据深圳市城管办主任吴子俊介绍,这100多万流动人口大致可分四类,绝大部分是在深圳没有固定职业、固定住所的人。深圳市政府将根据不同类别的具体情况区别对待,拿出不同的安置办法:①对从事乱摆卖、私宰生猪、垃圾收集等的外来无业人员,执法部门一边拆除乱搭建,一边动员他们离开当地,返回原籍。目前已陆续有大批这样的流动人员接受劝告,离开了深圳。②对于从深圳本地农民手中租地、搭建窝棚并开办小型加工厂的外地人员,在乱搭建被拆除后,政府将帮助当事人通过合法途径,租用正规的厂房、车间等。③对因种种原因依旧在原工棚长期居住的建筑工人及其家属,政府相关部门将联系工程建设单位协调解决。④对于常年居住在菜地、果园、山林、鱼塘旁的农民、果民和渔民,有关部门将采取谁受益谁建设的原则,用带厨卫、统一样式的"农民宿舍"取代破烂窝棚。

目前,深圳的"梳理"还在继续。深圳市政府意识到,"管"比"拆"更重要,也更难。

(案例来源:①胡谋:"深圳'梳理'出一个更美丽的鹏城",人民网 www.people.com.cn;②"市长们该如何关注'窝棚区':真的能感到'庆幸'吗?",中国政务信息网 www.ccgov.org.cn,2004年10月14日;③谷少传:"规划为绿地的上万平方米土地无人管理",《深圳特区报》2004年4月2日第2版。)

【案例分析】

从案例中不难发现,深圳市对于城市"窝棚区"的治理采取了"清除"政策,而不是与"清除"相反的"提升"政策。然而,在案例中提到,"在取得显著成效的同时,此次行动也面临着如何妥善安置这些流动人员的难题。如果不能给他们一个适当的替代性空间,杂乱无章的窝棚不久就会卷土重来。"案例结尾也指出,"'管'比'拆'更重要,也更难"。这实际上涉及政策制定中的合理性问题,因此,下面主要从合理性的角度对案例进行分析。

为此,首先要分析"窝棚区"现象的起因。"窝棚区"的起因是不是像案例中所指出的那样,是由"以权谋利的驱动、流动人员的众多、廉价居住的需求、无力的管理"所导致的呢?可以说,这样的理由是有道理的。但是,还必须对其进行更深入的分析。

城市"窝棚区"是我国改革开放以后才出现的现象,这种现象的出现与城乡人口之间的流动是分不开的。改革开放之后,城乡之间人口流动日益频繁,从1998年开始,城乡之间人口年均流动规模突破1亿人次。目前在我国大中城市季节性或长期就业的流动人口接近2亿,在城市周边或城市中随之逐渐衍生出"窝棚区"。社会的流动从改革开放的实践来看,完全是必要的,也是一种有益的社会现象,所以存在"窝棚区"的城市,较之不存在"窝棚区"的城市更应该值得庆幸。从城乡割裂到城乡加速融合是一种进步,尽管"窝棚区"给城市管理者带来了一系列问题,但其本身却是伴随解决农村人口分享城市化进程的自发现象,具有一定的合理性。

因此,虽然城市"窝棚区"的出现与城市管理者的管理不当有着直接的联系,但即使城市管理者对城市进行有效的管理,仍旧难以阻止"窝棚区"的出现。由此可见,将城市管理者自身的管理缺位当成了"窝棚区"出现的根本原因,就犯了一个根本性的错误。

面对城市"窝棚区",城市管理者首先想到的就是定点的大规模清理。这种清理甚至被冠以"梳理行动"这样的美名,就像当年搞的"除四害"一类的大规模行动一样的"名正言顺"。他们的理由有:①"窝棚区"和吸毒、卖淫、家庭暴力以及制假售假等社会阴暗面联系在一起,"窝棚区"成了各种犯罪现象滋生的温床;②"窝棚区"因为其本身环境的脏乱差有损城市形象进而影响官员政绩;③城市居民对生活在"窝棚区"流动人口的根深蒂固的歧视乃至怨恨。"梳理行动"政策的制定者的这种认识实际上违背政策制定中的合理性原则。

不过,尽管城市"窝棚区"的存在有其合理性,但国际经验表明,毫无节制的"窝棚区"蔓延是相当危险的。一旦"窝棚区"超出城市管理者能够进行有效治理的规模,那么整个城市将受困于"窝棚区"毒瘤之中。因此,不能够任凭"窝棚区"发展蔓延,而需要对其进行恰当的政策引导。国外学者研究表明,治理"窝棚区"的最佳方式是疏导而不是严防死堵。目前,我国城市管理者面临着艰难选择,是建设豪华的城市,还是为城市贫民提供廉价社区设施。正确地处理好这两者的关系,而不是偏重任一方,便是政策制定合理性的体现。

鉴于我国地方财政的艰难状况,很难期望城市管理者能以大规模财力提升对"窝棚区"的服务。但是一条政策底线是,城市政府不能够清除"窝棚区",更进一步的就是为"窝棚区"提供社会治安、清洁的给排水设施、基本医疗服务和义务教育。以此逐步提高"窝棚区"居民的生活和教育水平,使"窝棚区"逐渐城市化。

通过对案例的分析,不难看出,制定政策要以合理性为原则。而政策合理性关键的一步是要分析政策问题产生的原因,分析原因不仅要分析表面原因,还要对其根本性原因进行分析。其次,在政策方案选择上要考虑到整个社会的大环境大背景。如果深圳市政府在制定"梳理行动"政策时,能够考虑到转型期的中国的特点,那么在对待"窝棚区"问题上也许会多一些宽容、多一些人性化管理,也会使政策多一些理性。

案例五 《深圳市节约用水条例》出台:深圳水改的第二个关键时刻

【案例正文】

一、《深圳市节约用水条例》颁布

2004年8月23日,由深圳市水务局拟定的《深圳市节约用水条例(草案)》(以下简称《节水条例》)正式提交该市三届人大常委会第三十三次会议审议。在深圳市人大常委会审议之后,《节水条例》已被送至市人大常委会经济工作委员会进行二审。这个耗时近两年的立法工作悄然接近尾声。2004年12月30日,《深圳市节约用水条例》经深圳市第三届人民代表大会常务委员会第三十五次会议审议通过;2005年1月19日,《节水条例》获广东省第十届人民代表大会常务委员会第十六次会议批准,自2005年3月1日起施行。

《节水条例》规定了"累进加价制度",超定额、超计划用水实行分级累进加价。对于超定额、超计划加价收取的水费的用途,《条例》草案修改稿规定,只专项用于节水技术、设施、设备的研究开发和推广应用,节水工程建设以及节水的奖励等工作。居民生活用水实行三级定额阶梯水价:定额标准以内的部分,按照用水基本价交费;超定额标准第二阶梯的部分,按照其用水基本水价的1.5倍交费;超定额标准第二阶梯以上的部分,则按2倍交费。用水单位超过用水计划50%以内,按照用水基本水价2倍交费;超过50%~100%,按照3倍交费;超过100%以上,按照4倍交费。

《节水条例》还规定,建立"计划用水管理制度",明确核定用水单位的用水

计划和定额；建立"三同时制度"，新建、改建、扩建项目应当配套建设节水设施，并且与主体工程同时设计、同时施工、同时投入使用；建立"用水器具名录制度"，淘汰质量差、耗水量大的旧式卫生器具和给水设施。

事实上，在1996年，深圳市已经先于内地其他城市，对居民生活用水实行阶梯式水价（即累进加价），居民生活用水超过基准水价部分的水费按规定全额进入"水费调节基金"。但是深圳市的商业、工业等单位用水则一直未能建立和实行超计划用水累进加价制度，相当大的程度上影响了水资源的利用和用水计划宏观调控的整体有效性。

二、《节水条例》曲折出台

深圳水务改革经历了两个关键时刻：在第一个关键时刻，深圳里程碑式地推出了公用事业特许经营办法，利用相对市场化的方法，成功地为深圳水务集团引入了强势的外资合作伙伴——法国威立雅水务集团和首创通用水务投资有限公司。在第二个关键时刻，水务市场的监管者深圳市水务局则携带着《节水条例》走到了前台，与各市场势力进行了第一次公开较量。对于一个必须依靠政府监管才能实现可持续发展的行业来说，后者的意义并不亚于前者。而早在合资之前，深圳市水务局就通过推进《节水条例》的立法，开始对建立水务市场化前提下的合理监管机制进行摸索。

伴随着《节水条例》的立法过程，深圳市水务局逐渐进入了公众的视野。此前，深圳市进行水务体制改革主要是依据《深圳市公用事业特许经营办法》和《深圳经济特区供水用水条例》进行。由于《节水条例》首次提出对工业用水实行超定额用水累进加价制度，并且触及到了对政府与市场之间的权利边界进行重新划定的敏感问题，《节水条例》的出台才格外引人关注，市民们也开始重新审视作为监管者的水务局的角色。

从2002年开始，深圳市水务局就拟定了节水条例的初稿，经过与各方的磋商和修改，深圳市法制局又将这一条例的草案放到互联网上，向广大市民公开征求修改意见。2003年12月，市法制局主持召开了《深圳市节约用水条例》立法听证会，并且三次召开供水企业、用水大户座谈会，征求修改意见。

在《深圳市节约用水条例》立法听证会上，代表政府各相关部门以及供水和用水单位的各种力量进行了公开较量。

"水务局几年未制定法规，没想到罚款的技术大增，小刀磨得锃亮，见人就宰。企业和居民的钱难道是天上掉下来的吗？"一位参加听证会的女代表对水务局进行了尖锐的批评。

一些代表认为，深圳市政府规章设定罚款数量，都要经广东省人大批准。1994年12月26日实施的《深圳经济特区水资源管理条例》罚款条款有7项，罚款额为2000元以上2万元以下,现在最高罚款金额翻了好几倍。相比之下,《上海节约用水管理办法》没有一条罚款条款。

在听证会上,代表们争议的焦点主要在于三个方面:一是《节水条例》草案中的罚款条款太多,罚款太重;二是《节水条例》赋予水务局的自由裁量权过大,缺乏约束和透明化,存在重走计划经济老路的风险;三是供水企业希望将超额加价的受益部分作为企业收益进行收取,但其他代表却一致反对,认为这部分收益应该收归财政。

听证会持续了近三个小时才结束,各方坦陈自己的利益要求。

从最终送交深圳市人大常委审议的条例文本来看,听证会起了重大的作用。在新的草案中,罚款条款减少了,罚款数额大幅降低;对水务局的审批用水单位用水计划权进行了较大幅度的缩减,明确规定了用水单位有对用水计划的审批进行行政复议和诉讼的权利;许多明显不合理的规定得到了修正。

三、管水者与供水者的利益分割

"作为承担着深圳市92%供水任务的企业代表,能不能再给我两分钟时间?"深圳水务集团的一位副总经理在听证会上曾请求超时两分钟的发言权利,不过法制局的主持人拒绝了他的请求。这样,水务集团希望在《节水条例》中获得的特权也遭到了拒绝。

深圳水务集团表示,实行阶梯制水价之后,超额加价部分占供水企业总收入的大部分甚至绝大部分,如果政府把这部分拿走了,企业该怎么办。但深圳水务局则认为超额加价收益属于政府政策的结果,而不是供水企业通过节约成本改善管理的成果,应该收归政府,作为专项基金用于调节水价和节约用水工作。

另外,供水企业企图通过立法获得用水单位的计划审批权以及新建项目的节水评估验收权,而这些要求都未能采纳入深圳市人大常委会的送审草案之中。

据熟悉深圳水务运作内情的知情人士透露,超额加价产生的这部分收益到底归谁,仍然有商量的余地。事实上,有些参加听证会的代表已经表示了对垄断行业通过立法获得特权的忧虑,希望将超额加价产生的收益使用进行透明化处理,杜绝收益重回垄断企业腰包的可能。可惜,这一建议未被条例所采纳,条例只是规定"具体使用管理办法由人民政府另行制定"。

由于水务集团与深圳市政府签订的特许经营合同不够细致,未能约定这部分收益的归属,因此遗留了很多问题。例如,外资是否享有收取这部分收益的权利就是其中一个问题。深圳市水务局政策法规处处长张斌认为,外资不应该要这个权利。他表示立法过程中并未受到水务集团合资方法国威立雅水务集团的压力。

中银国际的一位管理人士认为,引入合资方的时候并未承诺回报率和水价上涨,这为完善政府监管打下了好的基础,也为形成供水企业特许经营与加强政府监管相结合的体制埋下了伏笔。这位人士参与了中银国际去年对深圳水务集团国际招标引资过程。他表示,虽然没有从立法上获得超额加价部分的收益,但现在水价上涨对外资来说也算是一个意外惊喜了。

"外资进入水务市场对政府的管理水平提出了更高的要求。"张斌说。他表示,现在对深圳水务集团的管理要严格按照法律法规,依据特许经营合同、授权书和承诺书才能进行,因此这次立法周期较长,程序走得很充分。中银国际的相关人士也认为,引入外资方之后,不仅引入了资金、技术和公司治理,还对地方政府形成了制衡。"否则政企分开的水务市场化改革将更加艰难。"这位人士说。

也有业内人士对深圳水务改革的下一步表示了忧虑。大岳咨询公司总经理金永祥认为,水价的形成机制对于水务的市场化运作非常重要。

但健康的水价形成机制是以竞争性的供水企业准入制度为前提的,深圳的水务市场化改革并未解决这一根本问题。目前的水价形成仍然是以政府定价为基础的,而且由政府规定单位用水按计划下达供水配额,有悖于市场经济的规律,又回到了计划经济的老路。

可以预见,水务集团很可能会就这一收益问题不断与政府进行博弈。

(案例来源:①王强:"《节水条例》出台:深圳水改的第二个关键时刻",《南方周末》2004年9月23日;②"深圳旱情持续节水条例规定超额用水按阶梯收费",《南方日报》2004年10月27日;③张惠屏、陈晓薇:"深圳节水条例:处罚是否太重了?"《深圳商报》2003年11月23日。)

【案例分析】

公共政策的形成就是政策主体从它所代表的阶级、阶层或政治团体的利益出发,对社会上各种利益集团的利益要求进行整理加工,通过一定的方式,促使一定的利益实现,限制一定的利益要求,或者平衡各种利益追求,减少利益的冲突,使政策对象的社会行为能够按照政策主体的目的去发生、发展,最终实现政策主体的目的的过程。从这一点上说,政策的本质就是政策主体对社会利益的权威性分配。而一旦涉及利益的分配,同时也就涉及相互之间的博弈的过程。利益的相关者势必借助各种力量谋求自身利益的最大化,从而对政策"权威"施加自己的"组织性"影响。

从案例中可以看出,《节水条例》政策涉及多个相关利益者:深圳水务局、深圳水务集团、威立雅水务集团、首创通用水务投资有限公司、各用水企业、普通公众。在这些利益相关者当中，深圳市水务局是主管城市水务的政府职能部门；深圳水务集团、法国威立雅水务集团是深圳市城市供水的垄断性企业单位，从某种意义上讲，水务集团是政府水务政策的政策执行者；而一般的用水企业和公众则是水务政策的政策对象。

深圳市水务局作为主管城市水务的职能部门，它出台的一系列水务政策实际上是在公共利益、部门利益、企业利益和私人利益之间进行的权威性资源分配。这些利益包括：水务局自身的部门利益，同时作为政府职能部门，它又代表着社会公众的公共利益。水务集团作为管理公共事业的企业单位，它拥有自身的垄断利益，这种垄断利益通过两种途径获得：一是来源于它直接"管理"的供水事业；二是由于其本身经营的供水事业的性质的特殊性，可能受到政府政策的直接惠顾或者从政府财政中直接获得财政补贴。作为一般的用水企业和大众，他们的利益要求有：减少用水的成本；作为社会公众，他们关心自己上缴的水费和由于过错而缴纳的罚款是否被用于了城市公共事业，而不是成为了部门利益、企业利益的"战利品"。

面对多元化的利益要求，在《节水条例》制定过程如何对其作出平衡呢？不同的利益主体在政策形成过程中又是如何进行博弈呢？

首先，对水务局部门利益的否定。作为吃财政饭的政府机关，公众认为它不该从水务政策中获得直接利益。相应的争议体现在如下两个方面："一是《节水条例》草案中的罚款条款太多，罚款太重"，而罚款往往成为公共利益部门化的重要手段；"二是《节水条例》赋予水务局的自由裁量权过大，缺乏约束和透明化"，自由裁量权在公共利益部门化的过程中同罚款几乎具有了相同的功效。而最终出台的政策也恰恰体现了大众的这种利益要求。"在新的草案中，罚款条款减少了，罚款数额大幅降低；对水务局的审批用水单位用水计划权进行了较大幅度的缩减。"

其次，对水务集团的公共利益企业化的要求进行否决。水务集团希望将超额加价的受益部分作为企业收益进行收取，希望通过立法获得用水单位的计划审批权以及新建项目的节水评估验收权。第一个要求遭到了很多代表的一致反对，反对的理由是："超额加价收益……不是供水企业通过节约成本改善管理的成果，应该收归政府，作为专项基金用于调节水价和节约用水工作。"而第二个要求也未能采纳入到深圳市人大常委会的送审草案之中。

再次，对用水企业和公众利益的伸张。对水务局和水务集团的部门化利益和企业化利益的否定就是对用水企业和公众利益的维护。新的草案中除了以上提到的变化之外，还明确规定了用水单位有对用水计划的审批进行行政复议和诉讼的权利。而且公众通过自己的在听证会上的利益表达,对水务集团要求将超额加价部分的受益作为企业受益进行收取的要求进行了否定,将这部分受益上缴财政的要求也是对自身利益的维护。

虽然《节水条例》制定过程中,用水企业和普通公众的利益要求得到体现,但是其他集团的利益要求也并没有被忽略。例如,在关于加价部分的受益归属所有的问题上,并没有获得一致的意见,这表明水务集团与政府部门的博弈还将继续下去,也即是说水务集团还有获得利益的可能。此外,外资企业虽然没有直接在《节水条例》制定过程中给政府施加压力,但是,它们要求水务局对水务集团的监管法制化、合同化,这实质上也是他们利益要求的体现。

一般而言,政策主体对社会利益的权威性分配主要是通过三种形式来实现的:一是通过鼓励性政策,激励某种行为,加速某个行业的发展;二是通过限制性政策,控制某种行为或某个行业的发展规模;三是通过协调性政策,改变社会利益关系失衡、利益结构扭曲的状况。在案例中,政府不仅运用了限制性政策,同时也运用了协调性政策。即一方面限制了水务集团的某些权利要求,另一方面又在"收益归属"问题上留下了余地,为利益的进一步协调埋下了伏笔。这实际上是政府在水务政策上既坚持原则性,又具有灵活性的体现。这种政策取向可以使政府在平衡各方利益的博弈中留有回旋的余地。由此可以预见,水务政策各利益相关者在关于"收益归属"问题的博弈中,水务局、水务集团、外资企业都获得自己一定比例的收益。也许,将这些利益转移给水务集团、外资企业是不合理的,但毕竟这是各方进行博弈的结果。

案例六 重庆路桥年票制:听证会成"走过场"?

【案例正文】

2001年7月1日是重庆实行路桥收费年票制的第一天。凌晨零时,重庆主城区7座跨江大桥的收费站同时停止了收费。

与交管部门估计相反的是,接下来的一周,重庆城一天比一天堵。原来因回避高昂的过桥费而蜗居的车都开出来了,原来不愿打的过桥的人因为不再为出租车交5元的过桥费而纷纷打的过桥,被过桥费压抑很久的重庆市民迸发出的出行,充分显示了路桥收费改革的巨大影响。就在那一周,重庆江北的房价每平方米平均上涨了80元。

但是,这并不能够掩盖重庆大多数车主的不满和即将购车者的失望,因为重庆市确定的主城八区路桥年票价格"太高"——以轿车为例,一年2000元,不买不能年审；而且后来他们才知道,这一价格是在被大家寄予厚望的年票价格听证会前7天就拍了板的。

2001年6月中旬,重庆媒体刊发了重庆市市政管理委员会提交给重庆市物价局关于机动车路桥年票制的两套方案。随后重庆几家媒体的热线遭到"轰炸",所有致电者的意见几乎一致：这是难以让人接受的价格,而且是强制消费。一些人指出,比重庆消费水平高得多的广州,路桥年票制轿车收费不过980元,"重庆的年费太贵了"。

重庆市市政管委会的说法是,以轿车为例,2200元或2000元的价格与在重庆一座桥买一年月票的总价格2160元相当。年票"管"主城区七桥一隧道和13条收费公路(实际上都较偏远),买年票很合算。

一些市民不理解：如此"合算"的事情,为何要用"不买年票不予年审"来"邀请"？他们将希望寄托在了6月24日的年票制价格听证会上。

重庆市物价局称,本次价格听证会的听证代表共有39名,他们是从主城八区社会各界中选出来的,有广泛的代表性。

6月24日,年票价格听证会如期在重庆市物价局举行。代表发言时,焦点还是集中在年票价格高低和是否"一刀切",即主城八区车辆必须全都买年票这两个问题上。

重庆市消费者委员会副秘书长罗霞拿出了市消委会针对路桥年票制的调查结果：70%以上的人认为方案中年票价格过高,市民认可的年票价格以轿车为例应该在1000~1300元。

在4个小时的听证会上,共21位代表发言,仅有路桥公司在内的3位代表赞成年票制的两套方案；其余的代表在表达了对改革的支持后均提出各种反对意见,其中一位代表的话意味深长："24日开听证会,7月1日就要施行,我们知道政府部门不太可能因为听证会来改变既定政策,我们只希望'走过场'走得好一些,让物价部门将市民心声带给政府就是了。"

听证会结束后,市物价局表示,立刻将听证会内容和该局的观点上报市政府。

听证会次日即6月25日晚8时,一份重要的官方文稿传到各个新闻单位：重庆市路桥收费标准已获通过。文稿后附有年票具体标准和征收管理办法,其中的年票价格,正是此前提交听证的一号方案中的"建议价格"。而令人不解的是,这一征收标准和管理办法,早在6月17日审议通过。

这意味着,该办法早于听证会前7天就已敲定。

这时候,有人还想起重庆市物价局局长王胜利在听证会上说的一句话："路桥收费是行政事业性收费,可以不开听证会,但由于事关重大,我们还是决

第五章 政策制定

定开听证会。"

重庆市消委的另一位副秘书长参加了去年以来的多个价格听证会,谈到此次年票价格听证会,他一脸无奈地说:"是不是行政事业性收费,要不要听证,已在其次,关键是听证会的价值丧失了,既然政府已经决策了,再开听证会又有何意义?"针对2000元的轿车年票收费,他说,市消委的一辆车以往一年的路桥费只花了500元,消委的车走动得也算频繁的了。

这位副秘书长说,去年以来他所参加的重庆若干次价格听证会,基本上都是多数代表反对申请人的涨价方案,如水价上调、公交车起步价上涨的听证会等,但最终出台的价格都以申请人大获全胜而告终。唯一的例外是公交车一年之内第3次涨价的听证会,听证代表在没能阻止前两次涨价后,终于在这次"赢"了一回。

谈及重庆这次出台"年票制"的背景,很多人认为,这是因为重庆路桥收费是一道极难破解的世纪难题。

重庆主城区有7座大桥,其中3座由重庆路桥公司这家上市公司管理,实行单向收费。鉴于3座大桥中的嘉陵江大桥建于1966年,由政府出资修建,它该不该继续收费一直争论不休。在央视《焦点访谈》曝光武汉长江大桥在其收费年限到期仍继续收费后,重庆市民强烈要求取消该桥收费。

但是,在实行年票制之前,嘉陵江大桥一直没有取消收费。一个现实的问题是,如果该桥取消收费,对于重庆路桥公司的股东来说是不可接受的。

另外,对重庆主城区13条收费公路取缔收费或加以改革的呼声也很强烈。在多业主状态下,实行分账式的年票制收费方式,渐成各方共识。在政府确定了年票制收费改革方案后,市民最关心的问题只剩下一个:年票价格。但是,面对过多的业主,尤其是上市公司的存在,经过旷日持久的逐个谈判之后,年票价格已很难不高了。

张树义教授,中国政法大学行政法教研室主任,状告广州番禺洛溪大桥"违规收费"的原告的代理人。面对重庆路桥收费年票听证会前后一些让人难以理解的现象,他认为,在全国多个城市存在的路桥公司上市本身就是一个"怪象",而"听证"这一看似"流行"的决策方式,已经在一些地方逐步陷入了只"听"不"证"的尴尬境地。

张树义认为,解决一个城市的路桥建设资金问题,一般有3种方法:政府税收拨款、市场融资、贷款兴建。就重庆路桥公司来说,其下辖重庆"老三桥"均属政府税收拨款。既然是用纳税人的钱修的桥,为什么反过来还要纳税人"留下买路钱"呢?更加不合理的是,并非桥梁投资人的路桥公司上市了!市民利益无可奈何地被股民利益侵占了。这样的上市为政府继续收费找到了最佳理由,也为未来可能的取消收费制造了最大障碍,可谓一石两鸟,化简为繁。

再说听证会,张树义认为,自从 1996 年《行政处罚法》将听证程序引入之后,听证逐渐成了一个重要的决策程序。听证制度是从西方引入我国的,它的目的是寻求代表公众利益的最佳方案,"听"只是一层意思,政府决策部门在听的同时,还应由此权衡利弊,求证一种方案的可行性,不能只将听证会当做一种形式。像重庆这次听证会,就是典型的只"听"不"证",听了只当耳边风。政府决策的最终方案是无法在这次听证会上"求证"的。

补充材料

重庆主城区七座收费桥包括嘉陵江牛角沱大桥、石门大桥、长江石板坡大桥(老三桥)、黄花园大桥、李家沱大桥、鹅公岩大桥(新三桥)以及于 2002 年 1 月 11 日建成通车的嘉陵江复线桥(后更名为渝澳大桥)。在重庆市实行年票制改革以前,老三桥每天堵车,而新三桥长期"吃不饱"。造成这种状况的主要原因是老三桥和新三桥分属三个不同业主,采用不同票制和收费方式。

老三桥属重庆路桥股份有限公司,出城车流量分别是设计能力的 2.31 倍、1.79 倍、1.13 倍。据统计,老三桥日通行车辆 16.53 万辆,占重庆市主城区收费桥梁通行量的 76.83%,去年赢利 6291 万元。老三桥采用进城单向收费制,且实行月票。于是,老三桥每天进城车流量达 7.6 万辆次,出城车流量更是达到 8.9 万辆次。每月约 1.8 万辆车购买老三桥过桥月票,这些月票车的流量占了老三桥车流量的 54.95%;平均每张月票的价格为 256.46 元,每辆月票车平均每天过桥 2.33 次,每次过桥的费用只有 3.66 元,与实行双向次票制的新三桥相比(双向 15 元/次)可节约 11.34 元。

黄花园大桥属重庆渝丰路桥股份有限公司,双向次票收费。进城方向二类车收费 10 元,出城方向二类车收费 5 元。设计日通车能力 5 万辆,目前仅 2.2 万辆。李家沱大桥和鹅公岩大桥则属重庆市城市建设投资公司,收费方式和标准一样:双向次票收费,进城方向二类车收费 10 元,出城方向二类车收费 5 元。目前,前者车流量只达到设计通行能力的 30%,后者更只有 24.62%。黄花园大桥、李家沱大桥和鹅公岩大桥的流量,只占总过江流量的 23.17%。

(案例来源:①于小水:"重庆路桥年票制:听证会成'走过场'?"人民网,2002 年 7 月 18 日;②"重庆路桥收费改为年票制——好难端平的一碗水",《中国汽车报》2002 年 9 月 30 日。)

【案例分析】

听证,是一个舶来品,50 多年前在美国已经出现。其精神是无论行政决定的内容是否公正,首先必须在行政决定的程序上实现公正。它的基本内容:一是听取意见,二是不能做自己(案件)的法官。在我国,最早规定听证的一部法律,是1996年出台的《行政处罚法》(第三节)首次大胆引入了"听证程序"的内容。1998年实施的《价格法》也把听证内容首次引入价格决策程序。2000年施行的《立法法》也为立法决策开创了听证先河。到2001年,国家公布实施了《政府价格决策听证暂行办法》,为价格听证制定了操作规程。从此,听证成为一项重要的法定程序被正式引入了政府价格决策、行政处罚决策和立法决策等领域。

应该说,听证程序的引入对政策制定过程的民主化是一个极大促进。政府可以通过举行听证会来广泛收集群众尤其是相关的利益团体的意见,使得政策方案的拟定以及最终的决策更加科学化和合理化。但是,从本案例可以看出,重庆路桥年票制听证会只不过是走过场,很多民众、媒体对听证会的效果表示不满。这说明我国政策制定中的听证制度还不完善,存在着很多亟待解决的问题。下面将结合案例分析听证会在我国政策制定中存在的问题及其改进途径。

听证会制度在我国政策制定中存在的问题,一方面是在认识上存在着偏差:一是不少人对听证会制度没有清晰和正确的认识。我国听证会制度有《价格法》、《政府价格决策听证暂行办法》和价格听证目录等一套比较完善的法律体系。依据这些法律、法规的规定,听证会的本质是"对制定价格的必要性、可行性进行论证",其论证的意见和结果,供政府有关部门参考。也即是说,举行听证会的目的只是收集相关的意见,而不是进行最终的政策决定。因此,将听证会看做是"决策会",把听证说成"制定政策",就是对听证会的误解,而不少人都持有这种想法。二是不少人认为在听证会上不同利益方所提的观点都必须为决策者所采纳。事实上,听证会只是为不同政策利益相关者提供利益表达的场所,其意见和观点能否被采纳还需要看各方利益平衡的结果。因此,最终的政策决定可能是同听证会上的主流意见一致的,也可能是不同的甚至是相反的。三是不少人认为听证会对政策选择起着决定性意义。然而事实并非如此,例如,价格听证会不一定就会导致降价的政策。因为影响价格的因素很多,包括消费者的承受力、商品成本、政治经济环境的变动,等等。

另一方面的问题是,一些决策部门并不想真正发挥听证会的作用,而是将听证会当做政策合理性的工具,导致政策听证会往往是走过场。在案例中,"听证会次日即6月25日晚8时,一份重要的官方文稿传到各个新闻单位:重庆市路桥收费标准已获通过"。这样的决策速度让人怀疑政府是否充分地考虑了听证会上消费者代表的意见。"24日开听证会,7月1日就要施行,我们知道政府部门不太可能因为听证会来改变既定政策……"可见,听证会代表对政府举办听证会的目的是持怀疑态度的。"这一价格(一年2000元的年票价格,而且不买不予年检)是在被大家寄予厚望的年票价格听证会前7天就拍了板的"。显然,听证会听而不证。在听证会"制度化"的前提下,政府走这样的程序,只是在拿听证会当做政策合理性的门面,而根本就没有考虑到听证会的真正意义。"路桥收费是行政事业性收费,可以不开听证会,但由于事关重大,我们还是决定开听证会。"从这句话中也可以看出有关部门开听证会的初衷并非是为了征求和吸纳各方面的意见。

在案例中,为什么政府的听证会成为"走过场"?重庆市路桥收费标准为什么没能如代表们所愿降低呢?其原因是重庆路桥收费是个"世纪难题"。嘉陵江大桥没有取消收费,是因为取消收费是股东们无法接受的;上市公司的存在成了一股站在政府和广大消费者面前的强大的谈判力量,在这样的谈判力量面前,"年票价格已很难不高了"。上市公司的利益"组织化"是导致"股民"利益侵害"市民"利益现象出现的深层次的原因。路桥公司上市本身虽然是一个"怪象",但是正是这样的一个怪象才是导致重庆市路桥年票价格过高的原因,而且这样的怪象的存在也"为政府继续收费找到了最佳理由,也为未来可能的取消收费制造了最大障碍"。

那么,如何防止政府再走听证会的"过场"呢?一是要选择具有较强专业知识的代表。价格听证会目标能否实现及实现的程度在很大程度上取决于听证代表的水平。参加听证的代表是以专业知识,而不是靠投票来影响价格决策的。因此听证代表的人员构成和专业素质对听证会的成功具有决定作用。所以代表的选拔在很大程度上左右着听证会的最终效果。听证代表的产生不仅要有自上而下的途径,还要有自下而上的途径,听证代表的选取可以采用自愿报名和国家有关部门聘请相结合的方式。听证会的组织者应在听证会举行前的一段时间公布听证代表的名单及详细情况,接受公众的评议,应该尽量选取文化水平较高、表达能力较强的人做听证代表,以提高听证会的层次及决策参考价值。消费者代表中的各领域的专家是非常重要的,因为他们能够理解生产者使用的专业术语,能够准确指出对方证据上的不足和逻辑上的错误,能够形成听证会现场的辩论。二是听证会的举行时间、内容等应该提前公布,这可以给代表深入细致调研留下时间,代表们只有掌握大量的数据资料,才能够使自己的观点更有说服力。三是相关部门要承担代表在组织成本、获取信息以及谈判方面的一些费用。四是听证会应该进行信息披露,让听证会变得透明。最后,要建立监督机制,保证听证会上的结论能够被决策部门所采纳。

案例七　审视北京市暂住证分类发放政策

【案例正文】

2001年3月23日,北京几家媒体分别刊发了这样一条消息:北京将划分ABC三种暂住证,对外来人口进行分类管理。虽然还在酝酿之中,但是敏感的外来人群还是又一次觉察到被歧视的气息。

有消息称,外地人员来京三年以上,可领取A证;一年以上不足三年领取B证;对来京时间不足一年符合办证条件的,发放C证。此外,外地科技人员可以直接办理A证;废品收购、文化娱乐、洗浴发廊等特种行业,从业的外来人口,无论时间长短,一律发放C证。持有C证者将作为重点管理对象。三种暂住证分别使用绿、橙、红三种颜色加以区分。

北京市统计局的统计数字为这项政策的出台提供了直接的参考数据,认为外地进京务工人员受教育程度"不容乐观"。其中,58.4%的人仅受过初中教育,受过大专及以上教育者仅占9.3%,受过高中教育者占15.8%,另有2.3%的人不识字或识字很少。与此相对应,外来人口在京所从事的绝大多数是加工和服务行业,其中从事建筑业、商业、工业、其他服务业及餐饮业的外来人口占到了外来人口总数的82.6%,而从事专业技术工作的外来人口仅占总数的3.2%。

北京对外来人口的管理从来没有松懈过,有关的规定几乎应有尽有。暂住证分类发放不过是又一个加强管理的手段,但是总被作为"重点管理对象",总会让来京的外地人心中忿忿不平。

一、办证——收费加麻烦

1995年公安部发布的《暂住证申领办法》中规定:"离开常住户口所在地、拟在暂住地居住一个月以上年满十六周岁的人员,在申报暂住户口登记的同时,应当申领暂住证。"紫红色的暂住证成为外地人在京城的"合法"居住的证明。

暂住证分半年期和一年期,一般大城市要求每月交15元管理费,加上手续费和其他名目的费用,半年期100元左右,一年期200元左右。不足半年的按半年收费,女性还要兼办婚育证。不同的城市会根据自身的经济水平在收费上采用不同的水平。

除收费之外,还给人们带来很多麻烦。有些地方办起来手续并不简单:需要在指定的照相馆照相片,要用工单位出证明,要出租房屋的房东拿证件,要到居委会申报备案,育龄人口要到计划生育部门办证。而且到期要续办,搬离派出所所辖区要变更,离开要注销。由于手续过于烦琐,许多流动人口不到迫不得已,一般不主动办暂住证。暂住证制度的目的在于限制外来人口,麻烦也成了理所当然。

如此数量庞大的流动人口全部按规定办理暂住证,费用相当客观。以公安部透漏的数据,如果按 8000 万流动人口在外流动一年计,办理暂住证每人需交 180 元管理费用,总计就是 144 亿元。

二、查证——让人心惊胆战

马哲是黑龙江齐齐哈尔人。在北京混迹多年,窝也换了几个。"我住过最乱的地方可能就是朝阳区小红门,那儿房租便宜,各色人等都有。那儿有一半以上的人不办暂住证,因此也是查证频繁的地方,说不定什么时候就会有突击检查。像战争爆发一样,几个口同时堵。没办证的罚款 50 元,搞不好还要被收容遣送。"

马哲其实并没有给人查过几次,他认为这得归功于他的注重仪表。不仅没有被查,马哲还曾在崇文门三角地,用 30 元赎回一个正在被送往遣送站的熟人:"那有一个非法劳务市场,90% 以上没有暂住证。那儿的管理所总是定期向遣送站送人。他们当时跟我要 50 块钱,我讨价还价,给了 30 就放人。"

马哲发牢骚说,那些租住在高层楼里的人,办不办暂住证还不当紧;住在宾馆即使住个一年半载,也没人要你办;要紧的是越没钱的人越办,越要当心。进城打工的农民成了外来人口这个弱势群体中的弱势。

38 岁的杜英男是《母语》杂志的图片编辑,沈阳人。虽然属于那种明显的白领,杜英男还是有一次被查证的经历。杜英男住在五棵松附近的一个部队大院里,那一带是民工"出没"的地方。有一回回去得晚,过了夜里 12 点,被警察拦住。"幸亏随身带着部队大院的出入证,上面有我的职业。"杜英男庆幸有惊无险。

"在北京一年多,暂住证是集体办的——杂志社的大部分人都属于外来人口。"杜英男说,1999 年底单位的那次"大规模"办证,主要源于当时北京市对外来人口的大规模清理整治。"真的有点害怕,我就亲眼见过一个民工被塞进车里带走。据说还要在什么地方筛几个月的沙子才能被遣送。杂志社就有不修边幅的年轻人被查。"

三、脆弱的护身符

在北京没有暂住证将被"限期离京"。《北京市外地来京务工经商人员管理条例》1995 年 7 月开始执行,此条例规定:没有暂住证,责令补办。逾期不办理暂住证,或者暂住证期满未按规定办理延期手续的,责令补办,并处以 50 元以下的罚款；情节严重的，责令限期离京。

因为没有暂住证涉嫌"三无"受驱逐的，多不胜数。"三无"已经成了城市最底层人的象征。所谓"三无人员"，是指无合法有效证件、无固定住所、无正当职业或合法经济来源的人员。"三无人员"要"三无"俱全。而事实上符合这些条件的"三无人员"寥寥可数。收容措施之所以大行其道，不过是有些部门和人员冲着"赎金"的诱惑而已。

在一些北京媒体上，可以看到这样的报道："2000年本市的外来人口管理取得了来之不易的成果……共收容'三无人员'29.5万人……"大多数人都知道这样一个实情，北京每年收容遣送的人数是有任务的，因此暂住证有效无效成了一件灵活的事。如果你住在条件差的郊区，你的暂住证很可能不大管用。

四、对外来人口的歧视

曾经有一位在北京的外地人给报社打电话反映：某派出所给外地来京人员办理暂住证的窗口竟紧挨着办养犬证的窗口，而本地人办理身份证和户口都是在办公室内。他认为这是对外地人人格上的一种侮辱。或许这位外地人有点小题大做，但是不难理解——受到伤害的人总是比常人更加敏感。

虽然各个城市都承认外来人口在城市建设中的贡献作用，但是外来人口还是被当做违法犯罪分子藏身的群体，成为重点防范、清查的对象。公安部一位官员表示：不办暂住证的，恐怕相当一部分是违法犯罪分子、流窜犯。

外来人口还总是被当成与本地人争抢工作岗位的对手，经济不景气时更是如此。媒体的一则报道甚至用这样一个醒目的标题："调查显示260万外来人口进京抢'饭碗'"。这也成为各地政府限制外来人口的一个动因。北京一度公布上百个工种禁止雇用外地人。天津公安局2000年7月发出暂停办理外来人员《暂住证》的通告。通告称："为了维护我市城市环境秩序……经市人民政府批准，现决定对无照经营的，违章占路经营、乱摆乱卖的，未经行政主管部门批准从事车辆冲洗、收购废品等经营活动的，盲目流入我市未确定务工、经商场所的，居住在违章建筑内等外来人员暂停办理《暂住证》。"

（案例来源：根据洪向华编著：《MPA最新案例全集》（上），湖南人民出版社，2002年，第233～238页《外来人口，三六九等》改编。）

【案例分析】

随着我国政治民主化进程的逐渐加快，民众对于公共管理提出了更高的要求，其中最重要的一条就是要行政公正化。概括地说，行政公正化是指行政机关的活动以及相关的制度对于任何人都不偏不倚、公平正直、一视同仁。进而言之，行政公正化是指公民不仅有参与影响他们利益的决策的机会，而且还能够公平地从政府提供的机会中获得利益。行政公正化包括三方面内容：行政行为公正化、行政程序公正化和行政决策公正化。从政策学角度来说，行政公正化要求政府制定公共政策时要平等地对待相关的利益群体，出台的政策能够使不同的政策对象具有平等的机会，制定政策的程序要具有公正性，以及执行政策的行为要具有公正性。这样，公正性就成为了公共政策制定中的一项重要原则。但是，案例中的"北京市暂住证分类发放政策"却在某种程度上违背了公正性原则。下面对这个问题进行分析。

从表面上看，暂住证分类发放政策将在北京市的外来人口分成不同类别，对不同类别的人给予不同待遇，该政策具有很明显的歧视性，即非公正性。不过，对其还需要进行更深入的分析，才能够对公正性有更全面的理解。

首先，理解公正性要考虑到社会分层现象。社会分层现象在人类社会是普遍存在，而社会分层又与资源紧密相连。当资源丰富时，分层的规定就会比较宽松；而当资源有限时，分层的规定就会比较严格。比如，在美国，法律规定人有迁居的自由，因为相对来说，它的资源还是比较丰富；然而它却对于外来移民有非常严格的限定，不许外来人轻易占有它的资源。在我国，城市资源比乡村资源更为丰富，很多乡村的人都向往城市；然而城市资源毕竟是有限的，它不能够任凭外人来占用。因此，在政策上人为地将人进行分类管理，是资源有限的情况下的一种迫不得已的政策手段。所以，暂住证分类发放政策是限制外来人口占用北京市正式居民的资源（就业机会、公共设施等）的一种手段。

其次，理解公正性还需要考虑不同人的贡献。有观点认为，付出越多，那么得到就越多；而付出越少，则得到就越少；这才是真正的公正。对一般公民而言，他对国家的付出就是缴税。一个人缴税越多，那么政府就给他更多的机会；反之越少。北京的市政建设主要是靠北京人的税收来支撑的，其次是那些长期在京有正式职业的人，他们在纳税上也作出相当的贡献。所以，在分享市政资源上也要实行分类管理。首先考虑的是正式居民的利益，其次考虑的是长期在京有正式职业的人，那些短期的无正式职业的人则被放到最后去考虑。即来北京时间长，有正式、稳定职业的，纳税多的人得到 A 证，享受财税所提供的服务；相反的情况则只能得到 C 证。

由此看来，北京市政府出台的暂住证分类发放政策不但有现实基础，而且还在某种程度上符合公正性原则。但是，如果仅在这个层面上理解政策制定中的公正性原则，那么在实践中，我国的公共政策势必加剧贫富差距、城乡分化，而这是政府所不愿看到的，并且也是政府所要努力消除的现象。正是基于此种思考，政府和专家学者都主张取消暂住证制度，使公共政策重新回到公正性的轨道上来。这是因为，目前的暂住证制度不仅违背公正性原则，而且与法律、国际公约等方面都存在矛盾之处。

首先,暂住证制度的法律依据不合时宜。根据公安部制定的《暂住证申领办法》,暂住证制度的法律依据是《中华人民共和国户口登记条例》。而这个条例是1958年由全国人大常委会通过的,其以严格控制人口流动为基本准则(特别是严格限制农民向城市迁移),目的是建立城乡分离的二元户籍制度,核心内容是把全国人口人为地划分为城镇户口和农村户口两大主要类型,并实行有差别的社会福利待遇政策。

其次,暂住证制度违背法理。如果说暂住证制度本身就是对农民进城的一种制度上的阻碍的话,那么将暂住证分等级,对外来人口进行分类管理则更加深了这种制度上的歧视。法律面前人人平等,但暂住证制度却将人分为三六九等,譬如案例中的北京市将暂住证分为ABC三种。农民进城要办暂住证,但城里人到农村就不需要办暂住证,这是一种典型的制度歧视。

最后,暂住证制度与国际公约相悖。我国已于1997年10月签署了《经济、社会和文化权利公约》,1998年10月签署了《公民权利和政治权利公约》。其中《公民权利和政治权利公约》第十二条第一款规定"合法处在一国领土内的每一个人在该领土内有权享受迁徙自由和选择住所的自由"。暂住证制度显然不符合公约的上述规定。

因此,取消暂住证制度已经成大部分政府官员和专家学者的共识,而不少地方政府也开始了暂住证制度的改革。2003年7月,沈阳取消暂住证制度,改为申报居住登记。此后,全国大部分地区也开始了相关的改革。这种改革具有重要的意义,一方面,体现了政府在政策过程中重视公正性原则;另一方面,取消暂住证可以使农民在城乡之间自由流动,这不仅有利于城乡劳动力的优化配置,也有利于消除贫富分化、城乡分化等现象。

5—3 小结

本章通过七个案例分析了政策制定中的重要理论内容,包括政策议程、政策规划原则、政策合法化等方面,得出如下结论:

(1)一个公共问题该不该被认定为政策问题,受到多种因素的影响。在这些因素中,首要的就是客观情势的性质和严重程度,而要确认客观情势的性质及其是否严重则是公众议程的主要任务。其次,政府确认政策问题的标准和程序也会直接影响到政策问题的确认。对政策问题的认定在很大的程度上反映了政府对自身的角色定位以及政府的价值取向和行为标准。

(2)公共政策方案的选择要遵循民主化、科学化、合理化、公正性等原则。这就要求在决策中,要充分重视专家意见,重视听证程序,重视决策责任,提高政府决策开放度、参与度,倡导"以人为本"的公共决策新理念;积极探索方案选择中专家作用与社会公众参与的配合的方式方法,优化专家论证和公众参与二者之间的关系。

(3)公共政策过程实质上是一个政治过程。这从戴维·伊斯顿关于公共政策的定义中可以看出来,他将公共政策定义为"对全社会的价值做权威的分配"[1]。既然政策是对社会利益的重新分配,那么必然会产生失利者和得利者,这样在政策制定过程中,政府、相关利益团体、民众就会进行讨价还价,政策制定过程实质上是一个博弈过程。在博弈过程中,决策部门不仅作为一个利益主体参与其中,更重要的是要作为一个协调者,对各方面的利益进行平衡和综合。

思考题

1. 政策问题的认定受到哪些条件和因素的制约?
2. 公众议程和政府议程在政策问题认定过程中的不同作用体现在哪里?
3. 政策制定中公民参与的意义体现在哪里?
4. 如何理解政策制定过程中利益分配所体现出的公共政策的政治性?
5. 如何建立政府在政策制定过程中的利益冲突协调机制?
6. 政策方案的选择应该遵循哪些原则?
7. 听证程序应该从哪些方面加以完善才更加科学?
8. 我国政府在城市化过程中应该具有什么样的政策导向性?

参考文献

1. 王骚编著:《政策原理与政策分析》,天津大学出版社,2003年。
2. 张国庆著:《现代公共政策导论》,北京大学出版社,1997年。
3. 陈振明主编:《政策科学》,中国人民大学出版社,1998年。
4. 陈振明主编:《政策科学——公共政策分析导论》,中国人民大学出版社,2003年。
5. 王诗宗著:《公共政策:理论与方法》,浙江大学出版社,2003年。
6. 王佃利、曹现强主编:《公共决策导论》,中国人民大学出版社,2003年。
7. 洪向华主编:《MPA 最新案例全集》(上)(下),湖南人民出版社,2002

---

[1] 张国庆著:《现代公共政策导论》,北京大学出版社,1997年,第7页。

年。

8.（美）赫伯特·西蒙著,杨硕等译:《现代决策理论的基石》,北京经济学院出版社,1991年。

9.（英）米切尔·黑尧著,赵成根译:《现代国家的政策过程》,中国青年出版社,2004年。

10.（美）戴维·L.韦默、（加拿大）艾丹·R.维宁著,戴星翼等译:《政策分析——理论与实践》,上海译文出版社,2003年。

第六章 政策执行

6—1 理论要点

政策执行是指将政策方案付诸实施,即按照政策方案的要求和计划,以实际行动有步骤地实现政策目标[①]。传统观念认为,政策科学和政策分析应该致力于研究政策方案的制定,而政策执行则属于行政学研究的范围。这导致在20世纪70年代之前,政策科学的理论研究偏重于政策规划和政策分析。但是,在20世纪70年代,普莱斯曼和威尔达夫斯基发表的《执行:华盛顿的期望在奥克兰市破灭》,引发了政策学者对政策执行的广泛关注。他们开始发现,在政策制定和政策评估之间,存在着一个"被遗漏的环节",政策失误或失败的原因之一就是政策执行出现偏差。在认识到执行环节在政策动态运行中的意义后,政策学者对政策执行理论与实践进行了广泛和多角度的研究,由此产生了不同的理论派别。这些政策执行理论派别包括:行动论、组织论、社会总体考察论、互动理论模式、博弈模式等。

政策执行是政策过程中不可缺少的一个环节,它在政策过程中的作用主要有如下方面:①政策执行是公共政策发挥实际作用、解决政策问题的关键环节之一,只有政策执行才能实质性地解决政策问题。②政策执行是检验政策方案完善程度的实际手段。执行前的分析检验不可避免地带有一定的主观性和偏差,如果执行环节没有问题,那么一旦执行没有收到预想的效果,就只能说明政策方案本身有问题。③政策执行是政策评估与修订终结的现实依据。执行是检验政策方案的唯一的实际手段,所以是继续执行、或修订,还是终止执行,以其他方案替代,都取决于执行的实际效果。④政策执行会不断丰富政策经验,为后继政策制定提供正反两方面的参照依据。

[①] 王骚编著:《政策原理与政策分析》,天津大学出版社,2003年,第159页。

政策执行过程主要包括政策宣传、政策分解、物质准备、组织准备、政策试验、全面实施、协调与监控等环节。这些环节构成了政策执行的功能活动过程,要保障每个环节的顺利进行,政策方案才能取得预期的效果。政策执行的每一个环节都离不开一定的执行手段,执行手段的恰当与否直接关系到政策目标是否能够顺利实现。概括来说,政策执行手段主要包括:行政手段、法律手段、经济手段、思想诱导手段等[①]。

政策在执行过程中必然受到多种因素的影响。政策学者越来越深刻地认识到现实中的阻碍是执行不力的重要原因,而阻碍的形成则是因为执行活动的整个过程受到多种因素的影响。参照众多学者的理论观点,可以将政策执行的影响因素概括为政策问题和政策方案本身的因素、社会环境的影响、执行机构的因素和调试对象的影响。

(1)政策本身因素包括:政策问题的性质、质量结构和政治层次、社会科学技术水平、执行过程中的技术处理的复杂程度。

(2)社会环境因素包括:执行所依赖的物质资源、社会支持态度与支持行为、政治活动过程。

(3)执行机构因素包括:机构设置是否合理、内外沟通是否协调、运作是否高效、执行人员素质等。

(4)调试对象因素包括:调试对象的社会关系和社会价值观、利益主体的利益关系。

6-2 案例分析

案例一 昙花一现的个性化车牌政策

【案例正文】

一、政策背景

新中国成立以来,机动车车牌的管理大致经历了两个阶段。第一阶段是从建国初期到20世纪90年代初,机动车车牌是按顺序排号发放,由工厂批量制

[①] 陈振明主编:《政策科学——公共政策分析导论》(第二版),中国人民大学出版社,2003年,第262~269页。

作好车牌,然后由车管部门按号牌顺序发放给车主。第二阶段是"九二式车牌",即为解决车管部门和群众之间因为车牌号码而产生的矛盾,实施"电脑选号"。该政策于1992年制定并进行试点,1994年开始在全国实施。然而随着机动车数量年年猛增,"九二"式车牌的容量已经不能满足车辆发展的速度。截至2001年底,全国机动车保有量已达7398万辆,一些城市摩托车和小型汽车号牌容量已趋饱和。随着机动车总量的增加和机动车所有人结构的变化,现行的"九二"式机动车号牌由于受编号规则的限制,在数量上不能满足人们的需要,在号码选取上也不能满足人们对个性的追求。

二、"个性化牌照"政策出台

在这种情况下,依据《公安部关于开展启用"二〇〇二"式机动车号牌试点工作的通知》(公交管[2002]85号),北京、天津、杭州、深圳作为首批试点城市,于2002年8月12日率先开始启用新式机动车号牌,即"个性化牌照"。

此次试行的"二〇〇二"式机动车号牌的所有号码全部对外开放,并采取机动车所有人自主选择的方式。号牌编号使用英文字母和阿拉伯数字按"3+3"方式编排,字符位数由5位升至6位。汽车类号牌号码为上下两排结构,上排有一个汉字和一个大写的英文字母,前者是所属的省、自治区和直辖市的简称,后者是公安交通管理部门车辆管理所的顺序代码,如"浙A";下排是号牌编号。而摩托车类号牌号码则为左右结构,左侧是机动车登记机构代号,右侧是号牌编号。在颜色方面,小型客车和轻型摩托车牌照颜色为蓝白相间,大型客车则上黄色牌照。

个性化车牌政策具有如下特点:

(1)机动车号牌的号码扩大了一百多倍,选择余地大。"九二"式车牌号码受编号规则的限制,在一个机动车登记代号(一般为地级行政辖区范围)下,一种类型机动车号牌容量仅为34万,而我国中等城市的机动车拥有量已达到这个容量。"二〇〇二"式车牌编号号码容量由34万扩大到了3600万,既满足了机动车增长的需要,也为车主提供了自主选择的机会。

(2)选号程序便捷,价格不变。"二〇〇二"式个性化车牌,从申请、选号、路面管理全部采用计算机数字化管理。在试行地区车管所发牌大厅,均设置了触摸式选号查询系统,使车主可先对所选号牌使用情况进行查询,保证群众选号的需求。按照公安部的有关规定,启用"二〇〇二"式机动车号牌,允许群众选择6个号码。如6个号码均已被使用,则要求车管所通过计算机随机生成1个号牌号码。在试行"二〇〇二"式机动车号牌期间,新号牌和"九二"式机动车号牌都有效,机动车行驶证和机动车定期检验合格证式样不变。号牌及相关的一切收费标准均按照现行的"九二"式机动车号牌的各项收费标准执行。车务收费中，新领小型、大型汽车牌照仍然是114元一套，没有增加任何费用。

(3) 没有预留号，选号系统全国统一，使车牌资源的分配更趋公平、透明。"二〇〇二"式车牌号码的编排规则是车主自主选号，公安交管部门内部不留任何号码，从源头上杜绝了车牌发放违规行为的发生，实现了与国际通行车牌发放规则接轨，使车牌作为一种公共资源分配更趋于公平合理，同时也使某些特殊数字牌照不再具有身份意义，有效地削平了特权所导致的数字"鸿沟"。

(4) "二〇〇二"式车牌的发放，为车主更好地实现个性需求提供了契机。现代社会主要特征之一是越来越宽松和多样的生活，以及个人和群体的个性自由的发展。"个性车牌"的推出也大大激发了公众的购车欲望。从统计数字来看，单北京一个城市在这十天中就有1万多名车主申领了新车牌，比平时增加了十几倍，杭州、深圳、天津也出现了排队申领新车牌的壮观景象。这就是公众对于"个性车牌"接受程度的最好佐证。

(5) 新车牌增加了信息含量和防伪技术。技术部门在号牌上增设了机动车的技术参数信息，确保了机动车与号牌关联对应，有利于防止机动车号牌的挪用、涂改等违规行为。并提高了机动车号牌的制作防伪技术。新车牌的设计为，前号牌中间用"·"标记分断，如"ABC·123"；后号牌中间用"—"标记隔开，如"ABC—123"，避免前后车牌互相调换。车牌上还有多个防伪标志，包括汽车形状的防伪标志、加密码、原材料序列号和加密条形码，有利于防止不法分子伪造号牌，便于路面执勤人员识别号牌真伪。

三、实施情况

2002年8月12日，北京、天津、杭州、深圳等四城市开始试用"二〇〇二"机动车号牌。政策推行当天，早晨5点多开始，四个城市的车辆管理所大厅内就开始有人排队，希望抢先注册到自己心仪的号牌。当天北京地区就有2300多名车主申请到了新车牌。深圳一天内办理的新车牌突破原先预计的500个，达到810个。到8月16日，北京已有7000多车主领到了新车牌。8月12日至8月21日，北京市共发放了个性化车牌11000余副，天津市共办理了2000多副个性化车牌。从已注册的新车号来看，其中不仅包含国际流行元素，而且个性色彩相当浓厚，甚至不乏一些绝佳创意的车牌号。个性化车牌充分体现了个性，纪念号和吉祥号是被选的"主流号码"。IAM 007、UFO 001、MAN 001、163 COM、521 FLY、ILU 521等号码体现了个人的个性和追求。在不到五个小时的选号时段内，带有COM或者NET的号码已经被抢注一空。深圳的邓强文更是一大早就顺利地将"CHN—001"搏到手。因北京等城市禁止"CHN"

号码使用,故他的这一号牌尤显珍贵。隆小姐为自己的新车选择了"LZW·516"作为车牌号。她说,用自己名字字母的缩写加上生日作为车牌号很有纪念意义,"有选择真好,宽容真好"。

然而,在车主们享受个性张扬所带来的巨大精神满足的同时,"个性化车牌"政策也开始接受国家法律与社会道德的拷问。许多容易产生歧义的个性号码纷纷被人抢注,各界对个性化车牌也出现了一些质疑,其中争议比较大的问题有以下几个:

(1) 是否涉嫌侵权或超出社会规范。很多人质疑,用公众所熟知的 BTV 台标、BMW、TCL、IBM 等驰名商标做车牌,是否侵害商标权和声誉;用 WTO 等国际组织、FBI 等国外机构的英文缩写做车牌是否妥当;用"USA—911"做车牌是否成心触及他人伤口、"SEX"等敏感词汇做车牌是否有损市容风化,而"TMD"做车牌引起了歧义,暴露出少数人的低级趣味。

商标局专家还认为,商标是否被仿冒或盗用,有一个重要条件,即被认为侵权的产品是否与受害者的产品一致,比如奔驰牌衬衫就不构成对奔驰牌汽车的侵权,因为它不是同类产品;而且这些缩写并没有被应用于商品和经营目的,从这个角度讲,这不属于商标法所约束的行为规范。但专家也指出,车牌上这些知名企业的缩写可能对企业声誉造成一定损害,类似普通车挂上"BMW"车牌的现象在一定程度上会造成误导。

当然,也有人持相反的观点,认为,一则,为什么非要将"SEX"与"性"联系在一起呢?难道比如名字拼音缩写为"SEX"的人就不能用自己名字的汉语拼音简写作为车牌了吗?二则,"TMD"就不能是自己名字汉语拼音的简写?就不能是对"战区导弹防御系统(简写"TMD")有兴趣、有研究的车主起的车牌号码?至于说到"USA—911",美国还专门有人申请这种车牌,以纪念自己国家那个悲惨的日子和在那一天逝去的亲友。事主尚且如此,我们又操什么心呢?

(2) 距离远了看不清楚。据天津媒体报道,在使用新式车牌时存在距离远了看不清车牌的问题。这也可能是天津市暂停办理新式车牌的原因之一。

(3) 新车牌设计不大合理。据一些车主反映,新车牌比原牌照短 1/4,放进汽车预留牌照的位置不仅显得有些小气,而且造成有些车型无法安装,安装人员只好在新车牌上打孔,破坏了新车牌的美观。此外,一些车主对新车牌的颜色也不大满意。

(4) 还有一些专家提出,新车牌的汽车分类标准也有值得商榷的地方。

四、政策叫停

随着各种问题不断出现,8 月 22 日,北京、天津、杭州、深圳等四个城市根

第六章 政策执行

据有关部门规定,暂停发放"二〇〇二"式车牌,恢复"九二"式车牌,个性化车牌在试行十天后匆匆收场。关于新政策叫停的理由,相关部门称是"系统技术故障",但相关专家和一些记者认为,新车牌在实施之前,交管部门于技术上是经过充分论证的,新车牌的制作、色彩的搭配、操作的流程等不应存在什么棘手的难题,而实施过程中技术方面也没有出现重大问题,所以个性化车牌在实施中出现的种种问题,如上面提到的有争议的歧义个性车牌,才是交管部门在新车牌政策实施仅10天后便突然叫停的最重要原因。

与10天前试行个性化车牌刚刚开始时人头攒动的景象相比,停发的第二天北京车管所冷清了很多。车管所大厅内核发机动车牌照的两个窗口前,只排着几个人。在车牌停发之前已经办理完全部手续但还未领取牌照的车主得知他们仍可以领到个性化车牌后喜出望外,而没有注册到心仪车牌号的车主大都表示无奈和不满。一个拿着文件袋的车主仔细看了几遍停止发放新车牌的公告后,摇头对记者说,自己刚刚买了车,其他手续办得都挺顺的,正兴冲冲地来办牌照,"没想到今天就不办了"。车主不甘心地表示,还要再等等,要努力弄到自己喜欢的车号。

(案例来源:①"北京今起试上个性车牌 七大注意不可不知",《北京娱乐信报》2002年8月12日;②"个性化车牌五大特点",《南方日报》2002年8月15日;③陈东:"车牌'个性化试验'的失败",《中国经济时报》2002年8月26日;④"个性车牌叫停伤害了谁的感情?"《中国经营报》2002年9月4日;⑤"暂停发放新车牌引起广泛关注,众人分析原因",《京华时报》2002年8月23日。)

【案例分析】

在个性车牌政策的实施与终结的案例中,政策制定阶段的"先天不足"是导致政策执行失败的重要原因。

应该说,个性化车牌政策具有很大的意义:使车牌号码容量得到了一定的扩大;个性化车牌体现了平等,杜绝了车牌发放过程中的腐败,削平了由特权导致的"数字鸿沟";个性车牌也让人们的生活不再整齐划一,可以彰显个性,表达了时代进步的趋势。所以说,个性化车牌政策的出发点是好的,政策目标在于解决车牌号容量与不断增长的机动车保有量之间的矛盾、保障车牌资源分配中的公正平等、尊重公民的个性选择。并且,在实施过程也得到广大车主的赞扬和推崇。但是,就是这样一个在各方面被普遍看好的政策却在推行了仅仅十天的时候就被终止了,这不得不引起我们对政策执行过程,尤其是执行失败的原因进行深入的分析。

(一)政策执行失败的原因

政策执行是将政策方案付诸实施的环节,是解决政策问题的实际环节,也是检验方案完善程度的实际手段。在个性化车牌政策的颁布和实施的过程中可以看到,在政策执行的影响因素中,政策问题的性质和认定是基本正确的,相关部门给予了充足的物质资源,社会上车主们对此政策给予了充分的支持,执行机构的设置和人员态度、技术水平方面都没有出现大的问题。那么,政策执行失败的最可能原因就在于政策制定阶段。

"凡事预则立,不预则废。"公共政策方案的制定和选择,必须全面收集相关信息,对政策方案的合理性、可行性和科学性进行充分的论证和评估。在政策付诸实施之前,通过事前对政策方案的评估,可以对即将推行的政策进行进一步的论证,检查其性质、内容、措施以及实施准备等各个环节,最大限度地避免政策的失误。虽然是放松管制、张扬个性的个性化车牌政策,但公共政策影响重大,要求在政策出台之前,制定者应该将所有的问题都尽可能地想得周到、细致,还应该征求相关者的意见进行科学的评估。

在案例中,政策制定阶段的不足之处有两个方面:

一是在政策方案的合法化和合理性方面没有进行充分的考虑。任何行政规范性文件都必须依法制定,既不能与宪法、法律相抵触,也不能与法规、规章相抵触。现有的法律规范中虽然没有明确的关于注册车牌的法律规定,没有任何商业目的、仅供个人或单位使用的车牌号,无论从著作权、商标权、名称权、专利权等法律明确规定的保护范围内都找不到法律依据;但政策制定过程中忽略了法律中所体现出的法律原则与理念。我国《民法通则》第3条规定:"民事法律行为的内容及目的不得违反公共秩序或善良风俗。"《企业名称登记管理规定》第九条对登记注册的企业名称进行了严格规范,如规定:企业名称不得含有有损于国家、社会公共利益的,可能对公众造成欺骗或者误解的文字;不得使用外国国家名称、国际组织名称、政党名称等等。此外,商标法及《保护工业产权巴黎公约》中有关对注册商标特别是对驰名商标保护的规定,非同类商品也禁止对驰名商标进行"淡化性"使用。最后,按世界各国关于车牌注册的惯例,也对车牌注册有所限制,美国早在几十年前就已实行个性车牌,但对于车牌的登记也不是不加任何限制地"即选即中"。对于政府机构的名称,驻外机构、其他国家的名称(包括英文缩写)都禁止在车牌上注册,约有超过200种组合被联邦政府强制规定不得使用,这就确保了车牌申报时极少出现令人尴尬的号码。欧洲及亚洲的许多国家的车牌注册也有类似禁止性的规定。而由于在政策制定过程中没有考虑到这些因素,也没有进行充分的评估,"二〇〇二"式车牌实行"即选即中",没有作出相应的禁止性规定,SEX、TMD、BMW、

IBM、WTO、FBI、USA 等极端个性化车牌的使用会或对公共道德和风气产生负面影响,或对驰名商标构成了侵权,以及可能损害企业名誉。这样,此政策与民法"公序良俗"原则、驰名商标保护原则、国际惯例等都形成冲突。

二是在个性化车牌政策制定过程中,除了在法律上没有尽到应有的注意外,在程序上也没有遵循民主、公开的原则,广泛听取社会意见。现代行政环境和政府职能的复杂化,一项新政策的出台,不能仅仅依靠决策部门领导的智慧,还应主动征求相关专家和百姓的意见,从而对可能出现的问题具有预见性,使政策更加周全可行。而在个性化车牌政策的酝酿过程中,我们没有看到媒体报道过政策制定者为此召开过听证会。虽然也有舆论认为,政府每一项政策的出台,并不是都要事先举行听证的,这不仅会加大"社会成本",也会影响政策的效率,只有涉及民生利益转换的公共政策如火车票涨价问题,才有举行听证的必要。但是由于车牌不仅是车主个性的反映,也影响城市的精神风貌和相关方面的利益,所以应该进行一定形式的公开意见征询程序,以集中民智使政策方案更加具有可行性。

(二)政策突然终止,导致政策连续性和政府信用受损

2002年8月22日,北京、天津、杭州、深圳等四个城市都暂停发放"二〇〇二"式车牌,个性化车牌政策在试行十天后匆匆收场。本来是政策目标正确、公众支持拥护的一项政策,却由于没有经过谨慎论证、没有收到良好执行效果,导致整个行政行为暂停,其间付出的成本,特别是政府信用的成本,是沉重的。政府诚信建设体现在多方面,包括尽量避免出现政策的朝令夕改,保证政策的连续性,保障公众的知情权。但是在个性化车牌政策叫停之后,有关部门只以"系统技术故障"作为解释,对于何时恢复此政策没有作出明确的回答。这给政府的信用带来很大的损害。

政策执行是政策评估与修正的现实依据。在政策执行环节应不断进行信息反馈和应变协调,包括对调试对象、其他社会因素、执行进度、资源使用情况、执行人员态度等情况的信息,根据这些信息的反馈对原政策进行调整,以保障政策目标的实现。所以即使是方案存在问题,在执行中出现问题的政策,也不应该即刻终止,而应该根据反馈情况,作一定渐进的修改,广泛听取来自法律专家、技术专家和百姓的意见,并在政策中增加禁止性条款,加强对个性化车牌的限制。由于车牌登记涉及的专业性、技术性强,公共影响面广,在修改规则时应建立由法律专家、技术专家及公民代表三方参与的立法机制,广泛听取来自专家、百姓的意见和建议,保证决策的科学性和前瞻性。

案例二 中国不同时期的人口政策及其执行

【案例正文】

一、70年代之前的人口政策

我国的基本国情决定了人口控制政策的必要性。1949年新中国成立后，由于社会安定、生产发展和医疗卫生条件的改善，人民安居乐业，死亡率大幅度下降，人口迅速增长，人口再生产进入高出生、低死亡、高增长阶段。建国初的经济恢复时期，"人多是好事"的提法作为一种政治观点，起到了团结人民、安定社会、鼓舞民心的作用。但把它作为社会主义的人口方针，不是基于人口问题科学的认识，"人畜两旺"的口号与传统封建社会的生育观念相一致，刺激了人们多生的愿望，导致了中国人口在短时期内的迅速增长。

高层领导人对人口问题的关注是在1954年后。刘少奇、周恩来、邓小平、邓颖超等同志在相关讲话、报告、文件中都提出了节制生育的政策，这个时期我国的人口政策已由鼓励生育开始向节制生育转变。然而，反右派斗争扩大化，严重干扰了人口政策方针的贯彻，不少主张控制人口的学者、专家受到批判。这导致从1962年开始，我国进入了持续8年之久的第二次人口生育高峰。1964年第二次人口普查，全国总人口达到7亿。为此，党中央、国务院发出了《关于认真提倡计划生育的指示》，但政府没有制定明确的人口政策方案在全国有效地推行。在文革中，计划生育机构完全瘫痪，工作人员受到冲击，政策无法执行，计划生育工作阻力很大、步履维艰；而且由于广大农村没有实行计划生育，全国人口过快增长的势头没有得到有效控制。1970年全国总人口超过8亿，人口出生率为33.43‰，自然增长率为25.83‰。

二、70年代初到80年代初的人口政策

70年代初在周恩来主持下，国家把控制人口增长的指标首次纳入国民经济发展计划。毛泽东在国家计委《关于一九七五年国民经济计划的报告》上批示："人口非控制不行"。国家制定了"晚、稀、少"和"提倡一对夫妇生育子女数量最好一个，最多两个"的生育政策。1971年7月，中央要求："要充分发动和依靠群众，做好深入细致的思想工作，在群众自觉的基础上，把生育计划落实到人。"在当时计划经济的大前提下，实行计划生育是为了使人口发展计划与社会经济发展计划相适应，于是，"有计划地增长人口"自然地被确定为我国既定的人口政策。

为了落实党和政府发出的在全国城乡范围内普遍推行计划生育的号

召，1973年国务院计划生育领导小组成立，各地也先后恢复或成立了计划生育工作机构，涉及城乡亿万家庭的计划生育活动也在全国范围内开展起来。

1978年10月，党中央批转的《国务院计划生育领导小组第一次会议的报告》进一步明确了"晚、稀、少"方针的内涵，具体提出晚婚为女23周岁、男25周岁，一对夫妇生育子女数最好一个、最多两个，生育间隔3年以上的要求。同时还对职工和农民接受绝育手术后的福利待遇问题作了规定；要求城市住房和农村口粮、自留地分配等社会经济政策和其他一些规定，都要有利于计划生育工作的开展。这样，基本形成了以"晚、稀、少"和后来发展为"晚婚、晚育、少生、优生"为主要内容的限制人口增殖的生育政策。

这样，自70年代以来，人口出生率出现了快速下降的趋势。人口出生率由1970年的33.43‰下降到1978年的18.25‰。1980年城镇总和生育率为1.13‰，基本实现了一对夫妇平均只生育一个小孩，农村总和生育率为2.49‰；城乡妇女生育第一、二孩子的平均年龄均有所提高，完成了从"早、密、多"传统落后的生育模式向"晚、稀、少"的生育控制模式的过渡。

三、80年代的人口政策

1978年3月5日，全国人大五届一次会议通过的《中华人民共和国宪法》规定：国家提倡和推行计划生育。计划生育首次作为公民基本权利和义务载入根本大法。1979年1月，全国计划生育办公室主任会议讨论了全国性的独生子女政策，基本确定了新政策的框架："要提倡每对夫妇生育子女数最好一个，最多两个，间隔三年以上；对于只生一胎，不再生第二胎的育龄夫妇，要给予表扬；对于生第二胎和第三胎以上的，应从经济上加以必要的限制。"1980年9月25日，党中央发表《关于控制我国人口增长问题致全体共产党员的公开信》（以下简称《公开信》），这是建国后党中央发布的极为重要的一个控制人口的政策。《公开信》说，为了争取在本世纪末把我国人口总数控制在12亿以内……提倡一对夫妇只生育一个孩子。《公开信》还强调，为了控制人口增长，党和政府已经决定采取一系列具体政策：在入托儿所、入学、就医、招工、招生、城市住房和农村住宅基地分配等方面，要照顾独生子女及其家庭。《公开信》的发表标志着我国独生子女人口政策的正式出台并全面实施。但是，实际工作部门和地方政府则把"公开信"当做"只准生一个"的中央文件，普遍要求一对夫妇只准生一个孩子，并出现了两种极端倾向：一种是有不少基层计划生育干部为完成计生指标，采取了种种强迫命令违法乱纪的行为，使党群、干群关系严重对立；另一种是他们深感在农村推行只生一个孩子的政策太脱离群众，干脆撒手不管、放任自流，反而助长了多胎生育现象。在广大农村地区，由于农民群众生育期望值与实际能够生育的子女数存在着巨大差距,在具体实行过程中遇到了重重困难。1979年农村总和生育率为3.405‰,1980~1984年分别为2.91‰、3.32‰、2.78‰和2.70‰。峰值生育年龄段仅3年时间就反弹为20~24岁,人口增速明显加快。

鉴于独生子女人口政策在农村地区陷入窘境,难以为继,并产生了许多政策决策者当初未能预料到的负面效应,为缩小政策与生育意愿的差距,缓和干群矛盾,1984年4月13日,党中央在批转国家计生委党组《关于计划生育情况的汇报》的文件中强调,要把计划生育政策建立在合情合理、群众拥护、干部好做工作的基础上,除城市、城郊以外,在农村地区逐步实行允许第一胎生女孩的夫妇再生第二胎的政策,即实行所谓的"口子"政策。形成了所谓"开小口"、"堵大口"、"刹歪口"的人口生育政策。但由于中央没有具体规定,"口子"政策在实际工作中没有可操作性。另一方面,调整政策没有充分估计到两种政策替代的困难,政策本身又缺乏可操作性,更由于中央文件旨在破除不顾实际情况没有差异的"一刀切"标准,却忽略了"开口子"的标准,如何从"紧"政策过渡到"松"政策,都缺乏准备;因而,"口子"政策不仅没有达到预期的效果,反而引起了不少地区落实人口政策工作的波动和混乱。各地区都按照各自的理解去实施贯彻,不少地方竟相攀比"口子"的大小,而且还诱发了"抢生"、"超生"、"偷生",致使这些地方人口控制出现波动,生育水平出现回升。据国家统计局公布的数字显示,1985、1986、1987、1988年人口出生率分别为17.80‰、20.77‰、21.04‰、20.78‰,自然增长率分别为11.23‰、14.08‰、14.39‰、14.20‰。这都比1980年人口出生率18.21‰、自然增长率11.87‰高出了不少。1988~1990年3年平均出生率为25.35‰,年均人口自然增长率为18.77‰。

四、90年代以后的人口政策

1990年第四次人口普查数据显示,至1990年7月1日零时,中国大陆人口总数为11.34亿人,比原来估计的要多出1000多万。面对严峻的人口发展态势,从紧从严修订现行计划生育人口政策的呼声又开始出现。计划生育实际工作部门及学术界不少人士都强调,我国现行计划生育人口政策本身就是从紧从严的政策,现在的问题不是要政策上加严的问题,而是如何认真有效地贯彻落实的问题。在这样的背景下,为了使现行计划生育人口政策能够有效地坚持下去,1991年5月12日,中央、国务院发出《关于加强计划生育工作严格控制人口增长的决定》重申,争取今后十年平均年人口自然增长率控制在12.5‰以内,并要求坚决贯彻落实现行计划生育人口政策,以保持政策的稳定性和连续性。

自90年代以来,计划生育工作继续深入开展,取得了较大成果。基层计划生育工作网络基本建成,经济的发展和宣传教育工作深入开展促进了群众生育观念的转变,妇女终生生育率持续下降。1995、1996、1997、1998年人口出生率、自然增长率分别为17.21‰、10.55‰、16.98‰、10.42‰、16.57‰、10.06‰、16.03‰、9.53‰。近年来我国人口增长速度低于世界平均水平,总和生育率接近发达国家水平。

2001年12月出台的《中华人民共和国人口与计划生育法》以及一系列配套的条例,基本构成了有中国特色的人口和计划生育法律体系框架。人口和计划生育工作开始全面进入依法管理、优质服务的新时期。但随社会、经济的发展和改革的推进,新时期人口发展面临着许多新问题,包括部分地区老龄化问题、人口分布不合理问题、人口(素质)"逆淘汰"现象、男女比例失调现象等。根据出现的新问题,各地区政府根据本地区情况,出台了一些新的政策。2000年前后,大多数省份都出台法规,规定夫妻双方均为城镇居民的可以自愿生育第二个孩子。2002年以后,湖南、浙江、北京、安徽、上海、吉林、海南等地区又相继出台一些法规,放宽了对育龄妇女生二胎的规定,放宽甚至取消二胎生育间隔的规定。北京市规定,依照条例规定允许生育第二个子女的,只要符合"生育间隔不少于4年"和"女方年龄不低于28周岁"两者中的任一条,即可生育第二个子女。这些对计划生育政策进行的微调,有利于调整城镇和农村人口比例,减缓人口老龄化,提高人口素质。

(案例来源:①贾葭、杨文宇、黄泓:"我国人口政策毫不动摇,特殊人群允许生育二胎",《瞭望东方周刊》2004年11月6日;②汤兆云:"我国现行人口政策的形成与稳定",《江苏大学学报》(社会科学版)2004年第1期,第45~50页。)

【案例分析】

人口政策是政府的行为,其内容包括制定各种法律、法规和措施,以及各种控制和激励手段,其目的在于影响人口增减、人口过程、人口规模和结构分布。从案例中可以看出,我国的人口控制政策是随政策主体对人口变化规律的认识不断加深而出台和进行调整的。

总体上来说,由于我国是人口基数巨大、人均资源紧张的发展中国家,所以人口控制政策受到各级政府的普遍重视。从案例中可以看出,30多年来人口控制政策的制定和执行取得了比较大的成效:有效地控制了人口的增长,使城市人口基本实现了向低出生、低死亡、低增长的现代人口再生产类型的转变,使人们的生育观念向晚婚晚育和少生优生的方面转变,人民健康教育水平不断提高,贫困人口比例有所下降,环境保护取得成效。如果不实行控制人口政策,并假定人们的生育意愿不变,那么粗略估算,我国人口达到12亿的时间应是1987年而非1995年。

虽然从总体上看,我国人口控制政策的执行取得了较大的成效,但是也必须看到,人口控制政策在执行过程中,其执行效果的起伏也比较大。20世纪70年代的人口控制政策的执行效果比较显著,有效地控制了人口的增长;然而80年代的人口控制政策的执行效果却比较差,人口增长率出现反弹;而90年代以来的人口控制政策的执行的效果又比较显著。那么,为什么政策执行的效果会出现起伏呢?也即是说,导致政策执行效果起伏的原因是什么呢?这是案例中非常值得讨论的问题。

通过对案例的分析可以发现,造成人口控制政策执行效果出现反差的原因主要有如下几个方面。

(一)调适对象的接受能力、政策的可操作程度影响着政策执行的效果

人口控制政策的内容涉及结婚和生育的年龄、生育的间隔以及生育的数量等问题,这与政策调试对象密切相关,因此在政策执行中需要充分考虑他们的情况。20世纪80年代初的"一胎化"的紧缩生育政策,在具体的实施工作中,变成了没有区分的"一刀切",片面地追求"少生就是一切"这一目标,结果使实际效果与主观政策目标背道而驰。而80年代后期的"开小口"政策是为了缩小政策要求与现实差距而采取的,是对"一胎化"政策困难的妥协,出发点无疑是正确的;但在实际工作中由于政策的具体标准("口子"的大小)规定得不明确,各地为了降低工作难度,竞相增加"开口子"的条件,攀比"口子"的大小,使计划生育工作没能得到正确执行。90年代以后,中央和各地政府根据新时期人口数量、结构,以及不同地区居民生育意愿的不同,相继出台了一些法规和条例,对抑制人口数量反弹、调整人口结构和分布,起到了有效作用。

(二)社会环境对政策执行的效果有一定的影响

20世纪70年代以前,我国人口政策所走的弯路,大多是由于政策执行不力所造成的,而造成执行不力的深层原因是受到特殊时期国家政治环境的影响。比如,50年代初我国便开始搞节制生育,但从1958大跃进开始后却变为鼓励生育,而后来的反右派斗争扩大化到文化大革命等运动都使得计划生育机构不能正常工作,工作人员受到冲击,人口政策没能落到实处。

70年代末到80年代初,人口政策不断成熟和完善,计划生育政策框架逐渐稳定,但这一时期出生率却出现了回升,政策执行效果不佳。这除了政策本身的原因,还受到其他社会环境因素变动的影响,包括50年代末大跃进及

三年困难时期后补偿性生育的人口开始进入了育龄年龄阶段；农村地区联产承包责任制的推行使农村基层政权对农户约束力的减弱，并且随着农民生活水平的提高，生育意愿有所扩张；"上山下乡"的知青回城导致大龄青年觅偶热；新《婚姻法》降低初婚年龄等造成的"婚姻堆积"所引起的"生育堆积"；以及五六十年代的生育高峰所导致的 80 年代初育龄人口的增加等等。

（三）执行主体对政策执行效果也产生重要影响

20 世纪 60 年代，从反右派斗争扩大化到文革的爆发，许多政府工作被打乱，计划生育工作机构陷入瘫痪，工作人员受到冲击，人口控制政策没有了执行机构方面的保障，无法正常进行。

70 年代人口政策产生积极作用，固然与社会经济发展、人口基数和结构、人们观念变化等因素有关，但主要还应归功于人口政策的合理性以及计划生育工作依赖行政体制和运行机制的可行性。周恩来把计划生育工作归属于国家计划问题之列，减少了在工作过程中所遇到的阻力。为了落实计划生育政策，1973 年国务院计划生育领导小组成立，各地也先后恢复或成立了计划生育工作机构，专门执行机构的建立是政策得以实施的组织保障。

80 年代，随着改革和分权化的发展，地方在政策执行等方面的自主权增加，并随着市场经济改革的进行，地方政府的利益导向逐渐明显。中央在《公开信》中强调计划生育工作要以思想教育为主，逐步做到一对夫妇只生育一个孩子。但是地方政府和实际工作部门为了完成人口计划任务，把"公开信"当做"只准生一个"的中央文件，普遍要求一对夫妇只准生一个孩子，在广大农村出现了"宁添一座坟，不添一个人"这样的极端标语。在实际工作中使用简单粗暴的手段和强制命令方式，并屡次出现了严重影响到社会稳定的恶性事件。地方政府的扭曲执行成为 80 年代初人口控制失利的重要原因。

而 80 年代后期的"口子"调整政策，由于各地方可以根据实际情况掌握"口子"的大小，各地为了降低工作难度，竞相增加"开口子"的条件，攀比"口子"的大小，出现了"中央开小口，地方开大口，基层大开口"的局面。另外，由于执行不彻底所造成的政策外的一些"逃生"、"超生"、"抢生"等现象也大量存在。地方性执行主体的扭曲执行和执行不力成为 80 年代后半期出生率第二次回升的主要原因。

案例三 城市"低保"政策执行中存在的问题

【案例正文】

上个世纪80年代以来,在我国经济体制改革和社会转型的过程中,城市贫困问题成为我国社会的一个重大问题。为了缓解城市贫困问题对社会的稳定和发展所带来的潜在威胁,自1992年起,由上海市创建,并逐步扩散、逐步在全国建立起了城市最低生活保障制度。"低保"制度大致上经历了以下几个发展阶段:第一阶段是1993年到1997年的探索试点阶段。由上海开始,逐步发展到有206个城市实施了"低保政策"。第二阶段是1997年到1999年的制度建立阶段。1997年9月国务院颁发了《国务院关于在各地建立城市居民低保制度的通知》(国发[1997]29号文)(以下简称《通知》)。到1999年9月底,全国668个城市和1638个县政府所在地的建制镇全部建立起"低保"制度。1999年9月28日国务院颁布《城市居民最低生活保障条例》,并于10月1日起施行,标志着城市居民最低生活保障工作走上了规范化、法制化的健康发展轨道。1999年底,共有281万人得到保障。第三阶段是1999年10月到2001年6月落实推广阶段。低保人数增加到452万人。第四阶段是2001年之后的快速发展阶段。2001年11月,国务院办公厅发出通知,进一步加强城市居民最低生活保障工作。2002年底,低保人数已达1302万人。

虽然城市"低保政策"取得了很大成就,但就其实施效果来看,并不是很理想。90年代以来我国学术理论界对城市贫困人口的规模作出了多种估算,其中最为保守的估计也有1500万人。但在1999年全国所有的城市和县城所在的镇全部实行了这项制度之后,"低保"对象仍然只有281万人。"低保"制度全面实施的两年之后,到2001年6月,全国约有1589万人属于低保对象,而享受低保的人数只有452万人,政策执行效果并不明显。调查发现,如下因素对政策执行起到一定的阻碍作用。

一、制度设计和实施层面

(一)国务院《通知》本身的疏漏

1997年国务院出台的《通知》在明确规定保障对象为"家庭人均收入低于当地低保标准的持有非农业户口的城市(镇)居民"的同时,还规定了三种具体的保障对象:①无生活来源、无劳动能力、无法定赡养人或抚养人的居民;②领取失业救济金期间或失业救济期满仍未能重新就业,家庭人均收入低于最低生活保障标准的居民;③在职职工和下岗人员在领取工资或最低工资、基本生活费后以及退休人员领取退休金后,其家庭人均收入仍低于最低生活保障标准的居民。从这些规定看,《通知》本身存在疏漏之处,即在作出了一个既符合中国国情、又与国际惯例接轨的正确表述之后,又用列举法对保障对象再作出三种界定,而所作的列举在逻辑上显然是不穷尽、不周延的。这无疑给低保制度这张"最后的安全网"留下了很多漏洞。

对于以上列举的三类对象之外的城市居民,例如,下海经商人员就不属于低保范围。武汉的Z先生54岁,是个工程师,家里3口人。1993年因单位不景气,领导要知识分子下海,其实就是下岗。Z先生下海后,到过广东、上海,但都没能立住脚,后来又回到武汉。1998年爱人也下岗了,全家只有每月120块钱的收入。Z先生说:"也是居委会的同志关心,把我的事情报到街道。但街道民政办一会儿说这、一会儿说那,大致意思是说我是个下海的人,怎么会没钱花,所以就没有批准。"

职工或退休职工的遗孀,没有工作,但因为得到了"遗属补贴",虽然总收入低于低保标准,但不能再得到低保。兰州的S女士是60年代嫁到兰州的,丈夫已过世。一年前,国家开始给S发每月106元的(遗属)补贴(低保标准应该是165元)。S女士说:"我现在呀,国家给了就给点儿,不给了我也不去要。我都80多岁了,也活到岁数了。从前我也是爱脸的人啊!现在没有办法,我才吃政府的救济。"

有"过错"的人或"劳改犯"的家属便更有理由被打入另册了。X女士,聋哑人,40多岁。1986年因超生被开除了工作,现在没有收入。X的丈夫因参与贩毒蹲了监狱,现在靠大女儿在外面打临时工维持生计。X女士申请低保没有被批准。街道民政干部Z女士说:"我们认为现在还不能给她吃低保,要不然大家有意见。"

(二)《通知》的权威性受到挑战

在政策实施过程中,有很多城市并没有按照前述文件的规定界定低保的范围。这是因为,低保制度在我国为地方政府首创,当国务院《通知》出台之时,已经有上海、武汉等165个城市(1997年3月统计数)按照自己对城市贫困问题和社会救助制度的理解制定了地方性的政策法规而且已经付诸实施。但是这些城市的实施办法实际上都还与《通知》和《条例》精神有一定距离。

较为常见的与《通知》和《条例》精神不符的做法是:将家中有尚在劳动年龄阶段的成员的居民家庭排斥在低保范围之外。在一些城市的实施办法中作出了被称为"模拟收入"或"视同为"的规定,即在劳动年龄阶段的家庭成员不管其有没有收入,都至少按最低工资或下岗职工基本生活费来计算其收入。这导致一些实际上没有收入的人无法得到社会救助,这无疑是一种社会排斥。而且这种做法在全国是有一定的普遍性的。也有一些地区不按实际情况计算收入,将"有单位"的人排除在低保范围之外,但很多单位实际上出不起这笔钱,很多贫困家庭仍然难以维持最低生活。

二、思想观念层面

半个世纪以来,我国的社会主义社会奉行的一个基本理念就是"不劳动者不得食",社会救济只是对极少数保险福利制度"漏出"的主要是没有劳动能力的人而言的。

身处最基层、与贫困户接触最多,在行政程序上成为贫困户申请低保的第一道关卡的居委会干部对低保对象存在着误解。L先生说:"贫困救助发放一般来说是'三无'人员——无子女、无生活来源、无自理能力。"A女士说:"这个低保金呢,也不是每家都能得到的,只有那些特别困难的,像残疾的、丧失劳动能力的才能拿到。"可以看出,在许多居委会干部心目中,低保对象与这项制度实施前的以"三无"对象为主体的传统民政对象没有多大差别。

至于这样做的原因,基层干部说法有二。一是"国家(或政府)困难"说。这是得到最普遍认同的说法。L女士说:"如果贫困家庭都可以领救济,那么国家得掏多少钱啊?我们应体谅国家的难处,我们只能从那些最需要救助的贫困家庭开始,慢慢解决贫困家庭的温饱问题。"二是"个人(或家庭)责任"说。L先生说:"只要有劳动能力都要自己做事,赚钱养活自己……自己去找事做,摆地摊、跑麻木什么的……没有单位的,其隐性收入按最低200元计算。"L女士说:"虽然有些贫困家庭的确很穷,但有劳动能力……要是都可以得到救助,那么那些有劳动能力的贫困家庭还愿意劳动吗?"兰州市R女士说:"我们所在的居委会不是所有的贫困家庭都已经得到了救助……对身强力壮的年轻人、对懒汉、对有违纪违法行为的人,我们就控制得严格。"

兰州市的有些居委会还出现了让贫困家庭"轮流坐庄"来享受低保的现象。L女士说:"我们这个居委会(的辖区)里,企业比较多,而且大部分不景气。比如像H公司……但我们只给他们发了10份表,用他们的话来说这回你享受国家的困难补助,下回我享受国家困难补助。因为我们街道的财政也比较困难,只能保障最困难的家庭。"

三、资源分配层面

《通知》规定,"城市居民最低生活保障所需资金,由地方各级人民政府列入财政预算"。"低保"资金主要由市、县两级财政承担。市、区分担的比例从7∶3(如大连市)到3∶7(如青岛市)的都有。1999年后中央规定,在北京等7省市,低保资金由地方政府自行解决,其他地区由中央财政给与适当补助。

上海市的一位区民政局长谈到,"原来主要是'三无'对象,也不过2000

余人,工作量不大;现在工作对象增加到了2万多人,工作量大大增加。"重庆市的一位区民政局长说:"以今年7月低保标准调整前后为例,上升势头很猛。在调标前的6月份,保障对象为11100人,金额为74万元……而在正式调标后的10月份,保障对象猛增为13700人,保障金额上升到128万元。"

在低保范围迅速扩大之后,部分地区低保金难以按时、足额发放成为一个突出问题。根据"百城万户"调查,全国能够按时、足额领取低保金的人大约在90%左右,大约有10%的人不能按时、足额领到低保金。按照各省(区、市)的低保平均补差标准测算,2002年全年共需低保资金141.5亿元,扣除中央补助46亿元和地方预算58.7亿元以后,资金缺口仍有36.8亿元。

因此,对于地方财政来说,开支的绝对金额比以前成倍,甚至十几倍、几十倍地增加。越是贫困的地方,贫困家庭越多,但财政的力量越薄弱。在上海市,处于市中心的黄浦区财政情况良好,负担低保支出似乎不成问题,但其他区的情况就不一样了。比如南市区是上海市的老城区,与其他区相比,居民经济困难户相对要多,而区政府财力底子薄,给帮困解困工作带来不少难度。

可以说,区财政对城市贫困的操作性定义对于低保政策的影响是最直接的。因为对保障对象的审批是由区民政局直接掌握的,对"贫困"的最终解释权实际上是在他们那里。在区政府"难为无米之炊"之时,区民政局长们常常被夹在"正确执行中央文件精神"和"区财政的实际困难"之间左右为难。最终的结果是地方的"土政策"即潜规则占上风,对贫困定义的最终确认也是在这里变了味。

(案例来源:唐钧、王婴:"城市'低保'政策过程中的社会排斥",北京大军经济观察研究中心,www.dajun.com.cn,2002年7月15日。)

【案例分析】

最低生活保障制度是指政府对贫困的人口实施最低生活保障的一种社会救济制度。《城市居民最低生活保障条例》第二条对城市"低保"对象作了明确的界定:持有非农业户口的城市居民,凡共同生活的家庭成员人均收入低于当地城市居民最低生活保障标准的,均有从当地人民政府获得基本生活物质帮助的权利。自20世纪90年代以来,随着经济体制改革的深入,我国政府非常重视社会保障制度的建设,出台了一系列改革措施。然而,在政策执行过程中,在不少地区中遇到了困难,没有达到预期效果。从案例中可以看出,它是由如下几方面原因所导致的。

(一)政策方案本身的问题

在"低保"政策的制度设计层面,目标是很明确的,用一条"最低生活保障线",将城市居民中家庭人均收入低于标准的贫困群体划分出来,然后由政府财政按收入与标准之间的差额给予补贴,以保证其最起码的生活水准。然而,在具体的政策方案和实施手段的设计上,就出了漏洞。国务院《通知》中的某些提法给政策执行者留下了漏洞,因而造成了将许多人群排斥在外的政策后果。《城市居民最低生活保障条例》的出台虽然在很大程度上修正了《通知》中的一些提法,但《条例》又规定,救助标准由地方政府自行确定,这样就导致了各城市间低保标准的差异过大,许多贫困人员没能成为救助对象。尤其在"低保"经费问题导致财政紧张的情况下,地方政府在界定低保对象时,可以利用政策文件之间的不协调对低保政策进行变通执行,甚至制定"土政策",妨碍了政策目标的达成。因此,为了使政策能得到更准确的执行,在政策制定过程中应对"低保"政策的具体保障对象和执行标准给予更明确的规定。

(二)政策执行者的认识偏差导致政策执行的阻碍

传统的社会救济制度是在计划经济体制下形成的,它以"低收入"为前提实现了城镇人口的"普遍就业",而就业又与政府包揽、企业包办的保险福利制度相联系。在这种情况下,社会救济只是对极少数保险福利制度"漏出"的没有劳动能力的人而言的。而80年代以后,尤其是90年代以来,在社会转轨和经济体制改革中,出现大规模的下岗、失业浪潮,工作岗位不足、没有劳动机会成为城市贫困问题的主要原因。陷入贫困的不再是清一色的"无劳动能力的人",有劳动能力但失去工作机会的人已经成为贫困群体的重要部分。而传统的思维定式在"低保政策"执行者之中仍然有其很大的影响力,基层的执行者对低保对象的界定直接影响到"低保政策"的执行,甚至转变为干扰社会救济制度改革的"潜规则"。这样,传统观念的干扰将许多贫弱群体排斥在外,使"低保"政策的执行至今难尽人意。

(三)政策执行所需资源的缺乏,导致政策执行的困境

所谓政策执行资源,就是在政策执行过程中,有利于政策制定和执行的各种物质的、制度的和精神的条件。如果政策执行所需的物质和资金不具备,政策是无法顺利执行的。在实施"低保"政策过程中,造成上述政策不力的原因除了地方政府和基层干部的认识问题以外,还有一个深藏在背后的原因就是区财政的经济负担能力的问题。分税制改革重新规范了中央与地方的财政关系,但由于事权与财权划分不明确,以及中央的转移支付资金不到位等原因,省级以下政府的财政困难比较严重。区级财政除了大城市中的个别区之外,大都不富裕,而越是财政困难的区往往低保对象也越多。而大部分地区"低保"经费的50%以上来自区级财政,所以区财政负担过重的问题不解决,就会直接成为低保对象进入这张"最后的安全网"的障碍,致使低保的目标难以实现。财政

紧张实际上已经成为实施"低保"制度的"瓶颈"。因此,"低保"政策的有效执行有赖于调整财政体制,不断加大财政投入力度,逐步提高社会保障支出占财政总支出的比重;调整各级政府"低保"资金的财政分担比例,使地方政府在"低保"经费中的分担份额与其财政能力基本相适应;同时要加强对拨款下发过程的监督和资金使用过程的监督,以保证"低保"经费这笔"救命钱"真正用在城市贫困人口身上。

综上所述,政策文件本身的问题、执行者认识偏差、执行资源不足等是城市"低保"政策执行效果不明显的重要原因。这三个方面相互制约、相互影响,因而要解决"低保"政策执行不力的问题,应该从这几个方面综合考虑。

案例四 农民减负政策的执行

【案例正文】

一、农民减负政策出台

20世纪90年代以来,农民收入在波动中增幅趋缓、城乡收入差距扩大、农民购买力下降的状况,导致不少问题的出现。一方面农民反映负担沉重,抗赋不交,大规模的越级上访告状等群体性抗议事件不断发生;另一方面是基层政府财政困难,依靠行政手段和执法力量强行催征、甚至逼死人命的案件时有发生。

为了解决这些问题,1990年国务院下发了《关于切实减轻农民负担的通知》;1991年国务院颁布了《农民承担费用和劳务管理条例》(以下简称《条例》),明确了农民负担监督管理的基本政策;1994年,中办、国办发出通知,要求进一步加大减轻农民负担的工作力度,防止农民负担反弹;1996年中共中央、国务院又做出了《关于切实做好减轻农民负担工作的决定》(以下简称《决定》),对减轻农民负担工作中的一系列政策问题作出详细的规定;1998年党的十五届三中全会强调"减轻农民负担要标本兼治"、"逐步改革税费制度,加强农民承担费用和劳务的立法";2001年国务院办公厅又一次发出通知,进一步重申了中央减轻农民负担的各项政策,要求深入开展农民负担专项检查,认真落实减轻农民负担责任制。尽管党和政府十分重视农民负担问题,但减负政策的实施效果在各地并不相同。

二、凤庆县切实落实减负政策

云南省凤庆县是国家农业部100个农民负担监测县之一。1992年以来,凤庆县委、政府始终遵照国务院颁布的《农民承担费用和劳务管理条例》规定以及党和国家关于农业、农村、农民的各项方针、政策,认真贯彻落实,强化监督机制,使减负工作不断有新的突破。

(1)强化监督机制,组织领导和管理结构健全。1992年,县委、县人民政府成立了凤庆县农民负担监督管理领导组,由1名县委副书记任组长,县农业局、财政局、审计局、物价局、监察局、税务局、县委办、政府办等有关部门负责人为成员,领导组下设办公室。1992年底,各乡(镇)分别组建了农民负担监督管理机构和办公室。全县各村(办)还组建设置了农经站和农经管理人员,形成了县、乡、村三级农民负担监督管理网络。为使农民负担监督管理工作顺利开展,县委、县人民政府一方面每年部署农民负担监督管理工作,另一方面对全县涉及农民担负的文件、项目进行检查,边清理、边落实、边纠正,自上而下开展减负检查工作。

(2)重视减负政策的宣传贯彻。全县各级党政组织和农民负担监督管理业务部门,把宣传贯彻《条例》列为重要工作,充分利用广播、墙报、黑板报、农民技术夜校、张贴标语等多种形式宣传。凤山镇党委、政府将《条例》印发到各办事处和农户,共印发12000册;大寺乡农经站将国家明令取消的收费项目编印成册,印发2000余份;永新乡把中央(96)13号文件制成录音带,到全乡和乡级机关播放宣传;诗礼乡牌坊村认真抓好农民负担监督管理工作,做到宣传标语张贴到社,广播宣传不间断。1999年又将《条例》制成胶塑版发到15个乡(镇)185个村(办)。通过以《条例》为核心内容的减负政策宣传,使全县广大干部和群众掌握了政策,提高了法律意识,增强了法制观念。

(3)农业局、农经部门加强监督管理。近年来,凤庆县农经总站认真负责地承担起农民负担监督管理的重任。一方面抓减负各项政策的宣传贯彻,层层培训业务骨干,提高执法自觉性和执法水平;另一方面对群众反映强烈的一些热点和难点问题进行查处。1998年,县人大、县人民政府直接牵头,在全县范围内开展了历时两个月的大规模农民负担执法检查,基本澄清了乡村两级涉农收费项目300余项。与此同时,对建立的农民负担监测点实施农民负担的全权法工委的检测管理,用检测点这个"调控器"对照总结全县农民负担情况,及时发现和解决问题。农经总站为搞好农民减负工作发挥了积极作用,被国家农业部评为"农民负担监测先进县"。

(4)上下结合,层层把关。减负工作是一项融政治、经济、文化、法律和政策为一体的社会系统工程,需要上下左右协调配合、理解和支持。大寺乡人大主席团按照《条例》规定,对全乡农民负担预算认真审议,严格把关,收到较好效果;永新乡党委、政府严格按中央的要求,结合本乡的实际,研究决定全乡的村提留乡统筹按1997年基数到2000年三年不变,稳定了民心。与此同时,纪检监察机关和司法部门严格查处涉农负担案件,1999年全县共查处6起。

经过各方面的努力,全县连续9年农民负担的村提留乡统筹费始终控制在上年人均纯收入的5%的"红线"以内,2000年降到3%。社会负担1997年为680万元,1999年减少到269万元。由于农民负担偏重问题得到有效遏制,因农民负担问题引起的农民信访数量下降,连续9年没有出现因加重农民负担而引发的死人、伤人等重大恶性事件,没有出现动用专政工具和警力处理农民负担问题的情况,从而有力地促进了全县农村的稳定和经济的发展。

三、平江县减负政策执行情况

减负政策在湖南省平江县的执行效果并不理想。农村发展论丛杂志社评论员蔡海康根据湖南省平江县36个村4045户农民联名反映农民负担过重的文字材料,以及当地县、镇人民政府文件和盖有政府公章的任务分配表等资料所反映的问题,对减负政策法规的执行状况进行了分析,发现平江县在减负政策的执行过程中存在着如下问题:

(1)关于提留统筹费问题。龙门镇人民政府文件《关于下达1998年国家税金、粮食、统筹、提留计划的通知》(龙政发〔1998〕2号),向各村分配统筹提留费1526237元,其中镇统筹费862366元,占提留统筹总额的56.5%。镇统筹费上缴到县管理的791985元,占镇统筹费总额的91.8%。村提留费交镇管理的310065元,占提留总额的46.7%。中央1996年《决定》规定:"村提留占提留统筹费的比例应在一半以上。"1991年《条例》规定:"统筹费属于集体经济组织范围内全体农民所有,主要用于民办公助事业,不得混淆统筹费的集体资金性质和用途";"坚决纠正平调、挪用、挤占村提留为乡统筹费的错误做法"。1992年国务院办公厅《关于进一步做好农民承担费用和劳务管理工作的通知》规定:"严禁把乡统筹费平调到乡、村集体经济组织以外使用。"龙门镇的做法显然是违背了上述规定,其一,提留统筹费的一半以上拿到镇里去了,而且村提留的将近一半也由镇统管了;其二,镇统筹中的91.8%拿到县里去了,变成了县统筹。

(2)关于向农民集资问题。龙政发〔1998〕2号文件向各村下达了"敬老院集资"和"平伍公路集资"任务。1997年的文件附表中也分配了"平伍公路集资"和"中学集资"任务。1996年中央《决定》规定:"严禁在农村搞法律规定外的任何形式的集资活动,今后,各地区、各部门均不得出台任何面向农村的集资项目。"迄今为止,有法律规定的只有农村教育集资一项(也要按具体规定审批),其他都属非法集资。

(3)关于以资代劳问题。平江县人民政府办公室文件(平政办发〔1997〕003号)称:"根据县人民政府《关于修建平伍公路在全县范围内集资的决定》,农村男女劳力采取以资代劳形式,从1996年度起,每个劳动力每年25元,连续4年。"而国务院《条例》规定:"农村义务工和劳动积累工以出劳为主,本人要求以资代劳的,须经村集体经济组织批准。"1996年中央《决定》进一步明确规定:"各级各部门都不得向乡村下达以资代劳指标。农民自愿以资代劳的,必须经本人提出申请,经村集体经济组织同意后……不得要求把以资代劳资金上缴县、乡有关部门管理。"因此,平江县政府向乡、村摊派以资代劳指标是错误的。

四、安徽减负政策执行情况

安徽省2000年在全省开展农村税费改革,到2001年,农民负担与税改前相比,人均减负近200元。农民对税费改革无不为之拍手称快。可也有一些地区的农民反映,表面看田里的负担是减轻了,但其他乱收费却有增无减。负担好像个跷跷板,这头低了,那头又上去了。2002年,宿州市埇桥区大店镇土管所向建房户收取开垦费、登记费、证书工本费等三项400元,城建所收取村镇建设规划许可证办证费200元,且不开票,还随意涂改办证日期。

学校乱收费仍然是农民的一大负担,几乎所有查到的农村中小学都存在擅自提高收费标准、超标准收费现象。安徽省怀宁县秀山中学2002年春季对初一、初二、初三学生分别收取300元、330元、510元;借读费初中每学期收取500元,收费已超过标准两到三倍。更为严重的是,有个别地方擅自出台乱收费文件,给不合理的乱收费戴上了合法的"帽子"。2001年1月潜山县教委等部门下发《关于认真做好2002年春季学期学校收费工作的紧急通知》规定,小学每个学生125元,初中一、二、三年级每生分别为225元、255元、260元。与省规定相比,小学收费高出40多元,初中高出80~100多元。

调查显示,随着农村税费改革的推进,县乡村财政收入相应减少,这一定程度上成了农民负担反弹的因素。在税费改革前,各种税费加上"三乱"收费构成了乡镇的可用财力,其中"三乱"收费占相当高的比例。乡镇的"七站八所"历来是自收自支单位,税费改革前是增加农民负担的"大户"。比如,乡镇土管所原来农民建房一户可以收好几百元,有的能达到上千元。而税改后,安徽省规定农民建房只缴纳5元工本费。但县土地局又不保他们工资,他们要生存,只能再向农民伸手。

县乡财政收入锐减,教育投入不足问题越来越突出。不少学校校长怀着"一定要将学校办好"的思想,铤而走险多收费。不久前被撤消校长职务的临泉县关庙村小学潘学云很沮丧地对记者说:"学校太困难了,多收一点费只是想弥补教学经费的不足。"如何弥补财政缺口,已成为税费改革成功与否的一个关键。

(案例来源:①蔡海康:"中央减负政策十分明确关键在于不折不扣执行",《农村发展论丛》1999年第9期,第4~5页;②徐亚谦、李德忠:"加大执法监督力度切实落实减负政策",《云南农业》2001年第1期,第26~27页。)

【案例分析】

随着改革开放不断深入,"三农问题"(农村、农民、农业问题)越来越受到党中央和各级政府的重视。从1989年起,减轻农民负担工作开展已经15年了。党中央、国务院不断出台各项关于减负的政策,并不断强调减负工作的重要性。但是,长期以来农民负担过重问题一直没有得到根本上的解决,农民收入增长缓慢,城乡居民收入差距不断扩大,各地减负政策的执行效果相差很大。下面对影响减负政策执行效果的因素进行分析。

(一)行政体制和执行人员对政策执行的影响

农村税费改革是减负政策的重要内容之一,但不少地方政府却是税费改革的阻碍因素。一方面,地方政府和官员的利益意识不断增强,为促进地方经济发展和实现所谓的"政绩"而向农民伸手要钱;另一方面,基层政府机构臃肿,各项行政经费支出过度膨胀,乡镇财政供养人员过多,远远超出了乡镇财政能力和村组织的经济能力,这些负担通过收费等形式转嫁给农民。此外,在税费改革后,地方政府财政收入的减少客观上要求地方政府必须进行机构撤并和人员精简,但农村税费改革在乡镇行政体制改革方面却缺少直接明确的政策安排,这样就使得农村各级党委、政府受到既得利益的阻挠,在此领域难以有所作为。从一定程度上说,作为税费改革实际执行者的农村基层各级政权组织及其干部必然同时也是改革的一种抵制力量。

(二)基层政府资金缺乏、财政体制制约税费改革进程

物质资源尤其是资金,是政策得以有效执行的物质基础。税费改革减少了地方政府的收入,从而加大了地方各级政府运转的难度,无法保证减负政策执行有充足的资金来源。长期以来,农村基层政权组织几乎完全依靠对农民进行税费征收,个别地方甚至是近乎掠夺性的征收来维持运转。而把税费数额大幅度减了下来,部分乡(镇)村的财政收入锐减,难以维持政府正常运转;有的乡(镇)村债务继续扩大,清偿越加困难,形成恶性循环;特别是农村义务教育受到剧烈冲击,经费投入总量锐减。在这种状态下,在执行中央政策中打折扣、甚至公然违抗政策就成为可能。

产生这种状况的深层原因在于,税费改革只是现行财税体制内部的一种改革,并没有改变自实行分税制以来各级政府支出与收入不对称、财权与事权不对称及存在预算外资金等明显的缺陷。在现有的行政管理体制和中央与地

方"分灶吃饭"的财政制度安排下,农民减负就意味着地方政府减少收入,税费改革后乡村两级的困难将更加突出。与此同时,却仍然要求农村各级政权组织继续承担绝大部分事权,如公共物品提供、公益事业发展等,而集中了全国财力70%以上的中央和省级财政竟得以全身而退,背离了财权与事权相统一的原则。

为使减负政策得到有效的执行,应当科学划分中央和地方各级政府事权和财权,建立规范的公共财政体制。进一步加大中央财政并进而带动省市级财政向县乡级财政的转移支付力度,尤其是加大对农村公共产品和义务教育的资金支持,减少地方和基层财政压力的同时,促进农民生产和生活环境不断优化,从根本上保障农民的利益。同时,改革"一刀切"的分配制度,根据不同地区的经济发展水平特别是经济结构的差异实行差别政策,以维持中西部地区基层政府和公益事业的运转。

(三)监督机制对减负政策执行的影响

政策执行的监督机制是政策得以忠实、有效贯彻执行的重要条件。在案例中,凤庆县地方政府为了促进减负工作的顺利进行,建立了县、乡、村三级农民负担监督管理网络,并定期对减负工作进行检查,清理不合理的收费项目,从而保障政策有效的执行。但在不少地方,并没有建立起减负政策的监督机制,农民作为减负政策的直接得益者并没有成为政策的监督主体,这样政策在执行中难免会被扭曲。

从上面的分析可知,行政体制、执行人员、资金、财政体制、监督机制等方面的因素导致减负政策执行效果不显著。这表明,如果不注意政策执行的影响因素,即使具备良好的政策,也未必能够彻底解决农民负担问题。因此,在减负政策执行过程中,必须铺以政府管理体制、税收和财政体制、监督机制等方面改革,这样才能够保证政策执行获得良好的效果。

案例五 北京限制养狗政策的执行

【案例正文】

一、北京市出台的"严格限制"养狗的政策

20世纪90年代初,北京市民养狗数量增多,导致一系列的社会问题,不少市民抱怨养狗妨碍他人及破坏环境卫生。1994年北京市"两会"期间,400位市人大代表在有关议案上签名,要求北京市严格限制养犬。1995年5月,北京市正式颁布和开始实施《北京市严格限制养犬的规定》。限养法规规定:"经批准养犬的,必须缴纳登记费和年度注册费。重点限养区内每只犬第一年登记费为5000元,以后年度注册费为2000元。"

对于"严格限制"的养狗政策,多年来持正反意见者争论不休,还激发了养犬人和不养犬人的矛盾。

二、限养政策的执行情况及其争论

1. 北京市民的养狗热情有增无减

据统计,仅在限制养狗的法规颁布后两年的时间里,北京登记注册的狗数量从21.32万只降到了8.5591万只。截至2001年6月,北京市登记在册的犬类有近13万只,养犬总数已比法规实施前下降了近四成,而且全市已连续8年无狂犬病例发生。

这些数字仿佛表明了政策实施有显著的效果,但事实上,随着人们生活水平的提高,人们对这样"贵重"宠物的需求又不断增多了。2000年以后,政策在执行中逐渐失效。因为喜欢养狗的人越来越多,欠费匿养犬的数量激增。根据北京市限养办公室提供的数据,从2002年1月到11月底,北京市登记和注册的犬一共达139631只,其中重点限养区10412只,一般限养区129219只。这一数字远远超过了2001年及以前的登记数。市人大代表说,目前只有不到20%的狗进行了注册。公安部门也认为,狗数量的增加和违章犬越来越多是狗伤人事件屡屡发生的元凶。

根据零点调查公司对北京市八大城区及四个城乡结合部宠物狗饲养及管理状况调查的结果显示:①北京市民对养狗的热情有增无减,工薪阶层成为养狗的主流。48.5%的养狗家庭的人均月收入为500元及以下,属于北京市的低收入阶层,只有3%的养犬户的家庭月收入在3000元以上。②然而目前北京市家养犬的注册比例较低,占被调查者的59.9%。未给狗注册的养犬户中有60%表示因注册费过高承担不起而未进行登记注册,也没对狗采取任何免疫措施,对人及环境造成了隐患。另外,狗的防疫情况不容乐观,只有61.9%的家庭多次给狗注射疫苗,而14%的家庭从未给狗注射过疫苗,在未注册的狗中这一比例高达32.1%。大多数犬主对狗的正确饲养、注射疫苗、实施绝育没有科学意识。

2. 匿养犬、黑户犬的增加引发社会问题,增加了执法难度

无证的"黑户"犬、匿养犬等屡禁不止;超时遛犬、异地养犬、重点限养区养大型犬等现象也颇多;由于养犬引发的其他经营如非法犬市、非法犬医院等也不在少数。各级公安机关接到居民因犬类扰民的投诉更是居高不下。执法部门加大了对于各种违反限养法规的行为的查处,仅2001年一年,公安机关就查处违反限养规定的行为1.6万余起。但这并不能有效防范因养狗带来的社会问题。

来自海淀区公安分局的数据表明,2001年1月至10月,海淀区有7688人被狗咬伤,咬伤人数是1995年执行限养规定第一年的6倍,狗与人争绿地、争饭馆、争电梯、争游乐场地的现象也屡见不鲜。而养狗人视狗如命,不养狗的人则对其深恶痛绝,许多矛盾因此发生。一些民警抱怨说他们整日为抓捕违法豢养犬疲于奔命。甚至还发生过警察抓狗,狗主人打警察的事件。北京市公安局西城分局展览路派出所的民警在管界内依法没收一只匿养犬时,被一对母女无端殴打、纠缠和不停地吵闹达4个小时。

3. 管理不严,处罚不厉

"目前我们的养犬收费可能是世界上最高的,但是管理上却存在漏洞。由于收费太高,直接后果就是无证犬大量出现,提高养犬费并没有达到减少狗的数量的初衷。"海淀区人大代表李小溪说。李小溪认为,修改"限养法"应该在管理本身上下些工夫。一是改过去的"高收费、轻管理"为"低收费、高处罚",降低养犬费用,但是在办理犬证的同时设一个专款专用的存钱卡,一旦发现狗有"劣行",用存钱卡里的钱对犬的主人进行处罚;二是将养犬管理的权利移交街道、社区、居委会,养犬收费专款专用。

《宠物派》杂志主编缘枫在接受新浪观察的采访时说:就像我们平时所说的"主人放恶犬",放狗都是人放的,但出了事惩罚的永远都是狗。伤人的事情如果出现在香港的话,狗是不会受到责难的……狗的主人可能会因此受到法律的制裁,误工费、医药费、赔偿费都有可能判给他,甚至有可能判刑事责任。而咱们这儿对狗不对人,结果主人也无所谓了,抓就抓走了吧,大不了我再买一个就是了。……我们需要有这样的法律,让遗弃狗、虐待狗、不遵守社会公德的人丧失再养狗的资格。

4. 登记费和注册费过高不利于宠物产业的发展

"要不是注册费那么高,咱也愿意养一条卡拉!"家住海淀区的李先生看完电影《卡拉是条狗》后,感叹养犬"门槛"太高。限养法规定每只狗的注册费用为5000元,之后每年登记费为2000元,这对普通家庭来讲,着实是一笔不小的支出。关于收费该高还是该低的问题,是争论的另一个焦点。北京人大常委会委员蓝天柱委员认为应把登记和注册费用降低。他说,现在养狗的人员已经从高收入人群向中低收入人群转变,收费过高对他们来说是一个沉重的负担。

在北京街头,与宠物相关的用品专卖店、裁缝店、美容院、医院正在大量涌现。目前,在北京登记注册的狗的数量有近13万只。业内人士把与宠物有关的产业分成了"宠物赚钱"和"赚宠物钱"两个部分。"宠物赚钱"主要是指卖宠物以及为卖宠物而买、为卖而配种和繁殖等过程,此外还包括出租宠物。"赚宠物钱"的范围则要广泛得多,包括制造业(如宠物食品、药品、玩具、服装的生

第六章 政策执行

产)、服务业(如宠物医院、驯犬学校、寄养宠物、护理咨询)。宠物的衣食住行、生老病死,每个环节都有文章可做。根据资料测算,目前我国宠物经济的市场潜力至少能达到150亿元人民币。

专家认为,一个产业的兴起,意味着国民收入和就业的增加。如果通过高收费限制养狗数量的政策没有起到预期的作用,而因为行政性收费过高而导致这一产业的萎缩,值得有关政策制定部门慎重对待。

三、政策调整前的意见综合

由于社会、人民生活水平的发展,对养狗需求的变化,以及原《规定》在执行过程中出现的问题,2003年相关部门根据形势的变化拟定了《北京市养犬管理规定(草案)》,自2003年4月1日起,草案在市政府网站——"首都之窗"上征求市民意见。来自市政府法制办的消息称,在半个月的时间内,共有15617人在网上提交意见。法制办在参考各方面意见的基础上,充分考虑和吸收市民建议,对草案进行了多处修改。

市民的意见主要集中在五点:一是基本赞同草案规定,认为草案考虑到各方面利益,与现行法规相比更加以人为本;二是主张低收费、严管理,加强对养犬人违法行为的处罚力度;三是从养犬导致伤人、扰民、环境脏乱等角度出发,主张严格限制或者禁止养犬;四是要求加强对登记费和注册费使用的监督,使收费趋向更加透明;五是从养犬人应具备何种条件、应遵从哪些行为规范等角度提出具体建议。

四、新政策的出台

2003年9月5日,北京市十二届人大常委会第六次会议表决通过了《北京市养犬管理规定》,对养犬人需要具备的条件和必须遵守的规定以及享受的权利作出明确规定。新政策与原限养政策相比,有以下几个特点。

(1)降低收费门槛。北京市东城区、西城区、崇文区、宣武区、朝阳区、海淀区、丰台区、石景山区被列为重点管理区,重点管理区内每只犬的管理服务费第一年为1000元,以后每年度为500元。对盲人养导盲犬和肢体重残人养扶助犬的,免收管理服务费。对生活困难的鳏寡老人养犬的和养绝育犬的,减半收取第一年管理服务费。

(2)明确行为规范。天安门广场以及东、西长安街和其他主要道路禁止遛犬。不得携犬进入市场、商店、商业街区、饭店、公园、学校、医院等公共场所;不得携犬乘坐除小型出租汽车以外的公共交通工具;携犬乘坐小型出租汽车时,应征得驾驶员同意,并为犬戴嘴套,或将犬装入犬袋、犬笼或者怀抱。……携犬乘电梯时,应当避开电梯使用高峰时间,等等。

(3)加强管理。个人在养犬前,应当征得居民委员会、村民委员会的同意。

对符合养犬条件的,居民委员会、村民委员会出具符合养犬条件的证明。符合证明的条件包括个人有合法身份证、有完全民事行为能力、有固定住所且独居居住住所在禁止养犬区域以外。居民委员会、村民委员会与居民签订养犬义务保证书。

(4)加大处罚力度。对在禁养区内养犬的或者在重点管理区内饲养烈性犬、大型犬的,以及冒用、涂改和伪造养犬登记证养犬的,由公安机关没收其犬,并可对个人处 5000 元罚款。未经登记、年检养犬的,由公安机关没收其犬,或对个人处 2000 元罚款。……对在禁遛区遛犬、携犬进入公共场所或乘坐公交工具的,违反规定携犬出户,不按规定时间乘坐电梯的;有以上行为之一的,由公安机关予以警告,并可对个人处 500 元以下罚款;情节严重的,没收其犬,吊销养犬登记证,在五年内不予办理养犬登记。

(案例来源:①葛芮:"北京市民养狗热情有增无减",《中国青年报》2001年 2 月 15 日;②崔红:"北京市民养狗太猖獗,今年发生数万起狗咬人事件",《北京晨报》2001 年 11 月 21 日;③"北京市不再限制养狗数量,限养费下调带动宠物市场",《北京日报》2003 年 4 月 15 日;④杨杨:"北京不再限制养狗,不得携犬进商店公园等场所",《京华时报》2003 年 9 月 6 日。)

【案例分析】

政策执行是公共政策发挥实际作用、解决政策问题的关键环节,是检验政策方案完善程度的实际手段,是政策评估与修订终结的现实依据。政策执行会不断丰富政策经验,为后继政策制定提供正反两方面的参照依据。已经付诸实施的政策,是继续执行、或修订、还是终止执行,以其他方案替代,都取决于执行的实际效果。

在案例中,北京市限制养狗政策的目的是限制北京市养犬数量,缓解养狗扰民、污染环境、狗伤人等公共问题。在政策执行的两年中,政策执行部门比较忠实地执行了政策,使狗的数量有所减少,狂犬病问题也得到一定程度的解决,政策执行取得较好的效果。

但自 2000 年以来,政策在执行中逐渐失灵,实施效果逐渐淡化,各种问题又凸现出来。这些问题包括:北京市民的养狗热情有增无减,而高昂的费用给许多低收而热爱养狗的市民造成经济负担,高额费用直接导致无证犬、匿养犬的大量增加;在社会秩序方面,不仅狗伤人事件经常发生,狗与人争绿地、争饭馆、争电梯、争游乐场地的现象也屡见不鲜;费用过高不利于宠物产业的发展;等等。那么,是什么原因导致政策执行中的这些问题呢?

从案例中可以发现,政策执行失效的一个最为重要的原因是高额的养狗登记费和年度注册费;换句话说,导致政策执行失效的关键是出现违法成本低于守法成本的现象。《北京市严格限制养犬的规定》规定,每只犬第一年登记费为5000元,以后年度注册费2000元。这样,在政策的实施中,有人花5000元登记养犬,而有人分文不出却照养不误,且被查处的几率又相当小,查处后一般也只是没收犬只,这就导致很少有人愿意去登记养犬。并且,在政策执行中,作为执行主体的公安机关,负责养犬登记注册、查处无证养犬、违法携犬外出等行为。由于这需要耗费大量警力和精力,导致执行部门无法对犬只的状况保持长期有效的监督和查处,使得非法养犬者有空可钻。守法的高成本和违法的低处罚,降低了人们守法的动力。政策制定者的意图是要通过抬高进入门槛而达到限养的目的,但政策执行的情况却与这一初衷背道而驰。越来越多的养犬人由于犬只注册、管理费较高等因素而逃避登记和注册。"黑户"犬的激增,不仅造成环境卫生、扰民矛盾日益突出,而且也会导致狂犬病疫情的上升。

此外,限制养狗政策在一定程度违背了社会多元价值观和利益的需求。许多人认为养狗是个人自由,也是一些人的生活需要,不应加以限制。这也是导致政策执行失效的原因。这说明,在政策制定和执行过程中,必须要考虑到社会多元价值观和不同群体的利益要求。

针对政策执行中出现的问题,新的养犬管理政策在广泛征求市民意见的基础上作出相应的调整。与原有政策相比,新政策降低了养犬的准入门槛,但是加大了处罚力度;同时,更严格规定了养狗的行为规范,并赋予居民委员会、村民委员会一定的管理权限。总的来看,新政策强调了"低收费,严管理",充分考虑到社会多元价值观和不同群体的利益要求,从而使得新政策能够符合市民的要求,使政策具有更强的可行性。

政策执行是介于政策制定和政策调整之间的重要环节,通过政策执行可以发现原有政策制定中存在的问题,从而为政策调整提供依据。在政策调整中,要充分发挥民主讨论精神,要充分考虑到社会价值观念和利益要求。

案例六 市管县政策的执行及调整

【案例正文】

一、市管县体制的发展演变

1958年之前,在我国地方政府体制中,以"省、自治区—县、自治县—乡镇"为主导模式。但1958年后,随着大跃进的展开,市领导县体制的范围迅速扩大。1958年国务院先后批准北京、天津、上海3个直辖市和辽宁省全部实行市领导县体制,并逐步在一些经济比较发达的地区试行、推广。到1960年底,全国有48个市领导234个县,占全国总县数的1/8。1960年自然灾害和之后的文革时期,行政机构基本处于瘫痪,地方政府体制被破坏,市管县体制停止推行。

改革开放之后,为了打破城乡间的壁垒,推动城乡经济发展,1982年,中共中央《关于省、市、自治区党政机关机构改革的若干问题的通知》(下简称《通知》)中,提出了改革地区体制,实行市领导县体制的建议。年末在江苏试点,浙江等地区紧跟随江苏省进行改革,1983年开始在全国试行。到1986年,除海南、台湾2省以外的29个省、直辖市、自治区政府都在所辖区域内部分或全部实行了市领导县体制。到2001年底,全国265个地级市中有253个地级市实行了市管县体制,管辖着1445个县级行政区,占县级行政区的70%。市管县已经成为中国纵向行政结构的主导模式。

二、市管县政策的执行效果

浙江省是全国最早实行"市管县"体制的省份之一,1983年开始改革,到2000年,全省11个市69个县普遍实行了"市管县"体制。关于实行市管县的目的,浙江省政府1983年颁发的第82号文件中指出:"实行市领导县的目的,就是要更好地按客观经济规律办事……合理组织社会生产和流通,打破条块分割、城乡分割的局面,以城市为中心,建立起城乡一体的生产网络、流通网络、交通运输网络、科技文化和信息网络,为城乡经济的发展开拓更广阔的道路。"20多年来,世界国民生产总值年均增长速度为3%,中国为9%,而浙江为13.1%。浙江经济发展无疑离不开地方政府体制改革的作用。

"市管县"体制是80年代党中央发起的全国大力推广的改革,被视为中国在探索自己的城乡发展模式方面的一项重大的制度创新,在密切城乡关系、加强城乡合作、促进城乡一体化等方面起到了积极的推动作用,其意义在80年代曾得到高度肯定。

但90年代以来,市管县的实质开始悄悄地发生了变化。表现为:经济上,地级市和下属县之间的经济发展不再是"市带县"的关系,而呈现出一定的竞争关系,"市刮县"、"市卡县"、"市吃县"的情况屡有发生。市管县体制阻碍了县域经济的发展,也影响了整个城乡经济的发展。有学者对江苏省500名不同部门的人员作了一项调查,通过分析可以清楚地看出人们对市管县体制改革的支持度和关注度。有319人即63.8%的人认为,虽然"市管县"体制曾在一定时期起过促进经济发展的积极作用,但目前已经不能适应现代社会发展的要求,因此江苏应该实现省管县体制。有125人即25%认为应通过市管县和省管县的混合制过渡到直接的省管县制。虽然调查的范围有限,500人中有432个是科级以上党政干部,但也在一定程度上说明,在我国改革进程中,人们对于国家的改革政策的认识已经基本取得了一致,只是在发展的具体方式上有一定的分歧。

广东省人大代表李德锋说,目前一些市将县(市)视为其"附属行政单位",将审批权力限制在行政区范围内,造成行政成本高,影响办事效率,甚至存在着一些市利用行政权力侵占县(市)及农村地区利益的趋向。改革20多年的实践证明,"市管县"体制束缚了县(市)经济社会的发展,最主要的体现是,阻碍了城乡资源的合理流动和优化配置,"市"还往往通过截留指标、资金、争项目、财政提取和各种行政审批侵占县(市)的利益。在市场经济条件下,城乡的资源不是依据市场的原则来配置,而是以人为的行政权力来分配,从而严重影响束缚了县(市)经济社会的发展。李德锋认为,在目前市场经济条件下,应实行"市县分置","市"只管理城市自身一块,县(市)改由省直接管理,尤其县(市)的计划、经贸、外经贸、国土资源、交通、水利、建设、财政等经济管理事项,甚至是人事管理,改由省直接管理,这样才能有利于城乡资源的合理流动和优化配置。

有些基层干部抱怨说,近几年各地加快了行政审批制度改革力度,一批审批事项越来越多地被取消,地级市行政职能事实上趋于"空心化","上不着天,下不着地"。但有人就得干点事,就生出很多检查和评比,县级党政领导抱怨说:至少用1/3时间来接待地级市领导和各种部门的检查,什么部门都得罪不起。其实,现在的地级市一个很大职能是"上传下达",在这一级"以会议贯彻会议,以文件落实文件"成了最常用的执政办法。

有资料显示,福建省南平市是规模较小的地级市,供养人口11295人,一年支配财力4亿元,除教育和离退休人员5470人的工资外,其他支付都是用于维持一个地级市的正常运转。有时公务员工资发放都困难。正因为地级市财力十分紧张,还要应付名目繁多的接待等支出,只好变着法子上下截留各种资金。比如,东兴市只是广西防城港市下属的一个县级市,2003年国家民委给东兴市民委80万元的项目资金,但到了防城港市被截留了30万元。2003年上面拨给东兴市的各种专项资金有3000万元,都要经过防城港市才能转到东兴市的财政账户上。东兴市还得跑防城港市要钱,到年底被截留了900万元。另外,东兴市是对越南经贸口岸,口岸对到越南的游客每人收旅游服务费145元。防城港市盯住这笔收入,下令全部收费权划归防城港市,以权夺财使东兴市受到极大损失。

总之,目前的地级市管县已严重阻碍了县域经济的发展。减去这一环节实行省管县的体制改革已是大势所趋。

三、市管县政策的终结和新政策的替代

20世纪90年代以来,地方政府开始对市管县体制进行改革。浙江省委省

政府一直试图通过对市县间经济管理权限分配的微调来解决"市管县"体制所引起的问题,以适应县域经济快速发展的需求。"强县扩权"是 90 年代以来浙江省地方行政体制改革的一种趋势。1992 年,浙江省对 13 个经济发展较快的县市进行了扩权,内容主要是扩大建设、技术改造和外商投资项目的审批权;但当时阻力较大。1997 年,又允许萧山、余杭行使部分地级市的经济管理权限。2002 年 8 月 17 日,浙江省委办公厅下发了《中共浙江省委办公厅、浙江省人民政府办公厅关于扩大部分县市经济管理权限的通知》(浙委办[2002]40号文件),把 313 项原本属于地级市的经济管理权限"空降"到了绍兴、萧山等 20 个经济发展势头迅猛的县级行政区头上。这 313 项权限涵盖了计划、经贸、外经贸、国土资源、交通、建设等 12 大类,几乎囊括了省市两级政府经济管理权限的所有方面,在经济上完全实现了"省管县"。这三次调整在逐步扩大县权的同时,从根本上冲击了"市管县"体制。

2004 年 5 月 1 日,湖北省财政厅正式对外发布了《关于省管县(市)财政体制改革的具体实施意见》,开始实施省管县(市)的财政管理体制。在 5 月 10 日举行的省管县(市)财政体制改革座谈会上,湖北省常务副省长周坚卫说,进行此项重大改革有 4 个原因:一是财政部明确提出了进一步完善省以下财政体制的要求;二是目前县(市)一级的财权与事权不对称,财政供养人员过多,县乡政府债务沉重,资金调度困难;三是部分市由于自身财政比较困难,不同程度地集中了一部分县(市)财力,省对县(市)财政的一些扶持政策和补助资金等难以及时落实到位;四是省对县(市)的财政信息和实际情况掌握不够准确、不够及时,难以加强对县(市)财政的有效监管。据了解,湖北省的这一改革,暂不调整财政收支范围,但对不符合支持县域经济发展要求的市、县(市)收支范围划分,省财政将予以规范和调整。

(案例来源:①卢毅:"透视'市管县'体制兴衰的原因与逻辑",《公共行政与人力资源》2004 年第 2 期;②孙学玉、伍开昌:"当代中国行政结构扁平化的战略够想——以市管县体制为例",《中国行政管理》2004 年第 3 期;③丘剑华:"市管县体制存明显弊端,人大代表建议'市县分置'",《南方日报》2004 年 8 月 8 日;④从玉华:"湖北实行省管县财政管理体制",《中国青年报》2004 年 5 月 13 日。)

【案例分析】

市管县是以中心地级市对其周围县实施领导的体制,它以经济发达的城市为核心,依据行政权力关系,带动周围农村地区共同发展,形成城乡一体的区域整体。市管县体制是中央在 20 世纪 80 年代改革开放初期提出的一项重要的体制改革政策,在 80 年代城乡经济发展方面作出了重要贡献;但 90 年代之后逐渐失效,弊端日益显露,由此引起了对市管县政策的调整。在案例中,值得关注的问题有如下两个方面。

(一)我国政策执行的特点

从案例中可以看出,我国政策执行的特点是:重视试验,从点到面推行。在我国这样的大国中,出台和执行各种政策不能一蹴而就,要"摸着石头过河"。我国国土面积大,区域发展和城乡发展极不平衡。区域发展不平衡,导致政治、文化发展的不平衡,这就决定了在政策执行中,必须给不同地区以充分选择和适应的时间,不能采取激进的整齐划一的"一刀切"做法。因此,在政策全面实施之前,必须要在局部地区或者试点地区进行试验,通过考察试点地区政策实验的情况,来决定是推广政策,还是终结政策,或者是进行调整。邓小平指出:"有些问题,中央在原则上决定以后,还要经过试点,取得经验,集中集体智慧,成熟一个,解决一个。"政策执行获得政策知识的实践来源,也是检验政策方案是否正确的基本方法。在政策制定过程中,由于受到各种主客观条件的限制,因而政策方案往往存在着缺陷,这就需要在试验中检验政策是否正确,搞清楚哪些政策内容符合客观实际、哪些与客观实际不一致,从而加以修正。这是具有中国特色的政策执行的一个基本经验[①]。

市管县政策的执行就是一个从试点试验到逐渐推广的过程。在开始试点时,1983 年 3 月,中共中央《关于地市州机构改革中应注意的几个问题的通知》中强调:"实行地市合并、由市领导县的体制,目前在全国范围内仍处于试点阶段。除了条件已具备的地方可以实行以外,不宜多搞,更不可单纯从安排干部出发在条件不具备的地方匆忙推行地市合并。"[②] 1982 年末,中央开始推行市管县体制时,先在江苏、浙江进行试点,在江苏和浙江取得成功经验后,1983 年开始在全国试行。到 2001 年底,市管县已经成为我国纵向行政结构的主导模式。

试点型的政策执行策略具有很大的优点。它实际上是一种间接的政策宣传,增加了政策调适对象对政策的认识,提高了他们对政策的支持,从而有利于政策顺利实施。80 年代初在浙江、江苏进行的市管县试点,在很大程度上促进了两省经济的快速发展。这为其他省份提供了很好的榜样,也加深了人们对市管县体制作用的认识,从而有利于市管县体制在全国推广。

[①] 陈振明主编:《政策科学——公共政策分析导论》(第二版),中国人民大学出版社,2003 年,第 297 页。

[②] 陈小京、伏宁、黄福高著:《中国地方政府体制结构》,中国广播电视出版社,2001 年,第 156 页。

(二)政策环境的变化对政策执行的影响

市管县体制是适应计划经济条件的一种政策安排。20世纪80年代初期,我国采取计划经济为主、市场调节为辅的方针,计划经济理念仍在政府行政管理中占据主导地位。在这种情况下,市场还没有成为资源配置的主要手段,市场机制还没有成为经济运行的主要机制。这样,在行政层级体制的设计上,政府希望通过市管县体制来增强经济要素在区域内的自由流动,从而达到资源合理配置的目的。80年代各地实行市管县体制对于打破城乡分割、发展城乡经济起到了一定积极作用。

但随着经济体制改革和政治、行政体制改革,以及经济、社会的不断发展,市管县体制所对应的行政管理手段和它所承载的行政关系,已经失去了其存在的依据。从80年代末90年代初开始,经济体制从计划向市场转型,行政体制改革要求政府逐步放开对企业、对社会的束缚,不再通过行政手段配置经济资源。企业有了经营自主权,在市场因素的刺激下,会主动地构建企业间经济联系;另外,城乡沟通格局的改变,交通、通信的发达,城乡之间、各县之间的经济联系不再需要行政纽带,而趋向于通过市场手段自动达到资源优化配置,由此城乡经济、地区经济间的纽带也就自然形成。随着市场经济的进一步发展,"市管县"体制反而成了阻碍城乡经济快速发展的障碍。

此外,从政策的执行主体——地级市和县级政府来看,自80年代末以来,由于改革的利益导向,各地方政府利益意识加重,争夺利益倾向严重,市县间从优势互补的关系逐渐转变为竞争对手,从市场份额、引资、招商等各方面进行着或明或暗的争夺。在市管县体制下,县级政府在资源配置等方面处于不利地位,严重阻碍了当地经济的进一步发展。

最后,从行政体制改革来看,减少行政指导、信息传达和审批的层级,有利于信息畅通、减少失真,有利于降低行政管理成本、提高行政效率,有利于调动基层的积极性。因地制宜地进行管理,是经济、政治、行政体制改革的必然要求。改革行政区划体制和地方政府层级结构,调整地方政府之间的关系,实现政府结构扁平化,成为深化地方行政体制改革的必然趋势。

因此,正是政策环境的变化,尤其是政策的大背景——经济体制改革和行政体制的变化,导致建立在计划体制基础上的市管县政策失效。它正逐渐被"省管县"的政策安排所代替。

6—3 小结

本章共选择了六个有关行政执行的案例。通过案例对影响政策执行的因素进行了分析,这些因素主要包括:政策问题的性质、政策方案本身的可行性和完善程度、政策调试对象的接受能力、政策执行主体、科技发展水平、政策环境、政策资源、政策执行的监督机制等方面。通过案例分析得出如下结论:①在政策制定阶段要加强科学论证和民主讨论,提高政策可行性和合法合理性。②政策方案应清晰明确,防止基层执行主体搞"土政策",变通执行。③制定政策时必须考虑政策调试对象的利益需求和经济、观念等方面的接受能力,并随时关注调试对象需求的变化,适时调整政策方案。④规范政策执行机构的运作,进行机构改革,并提高政策执行人员素质。⑤中国很多政策执行都缺乏充足的资金支持,尤其是分税制改革之后,基层政府在财政上处于不利地位,成为政策顺利执行的瓶颈。要进行财政体制的进一步改革,并在紧急状态下提供必要的资金支持,保障政策执行有充足的物质资源。⑥在转型时期,随着经济体制、政治体制、社会科学技术等方面的变化,政策制定者应该适时进行政策调整,保障政策的有效性和顺利执行。⑦监督成本高和信息不对称,是对政策执行进行有效监督的障碍,因此应该改革监督体制,加强监督机构的独立性,为公民提供良好的信息渠道和监督手段,充分发挥监督对政策有效执行的保障作用。

思考题

1. 如何理解政策执行在政策过程中的地位和作用?
2. 结合案例说明,政策的执行受到哪些因素的影响?
3. 如何提高政策方案的科学性和可行性,以保障政策的有效执行?
4. 政策执行的物质资源对政策执行过程有怎么样的影响?
5. 在我国应采取什么样的改革和措施来保障政策顺利执行?
6. 在社会转型时期,哪些政策环境因素对政策执行构成较大影响?
7. 如何提高政策执行监督的有效性?

参考文献

1. 王骚编著:《政策原理与政策分析》,天津大学出版社,2003年。
2. 朱崇实、陈振明著:《公共政策》,人民大学出版社,1999年。
3. 中国社会科学院公共政策研究中心、香港城市大学亚洲管治研究中心主编:《中国公共政策分析》(2003卷),中国社会科学出版社,2003年。

4. 阮凤英、王慎民、李和森主编:《社会保障通论》,山东大学出版社,2004年。

5. 多吉才让著:《中国最低生活保障制度研究与实践》,人民出版社,2001年。

6. 陈振明主编:《政策科学——公共政策分析导论》(第二版),中国人民大学出版社,2003年。

第七章 政策评估

7—1 理论要点

　　一般人会认为，当公共部门颁布了一项政策，雇用了人手，花费了金钱，采取了执行政策的行动，那么政策效果就是可以感觉到的，而这些效果也正是人们所预期的。然而不幸的是，这些想法往往是错误的，这表明需要对公共政策的真正效果进行仔细的评估。通过评估，可以确定政策执行是否达到预定目标、是否严重偏离目标，或者是对目标的达成已经没有作用，从而为政策调整和终结提供依据。由此可见，政策评估是政策动态运行过程中重要的一环。

　　现在，学者越来越重视对政策评估的研究，但对于政策评估的含义仍没有达成一致的见解。比较典型的定义有：①政策评估就是衡量一个全国性方案在实现目标方面的总体效果，或者是比较两个或更多方案在实现一般目标上的相对效果[1]。②政策评估研究是对实施中的政策、方案，相对于它们的预期目标而言，作用于目标群体的效果进行的客观、系统和经验性测量[2]。③政策评估是"有系统地应用各种社会研究程序，收集有关资讯，用以论断政策概念与设计是否周全完整，知悉政策实际执行情形、遭遇的困难，有无偏离既定的政策方向；指明社会干预政策的效应"[3]。④政策评估就是根据一定的评价标准，采用一定的方法对公共政策进行评价[4]。尽管学者的界定不同，但综合他们的观点，可以这样理解政策评估：政策评估是指政策评估主体根据一定的评价标

---

[1] Joseph S. Wholey et al., Federal Evaluation Policy (Washington, DC: Urban Institute, 1970), P. 25.
[2] David Nachmias, Public Policy Evaluation (New York: St. Martin's Press, 1979), p. 4.
[3] 林水波、张世贤著：《公共政策》，台北五南图书出版公司，1995年，第199页。
[4] 王骚编著：《政策原理与政策分析》，天津大学出版社，2003年，第191页。

准,应用各种社会调查方法和程序收集政策或政策执行的有关信息,对政策方案、政策执行和政策效果等方面进行客观、系统和经验性评价的政治行为;目的是向决策者提供有关这些方面的信息,作为改善政策的依据。从政策评估概念可以看出,要理解政策评估理论,需要把握如下几个方面的内容。

第一,政策评估的标准。政策评估过程一般围绕政策效果展开,为弄清政策效果的好与坏以及是否实现预定目标,就需要设定一套评估标准,即对政策效果的好坏进行判断的价值尺度。当前,学者一般认为政策评估的标准包含如下六种类型:效果、效率、充足性、公平性、回应性和适宜性(如表 7-1 所示)[①]。

表 7-1 政策评估的标准

标准类型	测量对象	说明性指标
效益	政策有多大价值与作用	服务的单位总数
效率	为获得政策价值要付出多大代价	单位成本、净收益、成本收益比
充足性	这个价值的实现在多大程度上解决了目标问题	固定成本、固定效益
公平性	成本与效益在不同群体之间是否等量分配	罗尔斯准则、帕累托准则、卡尔多·希克斯准则[②]
回应性	政策是否符合特定群体、公民的需要、偏好或价值观念	与民意测验一致性
适宜性	政策目标是否真正有价值或值得去做	兼顾公平与效率、兼顾公平与理性

第二,政策评估的内容(对象)。这主要包括政策方案、政策执行和政策效果等方面。对政策方案的评估,即预期评估,是指对未执行的政策方案的优缺点进行评价,以为政策方案的选择提供依据。对政策执行的评估主要是对执行组织是否完善、执行过程是否符合程序、执行资源是否充足等方面进行评价,从而发现政策执行成功或失败的原因。对政策效果进行评估主要包括如下方面:①对目标群体或现状的作用;②对目标以外的群体或状况的作用(溢出效应);③对近期或未来情况的作用;④直接成本,即直接用于方案的资源消耗;⑤间接成本,即机会成本(做其他事情的机会损失)和社会成本(社会为政策方案付出的代价)。对于政策效果评估需要注意的是,"政策效果"与"政策输出"是不同的,政策效果是指政策执行后对目标群体和目标外群体所产生的实

[①] 威廉·N.邓恩著:《公共政策分析导论》,中国人民大学出版社,2002年,第437页。

[②] 帕累托准则是指政策方案至少能够使一个人境况变好,而同时没有另外的人变得更糟。但帕累托准则很少有实用性,因为决策者要通过向一些人征税使其受损,从而向另一些人提供服务使其收益。卡尔多·希克斯(Kaldor-Hicks)准则是指政策方案在效益上有净收益(总收入减去总成本),并且获益者能补偿受损者。

际作用;而政策输出仅说明政府花了多少钱、做了什么工作。因此,政策效果评估不仅要评估政策输出,更要评估政策所产生的实际效果。

第三,政策评估的类型。从不同的角度和标准进行划分,可以将政策评估分为不同的类型。从政策评估在政策过程中所处的时间来看,可以分为预期评估、现实评估和综合研究评估。预期评估是指对未执行的政策方案进行评价,评估重点是各种备选方案的优缺点;现实评估是指对正在执行的政策进行评估,评估重点是执行组织、执行程序和资源等方面;综合研究评估是指在政策终结后的综合反思与分析研究,主要目的是通过评估来总结政策的经验和教训。从政策评估的参与者看,可以分为正式评估和社会评估,前者是指政府部门利用专业分析机构有组织、有目标、有计划地进行政策评价,后者是指社会各界对政策进行评价。

第四,政策评估的方法和过程。政策评估方法包含两个方面:一是政策效果信息的收集方法。政策评估是以相关信息为基础进行的评估,为了获得政策执行和政策效果方面的相关信息,就需要采用一定的信息收集方法。目前采用最多的信息收集方法包括社会调查方法(问卷调查、访谈等)、查阅统计资料和观察法等。二是对政策效果进行评价的方法,即用于分析判断政策执行有没有产生效果,以及效果有多大的方法。这些方法包括成本—收益分析法、前后对比分析方法,等等。政策评估过程是指政策评估经过的各环节,包括确定评估项目(评估可行性分析、确定评估对象、制定评估方案)、收集与汇总信息资料(采用问卷调查、访谈、查阅资料、观察等方法收集资料)、综合分析与沟通论证(对收集的资料进行政策公平性、适当性、效益、效率等方面的分析)等环节。

第五,政策评估的政治性。政策评估不仅是一个技术性问题,而且是一个政治性问题。政策评估的政治性主要体现为:①作为评价对象的政策或计划项目是政策决策的产物;②由于不少政策评估是支援决策而进行的,所以评估报告很自然地流入政治圈中;③政策评价本身采取某种政治立场;④政策评估结果被利用的程度,取决于它在多大程度上能够满足决策过程中的政治领域的要求①。

第六,政策评估结果的可利用性。政策评估的结果只有在得到反馈(不管是直接还是间接)并应用于实践的时候,才具有意义。但是在现实中,虽然在政策评估上投入了很多人力、财力、物力和时间,但是政策评估结果的利用率却

---

① (韩)吴锡泓、金荣枰编著,金东日译:《政策学的主要理论》,复旦大学出版社,2005年,第448~449页。

很低,由此产生所谓的"利用危机"。要想提高政策评估结果的利用率,需要考虑如下问题:①政策评估的政治性,即要满足政治领域的需求;②要识别有意识地利用评估的主要使用者,并尽可能根据他们的要求确定评估方案;③把评估重点放在评估利益相关者所关注的问题、事件方面。

从政策动态运行过程看,政策评估是其必不可少的一个环节,然而也是非常复杂和存在很多困难的一个环节。这主要是因为:①政策效果很难量化和存在着不确定性;②政策效果与政策之间的因果关系难以确定;③有关机构和人员的抵制;④缺乏评估经费和评估信息。正是由于存在着这些困难,因此尽管政策评估理论已经发展得比较成熟,但是政策评估实践仍然没有取得较大的进展,主要体现为:①缺乏独立的评估组织;②评估标准以价值判断为主;③评估方法以定性分析方法为主;④评估内容以政策输出为主,忽视对政策效果的评估;⑤评估经费缺乏和资料缺乏;等等。政策评估实践的欠缺反过来又阻碍了政策评估理论的发展,因此推动政策评估实践的发展是我国政策学界和公共部门所面临的一项重要任务。

本章将通过案例分析的形式阐述政策评估理论,其目标是,一方面使读者通过对案例的学习和分析更深刻地掌握政策评估的基本理论;另一方面是通过案例分析洞悉我国政策评估的发展现状、特点和存在的困难,以便寻找促进我国政策评估理论和实践发展的途径。

7—2 案例分析

案例一 陕西三河湿地自然保护区建设项目建议书

【案例正文】

一、项目背景

湿地是地球上富有生物多样性的、独特的生态系统,是介于陆地和水体之间,兼有水、陆特征的生态类型。它不仅蕴藏着丰富的土地资源、生物资源、矿产资源、水资源和旅游资源,而且还有着巨大的调控环境的作用,诸如积蓄洪水、涵养水源、防止水土流失、调节气候、净化环境等,被科学家誉为地球的"肾脏"。正是由于湿地的存在,才使自然界许许多多珍稀动植物物种得以保护,湿地是天然的物种基因库。

黄、渭、洛三河湿地水源丰富，沼泽星布，芦苇遍野，滩涂广阔，是鸟类栖息、觅食的好场所。1981年陕西省自然保护区区划办公室对该地区资源进行了全面调查，同年将其编入《陕西省自然保护区区划方案》，定名为"三门峡水禽自然保护区"。其范围包括大荔、潼关和华阴三县（市）的三门峡库区，总面积约为39000公顷，属林业部门主管。此区划方案经陕西省人民政府常务会议1982年第45次会议讨论通过，并要求逐步建立管理机构。1995年10月，陕西省林业勘察设计院曾对该湿地进行了资源调查。1995年10月24日，渭南市政府常务会议决定：同意成立"渭南市三门峡库区水禽自然保护区管理处"，为市林业局下属的独立的科级事业单位，与局资源林政科合署办公。1996年9月陕西省林业厅发文同意将渭南市三门峡库区水禽自然保护区更名为"陕西三河湿地自然保护区"。

陕西三河湿地自然保护区地处黄河中游，是内陆候鸟迁徙通道上的重要驿站和栖息地，珍稀濒危水禽种类多，保护意义十分重要。本湿地早在唐代就有珍稀水禽分布的记载。随着湿地面积的不断扩大，在此越冬、栖息的水禽种群不断增加。该湿地已成为内陆候鸟迁徙通道上的重要驿站，是我国中、西部国际保护候鸟的主要栖息地之一。据调查，保护区共有水禽64种，其中国家I级重点保护的有丹顶鹤、大鸨、白鹳和黑鹳等6种，II级重点保护的有大天鹅、白琵鹭、鸳鸯和灰鹤等4种。在保护区栖息越冬的水禽中，属于《濒危野生动植物物种国际贸易公约》的有花脸鸭、针尾鸭、琵嘴鸭、绿翅鸭、赤颈鸭、白眉鸭、大白鹭、白鹭等8种，属于"中日保护候鸟协定"的有65种。湿地内所有水禽均属《国际湿地公约》保护对象。保护区数量最大的优势种为雁、鸭类，其种群数量在40万只左右。主要种类有豆雁、斑头雁、赤麻鸭等，留鸟常见的有白鹭、赤嘴潜鸭、绿头鸭等，候鸟有冬候鸟和夏候鸟约26种。

近些年随着库区移民大量的返迁，该区乡镇级行政建制多次变动，土地使用权属也随之变更，作为湿地环境重要组成内容的林网、林带被砍伐殆尽。随之而来的是无度垦殖，耕地面积大幅增加，加之农药和化肥的大量施用，湿地环境遭到严重破坏，加之人为猎杀使水禽数量明显下降。为了贯彻《中国湿地保护行动计划》，保护好陕西这块最大的湿地，采取有效措施，加强其综合保护治理，开展退化湿地恢复工作，建议对陕西三河湿地自然保护区建设进行立项。

二、项目名称、范围及规模

1. 项目名称："陕西三河湿地自然保护区建设"。
2. 范围及规模：范围北起禹门口，南到黄河、渭河和洛河交汇地带的风陵渡铁路桥，东以黄河治导控制线的中心线为界与山西相连，西至黄河老崖。

涉及渭南市境内的韩城、合阳、大荔、华阴、潼关5县(市),总面积67600公顷。

三、主要建设内容

1. 湿地生物资源保护:建设保护站8处,林业派出所4处;设立6处鸟类投食点;建设护岸林带150公里,护渠护路林带316公里,农田防护林带200公里,恢复草地1500公顷;大荔营南村东河堤边建设野生动物救护饲养中心1处;在保护区周围边界埋设界桩,在主要路口埋设核心区、缓冲区、实验区区界标牌;在行人较多的路口和休息点竖立指示性标牌、限制性标牌、宣传性标牌和公共设施标牌;修建简易码头4座等。

2. 科研工程建设:科研项目有:常规性湿地基础研究、生物资源保护与利用的研究、湿地保护区生态效应与环境监测的研究、湿地保护区管理研究、保护区信息系统研究、社区经济研究、网络系统新技术应用研究、环志研究。建设科研中心和基层宣教室,设立气象观测哨3处,配备室内分析仪器、化验设备、气象观测设备、望远镜等;建设环志研究监测站1处、水禽观察台9座、观鸟小屋2处。

3. 社区共管:建设高效生态农业示范基地50公顷,开展芦苇、莲藕等经济作物种植,发展养殖业,开辟教学实习基地。

4. 旅游建设:建观景亭5处,花坛250平方米,游客接待站2处。

5. 管理局、保护站、林业派出所建设:管理局、保护站、环志站、饲养救护中心、游客接待站、派出所共建砖混结构房屋6950平方米。配备交通工具及通信、办公设备等。

6. 道路建设:建设从华原防护堤到东王乡沙石路31公里,人行步道3公里。

7. 附属工程:架设低压通电线路2公里、高压电线路2公里;修建输水管道4公里;打水井8眼,建排水渗井11眼;配备供暖设备4套。

四、采取的主要措施(有删节)

1. 树立标桩、标牌,明确保护区及各功能区界线范围。

2. 积极开展宣传教育,提高公民保护意识。

3. 各保护站分区划片,明确各自保护范围,明确职责,制定奖惩制度,建立巡护制度。

4. 地方政府应将湿地保护管理和合理利用的主要目标和内容纳入到中长期计划中去,并制定相应的政策,限制人口的迁返及盲流人口的流入,禁止垦地造田和乱割水草,限制综合开发强度,已经自垦的农田,根据保护需要有计划地退耕。

5. 限制保护区内化肥、农药的使用量。定期监测湿地水质变化,发现污染及时提供监测报告交有关部门处理。

6. 为招引鸟类并使其安全栖息,增加野生动物多样性,分别在合阳黄河林场和夏阳瀵,大荔华原卤泊滩、牛毛湾、鲁安,潼关渭河渡口等6处设立鸟类投食点,保护站定时统一投放饲料,招引鸟类。

7. 结合陕西省正在实施的退耕还林工程、青年黄河林带工程、陕西省生态建设工程、山川秀美工程以及大荔县绿色生态工程等项目进行生物资源恢复。

8. 建设野生动物救护饲养中心,抢救濒危水禽丹顶鹤、大鸨、天鹅、黑鹳、灰鹤和饲养经济价值较高的赤麻鸭、雁类、果子狸、狐狸、蛇类、野兔以及部分观赏鸟类、鸣禽等,在达到保护物种资源、增加经济收入的同时,增添新的景观内容,为开展生态旅游创造条件。

9. 加强对湿地环境、生物资源消长变化的监测工作,建立湿地信息数据库,及时向有关部门报告监测情况,以保证湿地生态环境的平衡。

10. 通过扶持社区群众发展高效生态农业、推广农业新技术、实行科学种田、开展多种经营等,提高社区群众经济实力,从而建立良好社区关系,构建社区共管体系。可采取雇用社区劳动力,以乡镇为单位组成半脱产性保护队伍,参与保护区巡护工作,使社区群众参与保护区的日常管理,形成社区管理网络,实现社区共管,保护湿地资源。

11. 加强旅游管理,坚持保护性开发。限定旅游区域、控制游客数量,保持生态平衡;旅游设施建设因地制宜,以原有景观为主,坚持景观协调,发挥地方特色;根据自身特点,坚持"因地制宜,人无我有,人有我新,人新我奇,以奇制胜"原则,满足旅游者"求新、求特、求美"的兴趣;加强部门配合与协作,多方筹资。

12. 建立健全组织机构。陕西三河湿地自然保护区属事业单位,处级建制,隶属陕西省林业厅领导。局机关设办公室、保护科、宣教科、科研中心和林业公安分局,下设8个保护站:下峪口保护站、坡底保护站、王家洼保护站、东王保护站、华原保护站、朝邑保护站、雨林保护站和港口保护站,1个环志研究监测站,1个饲养救护中心,4个林业公安派出所。保护区共编制95人,其中保护区机关26人,8个保护站每站5人共40人,环志研究监测站4人,饲养救护中心5人,4个派出所各5人共20人。

五、投资概算

陕西三河湿地自然保护区投资估算总额为4416万元,其中建筑安装费用1942.1万元,占总投资的44.0%;设备购置费用1043.0万元,占总投资的

23.6%;其他费用1430.9万元,占总投资的32.4%。

按投资建设期划分,建设前期投资2582.1万元,占总投资的58.5%;建设后期投资1833.9万元,占总投资的41.5%,详见投资概算表(略)。

六、项目组织和实施机构

由陕西三河湿地自然保护区管理局组织,由各保护站及所在地政府主管部门负责实施。

七、项目预期效益

1. 生态效益:建设陕西三河湿地自然保护区生态效益主要表现为:一是有效地稳定和保护湿地的野生动植物资源,特别是为湿地水禽创造了一个稳定的栖息、中转、越冬、繁衍环境,对保护生物多样性有重要的意义。二是可以改善当地的生态环境,降解污染,调节区域小气候。大面积的湿地,通过蒸腾产生大量的水蒸汽,不仅可以提高周围地区空气湿度,改善空气质量,而且能诱发降雨,增加周边地区地表和地下水源,减少风沙干旱等自然灾害。三是可以净化水质,有效地保护水资源。通过水生植物的作用,以及化学、生物过程,吸收、固定、转化土壤和水中的营养物质含量,降解有毒和污染物质从而减小河流污染对多种水鸟、水禽和鱼虾贝类的威胁,同时减轻土壤和地下水的污染。四是调节黄河径流,涵养水源,保持水土。三河湿地是一天然蓄水库,堤外沼泽是缓解黄河干道压力的主要调贮库,保持黄河水流量均衡,为农业生产和水产养殖提供稳定的水源,减少旱、洪灾害的影响,且在一定程度上减缓黄河泥沙流量,起到保持水土作用。

2. 社会效益:建设陕西三河湿地自然保护区的社会效益主要表现在:一是提供人类进行科学研究、教学实习、科普宣传和青少年自然知识教育的基地;二是推动提高人们保护环境的意识。通过教学实习、科普宣传、生态旅游等,使人们更加接近大自然,了解和感受大自然,从而提高人们爱护大自然、保护环境的意识;三是提供人们休闲度假、旅游观光、陶冶情操的理想场所。保护区内分布有丰富多样的生物资源,珍禽鸟类种群多、数量大,具有极高的美学观赏价值,加之沿岸周边已建有名胜风景区和黄河自然景观,提供了休闲度假、旅游观光场所;四是带动当地加工、服务等行业的发展,解决社会部分剩余劳动力就业,有利于当地社会稳定。

3. 经济效益:在保护、培育生态系统的同时,可带来一定的经济效益。一是通过改善地区小气候、调节河水径流,促使保护区及周边地区农业稳产丰产;二是通过实验区的多种经营,即养殖、林果、蔬菜等产业发展,预计增加当地群众经济收入每年可达200万元;三是通过旅游、加工、服务业,预计每年收入可达260万元(旅游收入可达150万元)。在取得经济效益的同时,带动区域经济

第七章　政策评估

的发展。

陕西三河湿地自然保护区管理局
二〇〇二年九月

（案例来源：陕西野生动植物保护网 www.wildlife.gov.cn,2005 年 1 月 8 日。）

【案例分析】

本案例是一个项目建设申请书，在申请建议书中，陕西三河湿地自然保护区管理局向上级领导阐述三河湿地自然保护区建设的有关内容，包括项目背景、项目名称、范围及规模、主要建设内容、投资预算、项目组织和实施机构、项目预期效益等方面。虽然没有获得该项目是否最终被采纳的信息，但是从内容看，这是一份较为完整和规范的项目申请建议书。

在该项目中，项目的申请者和实施主体都是政府部门，而且涉及环境保护、野生动物保护等公共领域，因此该项目建议书实际上是一个公共政策方案，可以用政策评估理论对其进行分析。从政策评估理论角度看，由于该项目是一个尚未执行的政策方案，因此对它进行的评估属于事前评估类型。一般而言，事前评估的目的不仅要说明政策具有可行性，将会产生很大的效果，从而为政策方案获得通过提供依据；更重要的是要寻找出政策方案可能存在的问题、缺陷等，以便能够对政策方案进行修正。为达到这两方面目的，事前评估通常包含如下四方面重点内容：对政策实施对象发展趋势的预测、政策必要性评估、政策可行性评估、政策效果评估。从项目内容看，虽然项目内容比较简单，但是如果深入分析，就可以发现该项目涉及政策评估理论中很多值得深思的问题。下面将从上述四方面的评估内容对项目进行分析。

（一）关于对政策实施对象发展趋势的预测问题

对政策实施对象的发展趋势进行预测不仅是政策方案规划中的重要内容，也是政策评估的一项重要内容。通过预测，可以为决策者选择政策方案提供较为客观的未来信息。一般来说，政策实施对象的未来发展趋势可以分为三种类型：第一种是确定型，即影响政策实施对象的因素相当明确，政策实施对象的发展方向、阶段、结果等也相当明确。对于这种类型的政策实施对象，政策评估比较简单，只需分析政策方案是否符合政策实施对象的发展趋势就可以了。第二种是风险型，即政策实施对象未来的发展趋势不能够明确地确定，只是以概率的形式表现出来。对这种类型的政策实施对象进行评估较为复杂，它需要对多个备选方案能否符合政策实施对象的发展趋势进行分析。第三种是不确定型,即影响政策实施对象的因素、政策实施对象的发展趋势很难把握。对这种政策实施对象进行评估非常复杂,很难得到一个统一的评估结论。这就要求评估者必须综合考虑各方面的情况,才能够得出较为客观的评估结论。

从项目建议书的内容看,项目的建议者并没有对政策实施对象的发展趋势进行预测,这是项目建议书的一个缺陷。在此项目中,政策实施对象包括湿地、在湿地生息的各种珍稀水禽和候鸟、在保护区内生活的人们,通过对他们的未来发展趋势进行预测,例如五年、十年或者是更长时间的预测,才能够为政策方案的制定提供客观有效的信息。由于没有进行发展趋势分析,因而就无法提供客观的未来信息,也很难分清政策实施对象未来发展趋势的类型。这无疑会给政策方案的制定带来困难,也大大地降低了政策方案的有效性和客观性。

从这个项目中也折射出我国政策评估方面存在的问题,即忽略对政策实施对象发展趋势的预测。这可能是由于,一方面是在评估方法和技术上仍然没有完善,另一方面是决策者还没有形成对政策实施对象发展趋势进行预测的意识。由此看来,重视对政策实施对象的预测评估仍然有待进一步去完善。

(二)关于政策的必要性和可行性评估问题

政策的必要性评估主要是对政策的原因进行分析,也即是解决为什么需要政策这个问题。从三河湿地自然保护区建设项目的内容看,陕西三河湿地自然保护区管理局对项目的必要性论证是比较充分的。该项目的必要性主要体现为:①保护日益受到破坏的湿地,维持生态平衡。因为湿地具有巨大的调控环境的作用,包括积蓄洪水、涵养水源、防止水土流失、调节气候、净化环境等,湿地被科学家誉为地球的"肾脏"。②保护濒危野生动物。据统计,在陕西三河湿地大约居住着百余种上百万只珍稀水禽和候鸟。而近年来,当地居民的过度砍伐和垦殖活动已经给珍稀水禽和候鸟的生存带来严重的威胁,因此有必要通过政府政策干预来保护它们。

政策必要性分析实际上是对公共问题进行分析,通过分析确定该公共问题是否需要政府来解决。当确定了公共问题需要由政府解决时,那么政府有关部门就需要进行政策方案规划,以寻求解决问题的方法和手段。在方案规划过程中,一个重要问题是对政策方案的可行性进行评估。可行性评估的内容主要分为两个方面:一方面分析政策方案是否符合自然环境、社会环境、技术能力、文化传统、经济实力等方面的要求,另一方面分析政策执行者的素质、能力是否能够完成政策执行的任务。在政策制定过程中必须对政策方案进行可行性评估,否则如果缺乏可行性,再完美的政策方案也只不过是一纸空文。从三河湿地自然保护区建设项目的内容看,项目建议者也缺乏对政策方案的可行性进行评估。而实际上,三河湿地自然保护区建设不仅仅是环境保护问题,而且由于该项目牵涉的地域较为广阔，人口较多，并且资金投入较大，因此还涉及复杂的社会关系问题。对于其中任何一个环节，如果处理不好的话，都有可能成为政策执行的障碍。

(三)关于政策效果评估问题

政策效果是政策执行后实际产生的作用或影响，它不等同于政策输出。政策输出是指政府在推行某项政策时所做的实际事务，它并不代表这些实际事务所产生的效果。因此，政策评估不仅要评估政策输出，更重要的是评估政策效果。政策效果评估的内容主要包含两个方面：一方面是政策对目标群体和目标外群体所产生的实际作用，另一方面是政策的直接成本和间接成本。通过成本与收益的比较来确定政策的净效用，从而判断政策是否可取或者是否合理。

在案例所提到的项目中，项目的直接成本是4416万元；间接成本是当地居民因为项目建设所付出的代价，包括可能造成的失业、农田被征用、禁止采伐等造成的损失。项目的收益包括三个方面：生态收益，包括保护湿地的野生动植物资源、改善当地的生态环境、净化水质、涵养水土；社会收益，包括利用保护区进行科学研究和学习、提高人们环保的意识、休闲度假、旅游观光、增加就业岗位、维护当地社会稳定；经济收益，包括使农业稳产丰产，发展种植业，推动旅游、加工、服务业发展。项目的收益可能还包含其他更多的方面。从项目的成本和收益可以看出，大部分的成本和收益是很难进行测量的，可以测量的成本和收益仅有三项，即直接成本4416万元，种植业每年收益约200万元，旅游业和加工服务业每年收益为260万元。从可测量的成本和收益看，项目要过10年才能产生净收益（排除汇率变动和通货膨胀因素）。显然，这是一个不合算的投资项目。但是，不仅在中国，而且在其他很多的国家都对环保事业进行大量的投资。在这里，就引出一个值得探讨的问题，即关于公共政策的社会成本和社会收益的计量问题。一般认为，公共政策产生的成本和收益分为有形成本和收益与无形成本和收益两种类型，前者是指可以采用货币计量单位或实物计量单位予以计量的成本和收益；后者则是指不能够采用货币计量单位或实物计量单位予以计量的成本和收益，社会成本和收益就属于后者。在公共政策实践中，有些公共政策产生的社会成本和收益可以忽略不计，但是，有些公共政策的成本和收益很可能是其根本性的成本与收益，不能对其忽略不计。通常，对社会成本和收益进行计量有两种方法：第一种方法是把可以获得同样效果的替代项目方案的最小成本费用作为该项目方案的收益；第二种方法是把消费者愿意支付的成本作为收益的估价，而对项目产出所带来的损失，则可以用被损害者愿意接受的最大补偿收入作为社会成本的估价。通过这样的测算就可以得出，有些公共政策的总收益远远大于总成本。例如，对环境保护进行的投入,虽然其有形收益比较小,但是它的无形收益非常大,有人甚至认为环境保护是无价的,这样就不难理解为什么包括我国在内的很多国家都将大量的资金投入环保领域。从这个角度而言,虽然三河湿地自然保护区建设项目未来的有形收益比较小,但是它的无形收益是十分巨大的。由此可以看出,该项目在成本与收益的衡量上是合算的。

案例二　高雄市社会发展评估

【案例正文】

1979年7月,高雄市制定了"高雄市社区发展实施办法",企图以社区发展之工作方式,发挥各地居民之自助精神,以配合高雄市之都市建设与工业建设。可是近年来高雄人口剧增、工业快速成长、社会急剧变迁,各种社会问题随之产生。为此,高雄市政府研究发展考核委员会为检视该市推行社区发展之得失,并研究如何加强社区精神伦理建设,遂于1983年委托台湾东海大学社会学系教授兼主任徐震对该市社会发展实施评估。现将徐震刊于其专著《社会发展——方法与研究》的部分内容摘录如下:

鉴于该市发展项目实施前后的资料欠缺,此项评估无法注重于时间上前后的比较,乃采用问卷调查方式,从各社区接受服务者与从事服务者等对于发展工作之满意程度,贡献评价及意见,以归纳而评估既往工作之得失,作为未来发展的凭借。

1. 评估研究目标

从既往社会发展工作中评定:社区建设各项目是否切合居民需要?其工作方法是否符合地区工作目的?现有社区发展之组织是否能发挥社区的自助功能?已有的精神伦理建设是否能发挥社区的教育功能?

2. 研究范围

根据上述目标,确定评估研究的范围,其主要项目为:该市社区发展组织、社区发展规划、机构配合、工作项目、工作方法、经费资源、工作人员、成果维护,其他社区居民反映等。

3. 研究结构

根据上述目标范围,其研究指标可归纳如下:①对社区发展工作中三大建设的成效评估,其指标为:居民对各项工作及活动的满意程度,居民认为各项工作及活动的贡献程度,行政人员认为居民对社区各项工作的欢迎程度。②对社区发展工作运作过程之评估,其指标为:社区组织的功能是否发挥,机构是

第七章 政策评估

否协调,居民参与积极否,经费运用适当否,专业资源是否运用。③对其他影响社区发展因素及其成效的探究,其指标为:居民对社区内之公共问题严重程度之评估,如环境卫生问题、交通秩序问题、青少年犯罪问题、盗窃问题等;居民对社区内生活环境满意程度之评估,如教育、医疗设施,水电、交通设施,治安休闲娱乐设施等。

4. 研究架构、方法和步骤(从略)

5. 研究结论

根据各项研究所得各类资料,加以统计分析,综合研究,并依照高雄市当前社会发展实况与都市发展之趋势,就社区工作的立场,加以解释与推断,作成结论并提出检讨与建议,如下列四项:

(1)对于以往社区发展各项建设之评估

①对于三大建设的评估

对于三大建设的评估主要通过满意程度和贡献程度两个指标进行,依原报告各种统计资料,统计结果可简化如下表7-2和表7-3所示。

表7-2 居民对三大建设的满意程度分析

满意程度 分项	相当满意	普通	不甚满意	合　计
基础工程建设	68.4	22.3	9.3	100.0
生产福利建设	62.1	21.8	16.1	100.0
精神伦理建设	63.9	20.3	15.8	100.0

表7-3 居民对三大建设的贡献程度的看法分析

满意程度 分项	相当满意	普通	不甚满意	合　计
基础工程建设	73.5	17.7	8.8	100.0
生产福利建设	69.1	15.0	15.9	100.0
精神伦理建设	62.5	21.3	16.2	100.0

从表7-2和表7-3可以看出,多数社区居民对于以往历年来社区发展工作之评估,均表示相当满意与颇有贡献。惟在满意与贡献的程度上,以

a. 基础工程建设之评价为最高。

b. 生产福利建设之评价次之。

c. 精神伦理建设之评价为最低。

基于居民对于社区发展三项建设在满意、贡献与需求等三方面之评估,作者曾建议高雄市政府对于此三项社区发展工作,均应予以继续加强,而对于生产福利建设与精神伦理建设,尤应视各社区之未来需要,予以特别加强。

②对于分项工作之评估

依据此项研究综合评估之资料,其社区居民与行政人员对于三大建设中,各分项工作在改善社区生活之贡献方面,其评定之次序,如表7-4所示。

表7-4　居民与行政人员对三大建设中各项工作在改善社区生活贡献方面的评价

	对改善社区生活最有贡献之工作项目	
	社区居民认为最有贡献之工作及次序	行政人员认为最有贡献之工作及次序
基础工程建设	1. 改善巷道铺设水泥柏油路面 2. 兴建社区活动中心 3. 改善照明设备 4. 兴建排水沟	1. 兴建排水沟 2. 改善巷道铺设水泥柏油路面 3. 兴建社区活动中心 4. 改善照明设备
生产福利建设	1. 成立社区生产建设基金 2. 办理社区卫生保健班 3. 设立社区托儿所 4. 提供家庭副业 5. 推行家庭计划 6. 办理就业辅导	1. 设立社区托儿所 2. 办理就业辅导 3. 家庭卫生指导与医疗服务 4. 改善家庭卫生 5. 举办技术训练 6. 提供家副业
精神伦理建设	1. 设置社区精神堡垒 2. 社区妈妈教室 3. 设置篮球场 4. 社区童子军团 5. 社区志愿服务队 6. 设置国乐社活动	1. 设置社区小型公园 2. 设置社区儿童乐园 3. 社区全民运动 4. 设置花坛美化环境 5. 设置篮球场 6. 早觉会活动

从表7-4可见:a.在基础工程建设方面,社区居民认为最有贡献之工作项目与行政人员之看法大致相同,惟次序不一。b.在生产福利建设方面,两者之选择有一半项目不同,且次序不一。c.在精神伦理建设方面,两者之选择有5/6的项目俱不相同,且次序标准极不一致。

以上除基础工程建设,工作比较具体,看法容易一致外,其余两项社区居民与行政人员所持之标准与看法多不一致,行政人员认为对社区最有贡献之项目并不被社区居民所接受。

由于社区发展工作得以社区居民之需要为主体。因此,作者曾建议,对于社区发展之工作项目,应视不同社区之不同需要,采用多元模式,尽量让社区理事会依照居民之意见,自行规划、自行选择。

(案例来源:徐震:《社会发展——方法与研究》,台北中国文化大学出版社,1985年,第266~281页;转引自陈振明主编:《政策科学——公共政策分析导论》,中国人民大学出版社,2003年,第339~342页。)

【案例分析】

在案例中,政策评估的发动者是高雄市政府研究发展考核委员会,该委员会发起政策评估的目的是评价"高雄市社区发展实施办法"的执行情况,即"检视该市推行社区发展之得失,并研究如何加强社区精神伦理建设"。为此,在1983年委托台湾东海大学社会学系教授兼主任徐震对高雄市社区发展情况进行评估。本案例是徐震教授所撰写的评估报告的一部分,报告内容包括评估方法、评估过程、评估结论及建议等方面。

从案例中可以看出,徐震教授以社会调查方法(主要是问卷调查法)为基础对高雄市社区发展的情况进行评估。其评估过程包括如下步骤:首先,政策评估发动者提出评估目标,即高雄市政府研究发展考核委员会提出,评估目标是分析高雄市社区发展政策的得与失,并研究如何加强社区精神伦理建设。其次,徐震教授接受委托,他认为由于缺乏政策实施前后的资料,因此决定采用问卷调查的方法收集相关资料,以此为基础进行评估。再次,根据高雄市政府研究发展考核委员会提出的评估目标,徐震教授进行调查问卷设计,问卷内容包括:设定调查目标,即设定评估目标;确定调查范围,即确定评估的范围;确定调查的结构,即确定评估的结构(主要是研究指标的确定);设定问题和备选答案(这部分在案例中被略去)。再次,进行实地调查,包括发放问卷、回收问卷等活动(这部分在案例中被略去)。最后,对回收的问卷进行统计分析,在此基础上对高雄市社区发展作出具体的和分项的评估,得出评估结论,并根据评估结论提出政策建议。这便是徐震教授对高雄市社区发展进行评估的整个过程和框架。透过这个评估框架,我们不仅可以体会和学习到政策评估的过程和采用的方法,而且也促使我们对政策评估理论与实践进行反思,从而使我们更深入地了解和掌握政策评估理论和我国政策评估的实践。在案例中,值得去讨论和分析的问题主要有如下几个方面。

(一)关于发动政策评估的目的问题

发动政策评估是政策评估的第一个环节,也即是没有政策评估的发动就不会产生后面的政策评估活动。发动政策评估的一个重要问题是发动的目的问题,即是政策发动者因为什么原因要发起政策评估。一般而言,发动政策评估不仅仅是一个技术和科学问题,而且是一个政治问题,因此非常值得分析。从实践角度看,发动政策评估有两个方面的目的,即积极目的和消极目的。从积极的角度而言,评估的目的是为了检验政策效果、找出政策成功或失败的原因、确定政策变化的方向。从消极的角度而言,政策评估的目的有如下几个方面：①炫耀政绩，即当政策执行非常成功时，决策者和执行者通过评估来捞取更大的晋升资本或者政治资本。②规避责任，即当政策执行失败时，个别负责人通过评估来分析失误的原因，借此推卸自身的责任。③攻击他人，即政策反对者借政策评估攻击政策负责人和支持者。这种做法被萨茨曼称为"以政治取代科学"[①]。④形式主义，这种评估动机仅把政策评估作为一种完成其他任务的评估形式，根本不去关注评估的重要性和评估效果。以消极的目的发动政策评估不仅不能够检验政策的真实效果，而且不能够找出政策成败的原因，也不能够寻找出改进政策的新措施，这对政策实践具有很大的危害。因此，在政策评估中要尽量避免。

从案例中可以看出，高雄市政府研究发展考核委员会发动政策评估的目的是为了了解"高雄市社区发展实施办法"的实施情况，分析该市在推行社区发展方面的得与失，并研究如何进一步加强社区精神伦理建设。显然，这个目的是积极的。在该目的的指引下，徐震教授对高雄市社区发展状况进行了评估，得出了较为客观的评估结论，并提出较有针对性的政策改进建议。这对于推进高雄市社区的良性发展是非常有意义的。

在内地，一方面是很多政府部门不重视政策评估，另一方面是在一些开始政策评估的部门中，有些部门发动政策评估的目的也是消极的。他们通常是出于炫耀政绩、逃避责任和形式主义等目的进行政策评估。因此，高雄市政府研究发展考核委员会以积极目的发动政策评估的做法和精神值得内地政府部门借鉴。不过，从实践中看，要想根除政策评估的消极目的是比较困难的，这主要是由于，一方面缺乏对政策评估发动者进行必要的监督；另一方面是政策评估具有复杂性，很难分辨出发动评估的目的是积极的还是消极的。由此看来，要想尽量避免政策评估的消极目的，仍然需要政策学者和政策实践者不断地去探索。

(二)关于政策评估主体的选择问题

这是案例中反映出的一个比较重要的问题。在案例中，政策评估的发动者是高雄市政府研究发展考核委员会，但是评估主体却不是这个机构，而是由该机构委托的徐震教授。这样就做到了政策评估主体与决策者、执行者相互分离，从而能够保证了政策评估的相对客观性。在政策评估中，评估主体与决策者、执行者相分离，这是由他们在政策过程中的不同位置和特点决定的。

政策评估主体是指担负政策评估责任的个人和组织。一般来说，政策评估主体不应该由决策者、政策执行者、政策支持者和政策反对者来承担。这是因

---

① E. A. Suchman, Action for What? A Critique of Evaluative Research, in C. H. Weiss (et al.) Evaluating Action Programs, p. 81, Englewood Cliffs, Prentice-Hall, Inc., 1972.

为,决策者、执行者和支持者与政策有着密切的利益关系,因而他们在评估中会夸大政策的效果,或者逃避自身的责任;而政策反对者则会由于政策执行损害他们的利益而有意夸大政策的负面影响。这样,他们对政策评估都缺乏客观性和公正性。基于这些原因,政策评估者一般需要由政策第三方,即学者、大学机构、民间评估组织等独立主体承担。由于这些评估主体地位中立,在评估中能够保持公正、客观的态度,因而评估结果也能够做到客观公正。在案例中,徐震教授是政策第三方,与政策没有利益关系,他与政策评估发起者是被委托与委托的关系,因此他在政策评估中可以以中立的立场对政策效果进行评估,从而保障政策评估结论的客观性和公正性。

纵观西方,凡是政策评估理论和实践发展得比较好的国家,都有比较完善的和地位独立的评估组织,并有一套机制保证他们独立地开展工作。而在我国,政策过程的显著特征是"行政双轨结构功能系统"[1],也即是从中央到地方有各级党委和各级政府两个系统。在这两个系统中都设有政策评估机构,然而,由于这些机构与党组织和政府存在着上下级关系,并且经费来源于财政拨款,因此它们难以摆脱对党和政府部门的依赖,在评估过程中常常受到上级领导的影响,无法独立、自主地开展工作。这样就难以得出客观公正的评估结论,这也在一定程度上阻碍政策评估理论和实践的发展。所以,为了推动我国评估理论和实践的发展,一方面要规范官方政策评估组织,将政策制定者、执行者与政策评估者从制度上将其分开,通过法律制度规定它们的职责,使其独立地承担职责;另一方面,培育民间政策评估组织,并通过制度化的形式将部分政府政策评估工作交由它们负责,使其成为政策评估的重要主体。

(三)关于政策评估的方法论问题

在案例中,徐震教授采用问卷调查方法对高雄市的社区发展状况进行评估,评估过程包括设定调查目标、确定研究范围、确定研究结构、进行问卷设计、发放和回收问卷、对问卷信息进行分析、得出评估结论等环节。一般来说,包含问卷调查、访谈、个案分析和实地调查等在内的社会调查方法不仅经常应用于政策制定阶段,也可以应用到政策评估阶段。不过需要注意的是,在运用问卷调查方法进行政策评估时,它的作用和应用范围主要限于政策评估的资料、信息收集阶段。这是因为政策评估包含着相互关联的两个阶段:前一个阶段是政策评估主体采用各种方法来监测政策运行的结果,这个阶段最重要的任务是获得有关政策结果的信息,而问卷调查方法则是获得政策结果信息的非常有用的方法之一;后一个阶段是政策评估主体应用某种价值观念、价值标

---

[1] 胡伟著:《政府过程》,浙江人民出版社,1998年,第292页。

准来确定政策结果对目标群体和目标外群体产生的影响,即对政策效果进行综合分析。显然,问卷调查方法不能够满足该阶段任务的要求。尽管如此,问卷调查方法对于政策评估依然有着重要的意义,这可以从案例中看得出来:

其一,运用问卷调查方法可以获得比较具体的、详细的有关于政策结果的信息。在案例中,徐震教授根据评估目标设定若干项评估指标,这些指标包括社区发展工作中三大建设、社区发展工作运作过程、影响社区发展因素三个一级指标,以及若干个二级指标。通过对每个指标都设定一、二个问题进行调查,这样就获得了关于社区发展中各方面具体的信息。

其二,能够提供更为有针对性的政策建议。通过运用问卷调查方法能够获得比较具体的政策效果信息,以及发现原有政策存在的具体问题,依此为依据提供的政策建议就更有针对性。在案例中,徐震教授通过问卷调查发现,"社区居民认为对社区发展最有贡献的工作的次序"明显不同于"行政人员认为对社区发展最有贡献的工作的次序",并以此为根据提出"对于社区发展之工作项目,应视不同社区之不同需要,采用多元模式,尽量让社区理事会依照居民之意见,自行规划、自行选择"的政策建议。

虽然社会调查方法对政策评估具有重要作用,但是在运用社会调查方法时也面临着一个问题,即如何保证评估主体以价值中立的立场进行评估的问题。在"关于政策评估主体的选择问题"部分中讨论了这个问题,认为可以通过将决策者、执行者与评估者分开的方式使政策评估具有客观性和公正性。但是即便如此,也很难保证政策评估者在政策评估中不受自身价值观念的影响,这种影响也会导致评估结论缺乏客观性和真实性。可以通过两个途径解决这个问题:一方面,政策评估者要按照严格的社会调查程序进行调查和收集资料,进行资料分析;另一方面,要选择两个以上的评估主体,这些评估主体通过相互交流,可以在最大程度上减少由于自身观念所带来的偏差。

案例三　春蕾计划社会效益评估报告

【案例正文】

一、评估的背景

春蕾计划是中国儿童少年基金会于1989年发起并组织实施的一项救助贫困地区失学女童重返校园的社会公益事业。中国儿童少年基金会是春蕾计划的组织、管理和实施机构。各省(自治区、直辖市)妇联/儿童少年基金会、各地级市(州、地区)妇联/儿童少年基金会,以及各县(县级市、市辖区)妇联是春蕾计划的实施机构,在中国儿童少年基金会的指导下,具体开展春蕾计划的筹资和资助活动。

春蕾计划包括结对救助(春蕾桥)、春蕾班、春蕾学校和春蕾计划实用技术培训等四个主要的子项目。其中,结对救助和春蕾班以失学女童为救助对象,春蕾学校以帮助贫困落后地区新建、改建或扩建校舍为工作重点,实用技术培训以在春蕾班内套嵌实用技术培训课程和开展实用技术培训专项项目,帮助受助女童掌握一两门当地需要的专业知识和劳动技能,从而深化"春蕾计划"的成果。

2004年是实施春蕾计划15周年。为了科学总结春蕾计划项目实施15年来的基本经验,全面了解项目所产生的社会效益,受中国儿童少年基金会委托,中国科技促进发展研究中心对春蕾计划的社会效益进行了评估。中国科技促进发展研究中心是联合国技术预测与评估协会的中国会员单位,承担过多项社会公益项目的评估工作,具有丰富的社会项目评估经验。

二、评估的内容与方法

中国科技促进发展研究中心抽调具有丰富社会项目评估经验的研究人员组成了"春蕾计划社会效益评估"课题组,并广泛征求来自各个领域专家的意见,采用符合国际规范的评估理论、概念和技术路线,设计了本评估活动的具体方案。评估方案得到了专家组的论证认可。

1.评估对象界定

(1)评估对象的内容界定:包括春蕾计划的所有子项目(结对救助/春蕾桥、春蕾班、春蕾学校和春蕾实用技术培训);

(2)评估对象的时间界定:从1989年到2003年12月实施的春蕾计划项目;

(3)评估对象的地域界定:包括所有的春蕾计划覆盖地区;

(4)评估对象的层次界定:既包括中国儿童少年基金会直接实施的春蕾计划项目,也包括地方各级妇联、儿童少年基金会实施的春蕾计划项目。

2.评估的基本内容

本次评估活动的基本内容集中于对春蕾计划社会效益的评估,包括春蕾计划的实施效果和社会形象这两个主要方面。其中,实施效果又包括产出(项目实施的覆盖面和基本情况)、结果(对受助对象的直接作用)和影响(对受助对象本人及其家庭、项目实施社区乃至整个社会的长远和间接的影响)等三个维度。社会形象主要指春蕾计划在项目利益相关者和普通社会公众心目中的基本形象。

3.评估方法

此次评估坚持"以数据和事实说话"的原则,采取定量研究和定性研究相结合的实证评估方法。在中国儿童少年基金会以及各级妇联的配合下,自2004年3月到2004年9月间,评估课题组在全国范围内共进行了9项定量的问卷调查(共发放各类调查问卷、报表25055份)、6项定性的访谈和考察,实地调研了解了河北、内蒙、陕西、宁夏、新疆、四川、湖南、广西、广东等9个省份、27个区县的春蕾计划实施情况,调研对象涵盖了春蕾计划的各个相关者群体。

三、评估的结果和基本意见

在实地调研的基础上,评估课题组经过深入的讨论,共形成6篇春蕾计划社会效益专题评估报告:

春蕾计划社会效益评估系列之一:《春蕾计划实施基本情况的专题评估》;
春蕾计划社会效益评估系列之二:《春蕾计划救助失学女童情况的专题评估》;
春蕾计划社会效益评估系列之三:《春蕾学校建设情况的专题评估》;
春蕾计划社会效益评估系列之四:《春蕾计划国内捐赠者的专题评估》;
春蕾计划社会效益评估系列之五:《春蕾计划社会影响的专题评估》;
春蕾计划社会效益评估系列之六:《春蕾计划社会形象的专题评估》。

综合上述6篇专题评估报告的评估结果,评估课题组对春蕾计划的社会效益形成以下基本意见:

中国儿童少年基金会发起并组织实施的春蕾计划已经成为我国社会知名度最高的社会公益事业之一。春蕾计划的实施得到了社会各界的广泛参与和支持,在各利益相关群体和社会公众中享有良好的声誉。

春蕾计划的"结对救助"和"春蕾班"项目以救助义务教育阶段的贫困女童为主,救助女童的数量已经具备相当规模。春蕾学校建设有效地改善了项目实施地区的办学条件。这些都在一定程度上辅助政府推进了普及九年义务教育的工作。不同于其他同类助学项目,春蕾计划还通过为受助女童提供切合当地实际需要的"实用技术培训",帮助许多女童家庭实现了脱贫致富,大大深化了在农村地区教育助学的实施效果。与同类助学项目相比,春蕾计划资助额度相对较高,资助年限相对较长,大大减轻了受助女童家庭的经济负担,能够切实解决贫困女童的上学问题;通过保障女童基本的受教育权利,春蕾计划改变了许多女童的生活轨迹和命运。

春蕾计划致力于女童教育事业的发展,承担着关注儿童、发展教育、扶贫济困、促进性别平等等诸多公益责任,产生了良好的社会影响。春蕾计划对项目实施地区、尤其是项目比较集中的贫困地区的女童教育事业具有明显的促进作用,在相当程度上改变了这些地区"重男轻女"的落后观念,提高了各级政府和社会各界对女童教育的重视程度。春蕾计划已经成为我国民间公益机构促进女童教育发展的最成功、最有影响力的范例。

评估同时发现,尽管春蕾计划已经成为同类项目中比较知名的品牌,但在知名度上仍有进一步提高的空间,建议中国儿童少年基金会和各级妇联组织应在未来的工作中继续加强对春蕾计划各个方面的宣传工作。"春蕾班"是春蕾计划颇具特色的助学形式,这一形式能够在项目实施地区形成更大的社会影响,对此应继续保持并发扬,但同时也可以探索更加灵活的助学形式作为补充,以降低组班的难度。对春蕾计划的捐赠额度和捐赠方式也可以作适当调整,以吸纳更多的捐赠资金。此外,中国儿童少年基金会还应继续加强对各级妇联、尤其是区县级妇联的在开展春蕾计划项目上的业务指导,以进一步促进春蕾计划的更大发展。

四、专题评估报告

(一)春蕾计划实施基本情况的专题评估(有删节)

通过对春蕾计划实施基本情况的评估,评估课题组得出如下结论:

(1)春蕾计划的地域覆盖面[①] 在逐年扩展。经历了1994~1998年的快速扩展期后,春蕾计划目前的地域覆盖范围已经十分广泛(见图7-1),表明春蕾计划已经成为一个比较成熟的社会公益项目。在春蕾计划的四个子项目中,结对救助的地域覆盖范围最为广泛,其次是春蕾班,实用技术培训排第三,春蕾学校的地域覆盖率最低。春蕾计划还在地域覆盖上重点对贫困地区、尤其是国家级贫困县进行了倾斜。

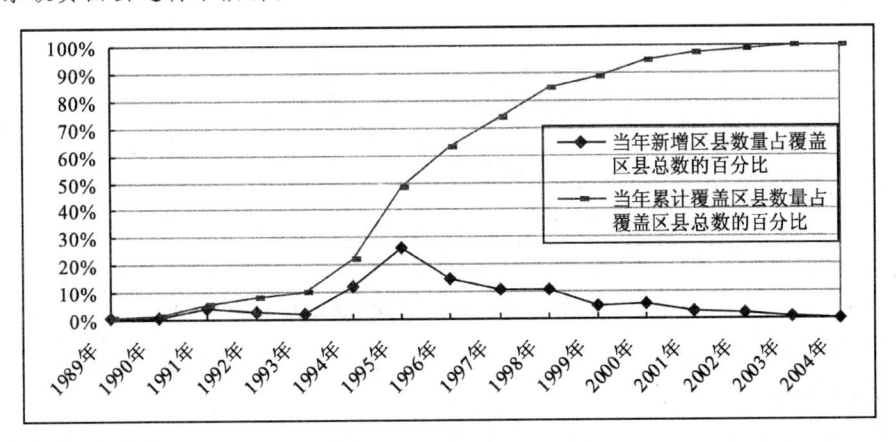

图 7-1 春蕾计划覆盖地域扩展趋势

[①] 本评估报告所称"地域覆盖"是指:只要某地有儿童接受了春蕾计划的结对救助,开办了春蕾班,开展了春蕾计划实用技术培训,或者建设了春蕾学校,该地即算被春蕾计划所覆盖。

(2)自实施以来,春蕾计划的救助力度逐年增强。截至 2003 年底,与最初实施年份相比,春蕾计划投入的经费总额平均到每个实施区县提高了近 40 倍,资助贫困女童的数量平均到每个实施区县提高了近 10 倍。投入经费数量和救助人次的增加在近几年表现更为突出,说明春蕾计划仍然处于项目的发展期。

(3)截至 2003 年底,各级妇联、儿基会组织共为春蕾计划募集现金资金 5.83 亿元。此外,各级妇联、儿基会组织还为春蕾计划筹集了价值总额巨大的各类实物物资。中国儿童少年基金会和各级妇联、儿基会组织,尤其是基层区县妇联组织,都为春蕾计划筹集善款善物作出了自己的贡献。除此之外,春蕾计划还得到了妇联系统以外的各类政府机构的直接参与和大力支持。

(4)截至 2003 年底,春蕾计划通过实施结对救助和举办春蕾班的形式共救助贫困女童 140.3 万人次①,举办春蕾班 4600 多个,兴建春蕾学校 280 余所,通过各种形式的实用技术培训活动培训妇女和女童 41.6 万人次。从投入资金量的比例上来看,春蕾计划在结对救助项目上投入了最多的资金,春蕾学校其次,春蕾班占第三位,实用技术培训项目的投入资金最少(见图 7-2)。中国儿基会和各级妇联/儿基会在不同的子项目上扮演了不同的角色,结对救助项目主要由地县级尤其是区县妇联组织实施,春蕾班和春蕾学校项目主要由中国儿基会和省级妇联/儿基会实施,这种层级分工比较合理。

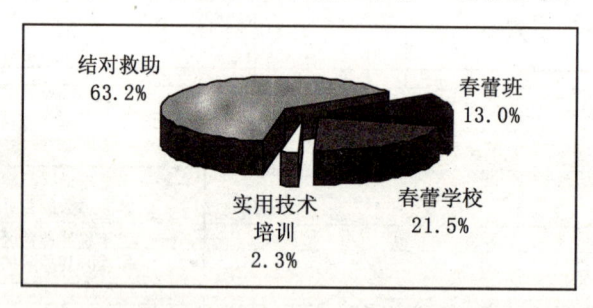

图 7-2 春蕾计划四个子项目使用资金量的结构

(5)春蕾计划在各个子项目上的支持力度都对贫困县、尤其是国家级贫困县进行了倾斜。

(6)春蕾计划在实施过程中以基础教育、尤其是小学阶段为主要的救助范围,同时也覆盖了少量的非义务教育项目,这基本符合春蕾计划的救助宗旨。随着政府对义务教育、尤其是小学教育支持力度的不断加强,春蕾计划将来可

---

① 一个女童接受一学年的资助算做 1 人次。

考虑对其救助方向进行适当调整。

(二)春蕾计划救助失学女童情况的专题评估(有删节)

通过对春蕾计划救助失学女童情况进行评估,评估课题组得出如下结论:

(1)家庭贫困和家长不重视女童教育是导致女童失学的主要原因,春蕾计划的资助使得许多原本处于失学边缘的女童重新获得了受教育的机会(见图7-3、图7-4)。处于义务教育阶段的贫困女童是春蕾计划资助的重点群体,这个救助方向与女童失学的年级分布比较吻合。在选择资助对象的过程中,女童的家庭贫困、学习成绩和品德状况是遴选的主要标准。春蕾计划的资助年限相对较长,尤其是"春蕾班"这种集中资助的形式,更能保障女童接受更长时间的教育。此外,在春蕾计划的实际运作过程中,学校等教育部门起到了相当大的辅助作用,大部分受助女童是通过学校的老师和春蕾计划建立起联系的。

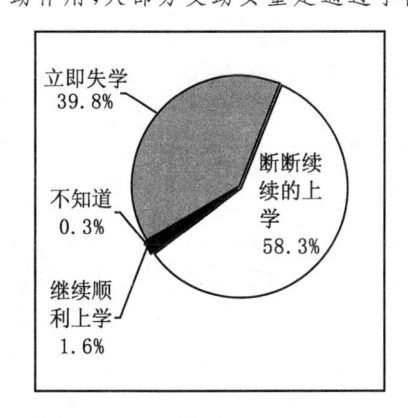

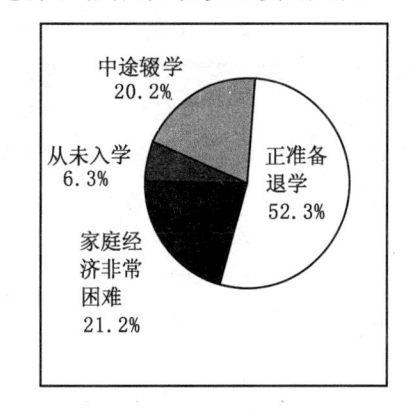

图 7-3　如果没有春蕾计划,受助女童将面临的情况

图 7-4　受助女童在什么情况下接受资助

(2)春蕾计划资助了切实需要帮助的贫困女童。调查显示,绝大多数受春蕾计划资助的女童家庭处于贫困状态。这些家庭中劳动力少、子女多,家庭负担沉重。受助女童的家长文化程度较低,从整体情况来看,受助女童母亲的文化程度显著地低于其父亲的文化程度。而且父母患有严重疾病或慢性疾病的女童在受助女童中占有相当比例。这些都是造成受助生家庭贫困的可能原因。

(3)春蕾计划救助资金基本上能够做到足额及时发放。春蕾计划对受助女童的资助额度较高,但由于地区经济的差异,还有不少受助女童实际得到的资助尚未达到中国儿基会提出的指导性救助标准。中国儿基会提出的指导性资助标准比较切合实际,与救助对象的实际教育支出水平基本相符。调查还发现,绝大多数家长对春蕾计划助学金的发放和使用方式表示满意。保证受助女童及其家长在资助金发放和使用过程中的知情,对于提高受助者对春蕾计划的满意度、增进春蕾计划实施者与受益者之间的互信有积极的意义。

（4）调查发现，仍有相当一部分受助生及其家长不知道春蕾计划，加强春蕾计划的宣传势在必行。在受助生与资助人的联系方面，受助生给资助人写信报告自己的学习情况的比例较低。不知道资助者是谁，是阻断二者联系的主要障碍。同时，调查还发现，与资助者联系紧密的受助女童更有可能得到资助者的进一步的捐赠和较多的关心。

（5）经过春蕾计划的资助，绝大多数受助女童能够完成当前的学业；在毕业的受助女童中，有相当大一部分女童能够升入高一级学校。在春蕾计划的资助下，绝大多数女童认识到学习文化知识的重要性；在校学习期间，多数受助女童在学习成绩、思想品德等方面都取得了较大的进步。春蕾计划的实施还大大提高了受助女童的性别平等意识和公益意识。尤其重要的是，春蕾计划所提供的教育机会在很大程度上改变了受助女童的命运，许多女童由于受到春蕾计划的资助成为对社会有用的人才。

（三）"春蕾学校"建设情况的专题评估（略）

（四）春蕾计划国内捐赠者的专题评估（略）

（五）春蕾计划社会影响的专题评估（有删节）

通过对春蕾计划的社会影响进行评估，评估课题组得出如下结论：

（1）春蕾计划帮助失学女童重返校园，减少了受助地区女童失辍学的现象。春蕾计划的实施，促进了受助地区女童教育意识的提高，改善了当地的女童教育环境。通过上述机制，春蕾计划在提高受助地区的适龄女童入学率、推动当地女童教育发展、辅助政府推行九年制义务教育等方面发挥了积极的作用。这一作用在春蕾计划项目比较集中的贫穷落后地区体现得尤为显著。

（2）春蕾计划的实施在很大程度上改变了受助地区"重男轻女"的落后思想观念，改变了受助地区的一些传统陋习，提高了妇女的自身素质和社会地位。

（3）春蕾计划的实施，促进了城乡、民族、军民之间的交流与沟通，有助于进一步增强整个社会的融合与团结。

（4）春蕾计划的实施倡导了奉献爱心、关爱女童的社会风尚，对于唤起社会公众的爱心、提高社会公众的公益意识、促使更多公众参与到社会公益事业中来起到了积极的推动作用。

（六）春蕾计划社会形象的专题评估（有删节）

通过对春蕾计划的社会形象进行评估，评估课题组得出如下结论：

（1）作为一项由民间组织筹集款项资助贫困女童上学的社会公益事业，春蕾计划实施15年来，在社会公众中获得了较高的知名度。根据社会公众调查结果,在我国主要公益事业中,春蕾计划的公众认知度排名第二,有40.9%的城市公众听说过春蕾计划。作为春蕾计划的实施机构,中国儿童少年基金会在城市公众中也具有较高的知名度。大众传媒是社会公众了解春蕾计划的最主要途径。相对而言,春蕾计划4个子项目的知名度还不算太高,说明要使公众更充分地了解春蕾计划,仍有许多工作要做。

(2)大部分城市公众均认为有必要救助失学儿童,并且更多的人倾向于救助失学女童。这说明,春蕾计划的必要性和发起理念受到了社会的普遍认可和支持。事实上,公众也普遍赞同通过春蕾计划的筹款方式来解决女童失学问题。这说明春蕾计划的发展有着广阔的推广空间。

(3)在受助地区的实地调查发现,春蕾计划在受助生家长以及受助生中的知晓度并不如人们设想的那么高。这可能是由以下原因造成的:受助生家长的文化程度普遍较低;大部分受助生还处于小学教育阶段,年龄太小;具体负责春蕾计划实施的基层妇联的品牌意识相对较低。

(4)春蕾计划获得了受助生家长较高程度的认可和评价。绝大部分受助生家长都表示春蕾计划的资助对自家的情况有帮助;大部分家长表示,如果没有春蕾计划的捐助,孩子当时就会失学回家或上学发生困难;超过一半的家长表示春蕾计划的捐助额度对解决孩子的上学问题已经足够。这说明,春蕾计划救助了最需要救助的人,对于受助生家长来说,是属于"雪中送炭"型的救助;春蕾计划救助的力度也比较大,较好地帮助解决了受助生的上学问题。此外,大多数受助生家长表示,在资助年限、拨款及时性、拨款数额以及办理手续方面,春蕾计划很少出现问题。

(5)大部分个人和法人捐赠者对春蕾计划的工作表示满意,大部分个人捐赠者对春蕾计划工作人员的工作效率、春蕾计划的信息反馈表示满意,并对捐钱给春蕾计划表示放心。大部分个人和法人捐赠者表示愿意继续捐赠,大部分个人捐赠者表示曾经劝说过周围的人向春蕾计划捐款。这些都表明,春蕾计划的社会公信度较高,在社会上树立了良好的公共形象。

(案例来源:中国科技促进发展研究中心、春蕾计划社会效益评估课题组:《春蕾计划社会效益评估报告》,2004年12月。)

【案例分析】

与"高雄市社会发展评估"案例一样,本案例也是一个政策评估报告。在案例中,政策评估的发动者是中国儿童少年基金会,其目的是总结春蕾计划实施15年来的经验,全面把握项目所产生的社会效益。政策评估的主体是接受中国儿童少年基金会委托的中国科技促进发展研究中心。根据评估的目的与要求,中国科技促进发展研究中心成立"春蕾计划社会效益评估"课题组,在征求各个领域专家的基础上,采用符合国际规范的评估理论、概念和技术路线,设计了本评估活动的具体方案,其主要内容包括:界定评估对象,确定评估内容,确定评估的主要方法。从评估方案中可以看出,它在评估方法上有一个显著特征,即以问卷调查和实地座谈为核心方法,坚持以数据和事实说话。评估课题组通过对收集到的资料进行分析,得出了六份专题评估报告:①《春蕾计划实施基本情况的专题评估》,主要说明春蕾计划实施的基本情况,包括春蕾计划的地域覆盖面、募集的资金数量、救助的人数等;②《春蕾计划救助失学女童情况的专题评估》,主要说明春蕾计划救助女童的情况,以及对被救助女童的影响;③《春蕾学校建设情况的专题评估》,主要说明春蕾学校的建设情况和救助女童的情况;④《春蕾计划国内捐赠者的专题评估》,主要说明捐款者的情况;⑤《春蕾计划社会影响的专题评估》,主要说明评估春蕾计划的实施给实施地区乃至整个社会所带来的影响;⑥《春蕾计划社会形象的专题评估》,主要分析一般社会公众、春蕾计划的捐赠者、受助地区的利益相关者、受助女童及其家庭对于春蕾计划的主观认知和评价。

从评估主体、评估内容、评估方法和结论等方面看,春蕾计划社会效益评估是一个结构比较完整的政策评估案例,因此它可以作为很多具体的政策评估的参照。此外,从评估的方法论来看,与"高雄市社会发展评估"案例相比,春蕾计划社会效益评估的结论更具有客观性,因为前者仅仅是徐震教授一人担当政策主体,在评估过程难免会受到自身价值观念的影响;而后者是一个课题组担任评估主体,这样可以通过课题组成员的互相交流来减少个人的价值观对评估结论的影响。

纵观整个评估报告,还可以从如下角度对其进行分析。

(一)政策评估的任务与内容

中国儿童少年基金会发动评估的目的是了解春蕾计划的社会效益,据此,评估课题组将春蕾计划的实施效果和社会形象作为评估的主要内容。实施效果包括产出(项目实施的覆盖面和基本情况)、结果(对受助对象的直接作用)和影响(对受助对象本人及其家庭、项目实施社区乃至整个社会的长远和间接的影响)等三个维度;社会形象主要是指春蕾计划在项目利益相关者和普通社会公众心目中的基本形象。从评估课题组对评估内容的设定看,是比较合理的,但是也存在着一定的缺陷。

一般而言,政策评估主要有两大任务:一是全面把握政策执行所产生的效果,以及这些效果在多大程度上实现了政策目标;二是分析所产生的效果与政策之间的因果关系,即分析这些效果是由政策执行产生的、还是由其他因素导致的。

为了完成第一个任务,评估内容设定必须包括政策成本与收益两个方面。成本方面的评估包括:①直接成本,即直接用于方案的资源消耗;②间接成本,即机会成本(做其他事情的机会损失)和社会成本(社会为政策方案付出的代价)。效益方面的评估包括:①政策输出,即执行部门为执行政策作了哪些事情;②对目标群体的作用;③对目标以外的群体或状况的作用(溢出效应);④对近期或未来情况的作用。

在案例中,评估课题组对春蕾计划的直接成本进行了评估,即在 15 年期间,各级妇联和儿基会组织为春蕾计划募集资金 5.83 亿元,投入价值 9000 余万元的实物物资。但是评估课题组没有对间接成本进行评估,即没有对机会成本(将 5.83 亿元和 9000 余万元的实物物资投入其他领域所产生的收益)进行评估,也没有对社会成本进行评估。这是评估中的一个缺陷。不过,评估课题组对政策产生的效益进行了比较全面的评估。首先是对政策输出进行评估,包括对结对救助(春蕾桥)、春蕾班、春蕾学校、春蕾计划实用技术培训的实施情况和覆盖地域进行评估。然而这只是效果评估的第一个层次,它只能够说明各级妇联和儿基会组织为春蕾计划的实施做了那些工作,并不能够说明春蕾计划的实际影响和作用;这就需要进行第二层次的评估,即对目标群体的作用和影响进行评估。在案例中,目标群体是被救助的女童,春蕾计划对她们的影响包括:能够完成当前学业、有部分女童能够升入高一级学校、提高性别平等意识和公益意识、改变她们的命运,等等。然而,这层次的评估仅仅局限于目标群体,它还不能够反映政策的全面效果。事实上政策实施还有溢出效果,这就需要对政策效果进行第三层次的评估,即对目标以外的群体的作用和影响(溢出效应)进行评估。评估课题组发现,春蕾计划具有的溢出效应包括:推动受助地九年义务教育的发展、提高了妇女的自身素质和社会地位、增强整个社会的融合与团结、提高社会公众的公益意识,等等。此外,评估课题组还对春蕾计划的社会形象进行了评估,包括:在社会公众中具有较高的知名度、获得受助生家长较高程度的认可和评价等。政策的社会形象,也即是政策的象征性效用,是政策评估中的一个值得探讨的问题。政策的社会形象所关注的不是政策的实际效用,而是反映了政府对某一方面问题的关注,反映了政府对公众需求的一种象征性回应。在案例中,春蕾计划反映了党和政府对贫困女童和贫困问题的关注。

总的看来,评估课题组对春蕾计划的社会效益评估涉及产出、对目标群体的作用和影响、对目标以外的群体的作用和影响、象征性效用等方面,这基本上反映了春蕾计划的所有效果,因此评估课题组对春蕾计划的社会效益评估是全面的。

在第一个评估任务中,除了要评估政策效果外,还要评估这些效果对于政策目标的实现程度。但是评估课题组只评估了春蕾计划的社会效果,而没有评估这些效果在多大程度上实现了春蕾计划预定的目标。这也是春蕾计划社会效益评估中的一个缺陷。"春蕾计划"原定的目标是让所有失、辍学女童重返校园。在现实中,虽然春蕾计划产生了很大的效果,但是由于资金缺乏,还有不少失学和辍学女童没有得到救助。这说明春蕾计划目前所产生的效果还远没有达到预定的目标。如果缺乏对这点的评估,那么就会在无形中夸大了春蕾计划的效果。

政策评估的第二个任务是分析政策效果与政策之间的因果关系。在实践中,由于受到环境变化的影响,目标群体和目标外群体所产生的变化与政策之间的因果关系是比较难以确定的。而在政策评估中,又必须确定两者之间的因果关系,才能判断政策产生了多大的效果。如果两者没有存在着因果关系,那么即使目标群体和目标外群体发生了很大的变化,也不能够将这些变化视为政策效果。在案例中,对于两者的关系,评估课题组作了比较详细的分析。评估课题组在调查中发现,家庭贫困和家长不重视女童教育是女童失学的主要原因,而春蕾计划一方面解决贫困女童的学费问题,另一方面又改变了部分家长"重男轻女"的观念,这使得很多失学和辍学女童能够重新返回校园。在调查中还发现,受助女童是在如下情况下接受资助的:正准备退学的52.3%,家庭经济非常困难的21.2%,中途辍学的20.2%,从未入学的6.3%。这说明了失学和辍学女童重返校园与春蕾计划的资助有着直接的因果关系,从而证明了春蕾计划确实产生了效果。

(二)政策评估的可利用性问题

在政策评估实践中有这样一种取向——科学取向,即强调评估的科学性和客观性,认为政策评估的任务是寻找出客观的因果规律。这种评估取向对发现知识、寻求真理有很大的作用,但是在评估结论的利用方面却存在着很大的缺陷,因为这种取向没有考虑到政策的具体情况和环境,忽略评估的政治性、组织因素、个人因素。科学性的评估取向由于其评估结果得不到利用而浪费大量的人力、物力、财力,因此是不可取的。在政策评估中要想评估结论具有更大的可利用性,需要考虑如下方面:①要符合政治领域的需要;②要识别有意识地利用评估的主要使用者(决策者);③要考虑到政策利益相关者的利益和想法。

在案例中,评估课题组对政策评估的可利用问题作出了一定的考虑,但是仍然存在着不少问题。其一,在评估的政治性考虑上,课题组考虑到政治领域的需求,即从党和政府关心贫困家庭、关注贫困问题的角度对春蕾计划进行了评估;其二,春蕾计划所涉及的利益相关者包括各级妇联和儿童基金会、各级地方政府、捐助者、受助女童及其家庭。在这些利益相关者当中,各级妇联和儿童基金会是春蕾计划的实施机构,各级地方政府扶助春蕾计划的实施并提供一定的财政支出(对于春蕾学校的建设,地方政府一般提供一半的配套资金),捐助者的捐助是资金的主要来源。这三者都是春蕾计划的重要利益相关者,因此要想评估结论具有可利用性,就需要对他们具体情况、想法、要求等方面作出评估。但是,评估课题组只对捐助者、受助女童及其家庭的情况进行了评估,而没有对各级妇联和儿童基金会、各级地方政府的具体情况和要求进行评估。由于没有考虑到这两者的利益要求,那么政策评估的可利用性将受到一定的损害。

案例四　京津塘高速公路的成本—效益评估

【案例正文】

京津塘高速公路是由国家发改委核准的"七五"至"八五"期间的重点交通建设项目,也是部分利用世界银行贷款建设的跨省、市高速公路工程。该公路为新建双向4车道、全部控制出入的收费高速公路,连接两市一省(北京市、天津市、河北省)及重要沿海港口(天津港,即塘沽港),公路全长142.69公里。该高速公路项目包括土木工程和电子与机电工程两大部分。其中,土木工程于1987年12月开工,1993年9月全线竣工并通车。电子与机电工程(包括收费、通信、监控、照明系统)于1992年11月开工,1995年3月竣工。

在姜伟新、张三力编写的《某高速公路项目后评价报告》中,主要分成六个部分对京津塘高速公路进行评估:①项目建设实施过程评价;②经济效益评价;③财务效益评价;④社会经济效益影响评价;⑤建设项目目标可持续性评价;⑥项目综合评价及教训。下面是"经济效益评价"部分内容的摘录。

京津塘高速公路项目经济效益是以国家计委《建设项目经济评价方法与参数》(第二版)和交通部《公路建设项目后评价报告编制办法》等文件为依据进行的。

(一)经济评价的主要参数

工程影子价格换算系数取1.1,其他工程费用(如设备及安装工程等)取1.0;贸易费用率为6%,影子汇率为5.8元,影子汇率换算系数为1.08,公路货运影子价格换算系数为1.26。同时,根据我国在一定时期内的投资收益水平、资金机会成本、合理的投资规模及项目国民经济评价的实际情况,取社会折现率为12%。

(二)经济成本分析与调整

1. 工程建设成本

根据实际发生情况,从1987年开始计算工程建设成本,按影子价格对项目的总投资进行调整。

(1)四大消耗材料的影子价格调整

按照《建设项目经济评价方法与参数》的规定,对四大工程建筑材料按影子价格进行调整,其中钢材、木材按外贸货物调整,水泥、沥青按非外贸货物调整。调整后影子价格见表7-5。

表7-5 京津塘高速公路工程建设四大材料影子价格换算

材料名称	数量材料消耗量	市场采购价(元/吨)	贸易率(%)	平均运距(公里)	运费(元/吨公里)	影子价格(元/吨)
钢材/吨	51153	1967.86	6	400	0.27	2122.17
木材/立方米	52710	1013.72	6	1500	0.27	1096.17
水泥/吨	305883	157.8	0	400	0.27	315
沥青/吨	69515	755.58	0	900	0.27	1088

(2)劳动力工资的调整

由于它在公路建设费用中所占的比例较小,故不予调整。

(3)土地费用的调整

由于建设高速公路,部分农田被征用,损失了农林牧渔业生产所产生的经济效益,在作经济评价分析时,需以负值的形式计入效益。高速公路征用土地情况见表7-6。

表7-6 京津塘高速公路土地征用情况一览表 单位:市亩

地区 \ 类别	水田	旱地	菜田	鱼、果、苗	合计	净效益(元/亩)
A地	653.42	1818.28	600.71	193.25	3265.66	
净收益	405	188	1074	1702		608.92
B地	654.74	66.88			721.62	
C地	1976.21	6299.84	1972.64	860.27	1114.76	
净收益	452	157	1019	641		594.87
合计	3284.37	8185.0	2573.35	1053.52	15130.04	

以《建设项目经济评价方法与参数》对A、C等地区土地净收益的测算值为标准(1989年价格),经测算平均每亩土地用于农业生产时的净收益为598元/年,效益年增长率为3.5%,折成1987年现价为19534.3元。根据项目管

第七章 政策评估

理卡提供的数据,扣除建筑安装工程费中的税金、供电贴费、材料差价、物价上涨费等,由此得到工程的经济成本为211530.5万元。

2.公路大修及养护管理成本分析和调整

平均养路管理费按1995年的35万/年公里计算,近期的养护费用是4281万元/年,考虑一定的增长率,按平均每15年进行一次大修,预计第一次大修在2008年,大修费为150万元/公里,初期总的大修费预计为22500万元。由于公路建设费用进行了调整,公路大修和养护管理费也按此比例进行调整。调整后,养护管理的经济费用为3989万元/年,初期大修费用为20925万元。

3.汽车运输成本调整

按照费用与效率的计算范围和计算口径对应一致的原则,汽车运输费用应相应调整为经济成本。高速公路运输成本调整如表7-7所示。

表7-7 京津塘高速公路运输成本影子价格调整

单位:元/千吨公里,元/万人公里

线路		老路		高速公路	
车型		客车	货车	客车	货车
年份		1993/94	1993/94	1994	1994
成本合计	财务成本	476.3/596.4	352/363.6	438.8	259.9
	经济成本	439.3/525.2	326.7/337.0	404.7	241.2
汽车财务运输成本	工资福利	56.7/67.8	51.7/53.3	52.2	38.2
	燃料	104.0/124.4	102.4/105.6	95.8	75.6
	轮胎	10.0/12.0	18.1/18.7	9.3	13.4
	修理	60.9/72.8	36.2/37.4	56.1	26.7
	折旧	131.5/157.2	35.4/36.6	121.2	26.2
	养路	71.8/85.9	56.9/58.7	66.2	42.0
	管理	7.7/9.2	5.4/5.5	7.1	4.0
	税金	11.5/13.7	3.3/3.4	10.6	2.4
	其他	22.1/26.5	42.6/44.0	20.4	31.5

(三)经济效益计算

根据《公路建设项目经济评价方法》,京津塘高速公路的直接经济效益主要包含五个方面。

(1)运输成本降低的效益

运输成本主要包括燃料费、轮胎费、大修费和车辆折旧费等项与运输量及交通条件相关费用。从油耗试验及成本调查结果看,客货车在高速公路比在相关老路上行驶其耗油均有不同程度的降低。

(2) 运输时间节省的效益

这主要体现为两个方面：一是高速公路时间节省效益，既减少客货车在途运行时间；二是老路时间节省的效益，自高速公路建成投产后，老路客车的平均行使速度由原来的 45 公里/小时提高到 55 公里/小时，货车的平均行使速度由原来的 30 公里/小时提高到 40 公里/小时。

(3) 运输距离缩短的效益

该高速公路全程距离与老路相比，缩短了 24 公里。

(4) 交通事故减少的效益

该高速公路开通后，百万车公里事故发生率指标降低了一半以上。

(5) 相关公路减少拥挤的效益

由于高速公路的分流，使相关公路交通量增幅下降，减少拥挤，提高行车速度，缩短了客、货运车辆的在途时间；同时也降低了运输成本。

上述五项效益的总和如表 7-8 所示。

表 7-8　经济效益计算汇总　　　　　　　　　　　　单位：万元

效益 年份	成本降低	时间节省	里程缩短	事故减少	减少拥挤	合　计
1990	35.5	1188.9	23.4	0	0	1247.8
1993	5646.7	5828.1	2413.0	555.1	10437.6	24916.5
1996	22034.8	12840.9	5677.1	758.2	13426.8	54737.8
1999	2414.0	23314.0	7682.8	935.1	19832.4	84178.3
2002	37033.3	5189.0	9172.2	1123.7	23523.1	106041.3
2005	44225.2	56858.9	11267.0	1350.3	28406.1	142107.5
2008	51148.1	84849.9	13200.5	1558.7	32833.0	183590.2
2011	56369.2	116141	14755.1	1736.5	35989.0	224990.6
2014	65636.8	168421	17262.9	1925.2	39235.3	292481.1

(四) 经济效益评价

根据《公路建设项目经济评价方法》的规定，要计算的经济评价指标有 4 项，即经济效益成本比 EBCR、经济内部收益率 EIRR、经济净现值 ENPV、经济投资回收期 Pt。计算所得的项目经济评价净现值如表 7-9 所示。

表 7-9　项目经济净现值　　　　　　　　　　　　　　单位：万元

效益 年份	效益合计	费用合计	效益现值	费用现值	累计净现值
1987	0.0	15975.0	0.0	15975.0	−15975.0
1990	1247.8	27868.8	888.2	19836.5	−92580.5

续表

效益 年份	效益合计	费用合计	效益现值	费用现值	累计净现值
1993	24916.5	45520.5	12623.5	23062.1	−109768.1
1996	54737.8	5729.7	19739.0	2066.2	−78979.5
1999	84178.3	6321.3	21606.5	1622.5	−19669.4
2002	106041.3	7030.5	19373.3	1284.4	37290.1
2005	142107.5	7865.2	18479.6	1022.8	90178.7
2008	183590.2	31360.2	16993.0	2902.7	138029.5
2011	224990.6	9955.9	14822.9	655.9	193324.0
2014	292481.1	11241.5	13715.5	527.2	223742.2

利用经济指标的计算方法，得出经济效益评价的各项指标如表 7-10 所示。

表 7-10　京津塘高速公路经济评价指标值

评价指标	计算结果
效益成本比	2.2
内部收益率	21.43%
净现值	223742.2 万元
投资回收期	14 年

（五）经济敏感性分析

对京津塘高速公路的经济后评价敏感性分析，以项目未来总运营成本（包括养护管理等）和总经济效益（主要影响因素是交通量）作为不确定因素，考虑成本上升同时效益下降 10%、20%、30% 的不利情况，对项目进行经济敏感性分析，计算结果如表 7-11 所示。

表 7-11　经济评价指标敏感性分析

效益下降 (%)	成本上升 (%)	效益成本比 (EBCR)	内部收益率 (EIRR)(%)	经济净现值 (ENPV)(%)	投资回收期 (pt)(年)
−30	+30	1.59	17.8	113587	16.8
−20	+20	1.79	19.2	150306	15.6
−10	+10	1.99	20.4	187024	14.7
0	0	2.20	21.4	223742	14.0

（案例来源：姜伟新、张三力主编：《投资项目后评价》，中国石化出版社，2001 年，第 134、142~147、154~156 页。）

【案例分析】

在案例中,作者姜伟新、张三力运用成本—效益分析方法对京津塘高速公路的成本与收益进行了分析。由于京津塘高速公路是一个公共项目,因此,他们对高速公路的成本与收益的分析为我们提供了一个在公共项目中如何运用成本—收益方法的例子。

成本—收益分析方法是重要的经济学分析方法。在成本—收益分析方法中,"成本"是指人们在生产经营活动中为达到一定的目标所耗费的各种资源的总称,包括资金投入、物资投入和人力资源投入等方面;"收益"是指人们在生产活动中通过成本投入所带来的有用结果。在生产经营活动中,人们通过分别计算成本和收益的总和,并通过"净收益=收益—成本"公式来确定某个项目是否具有经济上的合理性,从而决定是否选择该项目。

由于大多数公共项目都需要经济上的投入并具有经济上的效果,这是成本—收益分析方法运用于公共项目的现实基础。成本—收益分析方法不仅可以运用政策规划中,用于比较各种备选方案在经济上的优劣,也可以运用于政策评估之中,用于评价政策执行是否达到预期的经济效果。不管成本—收益分析方法运用于公共部门还是私人部门,其原理一样的。不过,由于私人部门与公共部门所处的领域不同,特点也各不一样,因此成本—收益分析方法运用在私人部门和公共部门上,既有相同之处,又存在着一定的差异:其一,成本与收益的统计不一样。私人项目仅考虑私人成本和私人收益,而公共项目不仅要考虑项目本身的成本和收益,还要考虑到项目的社会成本和社会收益,然而社会成本和收益的测量往往是较为困难的,为了测量社会成本和收益通常要考虑"影子价格"问题。其二,成本—收益分析方法的具体方法包括净现值法(NPV)、净现值率法(NPVR)和内部收益率法(IRR),在公共项目中运用这些方法时,要特别重视折现率的选择问题。其三,由于公共部门面对的环境比私人部门更具有不确定性,因此将成本—收益分析方法运用于公共项目时,还必须要考虑项目的风险性和不确定性问题,即要对项目进行灵敏度分析。

在案例中,作者运用成本—收益分析方法对京津塘高速公路的运营状况进行评价。在评价过程中,首先,计算项目的总成本,并对工程建设四大材料和公路运输成本进行了影子价格调整;其次,计算了项目的总经济收益,并将经济收益折成现值;再次,在计算出成本和收益的基础上,采用效益成本比、内部收益率、净现值、投资回收期等四个指标对项目进行了评价,从评价结果看,该项目的收益远远大于成本;最后,在考虑效益下降和成本上升的三种不同情况下,对前面四个评价指标进行了敏感性分析。这一评估过程符合成本—收益方法的分析步骤,并且还涉及成本—收益方法运用于公共项目中的重要问题。下面结合案例对成本—收益分析方法中的重要问题进行分析。

(一)关于影子价格问题

在案例中,作者在计算京津塘高速公路的成本时,对于钢材、木材、水泥、沥青等四大建设材料和公路运输成本,没有直接采用市场价格来计算,而是对它们进行了影子价格调整。在运用影子价格进行调整时,作者依据国家计委和交通部的有关文件,确定工程建设材料的影子价格换算系数为1.1,公路货运影子价格换算系数为1.26。通过影子价格计算出的四大建设材料成本和公路运输成本的总和如表7-5和表7-7所示。进行影子价格调整计算出的总成本与原来的总成本有很大的差距。在这里,就需要考虑什么是影子价格、为什么要用影子价格对京津塘高速公路的原有成本进行调整,以及如何确定影子价格。

影子价格是运筹学中线性规划理论对偶问题的经济学解释,是根据资源在生产中所作出的贡献所作的真实估价。换句话说,影子价格是在不存在社会失灵时的帕累托效率均衡价格,是一种真正的社会价格,它反映了真实的社会成本和机会成本。在公共项目中要采用影子价格,主要是由于公共领域是市场失灵的领域,市场价格无法真实地反映项目的成本。在京津塘高速公路项目中要采用影子价格,主要是因为该项目存在着政府补贴,市场价格不能够反映出项目的真实成本。确定影子价格的方法有如下几种:一是市场均衡价格法,即在自由竞争的前提下,供需自动达到平衡时的价格;二是机会成本法;三是消费者愿意支付法。对于公路项目的影子价格计算方法和公式,国家计委和交通部的相关文件中有规定。在案例内容中,作者也没有对公路项目的影子价格的确定方法进行阐述,因而我们也不探讨这个问题。

(二)成本—收益的具体方法和折现率问题

为了具体比较备选方案的经济上优劣和评估政策执行效果,成本—收益方法中有三种具体的方法可供利用。①净现值法,即特定公共项目未来成本流的现值与未来收益流的现值之间的差额。②净现值率法,即特定公共项目未来收益流的现值与未来成本流的现值之间的比率。③内部收益率法,即投资项目的净现值等于零的收益率。内部收益率解决了在项目的收益与成本相等时,项目的收益率为多少的问题。一个项目是否可行,就要看内部收益率是否大于项目的资金投入其他领域的收益率。内部收益率也可以通过下面方程式算出来。

$$B_0 - C_0 + (B_1 - C_1)/(1+R) + (B_2 - C_2)/(1+R)^2 + \cdots + (B_T - C_T)/(1+R)^T = 0$$

其中,B表示收益,C表示成本,T表示项目的年限,R表示内部收益率。

一般情况下,采用银行的利息率来替代资金投入其他领域的收益率,这样就可以通过比较内部收益率与银行利息率的大小来确定公共项目是否可行。

以上三种方法分别形成评价公共项目的三个指标:净现值、净现值率、内部收益率。通过计算出这三个指标的值,就可以确定公共项目的经济效果。在案例中,作者计算出京津塘高速公路从1987年开始修建到2014年的27年中的三个指标的值:净现值=223742.2万元;效益成本比(净现值率)=2.2;内部收益率=21.43%。从这三个指标可以看出,京津塘高速公路是一个在经济上能够获得非常大收益的公共项目,由此可以判断该项目在经济上是合理的和可取的。

在案例中,作者将京津塘高速公路的收益都折成现值来计算和比较,这里反映出一个问题,即成本和收益的折现率问题,这个也是成本—收益分析方法中的重要问题。现值是指项目的未来收益相当于现在的多少价值,折现率是指项目未来的收益折成现值的比率。在成本—收益分析中,之所以要把公共项目的未来收益折成现值,主要是因为公共项目的投入和产出往往是跨年度的,短的几年,长的则达十几年甚至几十年,而资金的价值会随着时间的流逝而产生变化。因此,如果不考虑时间价值因素(换句话说,即时间成本问题),那么对公共项目的评价就会产生错误。现值和折现率的公式如下所示:

$$P = R_1/(1+i) + R_2/(1+i)^2 + \cdots\cdots + R_n/(1+i)^n$$

其中,P表示收益现值,R_1、R_2…R_n分别表示不同时期的收益,i为折现率。在不同的折现率下,现值是不同的。折现率越低,那么时间长的项目的收益现值就越大,而时间短的现值越小;折现率越高,那么时间长的项目的收益现值就越小,而时间短的现值越大。这说明,对于不同期限的项目能否获得通过,折现率的选择有着重要的意义。一般而言,折现率的选择可以从如下三个角度考虑:一是用私人资本的边际生产率替代折现率,即将折现率确定在"预算资金的社会机会成本上";二是采用吸收存款的利率;三是采用政府使用贷款的利息率。折现率的选择不仅对项目的通过具有重要意义,还对社会资源的优化配置起着重要的作用。如果折现率低,那么低水平的项目就会获得通过;相反,过高的折现率会使有效率的项目得不到通过。这都会使社会资源达不到最优配置。因此,在确定项目的折现率时必须谨慎,要充分考虑到各种因素和约束条件。

在案例中,作者将京津塘高速公路的收益折成现值,这是正确的,也是必须的。因为,该高速公路从修建到产生净收益经过了15年(1987～2002年),并且该公路还会继续产生收益,如果不考虑其中的时间成本,那么就难以对其作出正确的评价。在折现率的选择上,作者选择12%的折现率,尽管从目前来看,这个折现率比较高,但是在 20 世纪 80 年后期,这个折现率还是比较符合当时投资收益水平、资金机会成本和国民经济的实际情况的。不过,如果以现在为起点对京津塘高速公路进行评估时,那么就应当选择更低的折现率,因为现在的利息率和资本收益率都远远低于前一段时间。

(三)成本—收益方法中的敏感性问题

敏感性问题是成本—收益方法中的又一个重要问题,这是因为公共项目所面临的环境具有不确定性,因此它的成本与收益也是不确定的。如果仅从确定的角度计算成本与收益,那么就会得出错误的结论。敏感性分析是用以测试成本—收益对于不同假设的敏感程度的一种方法。它的适用范围为:对可能的结果所知较少,或结果分布范围较为有限,以及对概率值所知也不多。其具体方法为:对项目的结果分别赋予最乐观值、中等程度值、最悲观值这三种假设,然后分别计算在每种假设下的结果,以便观察项目结果对不同假设的敏感度,最后作出判断。在案例中,作者对京津塘高速公路的经济评价指标进行了敏感性分析,这是因为该公路在未来运营过程中存在着不确定性。作者在进行敏感性分析时,作了三种假设:①最悲观:效益下降 30%,成本上升 30%;②中等程度:效益下降 20%,成本上升 20%;③最乐观:效益下降 10%,成本上升 10%。然后分别就三种假设计算效益成本比、内部收益率、经济净现值和投资回收期的数值。通过敏感性分析,就可以大致得出京津塘高速公路在不同情况下的收益变化情况,从而对其作出较为正确的评价。

从案例分析中可以看出,成本—收益分析方法是政策评估中的一种有用的工具,它可以计算出公共项目的成本和净收益,从而说明公共项目在经济上的优劣。但是运用这种方法来评估公共项目,有其固有的局限性,主要就是它不能够为政府生产公共物品提供有效的价格信号,这根源于它难以对社会成本和社会收益作出有效和准确的测量。从这个角度而言,在公共项目中要慎用成本—收益分析方法。

7—3 小结

政策评估是公共政策的重要研究内容,具有重要的意义。一方面只有通过政策评估,才能够确定政策执行的效果与存在的问题;另一方面,政策评估需要花费大量的财力、物力和人力,因此政策评估的结论需要得到反馈,才能够体现政策评估的价值。在本章中,首先列举了政策评估的重要理论内容,包括政策评估的标准、政策评估的内容(对象)、政策评估的类型、政策评估的方法和过程、政策评估的政治性、政策评估结果的可利用性、政策评估的困难等方面。其次,针对这些理论内容,选择了四个案例进行分析。案例分析的重点放在政策评估的内容、政策评估的主体、发动政策评估的目的、政策评估的方法、政策评估的政治性和评估结果的可利用性上。这样做,不仅是由于它们是政策评估的重要理论内容,而且由于它们在一定程度上被忽略,并且存在着争议。最后,本章十分重视政策评估的方法论问题,着重对社会调查方法在政策评估中的运用及所要注意的问题,以及成本—收益分析方法作了详细的分析,这主要是考虑到我国政策评估难以取得实质性进展的主要根源在于评估方法上的缺失。

思考题

1. 简述政策评估的理论要点。
2. 谈谈你对政策评估主体选择问题的理解。
3. 简述用社会调查方法(问卷调查法、访谈法)评估春蕾计划社会效益的过程及其所要注意的问题。
4. 谈谈你对春蕾计划评估内容的三个维度的认识。
5. 简述运用成本—效益分析方法评估京津塘高速公路的经济效益的过程及其所要注意的问题。

参考文献

1. 王骚编著:《政策原理与政策分析》,天津大学出版社,2003年。
2. 陈振明主编:《政策科学:公共政策分析导论》(第二版),中国人民大学出版社,2003年。
3. 马海涛主编:《公共财政学》,中国审计出版社,2000年。
4. 姜伟新、张三力主编:《投资项目后评价》,中国石化出版社,2001年。
5. (韩)吴锡泓、金荣枰编著,金东日译:《政策学的主要理论》,复旦大学出版社,2005年。
6. (美)威廉·N. 邓恩著,谢明等译:《公共政策分析导论》(第二版),中国人民大学出版社,2002年。
7. (美)托马斯·R. 戴伊著,彭勃等译《理解公共政策》,中国人民出版社,2004年。

第八章　政策调整与政策终结

8—1　理论要点

　　政策调整和终结是与政策评估相联系的一种政策现象,是决策者依据政策评估的反馈信息,对实施中的现行政策予以补充、删减、修改和终止,以便达成预期政策效果的一种政策行为。公共政策在付诸实施一段时间后,有的可能会与客观实际相脱节,无法发挥预期的政策功能;有的则可能被证明其所针对的问题已获得圆满的解决,政策目标已经实现,因而失去继续存在的必要性。不论属于哪一种情形,政策调整与政策终结都隐含了一套规则或惯例的变化或终止,同时意味着新规则、新惯例、新组织等新的政策活动的开始[①]。在此意义上,政策调整与政策终结又是政策方案的再制定与再执行过程,起着承上启下的作用,通过这一环节公共政策获得更新和发展。

　　引发政策调整或终结的因素是千差万别的,比较明显和主要的原因包括执政者的更迭、政策本身的失效、政策环境的变化、政策目标改变、政策资源的限制等。对此,决策者要具体问题具体分析,做到有针对性地实施调整或终结行为。但无论由何种原因引起,政策调整和政策终结的根本目的都在于确保政策能够沿着正确的轨道实施下去,对于预期政策目标的最终实现发挥着不可替代的作用。首先,政策调整或终结有助于保持政策的稳定。政策的稳定与否事关国家的政治稳定、经济稳定和社会稳定。但是,强调政策的稳定性,并不意味着政策的绝对不变。恰恰相反,决策者根据反馈的信息不断地修正、补充和完善政策,或者将那些无效的、过时的政策通过不同形式予以终结,使政策系统始终与客观环境相适应,是保持政策动态稳定的一种有效方法。其次,政策调整或终结可以纠正政策的偏差和失误。由于政策制定和执行主体主观认识

[①] 张国庆著:《现代公共政策导论》,北京大学出版社,1997年,第201页。

不够,或客观的政策环境条件发生了变化,公共政策在执行过程中往往容易出现偏差。出现偏差和失误的政策,执行的时间越长、涉及面越广,造成的损失也就越大。只有及时对其进行调整或予以终结,才可以避免政策失误造成的损失。最后,政策调整或终结有助于政策的更新和发展,提高政策绩效。政策的调整与终结意味着革故更新,不仅可以将业已失效或不合理的旧政策适时地修正、取消,避免政策走向僵化和社会资源的浪费,而且可以让新政策充分发挥出效能,加速社会问题的解决,从而促进政策绩效的提高。

然而,虽然政策调整与终结的意义显而易见,但由于这一过程往往会涉及诸如人员、机构、制度等一系列复杂的因素,因此政策调整和终结常常会遇到各种障碍。首先,既得利益群体的反对。在一定意义上,政策的调整与终结意味着利益的再调整与再分配,可能触犯现行政策所确立的、已为人们所认可和接受的利益格局。某些既得利益群体可能因此会把政策调整与政策终结视为对他们所掌握的现有资源的一种现实的或潜在的威胁,从而反对调整或终结某项政策。其次,人类理性方面的局限。一是决策者没有充足的时间、资金和全面的智慧理性,用于政策调整或终结过程;二是公众对政策调整与终结的目的、方法和后果的不完全了解或主观臆断也会使他们对政策的调整与终结持一定的观望和保留态度。最后,成本的约束。现行政策可能已投入巨大的资源,而政策的调整或终结所引起的资源重新配置,往往需要付出极高的成本。因此,当政策变动的代价过大时,决策者倾向于选择维持现行政策。

为此,如何缓和、减轻乃至化解、消除这些障碍阻力,便成为实施政策调整与终结行为的重要问题。在实践中,加强沟通、宣传,提高决策的参与度,合理安排调整或终结的时机和进程,建立利益补偿机制等是常用的消除政策调整和终结阻力的策略。

8—2 案例分析

案例一 宪法的修正:政策的稳定性与变动性

【案例正文】

我国的现行《宪法》是 1982 年颁布的。实践证明,这是一部符合中国国情、具有中国特色的好宪法。但随着政治、经济、社会和文化生活的发展,修正《宪法》已成为国家政治生活中的一件大事,备受瞩目。22年来,我国先后于1988年七届全国人大一次会议、1993年八届全国人大一次会议、1999年九届全国人大二次会议和2004年十届全国人大二次会议四次对宪法进行部分内容的修正,补充完善了1982年制定宪法时由于实践经验的局限不可能写入的重要内容。

1987年党的十三大闭幕后,党中央领导同志和全国人大常委会领导同志研究对现行宪法作第一次修改时,首先确定了两条原则:一是改革要遵守法律,法律要为改革服务;二是修改宪法,只限于不修改就会妨碍改革的条款,可改可不改的不改,有些问题采取宪法解释的办法去解决。至于修改宪法的形式,经过慎重研究,确定采取修正案的方式,即在出版的文本中按修正案把原文改过来,或者原文不动,仅将修正案附在文本末尾。其后进行的三次宪法部分内容的修改,都遵循了这两条原则,采用的都是修正案的方式。四次修宪共形成了31条修正案,主要内容集中在三个方面:

(一)国家根本任务的实现

1982年《宪法〈序言〉》第七个自然段明确地提出了"今后国家的根本任务是集中力量进行社会主义现代化建设"。同时还规定了实现这一根本任务的理论指导是"马克思列宁主义"和"毛泽东思想",以及国家的战略目标,即"逐步实现工业、农业、国防和科学技术的现代化,把我国建设成为高度文明、高度民主的社会主义国家"。在之后的四次宪法修正中,有三次都涉及这部分内容。

1993年通过的《宪法》修正案第三条增写了"我国正处于社会主义初级阶段"、"建设有中国特色的社会主义理论"和"坚持改革开放"的内容,将"高度文明、高度民主"的战略目标修改为"富强、民主、文明",从而更加集中、更加完善地表述了党的基本路线。

根据中国共产党第十五次全国代表大会的会议精神,1999年通过的《宪法》修正案第十二条在理论指导方面,增加了"邓小平理论"的内容,并将"我国正处于社会主义初级阶段"修改为"我国将长期处于社会主义初级阶段",增加"发展社会主义市场经济"的内容,表明了邓小平理论体系在我国社会主义现代化建设事业中的指导地位。

2002年11月召开的中国共产党第十六次全国代表大会,全面分析了新世纪新阶段党和国家面临的新形势新任务。根据这些新形势、新经验,党的十六届三中全会提出了《中共中央关于修改宪法部分内容的建议》,主张把"三个代表"重要思想写入宪法,将其同马克思列宁主义、毛泽东思想和邓小平理论一起,确立为国家一切工作的指导思想。此外,2004年通过的《宪法》修正案在国家的战略目标方面,增写了"推动物质文明、政治文明和精神文明协调发展"

的内容,从而为"三个文明"协调发展提供了宪法保障,使"把我国建设成为富强、民主、文明的社会主义国家"的目标更加凸显。

(二)社会主义基本经济制度的巩固和发展

建国以来,我国一贯重视对公有制经济的保护和发展,1982年宪法只确认"在法律规定范围内的城乡劳动者个体经济",并把它定位在"是社会主义公有制经济的补充"。至于私营经济,由于在客观实际中并不存在,因此,《宪法》没有也不可能作出任何有关私营经济的规定。后来在经济体制改革的浪潮中,私营经济迅速兴起。为此,1988年通过的《宪法》第一修正案承认了私营经济的合法性,它明确规定:"国家允许私营经济在法律规定的范围内存在和发展。私营经济是社会主义公有制经济的补充。国家保护私营经济的合法的权利和利益,对私营经济实行引导、监督和管理。"1999年宪法修正案将个体经济和私营经济从"社会主义公有制经济的补充"的地位提升为"社会主义市场经济的重要组成部分"。2004年十届全国人大修改《宪法》时又将现行《宪法》第十一条第二款"国家保护个体经济、私营经济的合法权利和利益。国家对个体经济、私营经济实行引导、监督和管理"修改为"国家保护个体经济、私营经济等非公有制经济的合法权利和利益。国家鼓励、支持和引导非公有制经济的发展,并对非公有制经济实行监督和管理"。相应地,宪法第十三条亦增加规定,"公民的合法的私有财产不受侵犯","国家依照法律规定保护公民的私有财产和继承权",从而进一步提升了私有财产权的法律地位。

(三)人民政权的巩固和国家机构的完善

现行《宪法》第一条规定"中华人民共和国是工人阶级领导的、以工农联盟为基础的人民民主专政的国家"。这是关于国家性质的规定,是我国的国体。工人阶级是我国的领导阶级,它有广大农民作为巩固的同盟者,并且在长期的革命和建设过程中形成了共产党领导的,包括"全体社会主义劳动者、拥护社会主义的爱国者和拥护祖国统一的爱国者"在内的极其广泛的爱国统一战线。而随着社会主义建设事业的向前发展和社会阶层的不断分化,这个联盟的范围正在逐步扩大。民营科技企业的创业人员和技术人员、受聘于外资企业的管理技术人员、个体户、私营企业主、中介组织的从业人员、自由职业人员等在社会变革中新出现的社会阶层,都已经成为中国特色社会主义事业的建设者。据此,2004年十届全国人大二次会议通过的《宪法》修正案,在关于统一战线的表述中增加了"社会主义事业的建设者",从而使人民民主专政的联合范围更加广泛,党的执政基础更加扩大,有利于最广泛、最充分地调动一切积极因素,为社会主义事业不断增添新的建设力量。

此外,人民民主专政又是有组织的政权。政权的组织就是我国的国家机构。在修改宪法的过程中,国家机构也得到了进一步完善。比如1982年《宪法》第九十八条规定"省、直辖市、设区的市的人民代表大会每届任期五年。县、不设区的市、市辖区、乡、民族乡、镇的人民代表大会每届任期三年"。1993年修宪时,县、区人大的任期由三年改为了五年。2004年通过的《宪法》修正案又进一步把乡、镇人大的任期改为五年。这样,地方各级人民代表大会每届任期一致,统一为五年,有利于协调各级经济、社会发展规划、计划和人事安排,有利于我国基层政权建设。

由此可见,我国现行《宪法》的修正和发展过程,充分体现了我国宪法既保持稳定又与时俱进的品格。不仅如此,每个宪法修正案之所以都能够高票获得通过,还与充分发扬民主、广泛听取各方面的意见有着密切的关系。以2004年修宪过程为例,中央确定修宪方针后,事先不拿方案,先广泛征求意见,自下而上、两上两下,经过反复认真研究,才形成修改方案。2003年3月底,中央政治局常委会会议研究和部署了修改宪法的工作,确定了修改宪法总的原则,并成立了中央宪法修改小组。按照工作部署,2003年4月初中共中央发出了征求对修改宪法部分内容意见的通知,请各省、自治区、直辖市人大常委会党组在调查研究的基础上提出修宪建议,经省(区、市)党委常委会讨论后报中央。各省(区、市)对这项工作非常重视,分别多次召开座谈会,听取社会各界的意见。自2003年5月下旬起,中央宪法修改小组先后在上海、成都和北京召开了6个座谈会,分别听取了地方、部门和部分企业负责人、专家的意见。此外,还整理了全国人大代表、全国政协委员对修改宪法的意见。中央宪法修改小组认真研究了各方面的意见,并且查阅了世界主要国家宪法的相关规定。在此基础上,拟订了《中共中央关于修改宪法部分内容的建议(征求意见稿)》,由中央下发党内更大范围征求意见。同时,胡锦涛于8月28日主持召开各民主党派、全国工商联负责人及无党派人士座谈会,征求意见。中央修宪小组根据这些意见,对《建议(征求意见稿)》作了修改补充,形成《建议》草案,提请十六届三中全会审议通过后提交十届全国人大常委会审议。2004年3月14日,十届全国人大二次会议以2863票赞成、10票反对、17票弃权的结果,通过了宪法修正案。

(案例来源:①许崇德:"我国宪政建设的里程碑——十届人大修宪的重要意义",《法学杂志》2004年第3期,第3~5页;②《中华人民共和国全国人民代表大会常务委员会公报》,《宪法特刊》2004年第3期。)

【案例分析】

本案例概括性地回顾了1982年以来我国宪法的四次修正过程,充分体现出我国现行《宪法》是一部既保持稳定又不断发展的宪法。

公共政策的持续稳定是公共政策能够有效调节社会行为的一个重要前提,但这并不是说公共政策的出台就是一劳永逸、亘古不变的。相反,如同其他事物一样,公共政策也有其自身的运动规律,是不断发展变化着的。宪法作为定型为法律的国家根本政策,其修正是国家政治生活中的一件大事。对宪法的每一次修改和解释都意味着国家公共政策的重大变动,必须格外严肃、慎重。妥善处理好宪法这一国家根本政策的稳定性与变动性的关系,是修正宪法部分内容必须准确把握的一个关键问题。

(一)政策的性质与特点决定了维护政策稳定的必然性

1982年《宪法》序言中明确指出了宪法是国家的根本法。因此,同一般法律相比,宪法有它显著的特点:①从内容看,宪法规定的是国家的根本制度、根本任务和公民的基本权利和义务,解决的是国家政治、经济和社会生活中带全局性、长期性、根本性的问题。而一般法律只解决国家政治和社会生活某一方面某一领域的问题。②从法律效力看,宪法是其他法律的立法基础。其他法律的制定要以宪法为依据,不得与宪法相抵触。③从制定和修改程序看,普通法律的制定和修改一般只须立法机关的过半数通过,而宪法的制定和修改须有特别的程序,有特定的机构。如我国宪法规定,宪法的修改,由全国人民代表大会常务委员会或1/5以上的全国人民代表大会代表提议,并由全国人大以全体代表的2/3以上的多数通过。

由此可见,宪法具有国家的根本法的性质和特点,这一性质和特点决定了它在国家政治和社会生活中具有极其重要的地位和作用。维护宪法的权威性与稳定性,就是维护国家的基本政策和根本制度。

(二)实践的变化与发展决定了政策修正的必要性

维护宪法的权威与稳定,并不是说宪法是一成不变的。实践是无止境的,一部好的宪法应该能够反映一国现实的要求和发展前景。也就是说,宪法也要随着实践的发展而与时俱进、不断完善。我国1982年宪法颁布施行以来,分别于1988年、1993年、1999年对宪法部分内容作了必要的修改。对此,有人表示出不同看法,认为宪法修改次数过于频繁,影响宪法的稳定。对这个问题应该从以下几个方面考虑:

首先,从国际经验来看,对成文宪法进行不断修正是正常现象。根据荷兰学者亨利·范·马尔赛文等对142部成文宪法的统计,其中有137部都作了可以修改的规定,占96.5%;没有规定修改的只有5部,占3.5%[①]。以施行时

---

① [荷]亨利·范·马尔赛文等著,陈云生译:《成文宪法的比较研究》,华夏出版社,1987年,第107页。

间最久的成文宪法美国宪法为例,从1787年至今200多年的时间里,曾先后进行了18次修正,形成了27条修正案。其中1913～1933年间修正了6次,1951～1971年间修正了5次,修改频率与我国相当。

其次,从1982年到现在,中国社会正经历着急剧的社会转型,政治、经济、文化和社会诸领域发生着深刻的变迁。原有的以计划经济为基础的社会体制正在逐步瓦解,以社会主义市场经济为基础的新型的社会体制正在逐步确立。比如在所有制问题上,我国曾不顾生产力层次多、发展不平衡的现实,片面求公求纯,只允许公有制的所有制形式存在,而其他所有制形式都被视为与社会主义不相容的。但改革开放以来,随着市场经济体制的逐步确立,单一的公有制经济一统天下的格局开始被打破,公有制占主导地位、多种所有制经济形式并存和共同发展的结构初步形成。这就需要法律及时地反映这些改革成果,确认各类主体对其财产所依法享有的占有、使用、收益和处分的权利,从而反过来促进多种所有制结构的发展和新旧体制的转轨,促进我国社会主义市场经济的发展,使市场经济沿着法制化、规范化的道路发展。为此,我国于1988年、1999年、2004年三次修改宪法中关于所有制问题的规定,使国家对发展非公有制经济的基本政策更加完善、更加符合实际,充分体现出国家对个体经济、私营经济等非公有制经济的政策导向的变化。

此外,制宪者由于主客观的各种原因,在设计宪法时,难免有考虑不周、认识不到之处,这就会造成宪法的疏漏和瑕疵。因此,宪法的修正还可以补充完善制定现行《宪法》时由于实践经验的局限不可能写入的重要内容。

(三)政策修正必须有科学化、民主化的原则、方式和程序为保障

宪法是国家的根本大法,每次修改都意味着我国公共政策的重大变动,与社会公众的切身利益有着密切的关系。因此,宪法修正案的提出必须讲求科学性、民主性原则;否则,很可能有悖民意、行之无效。从我国1982年以来的修宪实践看,四个宪法修正案之所以都能高票通过,与科学的修宪原则、方式和民主的修改程序密切相关。

首先,每次修改都不是大改,而是部分修改,对实践证明是成熟的、需要用宪法规范的、非改不可的进行修改,可改可不改的、可以通过宪法解释予以明确的不改,这无疑有利于宪法的稳定。

其次,借鉴美国的经验,采取宪法修正案的方式修改宪法。即在出版的文本中按修正案把原文改过来,或者原文不动,仅将修正案附在文本末尾。这比法国、前苏联和我国过去所采取的过一定时期对宪法作全面修改、实际上是重新制定的办法更有利于维护宪法的权威与稳定。

再次,宪法修改过程还充分体现了发扬民主、依法办事的精神,使得最后

通过的宪法修正案凝聚了社会各个方面的集体智慧,符合广大人民公共利益的需要。

当然,必须指出,目前我国宪法的修改制度还不尽完善,关于修改宪法的原则、方式、程序等的规定还只是原则性的规定,有待于进一步规范化、法律化,使宪法修改既能够符合国情、适应民意,又顺乎时代潮流。

案例二 城市户口:从严格控制到局部放开

【案例正文】

一、城乡户籍壁垒的初建与巩固

在新中国成立后的最初几年,国家并没有对城乡居民的自由迁徙实施严格的限制性政策。1954年《宪法》第三章第九十条明确规定"中华人民共和国公民有居住和迁徙的自由"。大量农村人口或是受城市生活的吸引或是迫于生计困难流入到城市寻找工作机会,结果导致城市不堪重负,粮食、住房、就医、上学、就业等一度处于紧张状态。为此,在1956年12月至1957年12月一年的时间里,国务院先后四次发出指示,要求各有关部门积极劝阻农村人口盲目外流。主要措施包括:①铁道、交通部门在主要铁路沿线和交通要道,要严格查验车票,防止农民流入城市。②民政部门应将流入城市和工矿区的农村人口遣返原籍,并严禁他们乞讨。③公安机关应当严格户口管理,不得让流入城市的农民取得城市户口。④粮食部门不应供应没有城市户口的人员粮食。⑤城市一切用人单位一律不得擅自招收工人和临时工。

1958年1月9日,全国人大代表大会常务委员会第91次会议通过的《中华人民共和国户口登记条例》,进一步将对农村户口迁往城镇的种种限制性政策上升到具有高度稳定性的法律形式。该条例第10条第2款规定"公民由农村迁往城市,必须持有劳动部门的录用证明,向常住地户口登记机关申请办理迁出手续"。按照这一规定,农村人口若要迁入城市必须经过政府审批取得迁移证,才能办理落户手续。自此,1954年宪法刚刚确认的公民迁徙、居住自由权利实际上已不再存在了,城乡有别的二元户籍制度正式确立。但是,《户口登记条例》执行的有效性受到了同年发起的"大跃进"运动的冲击。工业建设使大量农村人口入城,城镇人口急剧增加。到1960年,城镇人口增加到13073万人。严重的人口压力迫使政府进一步强化户籍壁垒。1977年11月8日,国务院批转公安部《关于处理户口迁移的规定》,指出严格控制市镇人口是党在社会主义时期的一项重要政策。户口迁移原则为:从农村迁往市镇、由农业人转为非农业人口、从其他市迁往京津沪的,要严格控制;从镇迁往市、从小市迁往大市、从一般农村迁往市郊镇郊农村等的,应适当控制。该规定明确了审批户口迁移的权限和手续,要求严格控制"农转非"。此后,公安部给各省市区下达"农转非"指标,即"每年批准从农村迁入市镇和转为非农业人口的职工及其家属数,不得超过非农业人口数的1.5‰",对"农转非"建构起政策控制和指标控制的双重控制管理体制。

二、"农转非"政策的松动与蓝印户口

改革开放之后,我国的户籍政策有所松动。1980年9月,公安部、粮食部、国家人事局联合颁布了《关于解决部分专业技术干部的农村家属迁往城镇由国家供应粮食问题的规定》,对高级专业技术干部,年龄在40岁以上、工龄在20年以上的中级专业技术干部,有重大发明创造、在科研技术以及专业工作上有特殊贡献的专业技术干部在农村的家属给予"农转非"照顾,不占公安部正常审批的控制指标。此后,国家和中央有关部委又相继出台了多项"农转非"政策,受益者为博士后研究人员、煤矿井下职工、三线艰苦地区职工、远洋船员、两地分居的老工人、党政处级以上干部、检察院干部、劳改部门干部、军队文武职干部、部分边海防军官、武装民警、消防民警、现役干部的农村家属和家居农村老工人的"顶替"子女等等。同时,"农转非"的控制指标,由不超过当地非农业人口的1.5‰,改为不超过当地非农业人口的2‰。据公安部门统计,仅1980年就有600万人"农转非"。

1992年8月公安部发布《关于实行当地有效城镇居民户口制度的通知》,决定在小城镇、经济特区、经济开发区、高新技术产业开发区实行当地有效城镇户口制度,允许在城镇投资置业买房兴业的人员及其家属,以及符合国家"农转非"政策但受指标限制不能在城镇落户的人员以蓝印户口形式在城镇入户,享受与城镇常住户口同等的待遇。但是各地对办理当地有效城镇居民户口,无一例外要收取城镇建设配套费或增容费。

三、2001年以来的户籍新政

随着社会主义市场经济建设的不断深入,我国的户籍制度也发生了重大的变化。2001年3月,国务院批准公安部《关于推进小城镇户籍管理制度改革意见》,提出改革小城镇的户籍管理制度。从当年起,凡在县级市区、县人民政府驻地镇及县以下小城镇有合法固定住所、稳定职业或生活来源的农民,均可根据本人意愿转为城镇户口,并在子女入学、参军、就业等方面享受与城镇居民同等待遇。对在小城镇落户的农民,各地区、各部门不得收取城镇增容费或其他类似费用。

随后,一些大中城市也开始针对户口迁移和户口性质的划分对户籍政策

进行较彻底地改革。以石家庄市和江苏省的措施为例。2001年8月,《关于石家庄市区户籍管理制度改革实施意见》公布实施,规定的入市标准主要包括:①在市内六区有合法固定住所并有常住户口的职工、居民,可以申请其配偶、子女、父母与其共同居住生活。②在市内六区投资、兴办实业及经商的外地公民,有经营场所、有合法固定住所、有经营权者,均可根据本人意愿为其办理本人及随其共同居住的直系亲属户口的迁入。③外地公民被市内机关、团体、企事业单位、工商服务业聘用为管理人员、专业技术人员,工作满一年以上者或被招聘为合同制工人(含雇佣员工)就业满两年以上者,可申请将其户口迁入。④在市内六区购买商品房的外地公民,可为房屋所有权人办理本人及随其共同居住的直系亲属户口迁入。⑤本科以上师范类毕业生、大专以上非师范类毕业生、石市各县(市)生源及特殊专业的外地生源中专生,在市内有接收单位的,均可办理落户手续。

2002年12月,江苏省政府正式批准省公安厅《关于进一步深化户籍管理制度改革的意见》,要求全面建立以居住地登记户口为基本形式,以合法固定住所或稳定职业(生活来源)为户口准迁条件,以法制化、证件化、信息化管理为主要手段,与社会主义市场经济体制相适应的新型户籍管理制度。改革的具体措施是:①建立城乡统一的户口登记管理制度。在全省范围内取消农业户口、非农业户口、地方城镇户口、蓝印户口、自理口粮户口等户口性质,按照实际居住地登记户口,统称"居民户口"。②取消进城人口计划指标管理。取消"农转非"制度,废止非农业人口迁入许可证,实行户口迁移条件准入制。户口准入的基本条件是,有合法固定住所或稳定职业(生活来源)。县级市市区、县城镇及其以下地区,凭合法固定住所或稳定职业(生活来源)进行户口准入,不得附加任何其他条件。特大城市、大城市的具体准入条件由各省辖市人民政府研究确定,报省政府备案。③实行有利于吸引资金和人才的城市户口迁移政策。进一步放宽城市在引进人才、投资、购房落户等方面的条件限制,鼓励智力移民、投资移民,降低进入城市的门槛。具有大学本科以上学历或中级以上技术职称的,可在城市先落户后就业,大、中专院校和技校毕业生在城市工作满2年的,以及进入城市投资兴业的,可在城市落户。④取消对申请迁入城市投靠亲属的条件限制。属投靠配偶的,不受年龄、婚龄限制;属父母投靠子女的,不受身边有无子女的限制;属子女投靠父母的,未婚子女不受年龄限制;均可办理户口迁移手续,以切实为群众排忧解难。⑤改革省内大、中专院校学生户口迁移办法。凡考取我省大、中专院校的本省籍学生,入学时根据本人自愿,可以不办理户口迁移手续,待毕业后直接将户口迁至其工作单位所在地或实际居住地;学生本人要求迁移户口的,准予办理迁移手续。⑥进一步下放户口审批权限。为简化户口迁移审批程序和手续,今后户口迁移中需要审批的事项,由县级公安机关负责审批。辖市公安机关加强对各类户口审批办理情况的监督管理和检查指导。积极推行网上办理省辖市市区户口迁移,不再使用《户口迁移证》。

(案例来源:①俞德鹏:《城乡社会:从隔离走向开放——中国户籍制度与户籍法研究》,山东人民出版社,2002年,第18页;②陆益龙著:《户籍制度——控制与社会差别》,商务印书馆,2003年,第123页;③张英洪:"户籍制度的历史回溯与改革前瞻",《宁夏社会科学》2002年第3期,第103~107页。)

【案例分析】

任何一项政策都是为了解决特定条件和背景下的具体公共问题而制定和实施的。在政策实施过程中,政策问题、政策本身所起的作用、客观环境等方面都会产生变化。为了保证政策的合理性,那么决策者就需要依据新的政策环境和变化了的政策问题,对原有政策作出部分的或者全部的调整,甚至是终结政策。本案例就反映了这个问题。自1949年建国以来,由于不同时期的经济、政治条件,以及决策者意识形态的变化,我国的户籍政策一直处在不断的调整之中。这种调整大致经历了"自由迁移—严格控制—局部放开"的演变过程。

户籍政策是指政府为了规范和引导户口登记、管理工作而制定的法律规章和行为准则,是国家进行社会管理与控制的一项基本工具。通过户籍的登记与管理,国家可以了解公民的分布、身份和家庭关系等信息,从而掌握全国人口的基本情况。然而在我国,户籍政策的意义还不仅仅在于人口的登记和管理,而是与各种利益挂钩,从而使户籍政策成为控制人口迁移手段,直接关系到、甚至决定着个人受教育、职业、收入、社会声望和社会地位的差别或不平等[①]。

新中国建立之初,百废待兴,城市建设和工业生产初见端倪,恢复秩序和重建家园成为政府巩固新兴政权所面临的首要任务。因此,户籍政策在形成初期基本上体现了尊重个人意愿的精神,公民在较大程度上享有户口变更、迁移、转换的自由。特别是1954年通过的《中华人民共和国宪法》更进一步以国家根本法律的形式赋予公民迁徙自由权。然而,这种相对宽松的户籍政策并没有因为宪法的权威性而得以长期稳定。1958年1月9日全国人大代表大会常务委员会第91次会议通过并颁布了《中华人民共和国户口登记条例》(以下简称《户口登记条例》)。它所规定的户口迁移审批制度和凭证落户制度明显体现

---

① 陆益龙著:《户籍制度——控制与社会差别》,商务印书馆,2003年,第54页。

了国家取消迁徙自由、实行户口迁移控制的政策意图。而这样一种明显有悖于当时宪法内容的政府法规之所以能在立法机关得以通过并获得合法性,使得户籍政策的功能发生明显转变,很大程度上缘于决策者对城市人口增多可能造成就业、粮食供应等方面压力的考虑。因此,《户口登记条例》是在当时特定的政治、经济和社会背景下,特别是在高度集中统一的计划经济体制下所实行的一种人口管理政策。其基本特点是户籍的刚性较大,将人口的法定居住地在较大程度上凝固化①。这一条例后来成为行政部门限制或控制个人迁徙自由和占有资源权利的法律依据。20世纪60年代至70年代末的户籍政策,基本上遵循了这一政策逻辑,依靠行政控制限制城市的发展和阻止城市化,最终使得城乡户籍壁垒更加巩固。特别是"农转非"政策的出台和指标的下达,无疑是在"乡下人"和"城里人"之间划定了鲜明的边界,进一步突出了农业户口与非农业户口之间的异质性和等级差别,使非农业户口成为一种稀缺资源,人们的地缘意识不断强化。不仅如此,1977年11月8日,国务院批转的公安部《关于处理户口迁移的规定》还限制了城市之间的户口迁移,尤其是规定了城镇规模小的,其居民要迁往规模大的城市,必须进行严格控制。这一规定实际上隐含了政府对空间等级结构的界定及其价值取向,即认为城市越大,其户口的价值越高。

20世纪80年代,随着改革的不断深入,特别是社会主义市场经济体制的建立和逐步完善,城乡以及城市之间的人口大规模流动不可避免,原有的户籍政策已越来越不适应现实经济、社会发展的需要,甚至在许多方面已经成为经济、社会发展的障碍。于是,国家开始考虑放开对户籍的严格控制。比如特殊"农转非"政策的实施就为包括知识分子、科技人员等在内的特定人口迁入城市开了口子;"当地有效城镇户口"政策的实施使一些具备城镇生活条件的人口进入到城镇,成为准非农业人口;"蓝印户口"政策则为那些希望迁入城市并愿意缴纳一定数量的城市建设费的公民开设了一扇小门,过去一直高度僵化的户籍政策开始发生局部松动。但是,从另一种意义来说,这些改革政策同时又是在承诺城市户口拥有某些特权,暗示户口的符号价值和可交易性。因此,从目前的改革情况来看,户籍政策调整的重点主要集中在人口迁移方面,基本不涉及权利与资源的平等分配,从而也就未能从实质上动摇城乡二元户籍制度。

总体看来,户籍政策的形成和调整,主要取决于不同时期的经济、政治条

---

① 袁政:"市场能否合理调节人口的区域再分布——中国未来户籍政策选择分析",《中国人口科学》2001年第5期,第40页。

件,以及国家或决策者意识形态的变化。随着国家经济体制的转轨,户籍政策所具有的控制流动和资源分配的功能已逐步丧失其存在合理性。长远来看,我国应逐步取消户籍政策对人口迁移的约束,实现以市场需求为基础、政府宏观调控为补充的劳动力区域配置机制,使生活在我国任何区域的人口都享有平等的社会权利。而由于户籍政策的调整与改革关系到市民与农民两大社会集团的实际利益,关系到一系列社会制度和法律法规的转型与变更,其艰难性异乎寻常[①]。

当前,我国户籍政策的调整应该以如何缩小城乡户籍在政治、基本权利、社会福利等方面的差距,如何解决好劳动力流动与区域均衡发展的矛盾,以及本地人口与外来人口两个不同社会群体间的差异等问题为核心内容;以转换政策功能为主要取向,逐渐削弱其控制流动和执行分配依据的功能,加强其为人口信息和民事关系证明服务的功能,使户籍的登记与管理真正为人口和公共事务服务。

案例三 汽车产业政策的发展更新

【案例正文】

一、我国第一部产业政策——《汽车工业产业政策》

1994年3月12日,国务院批准了我国第一部产业政策——《汽车工业产业政策》,全文共13章、61条。该政策旨在把我国汽车工业尽快建设成为国民经济的支柱产业,改变投资分散、生产规模过小、产品落后的状况,增强企业开发能力,提高产品质量和技术装备水平,促进产业组织的合理化,实现规模经济。主要包括以下五部分内容:

(一)产业组织政策

国家鼓励汽车工业企业通过资产合并、兼并和股份制等形式发展跨部门、跨地区的企业集团,结合国有企业产权制度改革,加快企业公司制改造,建立现代企业制度。

(1)国家决定对具有独立的产品、技术开发能力和一定生产规模及市场占有率的汽车、摩托车及其零部件生产企业或企业集团,重点予以支持,并对这些企业或集团在1995年底前应具备的条件及发展目标作了明确规定。如年产

[①] 俞德鹏:《城乡社会:从隔离走向开放——中国户籍制度与户籍法研究》,山东人民出版社,2002年,第436页。

汽车30万辆以上的生产规模、年销售量达到20万辆以上、用于技术开发的资金不低于年销售额3%的,国家支持其向年产规模60万辆以上的目标发展。

(2)提高国家新批准的整车、发动机项目的规模"门槛",如规定:普及型轿车项目不低于年产15万辆、轻型货车项目不低于年产10万辆等。

(3)明确规定新建、扩建、改造和中外合资、合作及技术引进的轿车、轻型车整车项目及发动机项目的承办单位,必须是符合产业政策要求的国家重点支持的企业,其项目由国家审批。同时对达到国家产业政策规定的汽车企业给予一定的优惠政策,如优先安排其股票与债券上市发行、银行在贷款上给予积极支持等。

(二)技术进步政策

一方面,国家鼓励并支持国内汽车企业建立自己的产品开发和科研机构;对企业间联合开发重大科研项目,国家在资金上给予支持。另一方面,规定引进产品制造技术的汽车企业,必须进行国产化工作,国家根据国产化率,制定进口关税的优惠税率。

(三)投融资政策

国家鼓励汽车企业利用多种渠道筹集资金,包括利用外资发展我国汽车工业。但同时对合资、合作的对象作出了条件限制,并规定外国企业同一类整车产品不得在我国建立两家以上的合资、合作企业。生产汽车、摩托车整车和发动机的中外合资、合作企业的中方所占股份比例不得低于50%。

(四)进口管理政策

在我国汽车工业不具备国际竞争力时,国家对进口汽车、摩托车及关键总成仍采取必要的管理措施。根据我国汽车市场需求,安排一定数量的汽车进口,整车进口口岸仅限于政策规定的四个港口和两个陆地口岸,同时适时地降低进口的关税税率。

(五)消费与价格政策

国家鼓励个人购买汽车,并将根据汽车工业的发展和市场消费结构的变化适时制定具体政策,逐步改变以行政机关、团体、事业单位及国有企业为主的公款购买、使用小汽车的消费结构。汽车工业企业根据市场需求确定其生产的民用汽车产品价格,但对小轿车暂时实行国家指导性价格。

二、《汽车工业产业政策》陷入尴尬境地

在政府的政策指导和宏观调控下,我国的汽车企业无论是在产量还是在销售量方面都获得了较大的提高。在2002年时,我国已跃居为世界第五大汽车生产国。但是诸如汽车生产散乱、汽车税费过高等一系列问题并未得到根治。而且,随着我国加入WTO后,汽车行业的国际竞争加剧,《汽车工业产业政策》对利用外资的限制性规定也被频频突破,《汽车工业产业政策》一度陷入了尴尬境地。

(一)汽车生产散而乱

1999年美国汽车总产量为1301万辆,基本上被三大汽车公司所囊括,其中最大的通用汽车公司在全球的产量为823.5万辆。我国汽车总产量为183万辆,但整车企业达到118家,汽车改装企业达546家,其中最大的汽车集团——一汽集团的产量才33万辆左右。

(二)税费名目繁多

以1995年消费者购买一辆富康轿车为例,市场价12.46万元,企业生产过程纳税1.06万元,占8.5%;销售过程纳税费3.52万元,占28.3%;用户落籍时一次性缴费6.22万元,占49.8%;用户到手每辆车已合计付款18.68万元。若用于营运,其牌照拍卖费与轿车市场价格相当。共计缴纳税费达24种之多。

我国的汽车关税税目截止到2001年共有165个,汽车相关税目99个。而进口汽车除了关税,在进入市场之前还要缴纳消费税和增值税。根据车辆档次不同,汇总以后的综合税率为112%～134%不等。也就是说,进口汽车在支付了主要的税收后,其价格水平基本达到其到岸价的2.1～2.3倍。以进口一辆排气量为2.2升、到岸价约为15万人民币的丰田佳美轿车为例,其消费税为8%、增值税为17%、关税为80%、综合税率为129%,需缴纳19.5万元的税。再加上金融、商检、经销等其他环节的费用约8万元,这辆车的实际价格约为40万元以上。

(三)政策底线频频告破

2001年12月7日,国家经贸委正式批复,同意上汽五菱汽车股份有限公司与美国通用公司合资生产汽车的项目建议书。2002年11月18日,上汽通用五菱公司正式挂牌成立。在上海通用和金杯通用之后,美国通用拥有了在华的第三家合资企业。2002年11月23日,广州汽车集团宣布,本田广州出口基地项目正式启动,本田公司将控股65%。这些事件都突破了《汽车工业产业政策》的限制,但政府主管部门并没有叫停。

(四)国际竞争力低下

商务部《中国汽车产业国际竞争力评价研究报告》通过对全员劳动生产率、经济规模水平、R&D水平、自主开发能力、新产品推出能力等指标评估出来的结果显示,我国汽车产业企业竞争力综合指数为0.43,是美国的34.68%、日本的36.44%、德国的38.74%、韩国的43.43%。我国汽车生产企业除了在国内市场占有率方面领先以外,其他方面都与跨国公司存在着巨大差距，国际竞争力十分低下。

三、汽车产业发展新举措

面对新形势下汽车工业发展的这些现实问题，政府有关部门意识到了调整汽车工业产业政策的必要性和紧迫性，采取了一系列新的政策措施：

(1)自2001年1月1日起，取消二手车车辆购置税，对达到国家环保标准的汽车减免15%的消费税。

(2)国家计委决定自2001年5月10日起放开国产轿车价格，由生产经营企业根据市场供求情况自主确定价格。

(3)2004年5月21日，经国务院批准，国家发展和改革委员会正式颁布实施《汽车产业发展政策》，1994年颁布的《汽车工业产业政策》即日起停止执行。新政策主要在以下几个方面作出了调整：

①建立全国统一、开放的汽车市场和管理制度。各地政府要鼓励不同地区生产的汽车在本地区市场实现公平竞争，凡在汽车购置、使用和产权处置方面不符合国家法规和本政策要求的各种限制和附加条件，应一律予以修订或取消。

②从2005年起，我国将取消执行了多年的汽车产品进口配额管理，同时继续降低进口汽车关税，直至2006年7月1日前将进口汽车整车关税降至25%，汽车零部件关税降至10%。

③改革政府对汽车生产企业投资项目的审批管理制度，实行备案和核准两种方式。

④培育以私人消费为主体的汽车市场，改善汽车使用环境，维护汽车消费者权益。引导汽车消费者购买和使用低能耗、低污染、小排量、新能源、新动力的汽车，加强环境保护。实现汽车工业与城市交通设施、环境保护、能源节约和相关产业协调发展。建立全国统一、开放的汽车市场和管理制度，各地政府要鼓励不同地区生产的汽车在本地区市场实现公平竞争，不得对非本地生产的汽车产品实施歧视性政策或可能导致歧视性结果的措施。凡在汽车购置、使用和产权处置方面不符合国家法规和本政策要求的各种限制和附加条件，应一律予以修订或取消。国家统一制定和公布针对汽车的所有行政事业性收费和政府性基金的收费项目和标准，规范汽车注册登记环节和使用过程中的政府各项收费。各地在汽车购买、登记和使用环节，不得新增行政事业性收费和政府性基金项目和金额，如确需新增，应依据法律、法规或国务院批准的文件按程序报批。除国家规定的收费项目外，任何单位不得对汽车消费者强制收取任何非经营服务性费用。对违反规定强制收取的，汽车消费者有权举报并拒绝交纳。

（案例来源：①张文魁："我国汽车产业组织现状和新时期重组的政策取向"，《经济研究参考》2002年第1期，第30页；②杨建龙："加入WTO对我国整车企业的影响分析"，《经济研究参考》2002年第1期，第43页；③金乐琴、李健美：《国民经济管理案例》，中国人民大学出版社，2004年，第227页；④魏光朗："我国调整汽车产业发展政策"，《时事资料手册》2004年第4期，第80页。）

【案例分析】

政策环境的变化是导致政策调整的重要因素之一。政策系统所处的环境既是一个多因素的复杂环境，也是一个不断变化的环境。政策环境在受政策影响的同时又反作用于政策。一旦环境发生了重大变化，比如我国经济体制由计划经济转向社会主义市场经济，或加入世界贸易组织等都可能导致原有政策失去效力，从而引发调整、创新政策的主张[1]。汽车产业政策是一国政府为本国汽车产业发展而制定的一整套法律法规及政策体系的统称。从第一部《汽车工业产业政策》出台至今，我国的汽车产业政策已经走过了10余年的历程。面对经济全球化和加入WTO所带来的新的机遇与挑战，我国汽车产业正处于一个十字路口上，何去何从，需要国家作出明确的政策指引。

《汽车工业产业政策》诞生于1994年，作为我国第一部产业政策，对于解决国内汽车业散乱问题、促进汽车工业成为支柱产业发挥了重要的指导作用。但同时在实践中，该政策也遇到了各种各样的新情况、新问题，特别是我国加入WTO后，汽车工业的发展环境发生了巨大变化，而《汽车工业产业政策》已越来越不能适应行业的现实发展需要。因此，对汽车产业政策的内容和手段进行全方位的调整与完善，不仅是十分必要的，而且非常紧迫。

首先，分散的产业组织结构是阻碍汽车工业企业获取规模效益、加速发展壮大的主要因素。

改变汽车工业不合理的组织结构是政府制定汽车产业政策的一个基本出发点。《汽车工业产业政策》不仅对现有汽车企业制定了限期达到的经济规模目标，而且明确提出要加大对大型骨干企业的支持力度。这表明政府试图借助行政手段、经济手段加速汽车工业的集中化进程，从而获取规模效益。但遗憾的是，产业组织政策的成效并不显著。虽然，一方面，几家大型企业集团如案例中所提到的东风集团，在政府的重点扶持下，确实在产销量和利润方面获得了大幅度增长；但另一方面，规划外企业却并没有在政府规划的蓝图中"就范"。

---

[1] 宁骚主编：《公共政策学》，高等教育出版社，2003年，第453页。

只要存在广大的市场空间,重复、分散建设的现象就很难抑制。究其原因,地方保护和市场分割应该是问题的症结所在。由于汽车产业的特殊地位,地方政府在利益驱动下,对于发展本地区汽车工业的热情似乎从未消失过,并常常以地方立法、红头文件和口头部署等多种行政干预手段给外地生产的汽车设置政策壁垒,致使汽车的生产和销售受到人为的市场分割,这无疑加大了汽车产业重组的难度。可惜的是,《汽车工业产业政策》并未发现这一根本性障碍,因而也就无法对症下药。

其次,汽车税费名目繁多、负担过重抑制了轿车消费需求。

随着经济结构和经济增长方式的转变,汽车市场消费格局已发生根本性改变,私人购车正逐步取代公款购车,成为汽车市场的主体。而由于私人购车的费用由个人和家庭负担,消费者对汽车价格的关注度与以前相比会有所提高。《汽车工业产业政策》明确提出:"国家鼓励个人购买汽车,并将根据汽车工业的发展和市场消费结构的变化适时制定具体政策",但是,所采取的积极措施不多,力度也不大。现实情况是,一方面,虽然自2001年5月10日起,国家放开了国产轿车价格,但名目繁多的各种价外税费仍旧存在,极大地压制了消费者的购买欲望。案例列出的购买一辆富康车所需缴纳的20多种税费就是明证。另一方面,随着我国加入WTO,国产汽车的价格优势将面临很大冲击。高关税政策一直是我国政府保护国内汽车工业的重要手段。我国加入WTO后,汽车工业拥有5年的过渡期,汽车进口关税将由目前的70%～80%逐步递减,到2006年7月1日过渡期结束时降到25%。在此期间,如果国产轿车不能在生产规模、研发能力和价格优惠等方面取得重大突破,相当一部分消费需求将会转向进口轿车产品。

再次,严格的贷款限制措施明显不适应WTO国际通用规则的要求。

WTO从2001年开始执行《与贸易有关的投资措施协议》(TRIMS)。该协议规定各成员国不得规定国产化比例,进口与出口不得挂钩,不得限制进口部件总成装车,不得以外汇平衡为理由限制进口,不得规定出口数量;上述政策立即执行,没有过渡期限[①]。而我国《汽车工业产业政策》的很多条款与之不符。如第44条就明确规定了不同类别产品的不同国产化率,第32条又对合资企业中的中方股权比例作出了具体限制。随着我国加入WTO后汽车市场竞争的日益激烈,外方会加大技术和投资力度,掌握企业控股权的要求比以往更为强烈,上述种种政策壁垒也就难免会有所突破,进而一次次陷入到尴尬的境地。

总而言之,无论是从我国汽车产业发展自身的要求出发,还是从加入

[①] 石耀东:"新时期我国汽车产业的问题与建议",《经济研究参考》2002年第1期,第25页。

WTO应对全球化挑战的需要出发,我国汽车产业政策的调整都是势在必行的。2004年5月《汽车产业发展政策》的颁布实施就是政府从这一新的形势出发而作出的积极政策行为,既体现了政策的连贯性,又体现了与时俱进的要求。与1994年出台的《汽车工业产业政策》相比,汽车产业发展政策的新意主要体现在四个方面:一是取消了与世贸组织规则和我国加入世贸组织所作承诺不一致的内容;二是大幅度减少行政审批,依靠法规和技术标准,引导产业健康发展;三是引导现有汽车生产企业兼并、重组;四是引导和鼓励发展节能环保型汽车和新型燃料汽车。因此,放松管制、培育市场、鼓励竞争、推动重组、鼓励家庭消费、发展汽车服务业将成为今后一个时期我国汽车产业发展的主旋律。当然,新的汽车产业发展政策也不可避免地存在着某些不足和局限性,仍需要在实践中加以不断地调整、修订和完善。

案例四 国有股减持的叫停与反思

【案例正文】

国有股减持是指向全社会公众及证券投资共享基金等公共投资者转让上市公司(包括拟上市公司)国有股的行为。这一政策从开始出台到最终紧急叫停,期间可谓一波三折,可以大致分为以下几个阶段和步骤:

一、政策筹备

1999年9月22日,中国共产党第十五届四次全体会议通过的《关于国有企业改革和发展若干问题的决定》,提出了"要坚持有进有退,有所为有所不为"的国企改革原则,为国有资本在部分领域的退出打开了通道。体现在证券市场上就是国有股减持,同时明确提出"在不影响国家控股的前提下,适当减持部分国有股"。随后,多家上市公司启动了国有股配售试点改革。

2000年6月,财政部部长项怀诚指出,中国政府计划适时开拓社会保障制度新的融资渠道,包括把一部分国有资产变现用于社会保障。10月15日,国有股减持高层研讨会召开,来自国务院发展研究中心、中国社会科学院、中国人民大学、财政部、中国经济体制改革委员会等单位的专家学者及券商、上市公司代表等50多人聚集在中国人民大学召开了会议。

2001年4月26日,项怀诚在北京表示,适当减持国有资产的方案不久即可公布,并强调"减持国有股绝不可能牺牲现有资本市场的繁荣"。

二、政策公布实施与市场反应

2001年6月12日,国务院正式发布了《减持国有股筹集社会保障资金管

理暂行办法》(以下简称《减持办法》),核心内容主要包括三个方面:

(一)国有股减持的决策主体和操作主体

《减持办法》确定国务院代表国家统一行使国务院所有权,减持国有股由部际联席会议审议实施。部际联席会议由财政部负责召集,国家计委、国家经贸委、劳动保障部、中国证监会、全国社会保障基金理事会为成员单位,主要负责确定减持国有股的筹资计划和定价原则,研究解决国有股减持筹资工作涉及的其他重大问题。

(二)国有股减持的主要方式和定价原则

《减持办法》第五条规定:"国有股减持主要采取国有股存量发行的方式。凡国家拥有股份的股份有限公司(包括在境外上市的公司)向公共投资者首次发行和增发股票时,均应按融资额的10%出售国有股;股份有限公司设立未满3年的,拟出售的国有股通过划拨方式转由全国社会保障基金理事会持有,并由其委托该公司在公开募股时一次或分次出售。国有股存量出售收入,全部上缴全国社会保障基金。"同时,部际联席会议可以根据社会保障资金的需要和证券市场的发展状况,在采取国有股存量发行的同时,选择少量上市公司进行国有股配售及定向回购等方式的试点。试点方案经部际联席会议审议并报国务院批准后组织实施。此外,《减持办法》还规定"减持国有股原则上采取市场定价方式"。

(三)国有股减持资金的投向和管理运作

《减持办法》规定,国有股存量出售收入全部上缴全国社会保障基金。上市公司国有股协议转让时国有股权发生减持变化的,国有股东授权代表单位应按转让收入的一定比例上缴全国社会保障基金,具体比例以及操作办法由部际联席会议制定,并在报国务院批准后实施。为有效地管理、运作国有股减持所得资金,建立全国社会保障基金并设立理事会,主要职责是承担减持资金的管理;选择、委托投资机构对基金进行运作,以实现保值增值;公布基金财务状况等。

《减持办法》出台后,一时间,市场沸沸扬扬,管理层也纷纷发表讲话。财政部部长项怀诚认为,"国有股减持筹集一部分社会保障基金,通过委托专业的投资基金管理机构,在资本市场进行市场运作,可以回流到证券市场,因此,对证券市场是长期利好"。中国证监会主席周小川发表讲话说:"国有股减持主要涉及到一级市场发行和股权协议转让,对证券二级市场影响十分有限。中国证监会鼓励上市公司和国有股东通过市场化方式实现国有股减持,鼓励积极探索运用新的和稳妥的方式做好这项工作,进一步规范市场。因此,《减持办法》的出台将促进中国证券市场健康发展。"

第八章 政策调整与政策终结

2001年7月24日,烽火通信、北生药业、江汽股份、华纺股份等四只新股同时宣布减持国有股,随即市场便失去了6月12日国务院发布《减持国有股筹集社会保障资金管理减持办法》时的从容,沪综指从7月20日的2179.62跌至26日的2094.01,共下跌85.61点;深成指则从4634.88点跌至4411.40,共下跌223.48点。这一急剧变化,再次引发了证券市场关于国有股减持的大讨论。证监会首席顾问梁定邦更直截了当地表示对国有股减持的形势并不满意。他说:"通过国有股减持得到的资金并不多,市场反应却比较差,国有股减持需要一种更满意的方式。"

三、暂停执行

2001年10月22日晚,中国证监会新闻发言人表示,国有股减持的目的是为了广大人民筹集社会保障资金,同时也有利于改善上市公司的股权结构。这是一项探索性的工作,也是一项的长期任务,需要不断完善。中国证监会将会同有关部门在广泛征求各方意见的基础上,研究制定具体操作办法,稳步推进这项工作。考虑到有关具体操作办法尚需进一步研究,中国证监会经报告国务院,决定在具体操作办法出台前停止执行《减持国有股筹集社会保障资金管理减持办法》第五条规定。10月23日,受停止首次发行和增发股票时出售国有股消息影响,沪深股市开盘即放出巨量,股指跳空高开,沪深股市涨幅一度接近10%的涨停线,两市股票几乎全线涨停。上证指数当日以1642.22点开盘,跳空高开120余点;深证指数以3423.66点开盘,高开280点。到收盘时,上证指数和深成指分别上涨149.89点和314.33点,两市交易量合计为290.16亿元,而10月22日两市交易量仅为78亿元。

2001年11月13日,中国证监会规划发展委员会在证监会网站上公开向社会各界征集国有股减持方案。截至12月3日,短短20天时间,先后收集到各类建议4300多件。证监会将这些意见进行初步汇总和整理,共分为7大类方案,即配售类方案、股权调整类方案、开辟第二市场类方案、预设未来流通权类方案、股权证类方案、基金类方案和其他类方案。同时,证监会委托了八家证券研究机构对这七大类方案进行初步评议,并对各类方案提出了相应的改进和配套措施。

四、全面叫停

2002年1月11日,国务院发展研究中心组织"国有股减持方案专家评议会"就国有股减持方案进行评议研讨。专家们认为,每个方案各有特点,各有利弊,建议先对大家比较认同、思路比较成熟的折让配售方案继续深入论证。

2002年1月21日,国务院发展研究中心再次主持召开了各方人士参加的研究会,对折让配售方案和与之相适应的操作程序及配套措施进行了进一步的讨论，并整理归纳为国有股减持方案的阶段性成果。1月26日，中国证监会规划发展委员公布了国有股减持方案阶段性成果，同时强调指出，公布的方案仅仅是框架性和原则性方案，并非是最终的操作性方案。1月28日，股市对"国有股减持方案阶段性成果"作出了强烈反应，沪市狂泻91点，深市跌幅193点，大盘跌幅近7%，个股跌停数百只。于是当日，中国证监会发表了关于国有股减持方案的说明，指出折让配售方案是一个供社会各方讨论的阶段性成果，也是一个讨论方案，还要继续在讨论中吸收社会各方意见，仍需不断补充完善。同时也表示，有关方面在制定国有股减持方案时将充分听取各方意见和反映，以实现多赢为目标，注重保护广大投资者利益，取得多数流通股股东的支持，在方案成熟时稳步实施，是市场在稳定中发展。

2002年1月30日，中国证监会在北京召开市场分析座谈会，提出"当前国有股减持，特别要注意保护投资者利益，增强投资者信心"。1月31日又提出"要增强对市场稳定发展的信心"。随即沪深两市便出现急涨行情。

2002年6月23日，国务院决定，除企业海外发行上市外，对国内上市公司停止执行《减持国有股筹集社会保障资金管理减持办法》中关于利用证券市场减持国有股的规定，并不再出台具体实施办法。6月24日，上海综合指数、深证成分指数分别上涨144.427点、297.451点，两市合计创造了898亿元的成交量，再次验证了政策的力量。

（案例来源：①王洪春、阮宜胜著：《国有股减持：困境与出路》，中国财政经济出版社，2003年，第347～349页；②中国经济信息网 www.macrochina.com.cn 中的"专题集萃"栏目；③新华社："国务院决定停止国有股减持"，中国网 www.china.org.cn，2002年6月24日。）

【案例分析】

政策终结可能缘于政策意图与客观现实之间的偏差。一项初衷非常好的政策，由于具体的政策方案或操作策略存在着缺陷，以及没有考虑各方面的利益，那么在政策执行过程中有可能会遇到很多障碍，从而最终导致政策终结。国有股减持政策从出台到暂停执行，再到征集新方案，直至最后全面叫停的整个过程，以及一年来带给股票市场的动荡与阵痛，就是一个最有力的证明。

国有股在我国上市公司的股权结构中历来占据着绝对控股地位。不可否认，这种独特的股权结构最大限度地保持了公有制特点，为国有经济筹集了大量资金，成功地推动了股票市场的初期发展。但随着我国市场化改革的不断深入，国有股比重过大对进一步深化国有企业改革的制约作用已越来越明显，并日趋成为阻碍证券市场长期健康发展的羁绊。因此，减持国有股，降低上市公司的国家持股比率,不仅是配合我国国有经济的战略性调整的要求,而且更重要的是我国股票市场进一步规范自身发展的内在要求。以这个出发点来制定国有股减持政策,其初衷是好的。但是,推行国有股减持的实践效果,却并未达到预期的目的,甚至导致了完全相反的不利后果:非但没有筹集到社会保障资金,反而引起股市震荡,致使广大中小股民蒙受惨重损失,最终被迫叫停。究其原因,主要有如下两个方面:

一方面,在于减持政策的具体方案设计不够科学、不合理。仔细阅读《减持办法》,就可以发现其中的一些条款存有较大争议。以减持目标的定位为例,国有股减持的根本目的应该是消除国企上市公司的一整套不合理机制,而《减持办法》第一条就明确提出制定本办法的目的在于"完善社会保障体制,开拓社会保障资金新的筹资渠道,支持国有企业的改革和发展"。把减持目标定位为社会保障基金筹资,这显然是不对的。减持下来的资金可以部分或者全部用于社会保障方面,但是,把获得资金作为目的,减持的性质也就被扭曲了。这是因为,这两个目的存在着本质的区别:如果以规范市场为主,那么减持价格就要充分考虑市场的承受能力;相反,以筹集社保基金为主,那么就会尽量制定较高的价格,力图通过减持来筹集更多的资金,而较少考虑证券市场改革的需要[1]。

另一方面,在于决策者没有充分考虑市场规律和多元利益格局的制约。这次国有股减持的叫停,在很大程度上是政府在股票市场和投资者巨大压力下被动妥协的结果。而这种妥协是由于在政策制定中没有考虑到相关利益者的利益而作出的无奈选择。

虽然,国有股减持政策由于如上原因被迫终结,但是决策者在政策终结时,采取的态度和方式是值得称道的。当决策者面对着由于政策所导致的股市大幅下挫时,并没有将责任归咎于市场和投资者,而是勇于纠正错误,不断地调整政策,最后在政策调整依然没有达到预定效果的情况下,果断地终止政策。

国有股减持政策终止了,但在市场经济条件下,国有股减持这一方向仍然是要坚持的。减持政策执行过程中正反两方面的经验与教训都需要决策者在今后的方案制定中认真汲取。国有股减持是一项系统工程,需要政府根据国民经济发展状况和资金市场的情况,设计出较为完善、更为成熟的可操作性方案来逐步推进。

---

[1] 王洪春、阮宜胜著:《国有股减持:困境与出路》,中国财政经济出版社,2003年,第81页。

案例五 "皇粮国税"的终结

【案例正文】

一、农业税收基本政策及其调整

在我国,征收农业税由来已久,俗称"皇粮国税",是国家向一切从事农业生产、有农业收入的单位和个人征收的一种税。1958年6月3日,第一届全国人大常委会第九十六次会议通过的《中华人民共和国农业税条例》,确定了农业税收的一贯方针,即统筹安排和兼顾国家与农民利益,公平合理负担,在稳定农民负担的基础上鼓励增产增收。因此,在新中国成立后很长的一段时间内,在稳定负担、增产不增税政策的影响下,农业税征收总额基本没有增加,并且从1961年开始作了较大幅度的调减,全国调减任务44.4%。

党的十一届三中全会后,随着农村经济体制改革的进行,农村产业结构得到明显的改善,"一业为主,多种经营"的格局逐步形成。特别是国家改革农产品的统、派购制度,除粮、棉、油以外的农副产品价格放开以后,从事农林特产生产可获得比从事粮食生产更高的收益,因而越来越多的农民将较多的土地、资金劳力投入到农林特产品的生产上来。但同时农林特产与粮食争地的问题也随之出现,粮食生产必要的土地和资金投入得不到保证,播种面积逐年有所减少。为此,1983年12月,国务院发布了《关于对农林特产收入征收农业税的若干规定》,确定对农林特产品生产,取得农林特产收入的单位和个人征收农业税,收入多者多征,收入少者少征。

二、沉重的农业税负担

1994年实行分税制财政体制改革后,农业税和农业特产税被划分为地方税。由于地方经济不景气,乡镇企业倒闭不少,地方财力紧张,农业两税成为了县乡两级政府尤其是不发达地区县乡政府的主要财源。某些地方政府以行政命令对农业税征收机关加码下达过高考核指标,致使两税偏离了农业税收"轻税"、"合理负担"的政策。《半月谈》杂志记者在中南地区某地农村采访时,听到一些乡镇干部反映,以前计划生育是农村工作第一难题,现在收款子比计划生育更难了,"一年忙到尾,催粮催款催交税"。某县税务部门的数据表明:全县1998年下达屠宰税220万元,比上年增加了近一倍;特产税586万元,比上年增加25%。任务要完成,农民交不上来怎么办?有的乡村便应运而生出一些"土办法":采用收回承包地、加罚滞纳金等手段相胁迫;采取拉牲畜、搬家具、扒粮食等简单粗暴的做法强制收取;动用司警人员和警具、警械,甚至雇用当地有名的"恶人"向农民收款。有的乡村则采取贷款交税的办法。记者碰到一个正要到信用社商量贷款交税的乡长,他十分无奈地说,全乡特产税任务共47万元,但乡上只下达35万元。如果完不成税款,县里就不拨乡上经费和工资。他准备先向银行借10万元交税,等乡上经费和工资下拨后,用乡干部工资归还贷款,再欠乡干部工资。

三、税费改革试点

20世纪90年代以来,针对农业税收中出现的问题,一些地方开始了农业税改革的试点工作。安徽省就是一个试点省份,其改革措施包括:

(1)取消屠宰税。停止征收在生产环节和收购环节征收的屠宰税,原随屠宰税附征的其他收费项目也要一律停征。各地不得以任何名义变相收取屠宰税。

(2)调整农业税政策。①确定农业税计税土地面积。农业税计税土地面积,以农民第二轮承包、用于农业生产的土地为基础确定计税面积。其他单位和个人从事农业生产的,计税土地为实际用于农业生产的土地。计税土地发生增减变化,农业税应及时进行调整。②调整计税常产。计税常产以1985年前5年农作物的平均产量确定。全省以1993年至1997年5年间全省平均粮产为当前计税常产,并在长期内保持稳定。③税率。全省农业税税率实行地区差别比例税率,全省农业税综合平均税率不超过7%。贫困地区的农业税税率从轻确定。国有和集体农场以及有农业收入的机关、部队、企业、学校按其实收产量的4%征收。其他有农业税收入的单位和个人的农业税比照当地同等税收水平征收。各县(市、区)农业税的具体计税常产、计税税率和农业税征收任务,经省政府批准后,要分类测算到乡,并落实到农户或其他农业税纳税单位和个人。④现行农业税减免政策基本维持不变。农业税社会减免和自然灾害减免政策按《安徽省农业税征收实施办法》执行。

(3)调整农业特产税政策。①取消原一个应税品目在两道环节征税,实行一个应税品目只在一道环节征税。按农业特产税税率略高于农业税税率的原则,适度调整农业特产税税率。取消征收果用瓜(包括西瓜、甜瓜、种子瓜、食用瓜等)农业特产税。按照农业税和农业特产税不重复交叉征收的原则,对在非农业计税土地上从事应税农业特产品生产的,继续征收农业特产税。对在农业税计税土地上种植应在生产环节纳税的农业特产品的,其应税农业特产税税额小于农业税税额的,不征收农业特产税,只征收农业税;大于农业税税额的,只征收农业特产税,不征收农业税。严禁两税重复征收。②现行农业特产税减免政策基本维持不变。农业特产税减免政策按《安徽省农业特产税征收管理实施办法》执行。

(4)改革村提留征收和使用办法。村干部报酬、五保户供养、办公经费,除原由集体经营收入开支的仍继续保留外,由农民上缴村提留开支的部分,改革后缴纳农业税的,采用新的农业税附加方式收取;缴纳农业特产税的,采取农业特产税附加形式收取(不含国有和集体农场以及有农业收入的机关、部队、企业、学校)。农业税附加比例最高不超过改革后农业税的20%。经批准的部分山区、库区县生产环节,农业特产税附加比例最高不超过改革后农业特产税实际征收额的10%。在计税的土地上种植的应税农业特产品,已征收农业税附加的,不再征收农业特产税附加。收购环节征收的农业特产税,不征收附加。

安徽农村税费改革成效显著,麦收刚过,许多乡镇破天荒地出现了农民排队交农业税的热闹场面。全省农民人均减轻负担23%,一些县市农民减负过半。对基层干部来说,改革使他们从过去"登百家门、收百种费、挨百家骂"的苦恼角色中解放了出来,一度紧张的干群关系得到了明显改善。

四、取消农业税改革

在税费改革试点地区取得经验的基础上,中央政府开始逐渐在全国范围内推行取消农业税政策。2004年1月,中央下发《中共中央、国务院关于促进农民增加收入若干政策的意见》,提出"逐步降低农业税税率,2004年农业税税率总体上降低1个百分点,同时取消除烟叶外的农业特产税"。年末,中央农村工作会议在京召开,出台了新一年的中央"一号文件":《中共中央、国务院关于进一步加强农村工作、提高农业综合生产能力若干政策的意见》,决定2005年国家将继续加大"两减免、三补贴"等政策实施力度,进一步扩大农业税免征范围,加大农业税减征力度:在国家扶贫开发工作重点县实行免征农业税试点,在其他地区进一步降低农业税税率;在牧区开展取消牧业税试点;国有农垦企业执行与所在地同等的农业税减免政策。因减免农(牧)业税而减少的地方财政收入,由中央财政安排专项转移支付给予适当补助。有条件的地方,可自主决定进行农业税免征试点。

2005年2月25日至26日,农业部副部长范小建在山东召开的全国春季麦田管理现场会议上表示,"受中央农村工作会议和今年中央一号文件的支农政策鼓励,全国已有26个省区市宣布提前免征农业税,今年仍继续征收农业税的省份仅有河北、山东、云南、广西、甘肃等5个省区"。

2005年3月5日,国务院总理温家宝在十届全国人大三次会议上作政府工作报告时指出,要稳定、完善和强化对农业的扶持政策。加快减免农业税步伐。在全国大范围、大幅度减免农业税。592个国家扶贫开发工作重点县免征农业税。全部免征牧业税。明年将在全国全部免征农业税。原定5年取消农业税的目标,3年就可以实现。

(案例来源:①邱贤成:"'吹牛交税'为哪般",《半月谈》1999年第5期,第

第八章 政策调整与政策终结 273

32~33页;②邓联繁著:《中国税费改革的现状与对策》,中国民主法制出版社,2001年,第145页;③温家宝:《政府工作报告》,第十届全国人民代表大会第三次会议,2005年3月15日。)

【案例分析】

农业税政策是正确处理国家与农村纳税人之间税收负担的准绳,对农村经济的发展具有重要作用。我国的农业税是在特定历史背景下产生的。1958年,本着轻税政策和鼓励增产、稳定负担的原则,国务院制定颁布了《中华人民共和国农业税条例》,确定了我国农业税收政策的基本框架。50多年来,我国农业税经历了多次调整乃至最终全面取消的发展变化过程。

我国是世界上为数不多的几个征收农业税的国家之一。从长远看来,取消农业税,建立城乡统一税制是大势所趋。特别是改革开放以来,我国农村经济发展迅速,农业生产和收入以及经营方式等发生了根本性的变化,而农业税政策却没有根据形势的变化作出调整,在不同程度上加重了农民的负担。不仅如此,由于农业税作为县乡政府的主要财政来源,很多地方政府擅自提高征收率,乱收费、乱罚款、乱摊派,使农民的税费负担日益加重。一些地方在征收农业税费无果的情况下,甚至采用非法手段强迫农民缴税,导致干群关系恶化。因此,农业税改革势在必行。但是从案例中看,在农业税改革过程中,需要注意如下问题。

(一)政策终结的阻力化解

在任何政策终结过程中,都会存在阻止政策终结的抑制力。取消农业税对地方财政的收入或多或少都会有一定影响,一些地方政府特别是农业税占财政收入相当份额的地区,可能会成为取消农业税的反对力量。如何削弱、化解这一力量,是政策终结能否最终发生并持续下去的关键。为此,中央财政采取了专项转移支付的办法给予适当补助。虽然这种财政补偿可能不能完全解决问题,但毕竟在一定程度上减少了改革的阻力,排除了农民负担反弹的深层忧患。

(二)政策终结的途径选择

政策终结一般有两种途径:一是激进式终结,即依靠至高无上的行政权力强制终结某项政策或临时突然决定终结某项政策;二是渐进式终结,表现为长期的政策或组织缩减、终止过程①。农业税的取消选择的是逐步的、渐进的途

---

① James P. Lester、Joseph Stewart:"Public Policy: An Evolutionary Approach",中国人民大学出版社,2004年,第156页。

径,通过局部试探试点,避免矛盾激化。试点的开展一方面有助于人们认清终结的必要性,为终结的实施创造条件;另一方面,新政策的出台使人们在丧失对旧政策期望的同时看到一个新的希望,有助于争取终结的支持力量。90年代以来,各地农业税改革试点的实施为中央最终作出取消农业税的决定积累了经验,也奠定了基础。2004年1月《中共中央国务院关于促进农民增加收入若干政策的意见》的正式公布是时隔18年后中央再次把农业和农村问题作为中央一号文件下发,对当前和今后一个时期的农业和农村工作将产生重大影响。农业税的取消不仅有利于减轻农民负担,促进农民增收,而且有利于转变基层政府职能,可以把农村基层干部从"一年忙到尾,催粮催款催交税"中解脱出来,有利于改善干群关系,维护农村社会稳定。同时,各基层政府,特别是以农业税收为主要财政来源的乡镇,碍于取消农业税后的财政压力,不得不切实地开展"减员减机构"改革。

总之,农业税的征收在我国由来已久,取消农业税也不是一蹴而就的事情,要稳步推进。决策者必须深刻认识到取消农业税政策的必要性和艰巨性,处理好农业税改革过程中出现的问题,以确保政策终结目标的最终顺利实现。

案例六 大学英语四、六级考试首次大调整

【案例正文】

全国大学英语四、六级考试已实行了将近20个年头。这一全国性教学考试最初是配合1985年新的《大学英语教学大纲》出台的,由国家教育部(原国家教委)高等教育司主管,1987年正式推出,每年1月份和6月份各举行一次。考试的主要对象是根据教学大纲修完大学英语四级或六级的大学本科生或研究生。国家教育部委托"全国大学英语四、六级考试委员会",负责设计、组织、管理与实施大学英语四、六级考试。

一、四、六级考试存在的问题

在四、六级考试实施的前一个阶段,由于它能够为学生的英语水平提供一个客观的标准,因而它得到学生、高校和社会等方面的承认,每年参加考试的人数由最初的几万人增加到现在的600多万,成为世界上规模最为宏大的考试之一。

然而,随着四、六级考试的实行,它的弊端也逐渐显现。

(1)哑巴英语。由于在四、六级考试中,语法题、分析题、阅读题占绝大部分比例,因此学生为通过考试,不得不把大量时间花在语法记忆和辨析上。成天

背单词、看语法,甚至猜题来背。这样,虽然考试时能得心应手,但是造成在实际生活中却仍然开不了口,成为哑巴英语。

(2)由于四级证书与学位证挂钩,这样,很多学生为了通过四级考试,不得不花费大量的时间来学习英语,而一些英语不好的学生,花的时间则更多,导致忽略对专门课的学习。

(3)考试作弊、漏题现象严重。这是四级证书与学位证挂钩的后果。自2000年以来,考试作弊、漏题现象日趋严重。2002年6月,重庆一些校园里开始出现有人兜售四级考题答案。在随后的一年半时间里,每到四、六级考试前,在校园里和网上公开兜售考题答案的小广告就会扑面而来。可怕的是这些被提前出售的考题最后都被证实是真的,而且正确率达到了85%。2003年12月13日,这起震惊全国的泄题案一审审结:原西南农大外语学院教师孔静利用监考的便利,提前把试题启封,然后请"枪手"做好答案后通过网络传递给事先联系好的买家。买家涉及重庆、浙江、北京等11个省市数百名考生,舞弊范围难以估量。

二、四、六级考试改革方案出台

随着四、六级考试尴尬不断:聋哑英语、作弊成风、学位成痛,改革已是众望所归。2005年2月25日教育部召开新闻发布会,公布了《全国大学英语四、六级考试改革方案(试行)》,备受社会关注的大学英语四、六级考试,有了重大变革。自2005年6月(试点)起,四、六级考试成绩将采用满分为710分的计分体制,不设及格线;成绩报告方式由考试合格证书改为成绩报告单,即考后向每位考生发放包括总分和单项分成绩的报告单,四、六级考试委员会将同时向学校提供四、六级考试分数的解释。在考试内容和形式上,四、六级考试将加强对学生英语综合应用能力特别是听说能力的测试,加大听力理解部分的题量和比例,增加快速阅读理解测试,增加非选择性试题的比例。各高校不必把四、六级考试成绩与学位证书挂钩,具体情况由各学校自行考虑。从2007年1月起,大学英语四、六级考试将只接受在校生报名。符合大学英语四、六级考试报名条件的人员包括:全日制普通高校专科、本科和研究生中的在校生;全日制成人高校本科、专科在校生,修完大学英语四级课程;实行标准分后,修完大学英语六级课程且大学英语四级考试达到一定分数。

三、社会各界的反映

四、六级考试改革消息传出后,立即引起社会各界的强烈反应。

(1)教育界。教育部副部长吴启迪认为,改革后的四、六级考试不存在达到某个分数、录取还是不录取的问题,实际上是自己考查自己达到了什么样的英语水平。教育部高教司司长张尧学认为,四、六级考试是一个教学的评价性考试,不要求学生一定要参加,学校没有必要把考试跟学位证、毕业证挂钩。浙江大学材料与化工学院副院长郑强认为,环境对于语言学习是非常重要的,有些研究生英语分数考得很高,英文论文却不能一次过关。语言只是工具,四、六级考试改革应朝这个方向发展。国务院学位委员会教育学科评议组成员劳凯声认为,取消及格线是一个亮点,但既然四、六级考试并不强行要求考生参加,高校也不应把"考试与学位挂钩",那还不如取消考试本身。

(2) 学生。四、六级英语考试改革的消息传出后,学生们的反应可以用喜忧参半来形容。贵州大学 2001 级计算机专业的吴芸抱怨道:"要是早点改革就好了,我根本不喜欢学英语,可是大学四年,70%以上时间全奉献给了英语,尽管拼尽全力冲过了四级,现在仍是一个'哑巴'、'聋子',连看个西片影碟,也是'一头雾水'。"贵州民族学院的小李同学对四、六级英语考试改革一点也不乐观:"虽然教育部没有强令高校将四、六级考试与学位证、毕业证挂钩,但也没有强令脱钩。虽然上面喊改革,但学校有自主权,想要与学位挂钩自然会有对策。虽说大家都没有证书,但是有成绩单,用人单位一样可以通过成绩设置用人的门槛。所以我认为改不改革意义不大,感觉这是换汤不换药。"小张则表示比较茫然,"我现在读研,六级还没有过,本来一直在准备,可是现在不知道还有没有必要。如果真的不需要六级证书也可以拿到学位证,我想我不会参加六级考试了,不如多利用这些时间多练习听力和口语,这些才是真正体现英语能力的。"

(3) 招聘单位。四、六级英语考试改革以后,没有了及格线,那企业将会按照什么依据来要求求职者的英语水平呢?上海交大昂立公司人力资源部副经理邓晖博士表示,四、六级通过与否只是个参照值,招聘时会按照岗位的性质和需要来区别对待。相当一部分招牌单位认为,改革以后没有合格、不合格的明确界限,这给企业增加了评判人才的难度。但以后,社会肯定会普遍承认一个及格线,如 500 分或者 550 分可以被看做及格。

(4) 培训机构。尽管英语四、六级考试在短期内还能让培训机构"火"上一把,但随着改革的实施,各培训机构负责人还是有清醒的认识。业内人士纷纷表示,新政策的实施将使他们至少减少 5%~10% 的利润。北京新东方学校国内考试培训部主任周雷说,原来有部分学生为了拿到毕业证可能会反复考四级,以后这部分生源可能不存在了。同时他也表示,改革后考试难度加大,更加注重学生的实际运用能力,因此,对于上课只传授应试技巧的辅导机构来说应该是一个严重的冲击。

(案例来源:①"英语四、六级考试引起多方关注",《社会科学报》2005 年 3 月 10 日,第 3 版;②新华网:"[CET]莫让四、六级成大学生之痛?",www.

21cn.com，2004 年 9 月 18 日；③千龙新闻网："四、六级考最易泄密环节"，www.sina.com.cn，2004 年 6 月 22 日；④文静："英语四、六级考试改革促进英语培训业竞争"，《中国青年报电子版》2005 年 3 月 15 日。）

【案例分析】

全国大学英语四、六级考试从最初作为配合《大学英语教学大纲》推出的一项教学性考试，经过 20 年的快速发展，至今已经成为一种具有高度权威性和影响性的社会性考试。不可否认，这项考试在设立之初不仅产生了良好的社会效益，而且也为提高我国大学英语教学质量作出了巨大的贡献。但由于其测试内容滞后，偏重考察学生的语言知识和阅读能力，现今的四、六级考试已越来越难以适应社会发展对学生实际应用英语的需求。而且，随着其所承担的社会功能的日趋增多，这项原本普通的英语考试功能已经发生异化，为教学服务的功能被淡化和弱化，反而逐渐成为了大学毕业的通行证或者是社会就业的重要标尺。比如，相当多的学校把四、六级考试与毕业证书或学位证书相挂钩，招聘单位则把四、六级分数高低作为一个用人标准，结果导致不少学校为了盲目追求通过率而进行应试教学，学生作弊严重，甚至不法分子铤而走险做出卖考题等违法乱纪的事情。这些现象显然有悖于政策制定者的初衷。因此，决策者通过政策评估及监测，在获得这些关于政策执行及政策结果的反馈信息之后，就需要对政策变动的去向作出判断和选择：是维持、创新、调整这项政策，还是终结该政策？

就本案例来说，从政策变动的形式来看，决策者显然选择的是政策调整方案，即对实施过程中的政策内容和形式予以某些必要的补充、删减、修改或更新，而非全面废止原有政策；从政策变动的强度来看，英语四、六级考试政策调整又可以说是一次断裂型的重大政策调整，表现为在遵循原政策目标的前提下突破原有的政策框架。那么，决策者为什么会最终作出如此选择呢？笔者认为，作为测试英语水平的一项工具，设立四、六级考试这一政策方向是正确的，毕竟社会上总需要一个受到绝大多数人肯定的英语评价体系。但政策实施后之所以会出现种种弊病，主要在于操作环节上出现问题。因此，从我国目前教育发展的实际情况来看，要逐渐改变英语应试教育的现状，考试这根指挥棒目前还不能丢，关键是要转变思维和改变一些具体做法。再加上目前国内其他同类型英语考试的权威性、普及性远不及四、六级，如果彻底取消四、六级考试，我国的英语水平评价制度很可能会发生断档。同时，已取得的证书是否继续有效、学位评定标准等一系列相关问题便会接踵而至。由此看来，政策废止的代价将会非常之大。教育部面对四、六级考试的种种弊端以及社会各界的质疑，决定暂不取消四、六级考试,而是在保留这项考试的基础上对其进行改革,是权衡废止抑或调整二者的利弊得失后作出的审慎的政策选择。

调整后的四、六级考试方案反映出教育部希望通过降低四、六级考试的社会权重和不设合格线缓解过于激烈的考试竞争,减少或消除作弊,重塑考试的权威。试卷中听力比例的加大和阅读理解的结构改革,是为了适应大学英语课程教学的要求,更加注重检测学生以听说能力为主的英语实际应用能力,改变中国学生"哑巴英语"、"聋子英语"的现象。而将原来只有一个总成绩的考试分数,分解为考生在听、说、读、写四方面的分项成绩后,用人单位可以从成绩单上了解应聘者语言能力是否符合要求,使得人才引进更具有科学性、准确性和目的性。总之,这次改革是教育部对英语教育改革力度最大的一次,对高校的学生、教师和招聘企业以及社会上各种四、六级培训机构都将产生深远影响。但同时也必须看到,调整后的政策方案并非尽善尽美,不少人士对新的四、六级考试能否达到教育主管部门所预期的目标持怀疑态度,比较突出的问题包括如下两个方面。

一方面,新政策的出台是否真的会终结各高校将四、六级证书与毕业、学位证挂钩的现状。多年来,四、六级考试与毕业证、学位证挂钩是推动英语学习走向应试教育、舞弊愈演愈烈的终极动因。新的四、六级改革方案的计分体制和取消合格证书,可以视做教育部对高校现行的"挂钩"模式所设置的一道难题。但同时也应看到,教育部的态度比较模糊,一句"各高校不必把四、六级与学位证书挂钩,具体情况由各学校自行考虑",给改革留下了一个大大的"尾巴"。因为即便是取消了过去统一的及格线,高校很可能会自行确定"门槛",这会不会再次引起新的混乱和矛盾呢?

另一方面,新政策是否有悖于政策的公平性原则。教育部门"不提倡"社会把四、六级英语成绩作为选才标准。作为一种保障措施,打算将四、六级考试的考生范围逐步限制为在校生,从而降低考试的社会权重。确实,附加在英语四、六级考试身上的社会功利成分实在太多,给其"减压"也是必然的。但是,禁止社会考生参加四、六级考试很可能会引起新的教育不公平。比如,该政策实行后,民办高校的学生就会失去考四、六级的资格,进而导致公立校和民办校学生之间的差距日趋加大。

8—3 小结

政策的调整与终结是政策生命周期的最后一个环节。这一环节既标志着旧政策的结束,同时又象征着新政策的启动。政策的调整与终结对于避免政策僵化、提高政策效能具有至关重要的意义。本章案例所选取的六项政策不仅一直是社会舆论关注的焦点,而且这些政策的调整或终结都经历长期而艰难的过程。这无疑有助于我们更加清醒地认识决策主体在调整或终结某项政策的过程中所遇到的各种问题,从而为如何选择适当的政策调整与终结策略提供有益思考。

政策的调整与终结是一门艺术。从一定意义上说,这一过程能否最终顺利实现要取决于各种利益的平衡与协调。由于政策的调整与终结涉及利益的再调整与再分配,现行政策的既得利益群体必然会产生抵触情绪,竭力维护现行政策,即使该政策已失去效用。这时,如果调整与终结的策略掌握得不好,很有可能使政策陷入僵化。从本章六个案例来看,政策的调整与终结基本都选择了渐进的策略,即政策调整或终结是循序渐进的,逐步终结新形势下不适用的部分,保留仍然可行的部分;同时推出新的政策方案,给社会公众一个缓冲期来提高对创新性政策方案的认识与理解,以利于调整与终结的顺利完成。

思考题

1. 简述政策调整与终结的理论要点。
2. 简述政策调整的主要原因。
3. 结合案例谈谈你对"政策是稳定性与变动性的统一体"的理解。
4. 政策调整具有哪些积极作用与消极作用?
5. 政策终结的障碍性因素有哪些?
6. 结合本章案例谈谈政策调整与终结宜采取何种策略?
7. 如何消除政策终结的反对力量?
8. 为什么大部分政策调整与终结过程都采取渐进方式?

参考文献

1. 刘斌、王春福主编:《政策科学研究(第一卷)——政策科学理论》,人民出版社,2000年。
2. 俞德鹏著:《城乡社会:从隔离走向开放——中国户籍制度与户籍法研究》,山东人民出版社,2002年。
3. 陆益龙著:《户籍制度——控制与社会差别》,商务印书馆,2003年。
4. 金乐琴、李健美编著:《国民经济管理案例》,人民大学出版社,2004年。
5. 姚玲珍著:《中国公共住房政策模式研究》,上海财经大学出版社,2003年。

6. 宫云范、宗卫东编:《烟台住房制度改革》,经济日报出版社,1988年。

7. 邓联繁著:《中国税费改革的现状与对策》,中国民主法制出版社,2001年。

8. 中国社会科学院公共政策研究中心、香港城市大学公共管理及社会政策比较研究中心编:《中国公共政策分析(2002年卷)》,中国社会科学出版社,2002年。

9. 王洪春、阮宜胜著:《国有股减持:困境与出路》,中国财政经济出版社,2003年。

10. 朱国平编著:《农业税实务》,中国财政经济出版社,1998年。

后 记

《公共政策案例分析》从最初编写到最后定稿历时将近一年。本书编写得以完成，既是我们参编人员对政策科学的理论与实践孜孜不倦地探求的集体结晶，也是各有关方面给予大力支持和帮助的结果。本书的参编人员及分工如下：

第一章，王骚；

第二章，柴蕾；

第三章，柴蕾、王达梅、万伯君、梁朋利、靳晓溪；

第四章，吕静；

第五章，梁朋利；

第六章，毛丽霞；

第七章，王达梅；

第八章，靳晓溪。

全书由王达梅修订初稿，由王骚最终定稿。

对于上述参编人员的辛劳工作，我们表示衷心感谢！

在本书的编写过程中，南开大学周恩来政府管理学院院长朱光磊教授、副院长杨龙教授、原副院长葛荃教授、南开大学教务处处长沈亚平教授给予了大力的支持和帮助。在此，向他们表示由衷的谢意！

南开大学出版社的莫建来和贾生安编辑，他们在本书的出版过程中倾注了大量的心血。他们热情、敢于开拓的精神，朴实认真、一丝不苟的工作态度，给编者留下极为深刻的印象。在此，对他们的辛勤劳动表示深深的谢意！

值得一提的是，本书的案例主要来源于相关的报纸和网站。如果没有报纸记者、编辑和网站工作人员的辛苦努力，我们将很难收集到各种各样内容丰富、翔实的案例。对他们的辛勤劳动，我们表示真挚的谢意！

编　者
2005 年 9 月